中国工业企业管理创新成果年度报告

2020

ANNUAL REPORT ON MANAGEMENT
INNOVATION ACHIEVEMENTS OF CHINA'S
INDUSTRIAL ENTERPRISES (2020)

苏子越◎主编

中国财富出版社有限公司

图书在版编目（CIP）数据

中国工业企业管理创新成果年度报告 . 2020 / 苏子越主编 . —北京：中国财富出版社有限公司，2021. 12

ISBN 978-7-5047-7548-1

Ⅰ . ①中… Ⅱ . ①苏… Ⅲ . ①工业企业管理—研究报告—中国—2020 Ⅳ . ① F425

中国版本图书馆 CIP 数据核字（2021）第 202636 号

策划编辑	宋 宇	责任编辑	邢有涛 刘静雯		
责任印制	梁 凡	责任校对	张营营	责任发行	黄旭亮

出版发行	中国财富出版社有限公司				
社　　址	北京市丰台区南四环西路 188 号 5 区 20 楼		邮政编码	100070	
电　　话	010-52227588 转 2098（发行部）		010-52227588 转 321（总编室）		
	010-52227566（24 小时读者服务）		010-52227588 转 305（质检部）		
网　　址	http：//www.cfpress.com.cn		排　版	宝蕾元	
经　　销	新华书店		印　刷	宝蕾元仁浩（天津）印刷有限公司	
书　　号	ISBN 978-7-5047-7548-1/F・3395				
开　　本	787mm×1092mm　1/16		版　次	2021 年 12 月第 1 版	
印　　张	23.75		印　次	2021 年 12 月第 1 次印刷	
字　　数	520 千字		定　价	498.00 元	

编委会

目　录

第一部分　实践类成果 ………………………………………………………… 1

"时间线"管理体系在国际高端装备制造项目上的构建与实施

　　　　主创人：王　锋　鲍玉军 ……………………………………………… 3

"知·行"安全文化应用实践

　　　　主创人：王　栋 …………………………………………………………… 24

建筑安装企业数字化转型实践探索

　　　　主创人：雍晓强　安玉军　石福国 ………………………………… 36

基于"互联网+"人力资源管理创新实践

　　　　主创人：阚保勇　王云峰 …………………………………………… 52

大型铁路物流企业基于资源整合的人力资源优化

　　　　主创人：赵国智　刘　红 …………………………………………… 64

新时代航天科研院所基层党务干部胜任力模型研究

　　　　主创人：赵小津　李君三　石　萌 ………………………………… 76

用公司治理改革推动企业体制机制创新

　　　　主创人：王琳琳　温向辉 …………………………………………… 94

全流程链效益攻坚体系的构建与实施

　　　　主创人：王春生　王　兵 …………………………………………… 101

油气钻探企业工程与服务全流程集中共享招标采购新模式

　　　　主创人：张忠志　马　军 …………………………………………… 112

深化区域能源战略合作的探索与实践

　　　　主创人：杨科生　孙　虎 …………………………………………… 120

大型工程公司基于流程管理的管理体系再造

　　主创人：陈　红　徐晓晔……………………………………127

大型磷矿山井下智能化集成创新与应用

　　主创人：何忠国　王清平……………………………………139

"红色领航工程"引领企业改革发展

　　主创人：刘鹏飞　王玉波……………………………………152

激活国企党建与生产经营深度融合工作法之"一张蓝图绘到底"在排山楼

　　公司的实践

　　主创人：苑兴伟　纪建国……………………………………164

百年电企推进红色基因传承弘扬的企业文化建设

　　主创人：王　振………………………………………………172

现代管理方法在大型国企高质量发展中的应用实践

　　主创人：王永前　李尚勇……………………………………181

大型航空发动机企业基于"五力"模型高质量发展科研生产体系的构建

　　主创人：彭建武　杨志利……………………………………192

基于人工智能的铁路电务专业状态修管理体系建设

　　主创人：王　风　苏有斌……………………………………206

创新"智慧党建+"　打造"无愧于党的诞生地"一流党建品牌

　　主创人：黄良宝　刘营超……………………………………228

"六强一建二创"　打造党建先锋工程

　　主创人：张玉鹏　谢雅丽……………………………………242

党建领航正风举帆　严抓作风行稳致远

　　主创人：陈　骁………………………………………………250

"双心行动、幸福企业"党建品牌工程创建实践

　　主创人：窦保信　毛明华……………………………………258

基于诚信敬畏的国企质量文化管理实践

　　主创人：曾　坤　余建华……………………………………267

以"合气文化"引领公司高质量发展

　　主创人：赵厚川　苟昭辉　熊　珍…………………………275

核电企业基于两化深度融合的新型能力建设

　　主创人：张　毅　张　鹏……………………………………………………282

跨国企业集团以财务公司为平台提供一揽子"一带一路"金融服务

　　主创人：付　欣…………………………………………………………………295

阿米巴经营模式让人人都成为经营者

　　主创人：王建军…………………………………………………………………302

新能源客车车体高端制造的工艺管理创新

　　主创人：刘　凌　汪　伟………………………………………………………312

第二部分　理论类成果 …………………………………………323

强化制度引领　激发治理效能

　　作者：徐文青　李宗光　李　樱　王　月　王　芸　秦晓鹏……………325

山西水工科技管理工作的发展历程与思考

　　作者：王　芳　张小利　张保胜　闫永平………………………………335

以特色品牌创建为抓手推动党建与生产经营深度融合的探索与实践

　　作者：袁善聪　邓玉林　黄泽锋………………………………………………342

以"混改＋基金"打造产融结合战略平台　助力交通产业高质量转型发展

　　作者：封　毅……………………………………………………………………349

"利共体"改革模式在银河纸业的运用

　　作者：张华东　吴广福　尹继超………………………………………………362

第一部分　实践类成果

"时间线"管理体系在国际高端装备制造项目上的构建与实施

中车长春轨道客车股份有限公司

前言

中车长春轨道客车股份有限公司（以下简称"中车长客股份公司"）前身为长春客车厂，始建于1954年，是国家"一五"期间重点建设项目之一。中车长客股份公司是我国知名的轨道客车研发、制造、检修及出口基地，是中国地铁、动车组的摇篮。公司拥有24家子公司（全资及控股15家），其中境外子公司8家（全资及控股4家）。

公司经营业务主要由研发试验、轨道客车新造、检修及运维服务三大部分组成。研发试验业务主要是依托国家轨道客车工程研究中心和国家工程实验室，为供应商、客户、友商、合作伙伴提供各种试验、分析和测试服务。轨道客车新造业务包括动车组、城市轨道车辆、普通铁路客车三个主产品，目前具备年产180～200列动车组、4000辆城市轨道车辆、600辆普通铁路客车的能力。检修及运维服务业务具备年检修300列动车组及1000辆普通铁路客车的能力，并拓展了城市轨道车辆检修及运维服务业务。

公司是国内行业中出口最早、出口数量最多的企业。产品已出口到美国、澳大利亚、巴西、泰国、沙特阿拉伯、新加坡、新西兰、阿根廷、埃塞俄比亚、中国香港等20多个国家和地区，出口车数量累计超过8900辆，签约额超过120亿美元。中车长客股份公司是中国高端装备制造业的代表，被习近平总书记称为中国装备制造业的"亮丽名片"。

一、实施背景

中车长客股份公司内外部环境发生了巨大的变化，充满着机遇和挑战。一方面，随着中国"一带一路"倡议得到国际社会越来越广泛的响应和参与，国际轨道交通市场潜力巨大，为国际轨道车辆全寿命周期项目带来重要机遇。同时，发达国家产业回归、脱虚向实，本地化产业链趋于完善，有利于公司拓展国际项目。另一方面，绝大多数国家都在推行可持续发展战略，基础设施建设对经济发展产生了一定的拉动效应。许多国家逐步筹划轨道交通产业，全球轨道交通的需求将有一定幅度的持续增长。

充满机遇的同时也有着不同的挑战。首先，国际轨道车辆全寿命周期项目执行面临的主要挑战是激烈的市场竞争和复杂的国际形势。行业巨头正在逐步整合资源，提升自身综合实力，全球项目的执行难度越来越大。其次，国际市场目前对"中国标准"认可度不高，项目执行面临技术性壁垒。最后，发展轨道交通资金投入大、项目建设时间长，对东道国融资能力、政策持续执行能力均提出较高要求。

对于国际市场而言，中车长客股份公司一直致力于国际市场的耕耘和拓展，坚持从新造向全寿命周期服务业务转型，从以产品新造为主体的单一要素服务，向技术"孕育"到产品寿命终结的全寿命周期体系服务拓展，持续推进全球战略布局、技术布局和产业布局，基本完成了全球化布局和经营网络，实现了全球市场全覆盖，开启了集团化管控下的跨国经营新时代，已经从中东、拉美、非洲等中低端市场项目逐渐拓展到了北美、澳大利亚、东南亚区域的高端市场项目。项目实施中，面临着欧标、美标、澳标等多维度的产品标准、不同的管理体系和高端市场客户对项目管理水平和能力的不同要求，若没有适应国际标准的方法论作为指导，没有系统化的管控平台控制，就很难兑现合同，满足客户需求。

因此，有效制订和执行计划是一个组织成熟度的重要标志；有效制订计划，是企业从经验型组织转变到科学型组织最关键的里程碑。计划管理系统是有效提高企业自上而下的执行力，确保企业各个层级紧密围绕企业经营目标、一致行动的最实用的管理工具。能够运用系统化、标准化的风险管理工具是充分识别项目风险、有效控制项目风险的重要保障，通过平台知识管理系统不断充实、共享、交互，能够将个人知识转化为组织过程资产，为项目的顺利执行奠定基础。

通过坚持以需求为导向，中车长客股份公司搭建了国际轨道车辆全寿命周期项目体系，本次创新的国际轨道车辆全寿命周期项目管理以"市场培育阶段—招投标阶段—设计生产制造阶段—售后服务阶段—日常维保阶段—架大修阶段—车辆报废与回收阶段"的全寿命周期服务业务为牵引，建立一套合规化、标准化、高效化、模板化，可复制、可推广的具备全球同行竞争力的轨道车辆全寿命周期项目管理系统，并实现信息化管理的统一，进一步提升国际轨道车辆全寿命周期项目管理工作质量，构建了工作体系和运行模板。通过科学的运行机理、适用的管控方式和高效的决策，解决项目执行管理能力不足、交期不满足、质量不达标、风险防控差等问题，遵循"PDCA"（计划、实施、检查、行动）原则，为国际轨道车辆全寿命项目计划管理、风险控制提供有效的方法论和路径指导，形成创新管理成果，并推广应用到其他企业、行业，提升国际轨道车辆全寿命周期项目管理效率和执行力，形成覆盖国际轨道车辆全寿命周期的项目体系。

二、内涵和做法

中车长客股份公司国际轨道车辆全寿命项目从合同签订到车辆批量交付周期短，且后期日常检修、架大修和车辆报废与回收阶段时间长，在平台模块化程度不高、多项目资源冲突、标准严苛、多现场协同的情况下确保交付和按照计划兑现合约，对于项目执行而言具有极大的挑战，这种快速响应能力和风险控制能力在海外高端市场非常具有竞争力。国际轨道车辆全寿命周期项目要在产品与服务方面引领客户的需求，解决客户痛点，为客户提供全寿命周期检修运维服务一体化系统化解决方案，打造高铁、城铁、检修、运维以及咨询服务等一体化的全寿命周期项目体系，应以市场为纲，强化项目的引领作用，提升项目全寿命周期内的管控能力，以及企业的综合竞争能力和品牌形象。

中车长客股份公司采用了一种融合"直线职能制业务框架"和"项目体系业务框架"的"矩阵式管理模式"。本文重点从国际轨道车辆全寿命项目计划管理层面进行解读，证明"系统性策划、强管控、工作重心前置及风险控制"是公司强执行力的有效法宝。公司治理要以战略导向、管理协同、流程优化、管理提升为原则，重点对"6234"项目时间线管理体系进行管控，运用风险管理实施全过程控制。

（一）运用"6234"项目时间线管理体系，驱动项目执行力

"6"代表的是六环计划管理（如图1所示），包括模板、编制、执行、监控、调整、考核，各环之间相互依托、相互联系，结合成一个管理的体系。

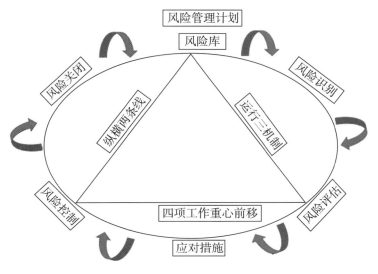

图1　六环计划管理

"2"代表管理的纵横两条线，纵向强管控，横向强协同。

"3"代表运行三机制，计划编制科学合理、明确计划编制调整规则、运用信息监控平台。

"4"代表四项工作重心前移，团队组建前移、本地化策划前移、设计工作前移、超常规项目启动前移。

要本着"制度化管理、流程化运作、模板化运行、信息化支撑、实践化检验"的原则进行国际轨道车辆全寿命周期项目管理。将体系建设、流程建设、制度建设作为项目管理基础工作的有效手段，以推动计划管理体系驱动项目的开展。

1. 系统性策划，实施六环计划管理

中车长客股份公司构建了功能定位明确、权责关系清晰、治理高效统一的计划管控体系。项目计划分为两个类别，一类是时间层面的进度计划，一类是方案层面的管理计划（如图2所示）。

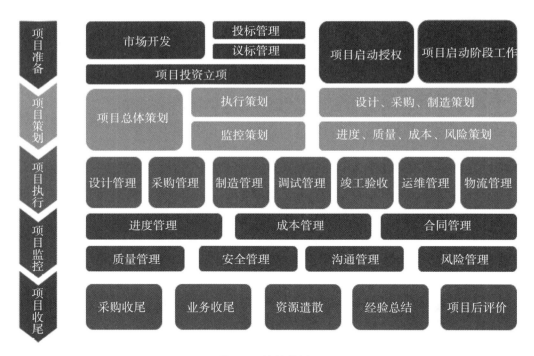

图2 系统性策划

进度计划体现的是WBS（工作、分解、结构）工作包的执行期限和责任人。管理计划体现的是支撑进度计划而实现的策划和规划。

以项目计划编制、审核、执行、分析、调整为核心流程来全面实现对时间进度和管理方案的精细化过程控制，具体包括计划模板、计划编制、计划执行、计划监控、计划调整、计划考核六个模块（如图3所示）。

图3 精细化过程控制

（1）计划模板

计划模板是基础，计划模板的诞生标志着PMO（项目管理办公室）从服务型成长为支持型，共计识别并编制计划模板45个，横向上涵盖了设计、工艺、生产、质量等多个平台部门，纵向上涵盖了项目主计划、各专业子计划两个层次和进度计划、管理计划两个类别。

（2）计划编制

项目计划是一种工具，它定义了工作开始至完成之间活动的依赖关系。项目计划通常指的是进度表，它集成了项目中所有功能、地点及所属部门。它将所有的重要活动和里程碑联系起来，并用于控制项目和预测性能。项目计划的编制方法主要包括：

● 识别WBS工作包上的任务及活动；

● 排列活动顺序；

- 评估活动用时；
- 若需要其他子计划或平台部门支撑，应明确接口；
- 计算初步计划用时；
- 明确关键路径；
- 安排资源；
- 平衡计划的峰值及低谷；
- 设置基线。

计划编制是项目规划的重点，对整个项目的工作进行分解，建立WBS工作树，最终将项目分解成工作任务，并根据每个工作任务的工期、先后顺序、逻辑关系得到项目计划，最终指导项目执行。新项目计划可以引用相似历史项目的计划模板，通过快速配置和调整得到项目计划。编制好的项目计划也可以保存为项目计划模板，以供后续编制其他相似项目计划时引用。另外，需要注意项目的整合工作，需要建立和协调整个项目计划的接口。计划编制的完成意味着项目规划工作的结束，计划编制应遵循以下七个步骤：

第一步：各项目依据合同要求和项目范围，对45个计划模板进行适用性审查，遵循两点原则：一是尽可能覆盖原则，即没有特殊情况所有项目必须100%编制计划；二是尽可能使用模板，即没有业主特殊要求必须严格使用计划模板。项目计划编制清单经项目经理审批后，报PMO审核、批准后正式下发。

第二步：计划经理从合同中识别出关键里程碑，编制节点计划，经项目经理审批后下发到各系统/专业平台经理，要求各平台经理必须无条件遵守节点计划期，及时编制各专项子计划。计划经理将经过项目经理审核后的项目计划编制清单下发，清单中需要包含编制计划名称、时间要求、编制人、审批人，以计划形式在海外业务部项目管理的统一平台下达任务。

第三步：各系统平台经理根据计划编制要求编制专项子计划，专项子计划编制必须符合节点计划要求（合同要求），同时要符合WBS的要求，分解到最底层的工作包和工作活动。编制完成后上传海外业务部管理平台并通知系统领导线上审批，审核通过后报送计划经理、项目经理审批。

第四步：专项子计划之间逻辑关系专项审核，子计划与子计划之间形成上下工序逻辑关系，先由涉及子计划的专业系统进行横向沟通、协调，出现无法解决的问题时，由项目组织评审，然后确定逻辑关系；之后由项目召开专项子计划对接会，对全部的子计划进行会签，确保端到端的链条畅通、无异议。

第五步：计划经理、项目经理根据专项计划编制项目总体计划，总体计划要掌握好管控层级，一般管控层级为专业子计划的前三层，如业主或合同有特殊要求的可例外执行。

第六步：项目总体计划编制后经项目经理审核、各专业平台经理签字，经由PMO、公司主管领导、总经理签批后，在公司网下发，各系统遵照执行。

第七步：在管理平台中录入项目总体计划，基线升级后将项目计划任务下发到各专业平台经理的个人中心。

（3）计划执行

计划是纲，是项目所有活动的行动指导，是各系统必须遵循的时间轴，在信息化平台上实现动态跟踪，主要包括交通信号灯警示系统、个人中心邮件提醒、进度反馈、进度确认、进度报告。通过个人中心对预警任务进行提醒，在项目周例会对进度进行反馈和确认，形成项目进度报告。

跟踪项目计划中各个工作任务的执行情况，可以对每个工作任务进行进度汇报和点评，对工作类别为阶段性成果的工作任务，需要提交相应的项目成果，以此来指导每一个工作任务的操作，直到彻底完成。

（4）计划监控

计划监控包括临界值设置、计划分析、计划预警和纠偏方案四个部分。海外业务部管理平台对45个计划进行全面监控，形成周监控报告机制，运用交通信号灯警示系统，对超期任务数（红灯）、预警任务数（黄灯）等数据信息进行监控，为单项目管理的进度跟踪做好统计分析，为多项目计划管控做好数据支撑。

以甘特图和对比图的形式来实现项目计划完成情况与项目实际完成情况的对比。相关人员定期查询进度报告，了解项目计划中各个工作任务的进度情况，如表1所示。

表1 进度报告

亮灯类别	样式	定义	考核	特别措施
黄灯	○	任务预警	不处罚	个人中心提示
红灯	○	任务超期未完成	节点处罚	自动报表输出
绿灯	○	任务按期完成	节点奖励	自动报表输出
蓝灯	○	任务未开始	不处理	不处理
紫灯	○	任务超期完成	不处理	自动报表输出

（5）计划调整

计划调整包括重要节点计划调整（关键里程碑计划）、项目总体执行计划调整和专项计划调整。

第一，重要节点计划调整是指根据合同变更或用户要求对重要节点进行调整，调整后项目总体执行计划和相关的专项计划也要进行调整。

第二，项目总体执行计划调整是指重要节点计划未发生变化，项目总体执行计划中部分计划做调整，调整后相关专项计划也要进行调整。

第三，专项计划调整是指各平台子计划做调整，若调整后不影响项目总体执行计划的节点完成，则不需要调整项目总体执行计划；若影响，经评审后项目总体执行计划也要调整。

（6）计划考核

计划考核包括计划达成率、考核规则设置、考核得分、排名。

第一，单项目的计划达成率考核分为项目主计划达成率和重要节点计划达成率两个部分，专项子计划达成率为各专业平台经理的考核指标。

第二，考核规则设置包括单项目和项目团队两个层级，单项目考核的进度指标包括主计划和重要节点计划达成情况，依据《项目业绩评价考核管理规范》执行；项目团队考核的进度指标包括重要节点计划和专项子计划达成情况，依据《组织绩效考核评价细则》执行。

第三，考核得分、排名按照项目和个人的SPI（绩效指数）自动统计，在管理平台上动态展现，实时更新。

第四，明确项目管理与智能管理、业务管理的权责关系，建立激励机制。

2.管理两条线：纵向强管控、横向强协同

（1）纵向强管控

对于国际轨道车辆全寿命周期项目执行而言，进度就是现金流。公司为强化对进度的管控，针对不同的项目节点类别确立了不同的管控和监控方式。从产品维度进行分类，主要分为：新造类、检修类、维保类、备件散件类、翻新改造类、全寿命周期检修运维服务类。一方面，在管控项点上，针对不同的产品类别在QCDR四个维度设计不同的管控项点，一般采取的是在总表中做减法，每个类别的项目有着不同类别的管控项点，做到"资源最省、效率最高、配置最优"；另一方面，在监控方式上，对于计划中一级、二级、三级及以下节点适用不同的监控，如表2所示。

表2　　　　　　　　　监控方式

节点类型	节点个数	节点内容	管控主体	监控主体
一级节点	8个	技术准备、首车交付等需要密切配合的重要节点	各系统、各主管部门和项目经理管控	业务系统副总经理督办落实，分管副总经理跟踪检查
二级节点	40个	项目发起各相关部门配合的节点	各系统、各主管部门和项目经理管控	项目经理督办落实、业务系统副总经理跟踪检查
三级节点	207个	各专项子计划关键节点	各系统管控	主管系统跟踪检查、督办落实

（2）横向强协同

由于发达国家和地区市场的高本地化率要求，多现场协同作业成为一种新常态，项目在横向协同过程中的作用尤为重要，投标配合与支持、多现场需求与供给、本地化物料采购协同支持、工序生产调整策略、技术支持协同等工作需要项目统筹规划，达到"生产作业同步、资源配套同步、技术支持同步"，实现全球资源的有效整合和利用。

纵向管控关系明确后，在落实具体某个节点责任主体的时候，公司采取的不是落到某一个部门或者人员身上，而是"责任一条线"的方式（如表3所示），包括专业主管、专业经理、项目经理、平台部门领导、系统主管领导等，如果某节点延误，该节点责任人就要共同受罚。强化各级的管理责任，便于在项目层面进度出现延误风险时，能够及时协调资源来共同解决。

表3 　　　　　　　　　　　　落实责任主体

阶段	业务事项	责任一条线			
		责任部门		分管领导	
投标	投标与合同	市场部门	专业经理	市场经理	市场部门经理	分管市场副总经理
项目启动	团队组建	项目部门	项目主管	项目经理	PMO	分管项目副总经理
工程设计	概念设计方案设计系统设计	技术部门	设计经理/设计主管	技术经理	技术部门经理	分管技术总工程师
产前准备	模拟生产线	生产/项目	生产主管/工艺主管	生产经理/工艺经理	生产/技术部门经理	分管技术总工程师/分管生产副总经理
首车试制	车辆试制	生产/技术	设计经理/工艺主管/生产主管	技术经理/工艺经理/生产经理	技术/生产部门经理	分管技术总工程师/分管生产副总经理
批量交付	批量生产	生产部门	生产主管/物资主管	生产经理/物资经理	生产/物资部门经理	分管生产副总经理
售后质保	售后服务	售后部门	售后服务主管	售后经理	售后服务部门经理	分管售后副总经理

3.运行三机制，明确计划编制调整规则、设置阶段和门碑评审、运用计划监控平台

（1）明确计划编制调整规则：增强计划契约的法治化

在计划编制时，为保障计划的合理性，所有项目都参照45个计划模板，以项目移交会上明确的移交之日，作为计划有效工期的起点时间，结合项目实际情况（本地化采购、多现场作业、生产资源平衡等），由项目经理组织召开项目启动会，并牵头组织

项目计划的编制工作，群策群力推演完成，在项目NTP（开工通知）后60天内完成计划编制。

具体流程如下：通过各部门共同参与和推演的方式，各部门工作节点、钩稽关系及相互配合支撑关系就最大限度地明确下来，为后续计划执行奠定基础。

在计划明确以后，过程中就必须严格执行。为保障计划的严肃性，原则上不予调整，明确规定只有发生如表4所示的八类情况才可以调整，其他一律不可调整。

表4　　　　　　　　　　　　　八类计划变更情况

序号	计划变更原因	发起部门
1	用户调整交货期导致的整体计划调整	项目部门
2	不可抗力导致的计划变更	项目部门
3	前序节点滞后（红灯）导致的后序节点无法兑现	后序节点责任部门
4	设计变更导致的后序节点无法兑现	设计变更责任部门
5	生产资源不足导致的后序节点无法兑现	生产部门
6	成本超支问题导致的计划调整	财务部门
7	业主、监理提出的批量质量问题导致的计划调整	质量问题责任部门
8	母子公司协同作业的需求发生变化导致的计划调整	子公司

（2）设置阶段和门碑评审：过程管理的程序化

在项目执行过程中，通过设置阶段、门和重要里程碑，对项目全生命周期内实施过程评审和控制，对于项目QCD（质量、成本、交付期）结果实现有着重要的保障。在国际高端项目实施过程中，有着几百年工业化历程的发达资本主义国家，对于过程的控制尤为关注，好的过程促成好的结果的概率要高得多，没有过程的结果即便是好结果也具有偶然性，成功不可复制和移植。在海外项目执行过程中，我们梳理并设置了从项目移交到售后服务五个阶段、P0—P7八个门碑的关键过程控制点（如图4所示），制定了各阶段、各门碑的检查清单和计分标准（如表5、表6所示）、评分标准，并对各阶段、门碑的强制性参与的专家团队进行了明确，实现了项目策划与验证过程控制程序化，为项目成功提供了方法。

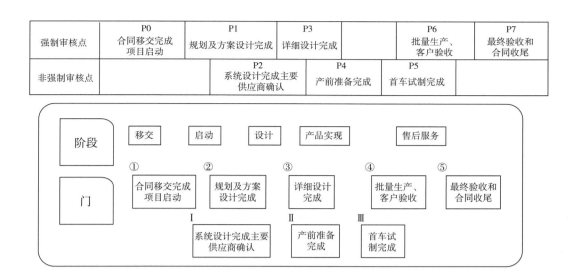

强制审核点	P0 合同移交完成 项目启动	P1 规划及方案设计完成	P3 详细设计完成		P6 批量生产、 客户验收	P7 最终验收和 合同收尾
非强制审核点		P2 系统设计完成主要 供应商确认	P4 产前准备完成	P5 首车试制完成		

图4　门碑的关键过程控制点

表5　各状态计分标准

状态	回顾过去	展望未来	实际情况	得分
绿色点处于受控状态	计划目标的要求已经满足	满足计划/预测的目标要求没有明确的障碍	当前工作已完成，完全满足后续工作目标	3分
黄色隔离点表示带有行动计划的安全点位	没有满足计划目标的要求，但是已经实施了可靠的行动计划（内容/时间/谁）来防止出现负面的项目影响（数量/成本/时间）	没有明确可能影响计划和目标的障碍，但是已经实施可靠的行动计划（数量/成本/时间），进而预防项目出现负面影响（内容/时间/谁）	当前工作未完成，不直接影响后续阶段工作	2分
红色隔离点，表示没有行动计划的点位或者需要管理层关注并对已经决定的措施进行批准	没有满足计划目标的要求，也没有实施可靠的行动计划（数量/成本/时间）来防止项目出现负面影响（内容/时间/谁）	已经明确可能影响计划/预测目标的障碍，但是已经实施可靠的行动计划（数量/成本/时间），进而防止项目出现负面影响（内容/时间/谁）	当前工作未完成，直接影响后续阶段工作	1分

表6　　　　　　　　　　　　　　　　　KPI记分标准

项目计划兑现率	项目预算使用率	项目准时交付率	项目贡献率	得分
项目计划兑现率=实际完成时间/计划完成时间×100%	项目预算使用率=实际使用费用/预算费用×100%	项目准时交付率=实际交付时间/计划交付时间×100%	项目贡献率=项目贡献额/项目销售收入×100%	
项目计划兑现率=100%	项目预算使用率<100%	项目准时交付率=100%	项目贡献率≥公司下发指标	3分
110%≥项目计划兑现率≥90%	项目预算使用率=100%	105%≥项目准时交付率≥95%	公司下发指标>项目贡献率≥5%	2分
项目计划兑现率>110%或项目计划兑现率<90%	项目预算使用率>100%	项目准时交付率>105%或项目准时交付率<95%	项目贡献率<5%	1分

（3）运用监控平台：智能预警的系统控制

传统的项目计划管理普遍采用的是Project软件进行单机版管理，计划的编制、调整、下达、监控及报表采用的都是线下的方式，系统化、自动化和智能化的程度不高。公司建立了海外事业部业务管理平台（如图5所示），该平台具有计划编辑模块化、任务传递信息化、动态监控智能化、报表生成自动化的特点，既提升了工作效率和工作质量，尤其在智能监控方面，通过交通信号灯警示系统智能预警和自动报表推送信息的方式，牵引和驱动项目团队、平台部门对项目计划兑现的遵守，又提升了项目计划的严肃性和加快了法治文化的建设步伐。

图5　公司海外事业部业务管理平台

4.项目工作重心四前移：团队组建前移、本地化策划前移、设计工作前移、超常规启动前移

国际轨道车辆全寿命周期项目普遍存在质量标准高、复杂程度高、本地化率高的特点，按照正常的操作，即使有严密的计划，公司也很难在规定时间内完成首批车辆的交付。因此，为完成计划，公司采取一系列的超常规手段，在投标过程中完成部分项目执行工作，抢占前期时间，使工作重心前移。

（1）团队组建前移

在公司32个节点的营销业务流程中，项目团队组建在两个节点呈现，立项节点组建市场投标团队，按照"胜任＋固定"两个原则明确项目核心团队成员；移交节点组建项目执行团队，延承核心团队成员，配备其他团队成员，这样可以最大化地保证投标团队与执行团队的无缝衔接，且在投标期间即可完成部分执行工作。

（2）本地化策划前移

在发达国家和地区的高端市场中，为推动本国制造业的发展，大多会提出本地化率的要求，在北美、澳大利亚区域市场本地化率要求达到60％左右，这就需要在投标的前期策划中综合考量，包括本地化建厂、本地化采购、本地化制造、本地化用工以及其他要求的满足。在策划的过程中不仅要考虑方案的完整性，还要考虑方案的可行性和经济性，在部分重点方向上甚至要进一步实践，合同签订后与之相关联的框架协议、合同等一并生效，将本地化策划与部分执行前移。

（3）设计工作前移

公司在项目立项后，组建投标团队，其中项目核心团队成员介入工作，技术经理、设计经理、设计师团队正式开始概念设计工作，在项目招投标三次承诺和三次转化过程中完成概念设计工作，形成车辆配置表，并牵引各系统完成车辆部件供应商谈判、成本估算、本地化策略、质量标准设定、工艺布局等相关系统工作，在合同生效后即开始详细设计工作，为其他系统工作全面铺开创造条件。

（4）超常规项目启动前移

在投标文件发布后至宣布中标、合同澄清等各阶段之间，适时超常规启动项目执行，为技术准备、首列车交付赢取更多的时间，但在超常规项目启动过程中要充分识别风险并做好风险储备，对项目成本、计划、质量等有重大风险的增加评审工作环节，确保使超常规项目启动所带来的影响降到最小。

（二）应用矩阵式风险管理模型，全过程保障时间线

坚持"市场为纲、效益为先"的项目管理原则，建立以项目管理为牵引，以内控和风险管理为手段，以平台部门专业管理为支撑，贯穿于市场开发、产品设计、制造和服务全过程的管理模式；建立产品全寿命周期服务的新业务项目管控模式，有效满足公司快速发展的需要。

1.风险管理模型概述

矩阵式风险管理是一种能够把风险发生的可能性和伤害的严重程度进行综合评估，通过定性和定量分析评估风险大小的风险管理模型。风险管理框架基于国际风险管理标准ISO 31000的原则和指导方针，由风险管理方针、风险管理过程、风险报告、风险管理数据库等元素组成。

（1）风险管理方针

风险管理是指通过风险识别、风险分析和风险评价去认识项目的风险，并以此为基础合理地使用各种风险应对措施、管理方法技术和手段，对项目的风险实行有效控制，妥善地处理风险事件所造成的不利后果，以最少的成本保证项目总体目标实现的管理工作。风险管理方针依据ISO 31000中风险管理原则及指南的要求而制定，重点如下：

第一，风险评估方法应始终保持一致，风险评估应按照统一的标准并明确各个风险影响维度的量化评价指标。

第二，风险管理应覆盖全寿命周期所有业务和所有主要业务流程，在风险管理过程中能够对各类风险进行有效管控。

第三，风险评估后应制定积极有效的风险应对措施，并在公司层面形成风险数据库，利用风险管理中积累的经验教训来减少公司未来运营风险。

（2）风险管理过程

风险管理过程适用于指导各项目全寿命周期内的风险管理活动，主要包括制定风险管理计划、风险识别、风险评估、制定风险应对措施、风险控制、风险关闭和风险管理效果评价，如图6所示。风险管理过程是动态的、迭代的和应对变化的。下面主要分析其中五个方面：

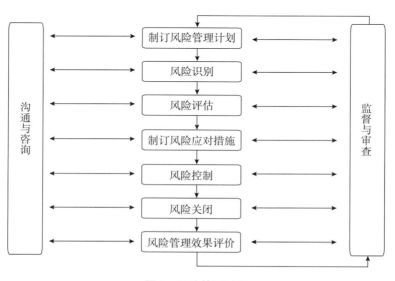

图6　风险管理过程

①风险识别

在项目执行的任一阶段，风险经理以及各平台部门应该基于合同和补充条款结合专业领域内的资源分配和项目执行情况识别任何可能出现的风险，每月定期组织专业领域内项目成员识别新的风险，风险识别所应用的一系列技术基于ISO/IEC 31010中指南的描述。风险识别需对风险的类别、利益相关者、风险所有人以及风险可能产生的后果进行说明并更新到风险登记册中。在项目执行过程中，专业经理要识别并详细说明可能在任何重大问题或突发事件基础上产生的风险，包括日常工作和部门内部项目会议中识别的风险都要更新到风险登记表中并定期维护每个风险的进展和状态，每月将各部门风险提报风险经理并在项目风险例会上通报主要风险应对措施和进展。

②风险评估

所有识别出的风险应从发生可能性、技术和质量对项目的影响、对项目成本的影响以及对项目计划的影响四个方面进行评价。每个方面对项目的影响分为五个等级，分别为低的、较低的、中等的、较高的、高的，每个等级对应相应的分值为1~5分。风险的最终等级取决于风险事件发生的可能性分值和其他三个方面影响中最高一项的分值的乘积。风险的最终等级分为三级，分别为高风险、中等风险和低风险，相应的风险分值对应的风险等级体现在如图7所示的矩阵式风险管理模型中，其中黑色区域为高风险，浅灰色区域为中等风险，深灰色区域为低风险。通过矩阵式风险管理模型，客户风险经理以及项目风险经理可以直观地了解目前项目的风险状态和风险严重程度，以便从整体上制定风险应对策略。

P_f					
5	5	10	15	20	25
4	4	8	12	16	20
3	3	6	9	12	15
2	2	4	6	8	10
1	1	2	3	4	5
	1	2	3	4	5	I_f

图7　矩阵式风险管理模型

如风险管理方针中所述，风险管理应该基于统一的风险评估标准，在风险定性分析后依据风险事件对项目每个维度的影响进行风险定量分析，风险定量分析的标准如表7所示。

● 风险发生可能性——评价风险事件可能发生的概率。
● 风险事件在技术和质量方面造成的影响。
● 风险事件可能对项目成本造成的影响。
● 风险事件可能对项目计划造成的影响。

表7　　　　　　　　　　　　风险定量分析的标准

风险分值	风险等级	评价标准
5	高	事件发生的概率大于75%
4	较高的	事件发生的概率在51%～75%
3	中等的	事件发生的概率在26%～50%
2	较低的	事件发生的概率在10%～25%
1	低	事件发生的概率低于10%

风险评估是一个动态的过程，随着风险应对措施的实施，风险事件对项目影响的各个方面的实际分值将会产生变化。项目风险经理负责依据风险管理进展对每一条风险的最新等级进行重新评估，体现每条风险事件的影响趋势。

③制定风险应对措施

在对风险事件进行定性和定量分析之后，风险事件归属人应组织相关资源讨论并制定风险的应对措施，所有风险应对措施要求说明具体的实施办法和步骤，并明确计划实施的开始日期和完成日期以及对应的负责人。风险应对措施主要有风险减轻、风险规避、风险转移、风险接受四类。

在项目风险例会上应向项目经理和风险经理通报所有风险应对措施，说明风险应对措施预期取得的效果，以便风险经理对计划实施后的风险分值进行评价。实施计划对应的责任人负责保证风险应对措施的有效实施，如果实施过程中出现偏差应该及时向专业经理和风险经理进行通报。

④风险控制

风险控制是一个动态的风险管控过程，也是项目以及各平台部门日常风险管理工作的有效记录。风险控制对每个风险事件的应对措施进行动态跟踪，以便项目经理和风险经理及时了解风险应对措施的有效性，如风险应对措施效果不理想可提出新的措施以保证风险受控。

每个风险应对措施的具体负责人需定期跟踪风险的最新进展并将风险应对措施的实际实施情况记录在风险登记册中。更新到风险登记册中的风险控制记录，要说明针对风险事件以及前期制定的风险应对措施在何时、何地，具体实施了哪些工作以及取得的实际效果（如图8所示）。

在风险控制过程中专业经理要评估风险控制措施的有效性并及时调整风险控制措施，保证对专业领域内风险的有效控制。如果在风险控制过程中出现超出预期的风险不可控情况，应及时向项目经理和风险经理通报，在风险例会上做出决策；如需进一步升级应向公司提交风险报告。

Project 项目	Tel Aviv Red Line 特拉维夫红线
Updated 更新日期	18/1/17

Back

Risk Factor		
Original R_f	25	最初风险分值
Previous R_f	2	之前风险分值
Current R_f	0	当前风险分值

#	Risk Name 风险名称	Risk Description 风险描述	Risk Impact 风险影响	Identification Date 识别日期	Expected Occurrence 预期发生	Risk Owner 责任人	I_c	I_s	I_q	P_r	R_f
RS_3	防火要求	部分系统部件存在无法满足以色列防火要求的风险，以色列IS5435防火标准已经被相关新标准替代	技术和质量	30/12/16	30/11/17	技术经理	5	2	5	5	25
	Risk Source:	Technical & Engineering		Contractor & NTA							

Mitigation Plan

#	Task 风险应对措施	Mitigation Task Description 措施描述	Task Owner 负责人	Cost 成本	Start Date 开始日期	Finish Date 完成日期	I_c	I_s	I_q	P_r	R_f
1	聘请防火顾问	计划雇用以色列标准局作为防火顾问，非金属部件防火标准由以色列标准局进行确认	技术经理	962250	30/12/16	20/1/17	5	1	5	5	25
2	向业主发RFI	工程实验室向业主发澄清申请用DIN防火标准替代一色类防火标准	技术经理	——	15/2/17	29/4/17	3	1	2	5	15
3											0
4											0
5											0
6											0
7											0

Risk's Actual Behaviour

Date 日期	Event 事件	Description 描述	I_c	I_s	I_q	P_r	R_f
15/3/17	月度会议	月度会议期间与业主以及业主防火顾问讨论使用SI防火标准的问题和影响	2	1	2	5	10
25/4/17	月度会议	月度会议期间业主表示，五月份业主将和以色列标准局以及交通部召开会议，合同中要求的防火标准可能会更新	2	1	2	5	10
16/5/17	RFI回复	收到业主对RFI的回复，业主澄清所有非金属部件的防火标准可以使用相关的最新标准	2	1	1	4	8
9/6/17	内部风险会议	内部风险会议决议，设计经理和采购经理负责收集能够满足EN45545防火标准要求的供应商清单，并提交业主进行确认	1	1	1	2	2
21/11/17	月度会议	业主确认由欧洲供应商供货的非金属部件可以使用EN45545防火标准，此风险关闭	0	0	0	0	0
							0
							0
							0
							0
							0
							0
							0
							0
							0
							0

图8　风险控制记录

⑤风险关闭

如果经过评估，风险事件将不会发生或者不会对项目的技术、成本、质量、周期等方面产生影响，则可以关闭此项风险事件。关闭风险需要在风险控制记录中说明具体的关闭日期，以及风险关闭的理由和事件。风险关闭需要在项目风险例会上进行通报，并得到项目经理和风险经理的同意。风险关闭后，风险经理负责对此项风险事件的评估分值进行修改并对已经关闭的风险进行存档管理。

风险关闭后，风险经理仍然要对风险进行定期跟踪，因为随着项目的执行有可能出现计划变更，已经关闭的风险可能重新发生。

如果有上述情况发生，各专业经理应该及时与风险经理进行沟通，风险经理将重新对此项风险进行评估并组织相关负责人制定新的应对措施。

（3）风险报告

项目统一采用风险登记册对项目日常风险管理活动进行动态管控和报告，并将其作为接受客户和公司风险审查的主要文件。风险登记册基于"动态文件"开发，可以不断地审查风险管理工作的详细记录和风险变化趋势，所有风险和相关信息将录入风险登记表。风险经理每月更新风险登记册并将更新后的风险登记册向客户和公司进行报告，以便客户和公司了解项目主要风险的最新状态。风险登记册应提供硬拷贝和电子文件（Microsoft Excel® 文件）两种形式，并且文件的结构和格式使用统一模板，对于任意一项风险事件，在风险登记册中应该报告相关信息。

（4）风险管理数据库

建立、完善风险管理数据库，对项目全寿命周期内的所有开口和已关闭风险进行归档整理，每一条风险对应唯一的编号，并将项目风险上传至海外业务部项目管理平台进行定期跟踪。风险管理数据库将作为海外业务部以及公司内部的知识分享，有助于监控和分析风险管理过程的有效性和风险管理计划的合理性。

2.风险管理运行

（1）形成风险管理文化氛围

要实现基于矩阵式风险管理模型达成全面风险管控的预期目标，在公司和各部门形成全面风险管理的文化氛围至关重要。首先，在公司以及海外业务部加强全面风险防控机制建设和具体的宣传工作，使公司全员形成积极的风险防控意识，使员工认识到风险防控的重要性。其次，通过培训使员工明确风险管理的一般原理和基本操作方法，切实把风险管控模型融入企业文化当中，激发全员参与的积极性。最后，注重贯彻全员参与风险管控的模式，围绕项目风险防控的变化趋势，及时调整风险管理工作方向，并且激发项目团队成员的配合意识，以项目为单元，建立风险共担的绩效激励机制，一荣俱荣，一损俱损。

（2）形成完善的权责体系

公司健全风险防控管理机制，形成明确、科学的权责体系，确立平台部门风险管理职责角色，以便依靠有效的制度实现风险的识别、评估及预防管控。基于矩阵式风险管理模型，在项目风险管理实施过程中，国际轨道车辆全寿命周期项目以及各平台部门紧密配合，分工明确，在风险管控中的主要工作如下：

项目经理：负责对项目风险进行全面控制，确保项目全寿命周期范围内的风险得到充分的识别、评估和监控，并有权对重大风险做出任何决定。在项目执行阶段向公司主要领导汇报项目重大风险以及应对措施，同时向业主项目经理通报项目进展及风险控制手段。

风险经理：根据合同要求以及风险管理标准编制项目风险管理计划并组建风险团队，确保任何风险管理活动能够在项目执行周期内有效实施。定期组织各平台部门专业经理召开项目风险例会，识别并评估项目执行阶段的风险并讨论相应的风险应对措施；监控风险应对措施的实施直至风险完全关闭，最后对风险管理过程进行效果评价。

专业经理：负责组织部门内项目成员识别专业领域内的项目风险，评估项目风险等级并制定相应的风险应对措施。指定相关负责人每月更新风险登记表并提交风险经理，风险登记表提交之前需经过专业经理审核。专业经理在项目风险例会上通报新识别的风险以及主要风险状态和进展。负责监控部门内主要风险的控制过程，如果风险可能超出部门控制范围需及时通报项目部及风险经理，由项目经理进行决策。负责确认本专业领域内的风险关闭状态，并组织部门内部相关人员对风险控制措施的有效性进行分析，积累风险管理经验。

（3）应用科学的风险管理方法与工具

矩阵式风险管理模型建立了一套完善的风险识别、风险评估、风险预警、风险事件处理程序，形成了各种风险预测和监控的操作标准和方法程序，以及有效的报告程序和层层传递的监督机制，保证风险管理各级人员充分发挥风险管理职责，形成高效顺畅的信息流。公司建立风险管理的自我完善机制，根据项目情况的变化和管理需要，建立诊断机制，通过PDCA不断循环改进实现管理提升和风险管控的有效运行，增强跨国经营的风险识别和管控。

3.合规管理运行

（1）合规理念先导

将合规理念融入项目风险管理中，项目初期做好顶层宣贯，培植合规理念，项目管理上一切以合规为前提，管理决策上要平衡合规底线和商业机会，实现平衡风险收益，兼顾增长性和可持续性。

（2）法律嵌入项目管理

将法律管理融入国际轨道车辆全寿命周期项目风险管理和全周期链条中，识别不同国家和地区的法律环境，依托专业知识技能保证决策精准。

（3）识别防控结合

一是要将风险管控贯穿项目管理全过程，提升风险敏感性及风险识别、降低和消除能力。二是要发挥风险管理三道防线中首道防线的关键作用，注重不同地域不同风险的差异化管理。三是贯彻"预防为主、防控结合"的主导思想，做到分析识别、制订预案、关注动态、整合信息，有效应对突发事件，避免事后被动补救。

4.风险抵御能力提升

公司在创建国际轨道车辆全寿命周期项目计划体系的各模块时要提高风险抵御能力，从市场开拓、合同签署、生产制造、售后运维全价值业务链进行优化管理，做到从制度模块合规到业务执行合规，以高质量运营保障境外项目执行，避开陷阱危机。

提高国际轨道车辆全寿命周期项目执行的质量，形成综合立体的项目合规体系。加强融入国际经济大循环中合规体系和风险管控体系的建设，结合项目管控文件模板的建立，将合规管理贯穿在项目管理全过程的制度、流程、工作模板中，并通过信息化运行，使各项工作和员工行为规范、合规，有效防范化解国际市场经营、产品质量、境外用工、知识产权、危机事件应对等法律类和政治类风险。自上而下地强化合规文化培育，增强合规意识，加大违规责任追究力度，为高质量项目执行筑牢筋骨。搭建主动防控型的法律管理工作体系，深度融入项目经营管理全寿命周期链条，对重要合同、重要决策、重要制度等关键环节做专业审核把关。协同业务部门强化对产业链上下游的掌控能力，持续由权益维护向价值创造转变，建立以预防为主的审计机制。

三、实施效果

中车长客股份公司坚持"市场为纲、效益为先"经营原则，建立以项目管理为牵引，以计划管理为中心，以内控和风险管理为手段，以平台部门专业管理为支撑，贯穿于市场开发、产品设计、制造和服务全过程的国际轨道车辆全寿命周期项目体系，有效满足了公司快速发展的需要，为全球客户提供高端轨道交通装备和全寿命周期服务项目管理。

计划管理系统建设有效地增强了快速交付和核心竞争力，解决了国际轨道车辆全寿命周期项目执行难、交付进度慢等突出问题，展示了企业形象，提升了用户的信任度和市场的美誉度，擦亮了中国制造亮丽名片。矩阵式项目风险管理模型的推广应用增强了企业抗风险和创机遇的能力，降低了项目风险支出，提高了项目利润。该项目所产生的社会效益和经济效益，部分可以量化计算，部分难以用货币估算。可量化部分主要包括直接经济效益、节约时间效益、费用压降、风险储备等，不可量化部分包括提升客户满意度、推进企业法治化进程、加速人才队伍培养和文化建设等。

（一）在社会效益方面

公司自上而下通过清晰的权责划分、科学的流程管理、工作重心前移与超常规操作以及信息化平台驱动四大机制，有效地提升了计划达成率，成为公司强执行力和法治文化建设的推手。

（1）通过系统性、平台化的项目管理模式建设，为国际轨道车辆全寿命周期项目的执行提供了支撑，既提升了效率和进度掌控力，又提升了用户的满意度，为新市场的开拓和传统市场的稳固奠定了基础。以美国波士顿项目、悉尼双层客车项目的成功交付为例，为日后洛杉矶、以色列、墨尔本地铁项目的中标提供了支撑。

（2）系统化的项目计划驱动和牵引作用、成熟的风险管理模式为公司专业化人才队伍的培养、契约文化的建设创造了条件，促进了公司跨国经营目标的实现。以美国波士顿橙线地铁项目在春田工厂如期下线为例，成功开启了跨国经营的新纪元，为后续市场订单的获取创造了良好条件。

（3）通过信息化平台的支撑，项目计划管理、矩阵式风险管理推动了公司法治化的进程，通过项目计划管理、风险管理驱动"依法治企"，为国际一流的轨道交通装备制造企业助力。

（二）在经济效益方面

公司通过项目计划管理体系和矩阵式风险管理驱动按期交付车辆，带来了直接的经济效益，包括销售收入的实现和人工成本、管理成本的双压降；在管理提升上带来了间接的经济效益和时间效益，包括专业人才队伍的培养和工作效率的提升。

（1）通过项目计划管理体系和风险控制，2019年公司海外各项目均如期交付业主，实现销售收入近20亿元，为公司跨国经营指数目标的逐步实现奠定了基础。

（2）通过项目计划管理体系的驱动作用，2019年售后服务人员压降19.18%，同比节约人工成本约840万元，售后服务费降低约300万元；通过矩阵式风险管理，降低风险储备使用额度，提升风险控制能力，按照降低风险储备发生额度的2%估算，年均降低风险成本约700万元。

（3）通过计划管理体系的运行，2019年培养专业的计划管理专家、风险管理专家11名，带来间接人才储备收入约330万元；通过信息化手段实现计划监控效率提升，由原来的"计划经理+专业经理"团队定期监控转变为系统动态监控预警，原来计划监控时间1.2小时/人·天，实施系统监控后计划监控工时0.2小时/人·天，年均节约时间效益约150万元。

（4）通过国际高端项目时间线管理体系的构建与实施，尤其是"6234"项目时间线管理体系管控下的多个国际高端项目取得了卓越的成绩：纽约地铁公司资格审查项目，经过严格的资质认证程序以及载客运营考核，获得了车体、系统集成、转向架等资格认证，最终获得了纽约地铁整车的供货资格；波士顿橙线地铁克服重重困难，最终交付合格车辆；以色列特拉维夫项目在严格的文件管理要求下，项目团队和时间赛跑，最终提前提交项目文件，超额完成项目销售收入；墨尔本和悉尼两个项目在严格的澳大利亚标准且相关方结构复杂的情况下，最终也实现了按期竣工。

因此，从各方面讲，"6234"项目时间线管理体系和矩阵式风险管理模型在国际高端项目管理中的应用既带来了可观的经济效益和社会效益，又为国际高端项目的执行创建了新的管理方法和实践，同时可以推广应用到各类企业的项目管理工作中，具有较强的指导性、操作性和可复制性。

主创人：王　锋　鲍玉军
参创人：孙晓琨　任向前　吴帆帆　唐　默　刘赢平　马晓冬　侯昆仑　李　可

"知·行"安全文化应用实践

陕西能源赵石畔煤电有限公司

前言

陕西能源赵石畔煤电有限公司（以下简称"赵石畔煤电"）位于陕西省榆林市横山区境内，是由陕西投资集团有限公司（以下简称"陕投集团"）旗下陕西能源投资股份有限公司控股，榆林市企业发展投资有限公司、陕西榆林能源集团有限公司参股，按照国家西电东输战略部署，以推进大型煤电外送基地科学发展精神为指导，以"陕电外送"为导向，以开发、建设、运营赵石畔煤电一体化项目为使命的陕西省属国有大型能源企业。一期工程两台百万千瓦高效超临界空冷燃煤发电机组已于2019年全面投产并进入商业运营，通过陕西榆横至山东潍坊1000kV特高压长距离输电线路，每年可向华北电网输送近110亿千瓦时电能，就地转化煤炭资源400万余吨，年产值达30多亿元。配套的年产600万吨煤矿及选煤厂已于2020年10月获得国家发展改革委核准，计划于2021年一季度开工建设，二期两台百万千瓦机组建设项目已列入陕投集团"十四五"规划。四台百万千瓦燃煤发电机组和配套年产600万吨煤矿全部建成后，赵石畔煤电将成为全国装机规模最大、煤电一体化集成度最高、经济效益和社会效益最好的西电东输煤电基地，必将对国家能源战略和能源安全发展起到良好的示范带动作用，也必将为陕西省经济社会发展提供不竭动力。

一、实施背景

近年来，在习近平新时代中国特色社会主义思想引领下，国家安全生产管理水平显著提升，制度体系日益完善，责任落实基本到位，创新能力明显增强，开创了安全生产新局面。但是，人们也应该清醒地认识到，在安全生产环境大幅改善、安全保障措施坚强有力的今天，生产安全事故依然无法完全杜绝。2015年天津港"8·12"瑞海公司危险品仓库特别重大火灾爆炸事故，2016年江西丰城发电厂"11·24"冷却塔施工平台坍塌事故，2019年江苏响水天嘉宜化工有限公司"3·21"特别重大爆炸事故，带给人们沉重的启示。随着国家经济进入高质量发展的新时期，生产领域发生着复杂而深刻的变化，如何处理好安全与发展的关系成为一个摆在全社会面前的重大课题。这些重特大事故和发生在部分企业的安全生产问题，直接原因在于企业职工安全意识的淡薄，根本原因则很大程度上体现在当事企业没有树立"生命至上，安全发展"的理念。

以人民为中心的发展理念决定了安全生产是必须全力抓好、没有退路的一项重大政治任务。推进安全生产管理创新和企业安全文化建设，将安全生产从制度推动的"强制安全"提升到文化引领的"自觉安全"，已经成为新时代负责任企业的当务之急。赵石畔煤电，作为一家担负"西电东输"重要任务的陕西省属国有大型能源企业，建设成为"国际领先、国内一流"的大型煤电一体化标杆，既是陕西省委、省政府的殷切期望，也是赵石畔煤电全体建设者、经营者的初心和使命。而安全文化建设，则是达成使命、不负重托的根本途径，也是赵石畔煤电迈向国际领先、国内一流企业的内生需求和必由之路。

为了进一步强化安全意识、筑牢安全防线、提升安全水平、营造安全氛围，使安全文化逐步融入员工的思想深处，不断激发员工的主动性、创新性、积极性，促进安全生产水平、安全生产形势持续稳定好转，赵石畔煤电自建设阶段就开始了企业安全文化建设的积极探索。如今，以党建文化为引领、以君子文化为土壤的赵石畔煤电"知·行"安全文化理念体系已然成为赵石畔煤电行稳致远、高质量发展的"根"和"魂"。赵石畔煤电在厚植党建文化、君子文化的过程中，把安全文化作为企业文化体系建设的基石和保障，把安全文化建设作为打造国内煤电企业标杆的强大引擎。安全文化在保障企业安全生产的同时，更能突破现有制度与执行层面所面临的瓶颈，最终成为催发企业发展与员工进步的有效力量。

二、内涵和主要做法

（一）"知·行"安全文化理念体系

在习近平总书记关于文化建设和安全生产重要论述的指引下，赵石畔煤电全体建设者、经营者经过长期实践，构建并践行了"知行合一·和衷共济"的特色安全文化理念体系。

1. "知·行"安全文化的精神内涵

"知"是决策层、管理层、执行层安全意识、安全态度、安全习惯、安全技能的综合体现。"行"是安全法律法规、安全生产管理制度、安全行为规范贯彻执行的具体表现。"知行合一"检验决策层决策可行，考察管理层管理实效，培养执行层执行自觉。

"知"是"行"之因，更是"行"之果。"知"是赵石畔煤电对安全生产客观规律的科学认知，包括对安全法律法规、安全生产管理制度、安全行为规范等方面的理解，内化于心，融入企业血脉，传承文化基因。"行"是"知"之果，更是"知"之因。

"行"演化为赵石畔煤电的制度载体、管理载体、环境载体、物质载体，融入决策层、管理层、执行层的自觉行为。

2.理念体系概述和核心安全理念阐述

围绕"知·行"安全文化主题，赵石畔煤电以"植于心、践于行、立于预、安于本"为核心安全理念，将"以人为本，生命至上，安全发展，防患未然"作为安全工作方针，力争实现"理念与规矩合一，自觉与呵护共济"的安全愿景。"知·行"安全文化以"安全三化"为根基，以"四大体系"为树干，以"八大要素"为枝叶，以"五五模式"为果实，以"君子文化"为阳光雨露。

（1）"植于心"

赵石畔煤电每一名员工都应将自身的安全承诺、安全责任铭刻在心，理解并真心认同企业的安全文化理念，并用其指导自己的言行。

（2）"践于行"

"君子有所为有所不为"，赵石畔煤电每一名员工都应知责、明责并且尽责，做自己该做的事，不做不该做的事，不制造、不传递、不纵容任何一个事故隐患。

（3）"立于预"

"君子以思患而预防之"，赵石畔煤电每一名员工都应意识到控制风险、避免事故的关键在于预防，要重视风险的预估、预测、预警，切实做好各项事故预防工作。

（4）"安于本"

赵石畔煤电通过推进安全技术促进设备设施和环境的本质安全，通过"安全三化"促进管理的本质安全，通过塑造有君子品格的本质安全人，构建本质安全组织，实现持续安全发展。

（二）"知·行"安全文化建设模式

1."知·行"安全文化以"君子文化"为沃土

赵石畔煤电安全文化深耕于陕投集团所倡导的"君子文化"，君子形象所代表的仁爱、正义、礼仪、诚信、尊重等传统美德，是赵石畔煤电安全价值观、安全道德观、安全责任观、安全行为观等理念的源泉。

2."知·行"安全文化以"安全三化"为根基

"安全三化"，即安全生产标准化、安全行为规范化、安全管理精细化。以安全生产标准化为基础做实生产安全管控，以规范化为标准做到全员习惯性遵章，以精细化管理为要求做好持续改进。"安全三化"是安全文化树的根，唯有扎深根基，才能生机勃发。

3. "知·行"安全文化以"四大体系"为树干

四大体系即理念体系、物质体系、制度体系和行为体系，它们分别代表着安全生产的精神、物质、体制和具体行动，是安全文化树的树干。"知·行"安全文化建设，科学务实的理念体系是内核，行之有效的载体体系是支撑。赵石畔煤电安全文化建设，重"知"，更重"行"，它以提升全体员工安全素养为核心，以五大载体为抓手，营造了"自上而下倡导，自下而上滋养"的安全文化氛围，为企业安全生产提供了重要支撑。

（1）制度载体建设

以国家、行业关于企业安全文化建设的指导意见、评价标准为准则，赵石畔煤电制定了安全文化建设五年规划和实施纲要，编发了安全生产责任制度、安全检查制度、安全绩效考核办法、相关方管理办法等一系列安全规章制度。制度建设的初衷处处体现以人为本的思想，时时呵护员工的安全与健康，追求作业环境的高标准，拓展员工参与安全管理的平台，广泛吸纳员工的安全建议。制度的形成，均经历了小组草拟、集体讨论、发布试行、反馈再修改的闭环模式，其中涉及全员的制度经过职工代表大会表决实施。制度在落实过程中，均要在公司、部门、班组安全活动中学习、宣贯，并置于"安全文化"手机 App 考评系统，采用培训宣贯、讨论学习等方式，使其根植于员工内心深处。最终，制度被员工自愿接受并自觉遵守，安全文化成为员工主动安全的软约束。

（2）组织载体建设

赵石畔煤电成立安全文化建设领导小组，下设办公室和工作小组，常态化开展安全文化建设工作。领导小组向下传递安全价值观，引领全员参与安全文化建设，向员工做出安全承诺，以实际行动兑现落实。公司、部门、班组召开安委会、安全例会、三级安全监督网会，始终将安全文化建设作为重要议题，使安全文化顶层设计向基层管理单位不断延伸。

行业安全文化建设的重点在企业，而企业安全文化建设的落实靠班组。赵石畔煤电班组安全文化建设特点是：将安全考核作为班组长、班组人员岗位晋升、评优的主要指标，班前通过测酒精度、测体温、量血压等"十加三"清单排查模式管控岗位人因风险，将三讲一落实、安全技术两交底活动固化于班组作业流程中，高密度设立班组安全文化宣传阵地，使安全文化充分融入基层员工思想意识中。

（3）环境载体建设

在推行"7S"管理和安全可视化的基础上，赵石畔煤电制定了生产现场精细化管理标准，要求生产现场按照"定置、编码、标识、看板"四项技术以及"整理、整顿、清扫、清洁、安全、素养、节约"的"7S"要求进行规范管理。开展无尘锅炉房活动，输煤设备安全文明整治行动，厂区美化全员义务劳动，全员义务植树活动。开发应用干部走动式管理信息化系统、员工岗位价值精细管理信息化系统、全面预算管理系统、安全环保信息化管控系统、物资采购招标系统、智能点巡检管理信息化系统、两票管理信息化系统，让信息化为安全文化、安全管理赋能，探索从全面风险管理到隐患排查治理，再到两票作业应用的数字化、智慧化电厂建设路径。

（4）物质载体建设

赵石畔煤电不拘泥于传统的安全教育培训手段，引入了事故体验VR（虚拟现实）系统，将受限空间、高处坠落、机械伤害等行业频发的事故，用虚拟的场景展现，使员工有受教兴趣、有切身体会，增强风险防范意识。为了克服远离城市、医疗条件差的不利环境因素，引入医疗救援直升机，以最快捷的方式与榆林、西安等地医院开辟的绿色救援通道对接，并加强应急救援演练，最大限度减小事故损失。

（5）传播载体建设

为加强"知·行"安全文化的宣传，赵石畔煤电建设了文化长廊，开设了图书室、读书角，开发并不断完善了"安全文化"手机App的安全资讯和分享功能，进一步拓展了安全文化的传播空间。编制下发了包括理念体系、论文汇集、故事荟萃、书画摄影在内的安全文化系列丛书，拍摄安全文化建设宣传片和安全公益广告等，尽最大努力向员工诠释安全理念，使其入脑入心。采取领导定期参与班组安全活动、部门主要领导长期挂靠班组指导工作、师带徒老带新的特色安全文化传播机制，使"知·行"安全文化成为全员文化，让安全基因得到传承。

4."知·行"安全文化以"八大要素"为枝叶

八大要素是指提炼理念、总结体系、教育先导、培训塑人、规范养成、和谐环境、动态预控、精细管理。它们萌发于理念体系、物质体系、制度体系和行为体系这四大体系组成的粗壮树干，使安全文化树枝繁叶茂，实现人、物、环、管的和谐统一。

（1）提炼理念

安全生产理念就是企业员工在长期的生产实践中经过不断的探索、积累、总结逐步形成的关于安全的理性观念。理念对人的行为有着潜移默化的作用，可以说是人的行为的方向盘。正确清晰的安全理念对企业的生产实践有着至关重要的意义。

（2）总结体系

安全管理和安全文化是一个有机的系统，一定要从系统论的角度出发，超前规划、有效组织、善用资源，综合采用各种手段，使之形成体系，并适时总结体系、形成模式，推动安全管理、安全文化的整体进步。

（3）教育先导

育人亲情为本，关爱生命至上。坚持教育先导，采取以情感人、以情服人、亲情育人的情感融化方法，组建立体式、全方位的安全教育网络，使单位、家庭、亲朋形成合力，引导员工认识教育是对自己的关心、关爱、关怀，使员工牢固树立"我要安全、珍爱生命"的自觉行为意识，安全不是为了别人，是为了自己，为了家庭幸福。

（4）培训塑人

培训提高素质，实践练就本领。教者"诲人不倦"，为提升员工的素质而教；学者"学而不厌"，为自身的发展而学。注重理论学习与实践训练相结合，力求培训的科学性、时效性，使员工更新理念、拓展知识、提升能力，培育知识型、创造型员工，塑造懂安全、要安全、能安全的本质型安全人。

（5）规范养成

自律改变习惯，自觉贵在养成。自觉的安全行为，是每个员工应该具备的基本素质，是行为规范的外在表现。在生产实践中，养成良好的学习、工作习惯，做到学习兴趣化、工作学习化、生活快乐化。严于律己，系统思考，做到事前自觉、事中自律、事后自省，真正达到安全工作自律、工作安全自觉。

（6）和谐环境

营造零缺陷的三维空间。环境是机、物的表现形态。机、物的状态在生产过程中是千变万化的，机、物的稳定状态是人、机、环境和谐的前提和基础；环境的状态是保证安全生产的重要因素，是实现安全生产的重要保障。

（7）动态预控

未雨绸缪则稳，防患未然即安。物的静止状态是相对的，物的状态变化是必然的，物的状态微小变化难以觉察，对静态的物要有充分的认识和预知。凡事预则立，不预则废；凡事预则安，不预则危。在事物有可能发生变化之前，超前防控，使物始终处于零缺陷的状态，确保物态的长期稳定。

（8）精细管理

精细管理要求做细做实每一件事。管理是一种责任，责任是分内应做的事。责任有着丰富的内涵，存在于我们生命的每一个岗位。责任是一种客观需要，也是一种主观追求；是自律，也是他律。我们应该基于自己的良知、信念、觉悟，自觉自愿地履行责任。没有责任心，再安全的岗位也会出现险情。员工的健康幸福源于每个人责任的落实和企业的长治久安。

5."知·行"安全文化以"五五模式"为果实

赵石畔煤电安全文化最终结出的硕果——"五五模式"，即实现"五无三控"安全生产目标，建立"五个安全管理机制"，构建"五道安全管理防线"，制定"五个安全质量标准"，形成"五字安全管理方法"。

（1）实现"五无三控"安全生产目标

"五无"是指无一般及以上人身伤亡事故，无一般及以上生产事故，无一般及以上工程建设事故、交通事故和其他安全事故，无一般及以上环保事件，无火灾事故；"三控"是指控制机组非停发生次数，控制一类障碍发生次数，控制二类障碍发生次数。

（2）构建五道安全生产防线

即构建以专职安全监督部门为主，"六位一体、齐抓共管"的安全组织防线；增强防范意识、提高防范技能的安全自我防线；管理、监督、检查、考核、奖惩的安全制度防线；自觉监督、自主监督、相互监督的安全监督防线；从"要我安全"到"我要安全"的安全思想防线。

（3）建立五个安全机制

即建立逐级分解签订安全责任书和承诺书的责任机制，全员安全责任追究机制，员工"三违"和事故责任的追究机制，提高员工安全技能和安全知识的教育机制，全员安全绩效考核的激励机制。

（4）制定五个安全标准

生产现场精细化管理标准，要求生产现场按照"定置、编码、标识、看板"四项技术要求进行规范管理；生产现场"7S"管理标准，要求生产现场按照"整理、整顿、清扫、清洁、安全、素养、节约"的标准进行管控；员工安全行为和操作标准，要求员工养成安全行事的良好习惯；安全生产标准化绩效评定及考核管理标准，要求常态化开展安全生产标准化动态达标活动；危险因素辨识与风险评价管理标准，实现对企业生产管理中危险源的有效控制。

（5）形成五字安全方法

"五字"就是"想、会、要、重、保"，即增强员工安全意识，促使员工"想"安全；提高员工安全技能，促使员工"会"安全；重视安全质量管理，促使员工"要"安全；加大安全监督力度，促使员工"重"安全；重视生产设备维护，促使员工"保"安全。

（三）"知·行"安全文化交流与传播

1.编发安全文化系列丛书

赵石畔煤电安全文化系列丛书一套四册，为安全文化理念体系、论文汇集、故事荟萃、书画摄影。它或阐述安全文化理念体系，或论述安全生产管理模式，或讲述员工及家人安全故事，或展现生产生活场景，或图说陕北风土人情……

安全文化理念体系由几则身边的案例为引子，引申出赵石畔煤电安全文化建设的重要意义，论述了"知·行"特色安全文化建设路径和载体成果，系统完整表述了核心安全理念、安全愿景、安全方针、安全目标、安全观念、安全承诺和安全行为。该分册论述的安全文化可见、可感、可用，内涵丰富，外延广泛，图文并茂，易于传播，具有较强的指导性和操作性。

安全文化论文汇集了赵石畔煤电领导层和各部室干部员工对于安全生产的所见所闻、所思所想。内容有涉及安全文化建设的，有涉及安全生产管理的，有涉及生产技术创新的。不少文章可谓论述精辟、深有见地，为企业、部门、班组安全管理开阔了思路，指明了方向，极具参考价值。全书体现了安全是技术，安全是管理，安全是文化，安全是责任；诠释了管生产必须管安全，管业务必须管安全的实践做法。

安全文化故事荟萃了赵石畔煤电一线员工对于生产安全、生活安全的理解。其表现形式灵活，综合运用了寓言、诗歌、书信、记叙文等多种文体，题材选取广泛，涵盖了家国情怀、长辈嘱托、亲人关爱、现场管理、疫情防控，说的都是身边的人，讲的都是身边的事，读来感人肺腑，发人深思。在陕西省应急管理厅组织的2020年度"我家的安全故事"主题征文活动中，赵石畔煤电《安全是温暖人生的爱》《离家最近的距离是安全》获得优秀作品二等奖。

安全文化书画摄影中的作品，表达了陕投集团及赵石畔煤电员工对企业发展的期盼、对美好生活的向往，示范了安全行为，记录了人生感悟，给思想以触动，给灵魂以震撼。它们契合生产、贴近生活，它们立意深刻、功底扎实，它们大气磅礴、璀璨夺目，它们隽秀飘逸、轻灵洒脱，它们使人升华思想、陶冶情操、振奋精神！

文化需要传播，传播需要载体。通过这些入脑入心的安全文化活动，通过安全文化系列丛书的媒介作用，其作者因积极探索、深入思考而领悟深刻、受益匪浅，其读者因认真研习、广泛借鉴而厚积薄发、开拓进取。"知·行"安全文化已深深植入赵石畔煤电每一位员工的心中，不断发挥着夯实安全基础、筑牢安全防线的强大力量。

这些作品来自赵石畔煤电广大员工的笔下，有着深厚的群众基础，是真实的、有生命力的。诚然，部分文章语言功底有待加强，个别作者写作能力尚需提升，一些管理思路仍可拓展。但毋庸置疑的是，赵石畔煤电安全文化系列丛书的编发，真正实现了增强广大员工安全意识、转变安全态度、养成安全习惯、践行安全行为的目的。

2.召开安全文化交流会

2020年8月21日，西北电力安全文化建设交流现场会在赵石畔煤电召开。在本次盛会上，发布了西北电力安全文化建设倡议书；知名安全文化学者根据自己的研究成果，结合电力行业安全生产特点，以企业安全文化评价与建设为主要内容做了全面生动的主题演讲；与会代表参加了安全文化现场体验观摩活动；赵石畔煤电等五家电力安全文化建设先进企业代表进行了交流发言；举办了电力安全文化沙龙活动。企业家们的经验分享，专家学者们的互动交流，使现场会气氛热烈，高潮迭起。本次安全文化交流会，有以下两个显著特点：

一是交流现场会涉及范围广，各单位重视程度高。参加本次会议的人员，既有来自北京的国家能源局相关领导、高校专家学者，也有来自陕西、宁夏、青海电力企业的相关代表，还有来自《中国能源报》、《中国电力报》、陕西广播电视台及《陕西日报》等媒体的朋友，嘉宾云集、高朋满座。陕西、宁夏、青海的35家主要电力企业相关负责人与会，其中陕投集团、黄河公司等大型电力企业的董事长、总经理亲自到会，基层企业的参会热情也非常高，都有现场观摩学习安全文化建设先进企业经验的意愿，由于接待能力和新冠肺炎疫情防控需要，大会组织者拒绝了不少企业参会要求并且减少了一些企业参会人员数量。这也充分说明大家对于开展电力安全文化建设工作的高度认可和树立先进典型对做好电力安全文化建设工作的重要意义。

二是交流会议程安排紧凑，内容充实，成效显著。会议发言、体验观摩、文化沙龙等多项活动，务实而不平淡，信息量大，参与度高，充分发挥了活动信息发布、政策宣贯、沟通交流的作用。现场观摩活动形式多样，内容丰富，主题鲜明，充分展现了各参展单位安全管理特点和安全文化建设成效。特别是地空联合应急救援演练和安全管理精细化"三述两清"百人方阵展示活动，充分展现了陕投集团及赵石畔煤电对安全文化建设的高度重视，成果丰硕。安全文化建设先进企业的交流发言和文化沙龙上各种思想的碰撞，使所有与会代表兴致盎然、受益匪浅，一些企业领导已将交流会所形成的经验和做法带回去发扬光大。

（四）"知·行"安全文化建设的成果

大道至简，务实为本。赵石畔煤电"知·行"安全文化追求质朴有效，追求认真执着、持之以恒的务实精神。在安全文化建设过程中，赵石畔煤电从以下两个方面延伸了建设成果。

1.确立了全员对安全文化的信仰

对于安全文化建设来讲，建立员工安全信仰至关重要。赵石畔煤电长期致力于建立全员安全信仰，以预防事故为目标，将安全文化建设深入企业生产经营内部，使决策层、管理层、执行层认可并接受安全文化核心价值理念，拓展安全认知。为提升全员对"知·行"安全文化的信仰，赵石畔煤电全员统一思想、统一认识、统一行动，以培养、教育、演练等多种方式，让安全文化建设真正服务于广大员工，让全员体会到安全文化氛围，并在心理上接受并认可安全文化，相信好的安全文化能够避免事故发生，促使员工从被动安全向主动安全转变。

2.外委单位践行了"知·行"安全文化

首先是把好"五关"，即源头选择关、安全培训关、现场监督关、思想教育关、业绩评价关。其次是"属地"管理，即班组管理的延伸，等同对待，对其安全工作统一组织、统一协调、统一管理，统一监管。其次是文化延伸，持之以恒地将企业安全文化理念渗透到外委单位中，交流互鉴、携手共进。最后是将"安全三化"贯彻到项目外委单位安全管理中，夯实安全基础、推进安全管理，使外委单位同步践行"知·行"安全文化。

三、实施效果

短短五年时间，赵石畔煤电双机高质量完成168小时试运行，获得全国安全文化建设示范企业、陕西省安全文化建设示范企业、安全生产标准化一级达标企业、陕西省文明单位、陕投集团和榆林市安全生产先进企业等荣誉，连续安全生产1800余天。这些成绩的取得，得益于"知·行"安全文化理念体系的创建，不仅是全体员工践行"知·行"安全文化的结果，更是公司以安全文化助力安全生产、安全发展的初心和使命。

（一）"知·行"安全文化的创建和实践，促进了赵石畔煤电安全生产管理水平的整体提升

1.极大地改观了安全生产管理基本面貌

在"知·行"安全文化引领下，赵石畔煤电各生产部门持续开展厂容厂貌治理工作。2020年度，累计消除基建遗留痕迹1100多处，累计制作标识看板5万余块，使一个刚诞生的电厂的面貌焕然一新。安全文化元素在厂区文化长廊、主厂房、集控室、行政办公楼等处可见可闻、可知可感。

2.全面地健全了安全生产管理体制机制

在"知·行"安全文化引领下，赵石畔煤电安全生产管理形成了双重预防、应急管理、事件管理的事前、事中、事后三大管控程序，真正做到了将风险控制在隐患前，将隐患排查治理控制在事故发生前。

在"知·行"安全文化引领下，安全生产责任得到有效落实，安全生产监督体系和保障体系得以正常运转，各自职责定位更加精准，安全生产保障能力和监督效果有效加强。

（二）"知·行"安全文化的创建和实践，激发了赵石畔煤电干部职工干事创业的热情

（1）每一位赵石畔煤电的访客，都有一个基本认识，即赵石畔人精神风貌好、干事创业积极性高。不论傍晚还是深夜，总有灯光在办公楼中亮起，总有员工穿梭于厂区与生产区之间。他们为了完成工作放弃休息，加班加点，不计报酬。

（2）赵石畔煤电的每一位工作人员，都有着崇高的责任心，对于上级的工作指令，落实的速度成为员工互相比较的指标；对于存在的问题和不足，彻底改进成为员工追求的荣誉。甘于奉献、追求卓越的企业文化成为每一位赵石畔人的精神标签。

（三）"知·行"安全文化的创建和实践，带动了赵石畔煤电外委单位本质安全的协同发展

外委项目单位最开始很不理解赵石畔煤电的安全文化，认为赵石畔人较真刻板，过分追求细节，考核过于严厉。但是，行业领域外包单位频发的安全生产事故案例，一次次触动着人们的神经，赵石畔煤电针对外委单位安全生产管理的薄弱环节，开展的相关方价值评估和失信黑名单制度得到了外委单位的普遍认可和执行。在"知·行"安全文化的引领下，赵石畔煤电各部室针对外委单位安全生产中存在的问题开展了"安全约谈"以纠正错误，各外委单位持续举办"安全夜校"活动以弥补其从业人员素质普遍不高、业务技能普遍较弱的不足。

（四）"知·行"安全文化的创建和实践，引领了西北电力行业安全生产管理的新发展模式

1. "知·行"安全文化已成为一张亮丽的名片

赵石畔煤电通过安全文化示范企业创建、安全文化现场交流会承办，使"知·行"安全文化成为一张亮丽的名片并广泛传播在西北电力行业之中。短短一年时间，先后有30余家兄弟单位来到赵石畔煤电参观、交流、学习、共享安全生产管理和安全文化建设经验和成果。

2. 管理人员和技术骨干受邀参与其他企业安全文化建设展示和评价

（1）2020年度，陕西省安全生产协会举办了企业安全文化建设培训班，赵石畔煤电受邀介绍安全文化建设经验。

（2）2020年度安全文化示范企业评选活动中，赵石畔煤电安全文化建设者受邀进行陕北片区安全文化建设考评工作。

四、结语

"知·行"安全文化无时不在，无处不在。每一个人，从进入赵石畔煤电的那一刻起，工作、学习、生活、成长中的每一分、每一秒都浸润在"知·行"安全文化之中。"知·行"安全文化是赵石畔煤电的全员文化，它已渗透企业生产经营中的每一个环节，厚植于企业发展规划、经营风格、管理机制、干部员工的生产生活，已成为企业文化体系建设的基石和保障。它甚至已经走入每一名员工的家庭，走入社会，点亮了更多人的安全信仰之光。"知·行"安全文化，对于稳步前行的赵石畔煤电，是文化、是品牌、是效益，更是未来发展的核心竞争力。

在以习近平同志为核心的党中央的坚强领导下，随着改革的不断推向深入，国有

企业将迎来一个更加理性和更加科学的时代，赵石畔煤电将以更加饱满的精神状态，继续发扬"甘于奉献，追求卓越"的企业精神，将安全生产工作逐步从管理单项驱动向管理、文化双向驱动迈进，打造安全文化建设示范高地，在向社会贡献电能的同时，将"知·行"安全文化发扬光大，助力企业、行业安全发展。

　　主创人：王　栋
　　参创人：吴智乾　要振华

建筑安装企业数字化转型实践探索

甘肃省安装建设集团有限公司

前言

当前，企业面临全球经济下行压力，生产运营成本持续上升，尤其在新冠肺炎疫情影响下，构建甘肃省安装建设集团有限公司（以下简称"安装公司"）科技信息核心竞争力，多措并举助推安装公司高质量和可持续发展显得尤其重要。

安装公司信息数字化发展以习近平新时代中国特色社会主义思想为指导，全面落实习近平总书记视察甘肃重要讲话和指示精神及省委、省政府决策部署，同时立足安装公司实际情况，抓住新一轮科技与产业革命的战略机遇，坚持创新、协调、绿色、开放、共享的发展理念，统筹推进"五位一体"总体布局，牢固树立新发展理念，坚持绿色化保障、信息化支撑、数字化驱动，在企业管理创新中，引导各项活动提质增效，通过精细化管理和标准化建设，强基础、补短板，不断增强企业的软实力。

一、企业简介

安装公司隶属于甘肃省建设投资（控股）集团有限公司（以下简称"建投总公司"），创建于1958年8月，注册资本12342万元，是经国家住房城乡建设部核准的施工总承包一级企业。

公司是一家多元化、综合性施工单位，具有机电安装工程、市政公用工程、石油化工工程、电力工程、房屋建筑工程施工总承包及钢结构工程专业承包一级资质；具有水利水电工程、冶金工程施工总承包及消防设施工程专业承包二级资质；具有特种设备（锅炉）一级安装、改造、维修许可证，特种设备（压力管道）GA1乙级，GB1（含PE专项）、GB2（2）级，GC1级安装改造维修许可证；承装（修、试）一级电力设施许可证。同时，取得了安全生产许可证，通过了质量、环境和职业健康安全管理体系认证。

公司下设甘肃省工业设备安装有限公司、甘肃省第二安装工程有限公司、甘肃省西部电力建设工程有限公司、甘肃省弘丰水利水电工程有限公司、甘肃精工劳务服务有限公司等10家独立法人子公司和锅炉、市政、环保、消防、水利水电、电力建设等二级专业生产经营单位。公司年施工能力50亿元以上，现有职工1165人，中高级职称专业技术人员550余人，一、二级建造师288人，配有各类专业技术人员。公司施工能力和技术力量雄厚，依靠技术优势和科学管理，立足甘肃，辐射全国，发展海外，承揽了大批机电安装、市政、电力、矿冶、钢结构、环保、化工石油、水利水电、光伏发电、风力发电、民用建筑等行业领域工程项目的施工，施工足迹遍布全国20多个省、自治区、直辖市。

六十多年来，安装公司以优良的工程质量、用户至上的服务品质、良好的社会信誉，得到了建设单位和社会的广泛赞誉，连续多年被省、市工商行政管理局评为"守合同、重信用"企业，承建的工程项目多次荣获省级"建设工程文明工地"及建设工程质量奖项。特别是近几年来，公司以科技为先导，着力提升企业核心竞争力，科技创新水平有了新的提升，多次荣获"石油优质工程金质奖""甘肃省建设工程飞天奖""中国安装工程优质奖（中国安装之星）""中国电力优质工程奖"等质量奖项，并连续多年荣获"甘肃省建筑业诚信企业""全国安装行业先进企业"等荣誉称号。

二、信息数字化建设背景

（一）建筑企业信息数字化驱动因素

施工企业的规模不断扩大，但市场竞争越来越激烈，利润空间不断被压缩，时有潜亏项目。工程项目管理需要多方参与，涉及处理和协调项目成本、质量、安全、进度、材料等多个方面。对于大型、复杂的工程，在管理过程尤其是施工过程中任务重、工期短，涉及的行业多、专业多、交叉作业多，因此仅依靠传统的手工管理很难实现预期的工程目标。信息数字化可以直接决定工程项目管理水平，在工程项目管理中充分利用计算机技术、网络技术、数据库等在内的科学方法对信息进行收集、存储、加工、处理，并辅助决策，便于提高管理水平、降低管理成本、提高管理效率。

（二）安装公司企业发展战略需求

信息数字化是企业实施发展战略必需的支撑平台。一流的企业必须拥有一流的信息基础设施和应用系统。安装公司高层领导深刻认识到只有提高管理水平，在一个集成的信息系统平台上进行业务运作，才能实现集约化资源管理和生产经营，从而加强安装公司功能建设和集中管控，在竞争的环境中争取更大的市场份额，在行业中脱颖而出。

对于施工企业而言，要对企业运营情况实施全方位的监管，如客户关系管理、风险管理、项目注册、合同管理、物资管理、质量管理、安全管理、产值管理、竣工管理等多维度的管理。

（三）安装公司信息传递速度及共享的需求

近年来，随着企业规模的不断扩大，人员的频繁流动，业务量的增加，业务区域范围的拓宽，传统模式的管理方式已无法满足日益发展壮大的企业需求。孤立、滞后和传递缓慢的信息成为生产、经营、决策和提升管理的瓶颈，这些都对安装公司的管理提出了新的要求。

三、信息数字化建设目标

2017年年初，安装公司将信息数字化建设列入近几年来的重点项目。由于该项目是一项长期而艰巨的系统工程，涉及企业战略、组织、市场、制度、文化创新等方方面面的内容，项目实施人员借鉴了国内行业先进的管理思想，运用现代科技方法和手段，以规范各项管理制度为抓手，在项目的实施中不断总结、完善和优化，以期大力提升企业管理水平，降低企业运营隐性成本，积累企业宝贵的数据资源和管理经验，使安装公司成为行业信息数字化实施的先锋队。

四、信息数字化建设规划

安装公司信息数字化建设遵循"速赢""长效"兼顾的策略，力争使其真正服务到安装公司主营业务，将信息数字化建设与企业愿景和发展规划相结合，在具备基础条件的基层公司逐步规划，集成信息，对企业管理的提升和促进发挥积极作用。

（一）项目建设思路

项目建设的基本思路是：制订并执行从项目计划、实施到验收等一系列管理办法；坚持先安装公司机关、试点单位制定标准模板，然后再推广，确保建成统一的信息系统；坚持采用规范的项目管理方法。按阶段确定里程碑，按计划组织实施，严格控制项目注册、客户供应商管理、合同管理、产值管理、成本、质量、安全和财务风险管理以及开竣工管理和物资管理等多维度管理，在项目实施中各方进行广泛、深入、密切合作，以项目管理为主线。

（二）项目总体规划

信息数字化建设的需求是基于企业的长远目标，与企业的发展密不可分，特别是信息数字化建设的规划，要依赖于企业的价值取向，通过对企业关键业务流程进行优化和整合，分析企业运作过程中存在的问题，从而进一步整合资源，确定企业信息数字化的需求。

项目遵循"总体规划、突出重点、分步实施、尽快见效"的原则，对传统意义上的启动、计划、执行、控制、收尾5个项目流程进行细化，将信息数字化建设过程分为：项目准备、项目启动、现状调研与需求分析、系统设计、系统配置与测试、数据准备与用户培训、系统上线7个主要阶段（如图1所示）。

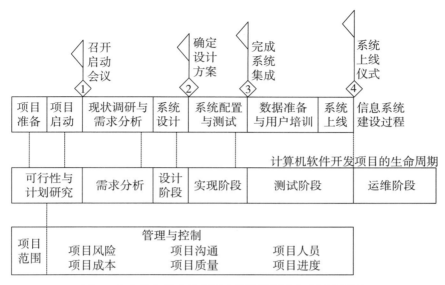

图1　企业信息数字化项目实施阶段划分与主要里程碑

五、信息数字化实施过程

安装公司加大信息数字化培训和宣传工作力度，从管理和技术服务层面提高员工对信息数字化重要性的认识，从管理层面和服务层面提高企业的信息数字化素养，促进信息技术和管理深度融合。以持续强化运维管理和信息安全管理为主导，确保数字化高效、稳定、安全运转。

经过几个阶段工作，建成架构完整的集成化信息体系，为安装公司各层级的发展提供数据支持，进而提升公司管理水平，实现公司人财物的高效整合，提升公司竞争力。安装公司信息数字化的精准管理主要体现在以下三个阶段：

第一阶段2017—2018年：实现软硬件配备齐全，建立完善的组织体系，完成了业务调研、项目蓝图、架构建设、协同办公、人力资源等模块上线。

第二阶段2018—2019年：实现合同管理、项目管理、资源管理、成本管理、资金管理、财务管理、税务管理和各大平台的建设工作。

第三阶段2020—2021年：实现无纸化办公、大数据展示平台、集采平台、智慧工地等工作。

工作流程呈现系统化、规范化、科学化，提高了安装公司、工程公司及各下属单位的综合管理能力和水平，从而发挥信息数字化系统优势，提高企业的经济效益和核心竞争力。

（一）项目组织保障

2017年年初，经过安装公司领导班子决议，安装公司全面准备综合项目管理信息数字化建设工作，成立了安装公司信息数字化建设项目领导小组。项目小组由安装公司科学技术部牵头负责信息数字化实施工作及整体建设节点把控；由安装公司各部室、工程公司确定信息数字化联络员，各项工作责任到人，为项目整体建设提供有力的人力资源保障。

（二）项目建设范围

综合项目管理信息数字化系统实施方案，范围涵盖OA（办公自动化）协同办公、HR（人力资源）、项目、客户关系、合同、发票税务、物资、资金、成本等管理及柔性平台的17个套件下的多模块，后期有集采平台、劳务实名制和智慧工地等规划和实施计划。

（三）项目建设内容

安装公司通过对17个部室进行调研，通过集体讨论、个别访谈的形式询问相关业务人员、沟通主要业务，梳理流程，划分确认上线信息数字化业务。目前，已梳理安装公司制度139项，有效运行审批流程131项，平台上单日运行流程达400条以上，表1为平台某日有效运行流程数量。

表1 平台线上日流程数量

流程类型	数量	业务内容
办公流	16	成立安全领导小组、成立项目小组等各类发文
审批流	58	开票申请、增值税预缴单、跨区涉税报告申请、印花税管理、薪资数据审批、会议室申请等
业务工作流	329	招标文件审核、收入类合同结算、专项施工方案、施工项目明细、物资档案审批、项目部入库流程、支出类合同结算、合同付款流程、生产完成快报、承兑汇票申请书、机关和工程公司报销单等

安装公司建立了六大管理平台：协同办公平台、人力资源平台、投标分析平台、合同管理平台、财税资金管理平台和成本分析平台。

（四）项目建设进度及验收管理的主要流程

项目进度的监控过程主要包括项目准备阶段、蓝图设计阶段、蓝图实现阶段、系统运行阶段、验收交付阶段和应用优化售后阶段等，如图2所示。

在项目实施过程中，根据实际情况可将现状调研与需求分析和系统配置与测试两个阶段集中沟通，进行验收，项目验收管理的主要流程如图3所示。只有与业务结合才可以体现设计方案的合理性、先进性和可操作性。

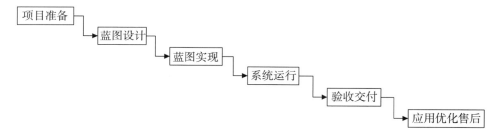

图2 安装公司信息数字化项目进度监控过程

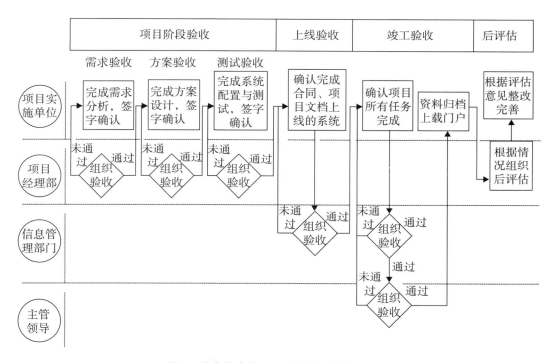

图3 信息数字化项目验收管理的主要流程

六、信息数字化建设的实例

（一）协同办公平台

1.建设前状态

2017年以前，企业是通过内部聊天工具或者纸质版公告等来实现信息的发布和传阅的，这样的信息传递有安全问题，也有传递不及时、信息不详、时效性差的问题。

员工的工作量无法被统计和直观的表达，任务分配也较难。基层公司办理业务时间长，地域限制明显，职责分工不明晰，会出现业务办理互相扯皮现象。

2.建设思路及方法

全面梳理和规范业务流程，确保部门间的任务合理分配，信息可以在流转中实现共享，员工可以互相提醒和交流。每个人可以在电脑端和手机App端看到自己的任务情况、其他环节办理情况和流转记录，权责清晰，一旦出现问题有据可依。

3.建设后效果

安装公司协同办公模块中"新闻公告"等模块的展示，加强了安装公司、工程公司在办公业务操作中的联系，使各组织、各层级之间新闻公告达到信息共享和数据交换，确保了数据收集的完整性和准确性，从而提高了工作效率。2019年度安装公司新闻公告发文通知统计如表2所示。

运用协同办公模块线上办公，业务管理者可以随时随地进行信息的发布，收阅者即时阅览和办理，从而提高企业管理运行效率和执行力。"资产管理"模块增加了固定资产增加业务审批、机动车辆维护保养费用申请、固定资产及办公设备购置申请等功能。

表2　　　　　　　　　　2019年度安装公司新闻公告发文通知统计

新闻公告类型	统计数量	新闻公告类型	统计数量
对外报道	29	工会团委通知	1
安装公司党办发	1	基层动态	2088
安装公司党发	47	公司文件	1
安装公司党发函	2	公司要闻	644
安装公司发	67	收文查阅	3
安装公司工发	6	通知公告	109
安装公司函	191	信息化建设	2
安装公司纪要	1	行业动态	1
安装公司离退部函	16	学习园地	197
安装公司发	3	政策文件	10

（二）人力资源平台

1.建设前状态

工资发放、员工信息管理等作为人力资源管理日常性的工作，往往要持续占据管理人员大量的时间，人工操作不仅效率低下，而且容易出错。同时，因为缺乏有效的技术手段，一些基础信息的统计不能被有效分享和传递。

2.建设思路及方法

安装公司与工程公司集中对话平台的建立，打破了地域和差异化管理模式的限制，实现了业务之间无缝衔接，满足了安装公司管控需求。

公司建立完善的人事信息管理平台，将所有人员信息集中管理，如个人信息、工作信息等，并且能够对信息进行快速的查询与统计分析。

公司建立企业内部人才库，结合企业对人力资源的管理要求，对现有人员信息快速筛选，建立与岗位相匹配的人才库，从而实现企业对人才的培养和选用的。

公司借助信息数字化管理工具，将人力资源管理者从日常繁杂的事务中解放出来，从而有更多的精力进行绩效考核、战略薪酬体系搭建等更高层次人力资源管理工作。如图4所示，所有员工均可在线上请假，这样保证了信息的留存，也加快了审批流程，大大节约了业务人员和审批人员的时间，为管理决策做了数据支撑。

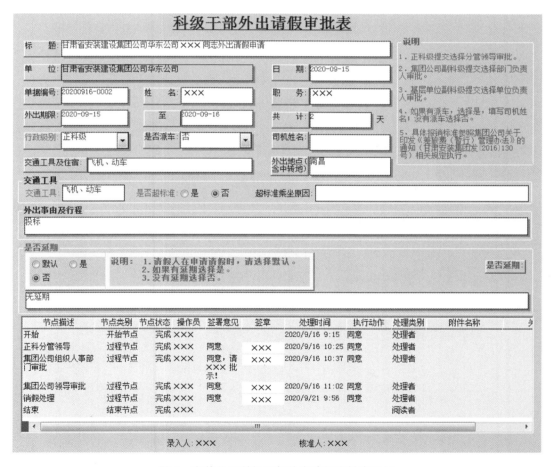

图4　安装公司科级干部外出请假审批表示例

3.建设后效果

安装公司采用先进的技术手段使人力资源建设呈现三个层次的效果：第一，实现人力资源管理业务之间的数据共享；第二，实现上下级单位之间的业务协同；第三，为企业高层管理者提供决策帮助。图5是对安装公司员工年龄的统计，图6是员工异动类型统计，还有其他指标数据不再赘述。

合计	小于等于30岁	大于30岁小于等于40岁	大于40岁小于等于50岁	大于50岁
1165人	465人	253人	227人	220人

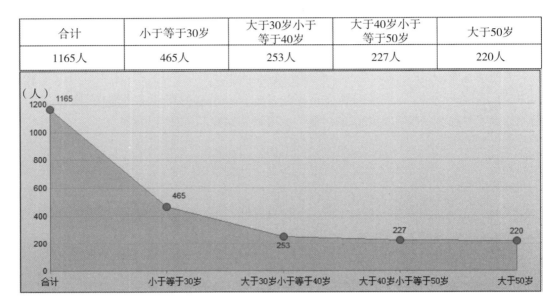

图5 安装公司员工年龄区间统计

序号	异动类型	数量
1	任职异动	229人
2	离职异动	136人
3	退休异动	41人

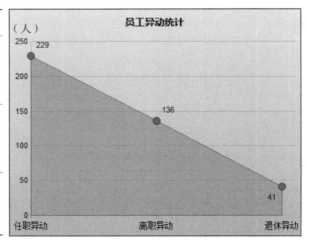

图6 安装公司人员异动统计

建立组织机构、人事信息及变动信息的快速处理与传递平台，将现有流程优化并固化，确保组织机构、人事信息的及时、准确和有效。

安装公司现有的报表系统，内容可根据年度、季度等查询条件来查询和填报，如表3所示。

表3　　　　　　　　　　　　　　人力资源系统报表内容

报表名称	报表内容
薪资查询台账	岗位工资、工龄工资、补贴合计，职称，养老、医疗保险、公积金，失业保险、大病互助、个人所得税等
部门（科室）工资台账	岗位工资、工龄工资、住房补贴、午餐补助、补贴合计、职称和证件分项等
薪资未上报单位名称	按照年月查询
省属企业劳动用工和收入分配查询报表	职工人数、劳务派遣及外协人员等
内部劳资统计报表	从业人员、劳务人员、工人、干部等
省属企业各公司查询台账	省属企业劳动用工和收入分配各公司查询台账
单位从业人员和劳动报酬统计台账	名称、期末人数、本季平均人数、累计平均人数、本季劳动报酬和生活费、累计劳动报酬和生活费
内部劳资查询台账	年度、季度内部劳资统计报表

（三）投标分析平台

投标管理是施工企业发展的根基，是做好项目管理的第一步。投标分析平台围绕招投标业务，提供供应商信息、投标信息、标书编制、标后分析等内容，以实现投标信息数字化、规范化，降低企业的运营成本。对投标单位进行分析时，将公司年度经营指标作为基础数据表，将总体指标以及分解各单位指标导入，然后与投标数据进行关联，形成指标与承揽任务完成情况，以及各公司指标以及承揽任务完成情况对比，如图7所示。

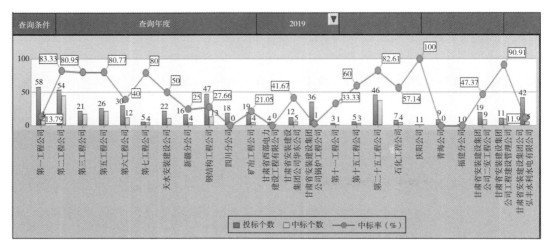

图7　工程公司投标中标情况对比分析

（四）合同管理平台

合同是企业对外开展业务的主要依据、凭证，合同管理水平是企业综合管理水平的集中体现。合同管理不是简单的要约、承诺，而是全方位、全过程的动态管理，合同行为贯穿于企业管理活动的始终，如何管理好合同，经常是困扰管理者的难题。若人工管理合同，涉及部门多、信息分散，存在效率低下、管理成本高、信息汇总难、进度控制难、风险提示缺乏等诸多问题。因此，安装公司实施合同管理系统集成管理方案。

合同管理平台的建立促进了企业合同管理规范化、系统化；合同业务流程相对固化，保障了管理制度的全面落实与执行；为企业节约了管理成本，将管理人员从繁杂的手工劳动中解放出来，节约了人力成本，减少了资源投入；通过信息数据共享，实现数据集成，避免了不必要的重复劳动与投入；为企业提供强有力的信息数据支持，全面促进了企业营销、采购、制造、财务等领域管理水平的提升。

合同明细查询可按照时间周期查询合同评审金额、合同签订金额、合同变更金额、合同结算金额、合同收票金额（开票）、资金支付金额、剩余金额、前面指标累计金额。

（五）项目管理平台

1.建设前状态

信息数字化建设项目的实施，是企业内部管理模式的优化完善和升级，但是建立在原有信息不对称、信息孤岛和权责不匹配的基础上，会对企业原有工作人员的管理模式和权限带来一定的挑战。加之员工固有的工作惯性、对新鲜事物的排斥心态，以及有些员工知识和技术的能力差等，使信息数字化在实施的过程中难免会存在潜在阻力和障碍。问题一旦出现,就可能出现"快船触礁搁浅"的局面。

2.建设过程

安装公司领导高度重视、带头使用信息数字化平台,成立了信息数字化领导小组。领导小组定期或不定期召开推进会,各职能业务部门分工配合,充分发挥团队的合力,主动出击,起到带动和推动作用。

在试点项目应用基础上,公司逐步完善了项目系统,包括招投标、成本、客商、合同、产值、材料设备、质量安全等项目管理的各项职能,并在安装公司上下推广使用,取得了一定的成效。

3.建设后效果

项目管理平台建成后,危险源辨识、安全检查、目标管理、质量检查、竣工管理、生产报表、专业分包、成本计划等项目建设稳步推进,强化了项目管理的科学性和有效性,确保项目处于可管可控状态,为下一步合同结算、发票管理及成本管控等做准备。

项目管理中的技术服务协议的评审、备案、变更和结算,施工组织设计、专项施工方案等已全面实施无纸化办公。

质量安全主要是分析检测的汇总数、检查合格项、不符合项、合格比例分析,也可根据需要条件指标进行各项明细查询。

(六)成本管理平台

1.成本管控流程

成本主要涉及收入、支出两大指标,将其链接到支出的人、材、机等明细项,再将人、材、机分析表链接到原始业务单据。图8是成本管理流程的缩略图。

2.成本管控做法

项目作为成本管控的源头,是成本各项指标管理的重点。不论项目大小,必须按照人、材、机、间接费用进行预算成本的上报。结算数据不能超过预算成本。实际成本按月进行归集,建议分级管理,大项目必须进行成本细分。前面四流合一推进实行起来,成本管控水到渠成。

项目管理有项目信息录入、WBS目标任务分解、CBS库建立;合同收入确定录入、计划成本录入、目标成本录入;物资档案维护、仓库建立及仓库初始化、班组建立,采购入库、班组领料、生成盘点单、物资消耗过账;实际成本的专业分包、劳务分包、其他支出合同、其他实际成本;通过成本归集生成预算成本与目标成本、预算成本与实际成本、目标成本与实际成本的"三算"对比。

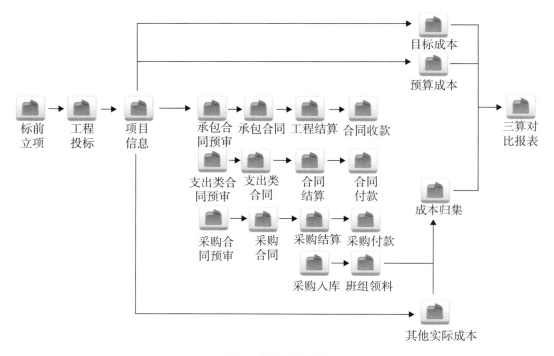

图8　成本管理流程

从技术层面来看，主要是信息数字化实施组人员进行辅导，可以集中培训、分时间段到项目或者工程公司进行信息数字化专项辅导；领导管控层面需要进行各部室及各单位、各项目信息数字化应用考核，以此推动信息数字化应用的成果范围扩大。成本管理平台的应用，使公司真正实现了以项目管理为中心，进度为主线，成本管理、资金管理、物资管理、合同管理为核心的管理模式，从而帮助企业提升管理能力，提高效率，降低成本。

（七）财税资金管理平台

财税资金管理平台的建立，可以固化开票流程，提高工作效率，为项目及时开具发票、及时取得拨款提供保障，有效防范虚开发票所导致的税务风险。安装公司财税资金管理平台涵盖销项发票分析、进项发票分析、合同付款发票分析、抵扣转出预缴附加分析、跨区涉税报告和各单位往来分析六大部分。

经过完善合同信息，归集资金的收支，可以看出单体项目完整的成本管理归集。

业务层面的主要思路是通过资金支出倒逼签订合同过程和合同结算的标准化和规范化。同时发票扫描后与合同进行匹配，发票与结算关联，实现四流合一。这个阶段是企业管理的一个痛点，如今通过这个平台可以倒逼企业业务规范化、项目管理标准化和业务人员素质的提升，同时需要财务部门与安全生产部门及公司领导行政力量持之以恒地推行。

（八）信息数字化数据管控

信息数字化系统建设是基于原有信息、集成各模块形成各大平台的管控，使得多头各项数据达到一致性，通过统一的应用平台来实现数据的管理和使用。根据诺兰模型的6个阶段，安装公司先后经历了单项应用、多项应用、集成应用、统一应用和全面应用的过程。

安装公司租用了阿里云存储服务器和专有网络的应用服务器，从灵活性角度来看，可随着业务量扩容或提速，不仅节能性好，还具有良好的生态效益和经济效益。

七、信息数字化建设成效

（一）内部成效

自2017年，安装公司进行了项目主体的成本管控、加大了财务风险的防范、加快了企业管理标准化的进程，实施了精细化管理和数字化运营等措施，更加清晰了企业管理理念。

1.促进了管理的科学化

实现了信息与知识的即时共享，加强了各层级沟通与协作，突破了办公地域限制，实现了移动办公，提高了工作效率和质量。实现了公文流转的电子化，形成了健康、积极的文化氛围，增强了企业的凝聚力。

信息数字化建设项目的实施为安装公司管理的科学化提供了极好的时机。随着信息数字化建设项目实施工作的深入，安装公司原来业务与管理流程中存在的较多问题逐渐暴露出来，并逐步得到解决，形成了信息数字化与管理科学化相互促进的良性循环。

2.提升了项目精细化管理

项目管理从招投标、项目信息、合同签订、项目实施、项目检查、材料出入库、报产报量、项目结算、项目收付款和开具发票等各模块的应用，初步形成合同流、资金流、信息流等项目全寿命周期的管控模式，将项目的被动监管转为主动监管，降低了管理成本。

3.降低了数字经济下的财务风险

基于目标成本的预控推进了业财资税与实际成本的控制，自动成本预警、发票跟着付款走、付款跟着结算走、结算跟着合同走、业财资税信息共享提高了业务部门与财务部门的横向协同，提升了业务的数据质量。围绕生产经营和资金成本等企业管理核心业务，进行信息系统集成。系统集成后的企业管理信息，不仅可以纵向传递，还可以横向流动（同级组织和部门间）。

4.提高了管理决策的正确性，缩短了决策周期

信息数字化综合管理平台的实施为安装公司提供了企业管控的工具和手段。首先，改变了人工统计方法，全部采用计算机统计，使数据的准确性大大提高；其次，快速的信息处理，使数据的及时性得到了保证；最后，信息数字化工程提供了集成的网络环境和先进的通信手段，方便了决策者对公司运营状况的整体把握。

5.带给企业显著的经济效益

大大减少了办公开支，降低了管理成本。节省了时间，节约了纸张，节约了电话费及审批文件产生的额外支出，减少了各层级工作的差错率，提高了整体工作效率。2019年安装公司财务状况得到了根本性改变，职工工作积极性和生活水平得到了很大提高，企业凝聚力不断增强，销售收入从2018年的28.55亿元增长到38.17亿元，增加了近10亿元。

6.培养了人才队伍

培育了自己的信息数字化建设队伍，提升了企业管理和信息数字化建设水平、组织管理能力和技术力量，对企业的管理业务流程进行了全面和认真的梳理。信息数字化建设项目实施过程中，员工及时获得大量信息，有助于有逻辑地、辩证地和系统地思考问题，保证了员工的创造性思维得以在良好的工作环境中孕育，增强了团结意识和大局意识。

（二）外部成效

安装公司信息数字化系统在建投总公司信息建设中位于前列，其基础数据库、基础信息被建投体系兄弟单位广泛引用。安装公司信息数字化工作在甘肃区域内处于领先地位，多家单位到访进行信息数字化观摩。外部贯标专家对安装公司信息数字化予以肯定。这极大提升了安装公司企业形象及企业核心竞争力。

信息数字化系统是一个融合业务流程、业务数据、信息资源、业务人员的高度集成化和自动化的管理平台，实现了在基础信息层次上的科学管理和综合运用，同时也实现了业务运作层次上的规范管理和高效运作。该系统还融合了公司管理体系、组织结构、管理矩阵、供应链、企业战略整合，既实现了业务流程的固化和优化，又实现了数据科学统计分析、企业科学战略决策、企业管理和战略相结合的全面管理，增强了企业核心竞争力，使与之合作企业的各项业务得以顺利开展，对整个行业的信息数

字化发展起到榜样作用。

八、信息数字化实施效果及展望

近年来，安装公司着力推进信息化治理体系，不断以信息数字化建设来驱动企业转型升级，利用信息数字化手段解决管理难题，提升管理效率和水平，改善员工工作环境，企业管理实现了"智"的飞跃。信息数字化在安装公司发展中具有里程碑意义，对企业有着"革命性的影响"。信息技术对深化企业管理、创新人才培养模式、提高管理服务水平、提升企业综合竞争力有着重要的支撑作用。从粗放走向精细是企业管理成熟的表现，也是一个行业、一个社会发展的必经之路。

在公司领导看来，企业管理的信息数字化的目的不仅是设备上的投资和技术上的更新，更是要通过这些设备投资和技术更新，最终形成以数据和信息为中心的企业管理模式，实现从"业务信息化"到"管理信息化"的转变，把信息资源作为企业的最大财富，把数据分析作为企业决策的第一要素，最终让数据和信息在企业管理中发挥基础性作用。

信息数字化、BIM（建筑信息模型）技术、大数据的应用等新技术的高度融

合汇通以及项目精细化管理，将是企业有序推进深化改革、转型升级、高质量发展的最大动力。

主创人：雍晓强　安玉军　石福国
参创人：王强兵　欧阳超英　陈彦飞　周　强　卢　稳　来云浩　张生奎
　　　　王小珍　张彦杰　李玉东

基于"互联网+"人力资源管理创新实践

中国铝业集团有限公司

前言

党的十八大提出了"坚持走中国特色新型工业化、信息化、城镇化、农业现代化道路，推动信息化和工业化深度融合、工业化和城镇化良性互动、城镇化和农业现代化相互协调，促进工业化、信息化、城镇化、农业现代化同步发展"的重大方针。

党的十九大再次提出"加快建设制造强国，加快发展先进制造业，推动互联网、大数据、人工智能和实体经济深度融合，在中高端消费、创新引领、绿色低碳、共享经济、现代供应链、人力资源服务等领域培育新增长点、形成新动能；支持传统产业优化升级，加快发展现代服务业，瞄准国际标准提高水平；促进我国产业迈向全球价值链中高端，培育若干世界级先进制造业集群"的战略布局。推进"互联网+"新经济形态，已成为我国深化供给侧结构性改革的战略选择。

中国铝业集团有限公司（以下简称"中铝集团"）积极响应党中央号召，贯彻中央关于从严治党、从严管理干部的精神，落实中央巡视组和中央组织部选人用人专项工作组要求。为此，中铝集团人力资源部加快推进人力资源管理信息化建设，努力提高人力资源管理业务集约化、标准化和规范化水平。

一、实施背景

中铝集团着眼于建设具有全球竞争力的世界一流有色金属企业，立足国内面向海外，积极整合国内资源，加快开拓全球业务以及广泛的产品组合。依法进行国有资产的投资和经营管理；铝土矿采选，铝冶炼、加工及贸易；稀有稀土金属矿采选，稀有稀土金属冶炼、加工及贸易；铜及其他有色金属采选、冶炼、加工、贸易；相关工程技术服务。

近年来，随着中铝集团业务不断扩张，经营环境快速变化，现有人力资源系统功能与实际业务需求的差距越来越大，人力资源管理工作不断面临新的挑战。具体表现为：没有统一的人力资源管理平台，人力资源统一调配难度大、效率低；没有自顶向下贯穿的人力资源业务系统，人力资源管理理念、政策难以贯彻到底；没有实现全部用人用工管理信息化，决策数据手工上报获取效率低、准确度低；没有标准一致的业务流程运行平台，业务开展标准不统一，报表准确性、及时性不够，难以事前事中监督；没有实现人力资源办公流程电子化，核心和骨干人员工作效率不易保障，拖累全局效率；没有设立员工自助平台，政策宣传、意见收集、个人信息查询更新效率低、效果差，人力资源服务能力提升困难。

为缩小差距，扭转局面，更好地支持中铝集团"十四五"规划和国有资本投资战略布局，人力资源部以供给侧结构性改革为主线，创新应用"互联网＋"人力资源管理的科技理念，提出了在集团范围内，分阶段有计划地实现全部用人用工管理信息化的总体目标。

二、实施目标及主要内涵

（一）实施目标

（1）全局目标：标准统一、流程规范、资源共享、信息全面。

（2）总体目标：在大力开展人力资源管理科技创新，努力提升以人力资本价值为主要内容的人力资源管理业务核心能力的同时，通过综合应用云计算、大数据、移动互联等现代信息技术，以原型系统为依托，采用以用户体验为核心的迭代式研发，在中铝集团内选择一批人力资源管理业务能力较强的单位作为试点，逐步对全级次单位集中和集约化整合，形成中铝集团全级次信息化覆盖的功能布局，从而大幅提高人力资源管理业务系统整体效率、效益和效能，以达到提升人力资源管理业务整体管理能力的目的。

（3）主要内容：建成全集团统一的人力资源标准业务和数据平台，实现人力资源数据和流程标准化，消除数据孤岛和资源壁垒，拓宽各层级有效管理范围；建成自顶向下穿透各层级的业务系统，减少管理扭曲；实现全部用人用工管理信息化，支持集团各级人力资源业务分析和管理监督；制订人力资源主要业务流程模板，在集团总部、各板块公司本部、直属单位实施，向下属企业推广；建立自顶向下贯穿的报表数据收集体系，避开过程中全部人为干扰因素；主要办公流程在线上运行，提高核心团队效率；实现公司移动门户上人力资源公共政策查询、问卷调查、个人信息自助等功能；减少各层级事务性工作，进一步推动集团人力资源整体效率提升。

（4）各板块公司本部目标：落实集团总部目标，制定执行策略，在执行层面组织本部实施，指导下级单位实施。

（5）直属单位目标：落实集团总部目标，制定执行策略，具体实施。

（6）下属企业目标：落实集团总部和各板块公司本部目标，在上级指导下完成推广模板个性化修订，在操作层面实施推广。

（二）"互联网＋"人力资源管理的内涵

1.创新："互联网＋"人力资源管理核心概念

"互联网＋"是新概念，有较丰富的内涵，其中依托互联网、利用信息技术开展业务创新是共识。在全球新一轮科技革命和产业变革中，互联网技术已经普遍运用到各行各业，传统的人力资源管理模式已不能满足新时代的发展需求，很多企业人力资源管理都正朝着"互联网＋"模式转变，使得人力资源管理变得更加高效、科学、合理。

"互联网＋"大数据分析应用于人力资源管理是基于思维模式的转变，"互联网＋"人力资源管理是把互联网的创新成果与人力资源管理深度融合，通过大数据分析、数据挖掘等技术，将"互联网＋"创新能力融入人力资源管理当中，推动人力资源管理的效率提升，激发组织活力，推动组织竞争力提升。

2.快速迭代："互联网＋"人力资源管理的核心思路

"天下武功，唯快不破"。面对不断高涨的管理创新需求和日新月异的新技术，没有哪个管理思路、哪种技术方法能一劳永逸，也没有哪项措施能解决所有问题，只有见招拆招、快速迭代才是解决问题的核心思路。

"互联网＋"人力资源管理核心思路同样是通过快速迭代，不断试错纠错，保持和发展业务创新能力，为企业增强核心竞争力持续提供动力。

在实践中，实际用户体验是快速迭代的最重要的工作依据和来源。中铝集团在"互联网＋"人力资源管理系统建设过程中，也根据自身情况，建立了以实际用户体验为核心的快速迭代机制。

三、"互联网＋"人力资源管理的主要做法

（一）抽调人力，组织搭建

成立中铝集团人力资源管理系统项目领导工作组（以下简称"工作组"），在工作组下设专业组、技术组、保障组。人力资源部结合中铝集团人力资源管理系统、项目建设等短期工作任务实际情况，分别从中铝集团人力资源体系内外抽调50多名优秀员工，这些抽调人员既对人力资源管理的某个或多个模块有深入了解，同时又有IT背景或从业经历。然后将这些专业人员充实到专业组、技术组中，组建起人力资源管理系统项目团队（如图1所示）。

在专业组、技术组内，按照组织人事管理、薪资考勤管理、合同管理、绩效管理、人力OA、员工自助等模块，组成3~4人的专业模块组，每位专业模块组成员都是该专业模块的资深从业者或专家。即把人力资源管理系统项目建设的总体目标分解到各个

专业模块组，转化为每位专业模块组成员的具体任务，使每位专业模块组成员都明确具体的责任和工作分工，让他们清楚必须完成哪些工作，对谁负责，是谁向他们分配工作并对他们进行管理，进而使专业模块组成员之间、专业模块组之间各项工作得以相互配合，把不同的任务有机地协调和配合起来，形成分工协作体系，提高效率和工作质量。

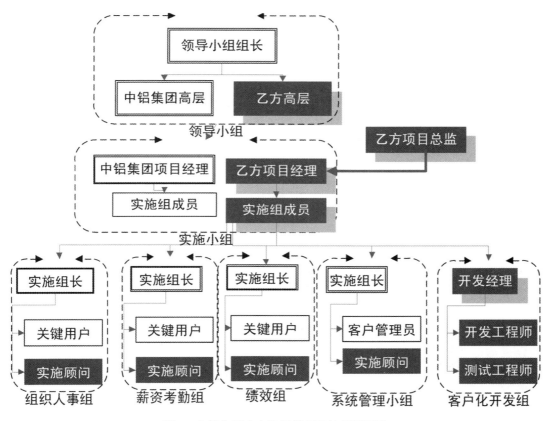

图1 中铝集团人力资源管理系统项目团队

这种根据不同任务建立和管理的柔性团队人力资源管理模式，较好地调动了企业人力资源管理业务骨干的工作积极性，提高了组织的效率，同时也培养了一批既懂人力资源管理业务又懂人力资源管理系统的复合型高素质专业人员。这批人员返回到原工作岗位或组建新的团队，能够迅速成为各企业人力资源管理体系中的核心人才。

（二）"互联网+"管理，标准先行

标准是信息化建设成功的最佳发力点，世界顶级的标准铸造出来的是世界一流的系统。要保证人力资源管理信息化建设的规范化和可持续发展，就必须坚持"标准先行"的理念，发挥标准的引领作用，从制高点上确立"互联网+"人力资源管理发展的质量要求。按照总体目标和主要内容要求，工作组讨论分析了技术和方法，进行了内、外部调研，并邀请中铝集团内、外部人力资源管理专家、学者和咨询机构，对梳理出的业务流程进行论证、分析，进而形成一套适用于中铝集团全级次的人力资源管理标准业务流程。

按照《中共中央组织部全国组织干部人事管理信息系统信息结构体系标准》（以下简称《信息结构体系标准》）的有关要求，《信息结构体系标准》分为信息群、信息集、信息子集与信息项四个层次，包括人员管理、单位管理、组织管理、专项业务工作管理等5个信息群、87个信息集、29个信息子集、112个信息项，是全国组织系统信息化管理工作和应用软件工作的统一标准。因此，中铝集团在《信息结构体系标准》的框架之下，根据形成的标准业务流程，运用互联网、数据挖掘、知识发现相关技术，搭建适用于中铝集团人力资源管理体系的系统架构、设计标准内部调用接口、统一底层数据存储标准，使得人力资源相关业务数据按大数据思路深度融合，发挥大数据分析作用，发现更多人力资源服务新规律。主要做法如下：

（1）梳理形成标准的人力资源管理业务流程。根据总体目标和主要内容，各专业模块组成员利用访谈、引导式研讨会、头脑风暴法、德尔菲技术、SWOT分析法等方式进行外部调研，以及内部讨论和沟通，梳理相关业务需求，在组内形成初步的标准业务流程（包括但不限于工作流、审批流等）。然后让其他专业模块组用逆向思维的方式对当前业务流程提出问题，并讨论业务流程的可行性，当可行性不强时，专业模块组成员会将业务流程推倒重来，重新梳理和设计；当可行性强时，将业务流程提交到工作组。

结合人力资源工作实际，工作组邀请中铝集团外部咨询机构，中铝集团二级、三级单位人力资源部负责人，以及对人力资源业务有深入了解的专业骨干人员，对收集并梳理出的业务流程进行再论证、再分析，进而形成一套适用于中铝集团全级次的人力资源管理标准业务流程。

（2）梳理形成适用于中铝集团的统一信息结构体系标准。按照《信息结构体系标准》要求，将中华人民共和国行政区划代码、中国各民族名称代码、人的性别代码、婚姻状况代码、健康状况代码、政治面貌代码、高等院校本科/专科名称代码、学科分类代码、中华人民共和国学位代码、专业技术职务代码等相关信息以指定的统一标准纳入系统建设中，从而形成标准的业务流程和标准的系统数据，指导"互联网＋"人力资源管理系统的建设工作，同时注重新技术应用可行性，以新技术的有效应用完成信息化建设。

（3）将相关信息数据采集录入系统标准。制定《组织、人事、合同、人员信息采集规范说明书》，按照既定标准形成组织采集模板、人事采集模板、合同采集模板、人员信息采集模板，并通过统一标准的人员信息采集系统录入。其中人员信息采集系统是按照《信息结构体系标准》及系统内部逻辑进行校验，当校验不通过时，系统提示并将提示信息回写入采集模板中，采集人员打开采集模板核对并修改后重新上传；当校验通过时，采集的相关信息直接进入正式系统。

（三）统一规划，敏捷研发

按照形成的适用于中铝集团全级次的人力资源管理标准业务流程，并根据中央组织部发布的《信息结构体系标准》要求形成的数据结构标准，规划搭建中铝集团统一且唯一的人力资源业务标准平台、数据平台、流程平台，全面建立线上业务有规可依、有据可查的运行机制，全面实现"数对人头、发对工资"的项目建设目标，实现"总额、定员"双控目标，支持全集团人力资源管理精准决策。

将组织管理、人事管理、人员合同、薪酬管理、考勤管理、请示发文（含干部发文）、流程应用、权限应用、业务报表，按照统一的标准要求规划设计，让各模块之间数据联动、业务联动，最终形成统一的顶层规划设计方案。

采用敏捷的研发方式，以统一规划方案为依托，构建以用户需求、用户体验为核心的快速迭代机制，循序渐进地推进"互联网+"人力资源管理系统研发。在统一规划方案之下，将项目切分成多个子项目（模块），各个子项目的成果经过测试，具备可视、可集成和可运行使用特征。换言之，就是把一个大项目分解为多个相互联系但又可独立运行的小项目，通过不断迭代，保证各测试模块里新功能的正确性。在版本发布前的最后冲刺阶段，使用"车轮战"的形式，即调集测试人员、开发人员等全面参与测试，将这些人员分为若干个小组，每个小组分别对系统进行测试，对传统的瀑布开发模式进行微调，引入一些螺旋开发模式的优势特征，解决瀑布模式迭代速度上的弊端，并保障原有的质量，提高开发效率和响应能力。基于统一规划和敏捷开发，中铝集团"互联网+"人力资源管理系统实现了开发中使用、使用中开发，形成了效率质量兼顾的良好局面。

（四）集中部署，分步实施

随着中铝集团管理水平和信息化水平不断提高，按照中铝集团"集约化、扁平化、专业化"的管理要求，在中铝集团总部集中部署"互联网+"人力资源管理系统，以集团、二级、部分三级、部分四级单位为上线应用组织单元，覆盖中铝集团全级次单位，形成"集中部署、四级应用、全级次覆盖"的业务格局，建立扁平化的业务体系。梳理入转调离到干部管理、请示发文等全流程并进行优化调整，截弯取直，实现集中统一管理的标准化和数据流程的集约化。

"互联网+"人力资源管理系统集中部署正式进入试运行阶段。该系统严格按照正式生产系统管理，人力资源部、信息化管理部制定了系统业务管理办法、系统运维管理办法，所有操作严格按照系统业务管理办法、系统运维管理办法执行。

按照前期严格的项目管理和文档管理要求，对每家企业的总人数进行统计分析，并根据每家企业子项目实施团队中每人的工作量，对人员信息采集、审批流采集、权限采集、薪资配置等模块进行科学计算，形成了针对每家企业实际情况的系统实施标准化方案。各企业按照实施标准化文档开展工作，标准化文档中制定了针对每家企业总人数预计参加工作的人数，具体包含参与"互联网＋"人力资源管理系统实施的人数，每人每天开展哪些工作、具体工作内容、开展到哪个时间节点等。项目总体分为三期，一期从2016年到2017年年底，完成中铝集团总部等25家单位正式上线运行；二期截至2018年9月底，完成"互联网＋"人力资源管理系统在集团全级次单位上线，构筑"集中部署、四级应用、全级次覆盖"的业务格局；三期截至2020年6月底，完成"互联网＋"人力资源管理系统在集团全级次单位人员信息自助维护功能，所有统计报表自动底层抓取，助力人力资源从业者从繁杂的日常重复性工作中进一步解脱出来。具体分步实施情况如下：

一期：2016年，围绕人力资源管理标准业务流程及《信息机构体系标准》的要求，中铝集团与浪潮集团联合研发，采用以用户需求、用户体验为核心的快速迭代机制，循序渐进地推进"互联网＋"人力资源管理系统研发。于2017年12月31日前完成中铝集团总部、各板块公司本部及试点推广企业共计25家单位正式上线运行。

上线运行模块功能包括组织机构管理、人事管理、薪资管理、绩效测评、考勤管理、员工自助、人力资源OA、业务报表、权限管理、上报报表及其他必要功能。

一期约有46000人的数据进入"互联网＋"人力资源管理系统，自助用户数约12500人、人力资源业务用户数约489人。同时，在一期项目的实施过程中，进行了大量敏捷式开发，积累了比较丰富的实施和研发经验。

二期：2017年12月，中铝集团围绕贴合业务实际，在促进业务规范化、标准化方面做了大量工作，为了适应体制，将"互联网＋"人力资源管理系统从初期建设、试点推广转向全面推广，于2018年9月30日实现集团全级次单位正式上线运行。

上线运行模块功能包括组织机构管理、人事管理、薪资管理、绩效测评、考勤管理、员工自助、人力资源OA、业务报表、权限管理、上报报表、高级查询及其他必要功能。

二期约有110000人数据进入"互联网＋"人力资源管理系统，自助用户数约50000人、人力资源业务用户数约1200人。同时，在二期项目的实施过程中，在一期项目基础上继续进行了大量敏捷式开发，也进一步积累了更多的实施和研发经验。

三期：2019—2020年，中铝集团根据业务实际与系统的运营效果，在原有成绩的基础上又对业务流程规范和标准做了大量优化工作，实现了集团全级次单位人员信息自助维护功能，所有统计报表自动底层数据更加准确，人力洞察和高级查询更加快速和便捷，进一步提升了人力资源管理效能，对加快中铝集团人力资源管理转型升级进程具有重要的现实意义。

四、"互联网＋"人力资源管理的实施效果

首先，通过实施"互联网＋"人力资源管理系统，从根本上扭转了各单位各独立系统之间信息无法共享的局面。按照干部管理权限，系统相应的功能模块的信息只能在规定的权限范围内被调用，所有的信息由各单位专人进行维护，从而保证了信息及时、准确、安全地录入和使用。其次，"互联网＋"人力资源管理系统，除了具有人事管理、薪资管理功能，还包括组织机构管理、绩效测评、考勤管理、员工自助、人力资源OA、业务报表、权限管理、上报报表、高级查询等功能，已形成与真实业务紧密贴合，较为完整的人力资源管理信息化体系。在这个相对完整的体系中，不仅使复杂的跨级别的职能操作变得简便快捷，而且由于数据能够及时更新，管理者可以通过报表对各方面的情况全面掌握。最后，通过实施"互联网＋"人力资源管理系统，实现了人性化员工服务。员工可以在移动端办理和查询个人相关业务，如查看薪资明细、请假管理、用印申请，借用户籍卡等；通过经理服务（高级查询、人力洞察、绩效打分等），高层管理者可以在网上查看企业人力资源配置，进行人力资源工资成本分析，了解重要员工的状况，掌握员工绩效情况等；各部门综合职能处室经理（直线经理）可以在网上管理自己部门的员工，如在授权范围内修改属下员工的考勤记录、审批休假申请等。

中铝集团"互联网＋"人力资源管理系统历经四年的时间，由50多人组成的团队日夜奋战，终于建成。该系统的实施，促进了中铝集团全级次单位之间的信息共享，简化了入转调离等业务流程，降低了人力资源管理成本，推动了人力资源管理能力提升，加快了中铝集团人力资源管理转型升级进程，激发了中铝集团"互联网＋"人力资源管理的变革动力，在人力资源管理上进一步提升了中铝集团的核心竞争力。

下面从四个方面分享"互联网＋"人力资源管理的实施效果：

（一）管理创新

（1）"虚拟子项目＋模板化实施"方法。2018年中铝集团必须在9个月内完成100多家单位、十几万人上线，常规惯例建设方法需要一年半到两年时间。为此，人力资源部在方法上大胆创新，按单位划分虚拟子项目并行上线，并制订全套标准化实施模板以控制实施质量。最终提前两个月圆满完成任务。

具体内容：制订各单位上线总体计划，在总体计划基础上制订针对各单位上线的日计划。根据每人每天大约可以完成15本人事档案信息录入的工作量，再结合各企业员工的总人数、人力资源管理系统的上线时间节点、各企业人力资源从业者的人数等多个维度因素综合考量计算，形成各企业人力资源管理系统上线的日计划。日计划中包含组织数据采集、职位数据采集、子项目经理培训、人员信息采集、工作流、审批流、最终用户培训、薪资录入等工作安排，如几月几日开始工作，几月几日结束，需

要多少人等。各单位并行推进，保证各单位按计划上线。

（2）创新应用"互联网＋"人力资源管理模式培养集团内训师。通过"互联网＋"人力资源管理系统，创新应用培训讲授制度，从关键用户中选拔一批既懂业务又懂人力资源管理系统的专业人员，让他们成为中铝集团内部不可或缺的人才，发挥内训师"传帮带"的作用，让内训师成为带领本单位人力资源从业者在学中用、在用中学的"老师"。

（3）线上360度测评。针对传统绩效评估中如选票问卷的印制、手工分发、回收以及统票等既重复又低效的问题，如今通过"互联网＋"思维与人力资源管理深入融合，实现了网页端和移动端360度测评，这既大幅提高了工作效率，又切实加强了绩效评估的有效性及科学性。在集团级会议和调研中，工作量由几天压缩到几小时，工作效率的提高突破了隐形的阈值，一些难以开展但又急需的集团级调研活动相继启动，将对集团管理产生深远的影响。这种测评方式不但推进了人力资源管理体系和管理能力现代化，同时让管理方式更加人性化。

（4）自动抓取一手基层数据的统计报表。这种便捷操作改变了传统业务的工作模式，实现了管理上的创新。传统统计分析工作需要下发通知，逐级传达落实；基层企业统计的数据，需逐级上报，向上反馈。整个过程效率低下、数据准确性不高。在依托中铝集团"互联网＋"人力资源管理系统后，各层级企业在人力资源管理平台上实现了自动抓取基层数据，自动生成统计报表，彻底将人力资源从业者从繁杂且重复性的统计工作中解脱出来。同时，建立了十分便捷的集中监督渠道，在现有机制下既可自动获取数据，又可有效监督。由于近年来业务重心不断前移，管理层对不干扰业务的监督需求有所增加，所以监督是否有效会持续引起管理者关注。

（5）无纸化办公及线上归档。所有审批、请示和发文等流程全部实现线上办理，人力资源部基本实现了无纸化办公；所有审批流程、请示和发文全部在线上归档，实现一键查询、一键导出等功能，基本解决了繁杂的事务性工作，大大提高了工作效率。

（二）技术创新

（1）业界首创"动态更新干部任免审批表"。干部信息数据质量一直是国有企业人力资源部的工作重点，且随着国家越来越严格的选人用人要求而不断提高。为此，中铝集团自主设计了"动态更新干部任免审批表"，实现了静态信息自动抓取，动态数据在流程驱动下自动更新的功能。此项技术为业界首创。

（2）标准化数据采集工具。由于人力资源业务标准化程度较低，集团化企业各成员业务差距很大，不同层级对业务概念理解参差不齐，因此在信息化建设中数据采集质量很难满足要求，修订又费时费力。为此中铝集团主导设计开发了相关工具，将大量校验前置，在信息导入系统前就将大部分低质量数据过滤掉。

（3）全员工资自助查询。这种操作改变了传统纸质工资条的模式，员工可在系统上（移动端）实时自助查询工资的详细内容，同时也可以设定时间段统计工资各项内容的总额。基于移动端的设计符合人性化设计思路，员工个人能够方便地查询工资发放情况。

（4）对组织机构和人员查询。利用"互联网+"的大数据思维和方法，既可以实现人员结构化数据的查询，也可以实现人员的非结构化数据查询，这样就实现了人员数据全文分析和搜索。可使用组织机构名称、员工姓名、出生年月、毕业学校、所学专业、现任职级、政治面貌、家庭成员、婚姻状况、籍贯、参加工作时间、奖惩情况等结构化和非结构化信息进行多项任意组合模糊查询。

（5）人力洞察。人力资源从业者可以通过人力洞察，对企业人力结构（性别、年龄、学历、工龄、婚姻、员工类别等）进行分析，对入职、离职进行分析，及时掌握人力流动状况，从而便于对集团人力资源进行管理。

（三）直接管理效益

（1）提高工作效率。传统的统计工作，需要组织大量的人力物力，往往耗费几天的时间才能统计出所需的报表。中铝集团自从使用"互联网+"人力资源管理平台后，可以实时快速地实现统计分析功能，将原来需要多人3～5天时间完成的工作，在几分钟内就能完成。

（2）降低人力成本。传统的干部考察工作，特别是集团的中高层干部选拔任用，是需要将很多二级、三级企业主要领导集中到某一个地方，进行民主推荐。中铝集团自从使用"互联网+"人力资源管理平台后，只需通过无记名投票及视频会议谈话的方式，短时间内即可完成民主推荐。与传统方式相比，出差所需的飞机票、车票及食宿费等费用全部节省了，差旅成本明显降低。

（3）唯一性和准确性。中铝集团自从实施"互联网+"人力资源管理平台的统一化管理，数据更新及时，信息查询快速，既保证了数据的唯一性，又提高了数据的准确性。

（4）为领导决策提供支持。通过对人力资源管理平台的所有信息进行分析，可形成各种统计报表和图表，为集团及相关企业领导层更好、更快地决策提供支持。

（5）发挥员工价值。通过对员工的技能、个人培训档案和360度测评系统，可以更好地培养优秀员工、留住优秀员工、挖掘员工的潜能，有利于调动员工的积极性，最大限度地发挥员工的创造价值和创造力。

（四）间接管理效益

（1）增强集团整体实力和竞争力。降低了人力投入的成本，提高了集团的工作效率，增强了集团的整体实力和竞争力。

（2）提高集团信息化水平。和其他软件之间的开发接口进行对接，使集团信息化综合治理水平进一步提高。

（3）员工和集团有更好的发展空间。通过中铝集团"互联网+"人力资源管理平台系统化的管理，员工的管理更加民主化、主动化，员工和集团的发展空间进一步拓宽。

（五）社会效益

"互联网+"人力资源管理系统建设，使集团数字化改革发展水平得到了极大提升，进一步树立了央企的良好形象。"动态更新干部任免审批表"有良好的推广前景，可为央企国企干部有效管理提供助力。向上级单位上报的各项人力资源数据更为准确、完整、快速，有利于上级单位管理和工作的开展，为央企人力资源数字化提供助力。

五、"互联网+"人力资源管理的探讨

自2016年中铝集团"互联网+"人力资源管理系统项目启动以来，中铝集团人力资源信息化工作在业务数据化、数据标准化、业务规范化、流程集中化等方面大步前进，在推动人力资源业务创新上不断取得突破。但也碰到了一些问题，需要各方给予更多的支持和配合。

（一）体系架构

系统的体系架构设定，对于系统所能提供的功能服务、性能要求及功能扩展都至关重要。由于架构与功能是正相关的，系统的架构与功能应合理匹配，一旦匹配欠佳，开发者就要花大力气克服；同时架构对系统有一定的约束，系统的体系架构设计，即对决策进行推敲与取舍，判断什么该做、什么不该做，也是必须考虑的因素。

人力资源管理的各个模块相互独立，建设的人力资源管理系统前端各个功能模块也具有相互独立的特性，而后端数据标准统一，且数据深度融合。换句话说，人力资源管理业务之间的耦合度较低，业务之间前后逻辑性较强，存储的数据格式标准统一，与微服务架构的特点基本一致。

同时，随着社会的发展，管理思想与理念也在迎合时代发展需求向服务意识转变，管理创新需求不断涌现。传统的人力资源管理系统由于无法根据新的需求快速反应，不能提供更好的服务。而微服务架构，只需在特定的某种服务中增加所需功能，而不影响整体架构，可以通过快速迭代、不断试错纠错，研发出最适用的新功能，为人力资源管理提供支持和服务。

然而，"互联网+"人力资源管理系统中所有功能微服务化后带来的挑战也是显而易见的，例如服务粒度小、数量大、后期运维难等。因此，在建设人力资源管理系统时，一定要根据企业自身实际需求通盘考虑，找到适用于本单位的人力资源管理系统体系架构，因为最先进的技术，不一定是最适用的。

（二）数据维护和系统使用

针对"互联网+"人力资源管理系统而言，"三分靠建设，七分靠数据"，系统数据的重要性不言而喻。由于前期系统功能建设是在"开发中使用、使用中开发"，人员信息采集标准一直在滚动更新，实际造成了前后标准不统一的问题；同时，用户由原来依托手工维护和统计的方法，转变为依托系统，也需要一个适应过程。这些因素使得人力资源数据准确性、完整性还需要进一步提高。这就需要从管理和技术两方面长期坚持调整，否则很容易导致"互联网+"人力资源管理系统中各类人员信息、统计报表数据不准，形成不好用到不想用的恶性循环。

"互联网+"人力资源管理系统的建设，应统筹全局考虑，明确系统数据的重要性，没有准确的数据录入和维护，理念再先进、功能再强大的系统也无法做到正常运行。因此建设"互联网+"人力资源管理系统，要标准先行，制定统一的人员信息采集原则和方法，明确系统数据维护规范，建立数据质量督察机制，对维护数据不力的单位予以通报公示，数据质量督察结果在年度绩效考核时予以体现。此外，"互联网+"人力资源管理系统建设不可能一蹴而就，需要根据顶层设计，实施"集中部署，分步实施，重点先行"的建设策略。通过效益驱动建立各单位人力资源信息化建设的信心，并通过前期建设的经验不断调整和优化后期建设的思路和路径。

（三）系统上线对实施的组织和人员提出了更高的要求

人力资源业务数据化过程中，需要用IT语言对全部业务数据、流程进行描述，只有既准确表达业务意图，又符合IT技术规范的人才能顺利完成转化。所以，这项工作对于传统人力资源业务人员难以完成，也超出了既有IT技术人员的能力。

系统由于需要将全部业务进行转换，在转换过程中稍有偏差即会对实际业务造成负面影响。即使暂时没有发现问题，也需要在长期使用和验证中不断修正。这就需要既深度了解中铝集团人力资源业务，又非常熟悉IT技术的人员长期承担这项工作。另外，由于系统开发和应用会产生大量的新知识新技能，业务做实、知识技能承载都需要固定的组织和人员。

主创人：阚保勇　王云峰
参创人：万红岩　茹文松　孙祎然　郭晓军　刘　方　贺菊荣　宿晓坤　申善和

大型铁路物流企业基于资源整合的人力资源优化

陕西铁路物流集团有限公司

前言

陕西铁路物流集团有限公司（以下简称"铁流集团"）是世界500强企业陕西煤业化工集团有限责任公司铁路业务板块的全资子公司，成立于2016年12月，主要承担榆林能源化工基地铁路基础设施网络建设，所属铁路服务神府、榆神、榆横三大亿吨级煤炭矿区和靖边、榆横、榆神、锦界四大工业园区，构建区域产运销匹配、路港直通、水陆联运的铁路物流网络，形成铁路运输与现代物流高度融合的"铁路＋多式联运"物流体系。授权管理陕西靖神铁路有限责任公司、陕西红柠铁路有限责任公司、陕西榆横铁路有限责任公司、陕西冯红铁路有限责任公司、陕西西平物流有限责任公司、陕西神大物流有限公司六家控股公司和蒙西华中浩吉铁路股份有限公司、陕西省铁路集团有限公司、国能包神铁路集团有限责任公司、陕西省神木县凯通煤炭集运有限公司、济宁矿业集团物流有限公司、榆林市榆神工业区能源集运有限责任公司六家参股公司（组织机构如图1所示）。运营及在建铁路里程约580千米，整合内外部相关资源后铁路里程达到1000千米，债转股完成后注册资本金将达到400亿元。公司现有劳动用工1883人（其中在册职工1256人），2020年发运煤炭5840万吨，实现收入26.1亿元，实现利润1.4亿元。

公司积极响应国家实现枢纽设施有效衔接、解决铁路运输"前后一公里"、构建高质量物流基础设施网络体系等重大战略，抢抓公转铁运输、北煤南运体系建设、运输结构调整三年行动计划的机遇，坚持以"高起点谋划、高标准建设、高速度推进、高效能管理、高质量发展"为统领，积极创新陕煤外运物流大格局，集运端建设"47121"铁路物流基础设施服务网络，疏运端打造"641"通江达海连运河体系，深度融入"一带一路"建设。到2025年，实现"1255"阶段目标，铁路里程达到1000千米，运输能力2亿吨以上，实现收入500亿元、利润50亿元，由传统铁路承运人向一流的综合物流服务商和方案解决商转变，落实"3+2"战略定位和"221"发展愿景，形成"三企五方"合作多赢新格局，服务陕煤发展大局、服务陕西发展大局、服务国家战略大局，成为地方经济发展的"支撑点"和"增长极"。支撑"沿海看神华，中部看陕煤"煤炭物流新格局的形成和发展，为发展"枢纽经济"提供通道支撑、为发展"门户经济"畅通进出渠道、为发展"流动经济"保障运能运力，为陕煤集团争创世界一流企业和"16555"高质量发展科学指标体系贡献铁路物流力量。

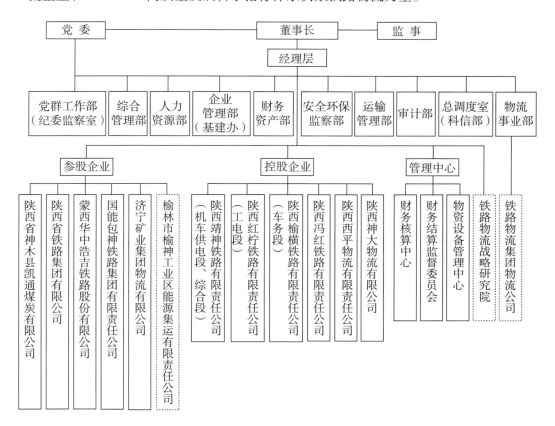

图1 铁流集团组织机构

一、人力资源整合管理的实施背景

（一）新组建企业统一高效管理的需要

铁流集团作为一家新组建的大型铁路物流企业，授权管理四条铁路和两个物流公司，自成立之初，就肩负着"提升陕煤铁路资源整体管理水平和运输能力，优化资源配置，实现资源利用最大化"的使命，为了获得整体最优，制定了四条铁路统筹管理的思路，由集团统一进行调度和人力、物资、财务的管理，在各条铁路之间实现人、财、物的共融共通，以达成资源调配合理化、利用最大化，实现企业整体的集中管理、资源共享、协同发展。

人力资源作为企业资源结构中最重要的关键资源，是企业技术资源和信息资源的载体，是其他资源的操作者，决定着所有资源效力的发挥水平。因此，在铁流集团整体优化的过程中，将相对独立和分散的人力资源进行有效整合管理是顺应改革发展趋势、抢抓发展机遇的客观需要，也是完成铁流集团各项战略目标的必经之路。

（二）打造"双智型"企业，实施高质量发展的需要

铁流集团自成立以来，坚持"高起点谋划"，提出"221"发展愿景和"1255"阶段目标，向"两商"转变，打造"双智型"企业，融入"一带一路"建设。可以说，实现公司的发展目标，尤其是智能铁路、智慧物流建设，对人力资源管理水平的提高和高素质人才队伍的建设提出了较高的要求。铁流集团的人力资源管理比较散乱，各个公司、板块人员之间的素质、福利待遇等参差不齐，人员进出难、人才吸引力不足等问题较为突出，因此，人力资源整合的核心目标就是提高铁流集团整体的人力资源效能，解决铁流集团人员素质、福利待遇、人才去留、员工晋升等问题，提高员工的积极性、凝聚力和向心力，提升集团的经济效益和竞争力水平，为打造"双智型"企业提供保障。

（三）推动"三项制度"改革，抢抓新一轮发展机遇的需要

陕西省人民政府国有资产监督管理委员会2019年印发了《关于进一步深化省属企业劳动用工和收入分配制度改革的实施意见》（陕国资治理发〔2019〕77号）和《关于进一步推进省属国有企业三项制度改革工作的通知》（陕国资治理发〔2019〕207号），要求深化省属企业劳动、人事、分配三项制度改革，增强企业发展活力。实施"三项制度"改革，推动国有企业转型升级就是要围绕劳动、人事、分配三项制度，以系统思维进行改革设计，力求从根本上解决"能上不能下、能进不能出、能增不能减"等一系列矛盾和问题。因此，进行有效的人力资源整合管理，构建现代化、市场化的人力资源管理体系，对于激发企业内部活力，提升员工劳动效率，抢抓新一轮国企改革发展机遇至关重要。

二、内涵和主要做法

按照"专业化管理、一体化运作、综合化考核"的总体思路，铁流集团在进行人力资源整合管理过程中，以效能提升为目标，重点聚焦"三个体系、五个重点、五个一工程"。

（一）构建"三个体系"

1.构建统一高效的管理体系

铁流集团坚持"精干高效"的原则，按照"专业化管理、一体化运作、综合化考核"的思路，从集团战略定位、企业性质、板块划分、产权结构、发展阶段5个维度

综合考虑，打破铁路运输行业常规的车、机、工、电、辆的专业分类，组建了车务段、机车供电段、工电段、综合段4个专业段，实施"一套人马、两块牌子"，专业段和法人公司高度融合；各专业段设置赵石畔、孟家湾、小保当、柠条塔、孟家壕5个生产车间，集团管理层级由4级压缩为3级，所属单位机关部门数量减少7个，推行大部制，形成铁流集团—专业段—车间三级纵向管理体系（如图2所示）。通过管理体系的构建，有效压缩管理层级和机构数量，实现业务垂直管理，提升了专业化管理水平和各单位协作发展能力；大幅压缩管理成本，降低成本费用，大大提高了运输组织效率和运输生产综合效益，推动铁路运输管理专业化、规范化和高效化。

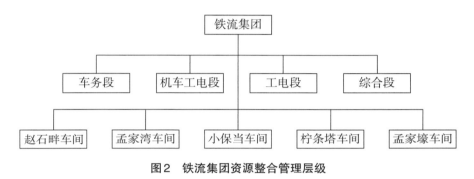

图2　铁流集团资源整合管理层级

2.构建多序列互通的岗位体系

按照"去行政化、专业化"的原则，重新梳理了铁流集团岗位体系，对涉及多部门配合、多层级审批的管理流程进行了优化，形成了岗位说明书390份、业务流程图278份。在完成岗位全面梳理和流程再造的基础上，根据双通道、多序列的思路，构建了科学、统一、规范的岗位管理体系，明确了各岗位的任职条件，打破了技术人才发展天花板，拓宽了员工的职业发展通道，实现员工与企业的共同成长。

根据岗位工作内容和工作性质的不同，设计了管理序列、专业技术序列、专业技能序列、辅助序列共4个序列（岗位职级序列如表1所示）。其中，管理序列是指从事管理工作并拥有一定党政职务的岗位，分为决策管理级、决策助理级、中层管理级和基层管理级；专业技术序列是指从事某方面管理、生产运营等专业技术工作且具备专业工作方面的独立管理职责的岗位，即从事智能管理、项目建设管理、生产运营管理等岗位，由高到低设有专家级工程师、主任级工程师、业务主管级、业务主板级、科员级和见习级等共计18级；专业技能序列是指直接从事运输生产、设备运用和维护的技能操作岗位，按照岗位价值、劳动强度、作业环境、人员获取难度等因素共设18级；辅助序列是指从事最基础的且不具备独立管理职能的职位，即后勤服务或其他技能操作岗位，由高到低共设8级。在岗位职级序列确定的基础上，从学历、工作年限、职称或技能等级三个维度详细编制了各岗位任职资格，制定了各岗位职级升降条件、考核方法和工作程序，为畅通管理和技术人才职业发展通道，构建不同岗位、不同人才之间的交流渠道，打破技术人才发展天花板奠定了坚实基础。

表1　　　　　　　　　　　铁流集团岗位职级序列

岗级	管理序列	专业技术序列	专业技能序列		辅助序列
			名称	工种	
1		见习期	学徒工		
2		技术员	一级操作工	入职满一年，无上岗证	库管员、通讯员
3		二级科员	二级操作工	入职满二年，无上岗证	化验员、油脂发放工、食堂管理员
4		一级科员	一级工	列尾工、司磅工、变配电值班员、接触网作业副司机、扳道员、信息维护工、工务钳工、轨道车副司机	内勤、办事员、材料员、后勤管理员、协警
5		四级主办	二级工	货运员、牵引变配电检修工、机车探伤工、通信工、防护员、路基工	档案管理员、水电工（办公信息维修）
6		三级主办	三级工	专业段电调、助理值班员、连结员、列检员、电力工、内燃机车钳工、电力机车钳工、铁路机车电工、机车整备工、信号工、工务探伤工、桥隧工	小车司机
7		二级主办	四级工	机车副司机、货运值班员、接触网作业车司机、机车运用值班员、接触网工、轨道车司机、线路工、钢轨焊接工	大车司机（货运）
8		一级主办	五级工	专业段机车调度	通勤车司机
9		四级主管	六级工	三级车站副站长、三级工区副工长、值班员、调车长	
10		三级主管	七级工	机车司机、三级车站站长、三级工区工长、二级车站副站长、二级工区副工长	

续表

岗级	管理序列	专业技术序列	专业技能序列		辅助序列
			名称	工种	
11	处级单位部门副经理、车间副主任（中层副职）	二级主管	八级工	二级车间指导司机、二级车站站长、二级工区工长、一级车站副站长、一级工区副工长	
12	副局级单位部门副经理、车间副主任（中层副职）、处级单位部门经理、车间主任（中层正职）4档起薪	一级主管	九级工	一级车站站长、一级工区工长、一级车间指导司机	
13	处级单位副三总师	高级主管	十级工		
14	部门副经理（中层副职），副局级单位副三总师3档起薪、部门经理、车间主任（中层正职）	副主任工程师	副主任技师		
15	部门经理（中层正职）、调度室副主任	主任工程师	主任技师		
16	总调度长（4档起薪）、人力资源总监、副总会计师等	高级主任工程师	高级主任技师		
17		首席工程师	首席技师		
18		首席技术专家	首席特聘技师		

3. 构建纵横有序的薪酬体系

铁流集团所属单位来自不同的母体单位，薪酬制度和工资水平均存在一定的差异，随着资源整合工作的推进，各单位薪酬差异问题逐步显现，存在一定程度的"同工不同酬"现象。因此，为实现"专业化管理、一体化运营、综合化考核"的目标，势必需要重新搭建一套完整的薪酬管理体系。在研判了所属各单位原有薪酬体系基础上，铁流集团结合对岗位体系的梳理，科学合理地构建了薪酬体系，使薪酬与岗位价值、员工业绩、员工能力紧密结合。在保障员工生活的同时，充分调动各级员工工作积极性，发挥薪酬的激励作用，以促进铁流集团战略目标的实现。

薪酬体系的设计理念为"以岗定级、以战略定位、以能力定薪、以绩效定奖"。"以岗定级"是指建立基于岗位统一的薪酬体系，在全面岗位梳理的基础上，利用专业的评估工具对所有岗位进行评估，建立岗位与职级的对应关系；"以战略定位"是指结合人力资源战略和行业薪酬情况，确定具有竞争性的薪酬定位，吸引高素质人才；"以能力定薪"是指结合员工的综合素质确定员工的具体岗位及薪酬等级，以鼓励员工能力的发展，激发员工潜能；"以绩效定奖"是指实施员工报酬与公司效益、部门绩效和个人绩效表现挂钩的奖励机制，以强化员工的责任意识，激励员工努力工作，提高企业效益。

在薪酬体系设计上，建立了"岗位-绩效"工资管理体系，将薪酬结构规范和统一为：岗位工资、绩效工资、津补贴（年功工资、班组长津贴、夜班津贴、边远地区津贴、独生子女补助、复合型岗位津贴）、奖金（单项奖、年终奖）、福利。在工资设计上，共设置18个工资等级，每一级设10档，采取宽幅薪酬的形式，纵向体现个人综合素质和工作能力的提升，横向体现在同一岗位工作经验的提升上。月度岗位工资（绩效工资）=岗位（绩效工资级数）×岗位系数，根据工作性质的不同，各序列岗位的岗位工资和绩效工资占比设计为：管理岗位的岗位工资占40%、绩效工资占60%，专业技术岗位的岗位工资和绩效工资各占50%，专业技能及辅助序列的岗位工资占40%，绩效工资占60%。

同时，以合理拉开收入差距为导向，推行差异化薪酬。加大薪酬分配向机车司机等关键岗位和骨干员工的倾斜力度，实现"以能定薪，按绩取酬"，激发员工干事创业的活力。对于复合型岗位，通过岗位价值评估，按照减员提效原则，结合劳动用工成本节约情况，综合确定复合型岗位薪酬联动方式和比例，实现企业与员工的互惠共赢。

（二）做好"五个重点"工作

1.以岗位梳理为基础，实现人力资源优化整合

在构建铁流集团—专业段—车间三级纵向管理体系的基础上，坚持"专业化管理"的思路，以满足生产需求为原则，在靖神铁路新开通的背景下，将红柠铁路、榆横铁路、靖神铁路相关专业技术、技能人员统一整合，有效控制用工增量，最大限度地发挥劳动潜力，实现人员的专业化归口管理和优化配置，提升人力资源使用效率。

同时，为进一步提高工作效率和质量，进行科学的劳动用工配置，对所属单位的岗位设置、岗位职责、岗位任职条件进行了调研和梳理。在梳理过程中，遵循以下原则：一是充分考虑岗位设置的数目是否符合最低数原则，以尽可能少的岗位设置承担尽可能多的工作任务；二是相关岗位是否实现了有效配合，是否足以保证组织总目

标、总任务的实现；三是每一个岗位是否在组织中发挥了积极作用，它与上下左右岗位之间的相互关系是否协调；四是各岗位是否体现了经济、科学、合理、系统化的原则。在岗位梳理的基础上，对标行业先进企业劳效标准，建立了编制定员动态调整机制，重新进行了岗位"三定"，即定岗、定编、定责，为各项工作开展夯实了人力资源基础。

铁流集团进一步建立健全劳动合同管理、职工考勤考核管理和奖惩管理制度，强化劳动用工管理。严格执行试用期满和劳动合同期满续签考核制度，对不符合转正或续签条件的，终止劳动关系；按照"尊重技能、尊重人才"的人才理念，根据员工技能等级情况，签订不同期限的劳动合同，其中与应届生、学徒工首次签订一年期限的劳动合同，对于不符合用工要求或表现较差的员工，在合同到期后不予续签，降低劳动用工和招聘风险；同时，坚持执行持证上岗制度，未取得上岗证的人员，不予定岗，对于经培训后仍未通过上岗资格考核，且符合法定劳动合同解除条件的，依法解除劳动合同，维护劳动合同的严肃性。

2.以释放企业内部活力为目标，打造"复合型"岗位

为进一步激发生产活力，挖掘员工劳动潜力，提高全员劳效水平，实现由要素驱动向效率驱动的转型升级，铁流集团积极探索"复合型"岗位建设，重点是根据企业生产经营实际，结合智能化铁路建设进程，对工作内容相近、程序衔接紧密、用工数量不大、工作量不饱满的岗位进行调研和分析，通过组织流程优化、兼职等方式进行合并，在员工个人收入、劳动效率上做加法，在人员增量、企业人工成本上做减法，有效压缩用工增量，实现"减员增效、减员增薪"。

打造"复合型"岗位过程中，通过研判分析将复合型岗位设置为"完全替代型"和"分散替代型"两种。"完全替代型"是指被兼职岗位的职能完全由某一岗位所替代；"分散替代型"是指将被兼职岗位的职能进行拆分，由两个或两个以上岗位进行承担，所替代的岗位或某岗位部分职能秉承高岗或平级岗位替代，不允许低岗替代高岗。铁流集团以实际工作为出发点，岗位权责利统一为原则，发挥岗位最佳效能为目标，梳理出工作内容相近、程序衔接紧密、用工数量不大、工作量不饱满的岗位共21个，通过组织流程优化、合并或兼职等方式减少至12个岗位，累计可减少劳动用工总量271人，预计年节约人工成本约1370.95万元。

同时，建立了"复合型"岗位的任职条件和上岗要求，积极做好培训方案和培训课程设计，严格落实"复合型"岗位上岗培训工作。建立了"复合型"岗位绩效薪酬联动机制，实现减员提效"354"效果（3个人干5个人的活拿4个人的工资）。

3.以竞聘上岗为抓手，加强选人用人机制建设

在集团机关层面和各专业段开展岗位公开竞聘，健全和完善内部竞争机制，形成

"能上能下、合理流动、充满活力"的用人机制。铁流集团实施人力资源整合以来，先后在车务段、工电段开展岗位竞聘，选拔车间技术人员及车站负责人，真正实现了竞争性人才选拔；集团层面，开展调度岗位公开竞聘，竞聘分为竞聘演讲、理论考试、实操考试三部分，从专业知识、专业技能、综合素质三个维度对竞聘人员进行评价，通过委托第三方执行、外聘专家评委、"盲审"等方式，保证了岗位竞聘的公正与公平。岗位竞聘机制的有效实施，实现了岗位"能上能下"，促进了企业优秀人才脱颖而出。

通过加大岗位竞聘力度，进一步建立健全岗位竞聘常态化机制和岗位聘用制度，岗位聘用期满通过竞争选拔，真正让优秀人才脱颖而出；对于落聘人员，采取积极的安置政策，引导落聘人员转入更为合适的岗位，进一步激发员工队伍活力。同时，适时做好各级机关竞聘上岗工作，通过竞聘、择优选聘任用，打造一支高素质的机关管理团队。

4.以培训、职称评审、技能测评为落脚点，加强人才梯队建设

面对公司技术和技能队伍等级整体偏低，年轻员工占比较大，高素质技术、技能人员缺乏的现状，铁流集团进一步完善培训工作体制机制，按照全员性、系统性、全程性、全方位及理论与实践相结合的原则，构建专业化、现代化、信息化培训管理体系。调查分析各项业务对人员基本素质要求情况，结合企业现有人员实际素质结构状况找出"差距项"，有针对性地设计培训项目，分级分类开展日常培训；建立培训考核机制，探索将培训考核纳入个人绩效管理，扩大培训结果运用，增强培训效果。

在做好各类培训"规定动作"的基础上，有计划地组织开展各类专项培训，如调度所列车调度员（TCT）培训、财务人员培训、通讯员培训、法律知识培训等，积极推行"师带徒"培训，建立师徒挂钩考核激励机制，促进新员工快速成长，保证人才接续，实现技术传承。同时，大力开展岗位练兵、技术比武等活动，以练促学、以赛促学，倡导员工勤学苦练，固本强基，提升广大员工的专业水平和综合素质。

铁流集团先后成立"工程系列职称评审委员会"和"铁路专业技能测评中心"，有序开展职称评审和技能测评工作，提升员工队伍的专业技术、技能等级水平。加强职称评审和技能测评工作，对员工队伍梯队建设、培养高素质人才起到了重要作用；引导符合条件的一线岗位高技能人才参加职称评审，打通高技能人才与工程技术人才的职业发展转换通道。同时，将职称、技能等级与工资收入直接挂钩，对于未取得上岗证的，执行见习工资标准；将等级证书作为员工岗位晋升的刚性指标，增加技术水平对员工收入的影响程度，引导员工学业务、强本领，提高员工学习的积极性和主动性，全面打造学习型企业。

5.以培育企业竞争力为导向，加强核心人才队伍建设

核心人才是指那些拥有专门技术、掌握核心业务、控制关键资源，对部门或企业产生深远影响的员工，在企业整体运作的关键环节上发挥着重要作用，具有不可替代性。公司从核心人才的识别入手，制定核心员工认定标准、认定程序，按照员工的工作能力、业绩并综合考虑学历、职业资格等因素，按照不超过30%的比例确定各岗位核心员工队伍。同时，逐步完善核心员工的考评和退出机制，完善骨干员工的动态管理，合理制定核心员工的薪酬制度，发挥模范引领作用。

铁流集团通过多种招聘渠道和手段吸引各类优秀毕业生，结合铁路行业的用工特点，制定各级机关、各岗位、各工种人员的招录标准，采取多种测评手段，尽最大可能为企业遴选出优秀的人才；同时，加强新员工的管理和使用，坚持新员工入职集中军训和岗前培训，挖掘一批能吃苦、善钻研、有潜力的人才充实到一线人才队伍，为核心人才队伍建设持续输血。

（三）打造"五个一"工程

以实现"高质量发展"为主题，以打造"双智型"企业为主线，积极推动科技创新，不断提升企业科研能力和技术水平，进一步创新人才培养模式，铁流集团提出了"五个一"工程，即建立一个国家级交通物流高度融合的实验室、一个战略规划咨询工作室、一个博士后科研工作站、一个院士专家工作站、一个企业专刊信息中心。目前，已聘请原兖矿集团发展战略研究院院长、"中国百名管理科学杰出研究者"牛克洪院长担任铁路物流战略研究院名誉院长；与西南交通大学筹建"智慧铁路物流应用技术联合实验室"，与卡斯柯信号有限公司筹建"铁路智能列控实验室"；成功获批陕西省博士后创新基地设立单位。铁流集团通过打造"五个一"工程，有效促进"产、学、研"结合，通过联合开发设计、技术引进、合作开发等，使科研成果尽快转化为生产力，增强企业核心竞争力；力争培养、造就一批具有国际水平的战略谋划人才、科技领军人才、青年管理人才和高水平创新团队。

三、实施效果

（一）创造了公司铁路建设运营的"靖神速度"

作为我国北煤南运最大专线的浩吉铁路，在陕西榆林靖边县，靖边北站连接上了地方铁路——靖神铁路。靖神铁路南起靖边北站，与浩吉铁路接轨，北至神木西站，与包西铁路接轨，全长244千米，总投资154亿元。2017年6月15日，靖神铁路项目全线开工。在靖神铁路建设期间，公司实施人力资源整合管理，在钱到、地到、图纸到的基础上，进一步强化人力资源配置，配齐团队，充分激发员工的积极性和责任感，大胆创新，按照"三个千方百计"和"四个到位"的要求，科学施策、精准发力，在靖神铁路比浩吉铁路晚开工两年零一个月，浩吉铁路工期又提前8个月的情况下，仅用了19个月的有效施工期，于2019年9月27日与浩吉铁路同步开通运营。这一创举创造了项目建设的"靖神速度"，实现了"工程质量不低于浩吉铁路，工程单价不高于浩吉铁路"的追赶超越对标目标，支撑了国家战略。靖神铁路建成至今，坚定不移地把保障运能供给作为运输工作的关键，全力以赴增运增收，在控制好疫情和安全生产的情况下全力做好铁路运输保障工作。2020年，靖神铁路发运煤炭2301万吨，在项目建设"靖神速度"的基础上，又创造了开通首年运输上量的"靖神速度"。靖神铁路靖边北站煤炭运量占浩吉铁路运量的90%以上，展现了国企担当，为陕煤集团开拓"两湖一江"市场，形成"中部看陕煤"市场格局贡献了力量。

（二）实现了一体化管理，促进公司高质量发展

铁流集团通过实施以效能提升为目标的人力资源整合管理，对所属各单位人员和业务进行有效整合，统一管理，构建了符合产业发展的现代人力资源管理体系，逐步解决了管理多头、职工发展受限、同工不同酬、优秀人才留不住等问题。通过人力资源整合管理，在全集团范围内进一步统一思想，紧扣"一体化"和"高质量"两个关键词，尊重既有历史，结合现场实际，有效促进了人、财、物集中统一管理，不断提升管理水平和管理效能，打破了原有铁路运营公司的车、机、工、电、辆的专业分割，按照"3446"（3个公司、4个段、4个车间、6个部门）的思路，组建了车务段、机车供电段、工电段、综合段4个专业段，专业段和法人公司高度融合，释放活力、增强动力，以一体化的思路和举措打破壁垒、提高协同协作能力，让要素在更大范围内畅通流动，促进企业实现高质量发展。铁流集团2020年发运煤炭5912万吨，正在朝着构建绿色、安全、稳定、高效的铁路运输体系阔步前行。

（三）有效节约了用工成本，提升了劳动效率

通过实施人力资源整合管理，大幅节约了用工总量，降低了用工成本。以同行业内相似企业为例，神朔铁路正线里程270千米，用工总量12000余人，平均每千米人数44.44人；西安铁路局正线里程3473.7千米，用工总量79000余人，平均每千米人数22.75人；山东高速轨道交通集团正线里程376千米，用工总量3800余人，平均每千米人数10.11人；而铁流集团里程337.62千米，用工总量1800余人，平均每千米人数只有5.33人。根据测算，铁流集团2017年劳动效率为55.62万元/人，实施资源整合后2020年劳动效率为138.66万元/人，增长了约149%，实现了效率变革，企业发展活力和盈利能力显著增强。同时，通过打造"复合型"岗位，梳理出21个岗位，经组织流程优化、合并或兼职等方式减少至12个岗位，累计减少劳动用工总量271人，预计年节约人工成本约1370.95万元，进一步提高了劳动效率。

（四）企业的经济效益和社会效益得到不断提高

　　铁流集团自2018年开始实施人力资源整合管理，在将近3年的发展过程中，不论是企业规模、经济效益，还是社会效益都有了大幅提升。2017年成立之初，铁路发运2468万吨，2020年发运5912万吨，增幅约为140%，实现了三年翻一番；企业收入由2017年的7.47亿元，增加到2020年的26.11亿元，增幅约为250%；企业利润由2017年的0.26亿元，提高到2020年的1.4亿元，增幅约为438%；利税总额由1.09亿元提高到2.56亿元，增长了135%左右；2018—2020年通过社招、校招新增加就业岗位645个。铁流集团以效能提升为目标的人力资源整合管理方式，为公司带来了可观的经济效益和社会效益，为公司实现高质量发展起到了积极的推动作用。

（五）畅通职业发展通道，有效提升员工队伍整体素质

　　铁流集团自实施人力资源整合管理以来，建立了多序列互通的岗位体系，畅通了管理和技术人才职业发展通道，构建了不同岗位、不同人才之间的交流渠道，打破了技术人才发展天花板；建立了纵横有序的薪酬体系，加大了薪酬分配向关键岗位、骨干员工、"复合型"人才的倾斜力度，进一步优化了收入分配，充分发挥了薪酬激励杠杆作用；通过开展岗位公开竞聘，完善了人才选拔机制，有利于优秀人才脱颖而出；持续加强员工培训工作，建立健全培训评估效果评估机制，完善培训管理体系，进一步提升员工队伍素质；先后成立了"工程系列职称评审委员会"和"铁路专业技能测评中心"，有序开展职称评审和技能测评工作，有效提升了员工队伍的专业技术、技能等级水平。铁流集团自实施人力资源整合管理以来，开展各类培训413期、培训员工8500余人次，评定工程系列高级职称8人、中级职称7人、初级职称14人，鉴定高级工75人、中级工92人、初级工286人，通过技能竞赛涌现出优秀团体7个、优秀个人21人，荣获全国煤炭行业铁路技能大赛"团体三等奖""单项铜奖"以及"个人三等奖"，有效推动了公司人才队伍建设，为企业高质量发展提供了人才支撑。

　　主创人：赵国智　刘　红
　　参创人：李生辉　王润杰　翟　楠　刘　凯

新时代航天科研院所基层党务干部胜任力模型研究

中国航天科技集团有限公司第五研究院

前言

航天科研院所的党建工作在发展历程中始终紧密围绕生产经营，不断探索新形势下党建工作的新思路和新举措，充分发挥党委的领导作用、基层党支部的战斗堡垒作用和共产党员的先锋模范作用。其党建工作实践具有以下特征：第一，以党建助推航天事业发展，"融入中心、服务大局"，为推动航天强国建设提供坚强政治保证。第二，借鉴航天系统工程理念，注重党建工作系统化开展。第三，加强党的领导和完善公司治理相统一。第四，将党建工作融入航天精神与企业文化建设。目前，航天科研院所在党建工作方面形成了初步的党务队伍权利、职责、考核机制，为党务工作提供了基本框架和行为准则。院所基层党建工作队伍包括基层党委书记、党支部书记、专职党务干部三类主体。但党务队伍建设中也存在岗位任职资格制度尚不规范，相关岗位工作人员的胜任力模型不完善，指标体系细化程度不足等问题，限制了党建工作队伍水平的提升。

党的十九大提出了建设航天强国，培育具有全球竞争力的世界一流企业的新目标和新要求。面对新时代的新要求，为进一步提升中央企业党建质量，航天科研院所有必要持续加强党务干部队伍建设，探索建设符合新要求的航天党务干部胜任力模型，为建成世界一流宇航企业、推进航天强国建设提供坚强的组织和人才保证。

一、实施背景

（一）新时代航天强国建设要求强化航天科研院所党的建设

党的十九大提出要"瞄准世界科技前沿，强化基础研究，实现前瞻性基础研究、引领性原创成果重大突破"。党的十九届四中全会提出了国家治理体系和治理能力现代化若干重大问题，要求提升企业治理效能。作为建设航天强国的核心力量和重要的推动者，中国空间技术研究院（中国航天科技集团有限公司第五研究院）制定了未来支撑航天强国建设战略安排，明确了到2020年，圆满完成以重大工程为代表的各项宇航任务，加快推进全面深化改革，推动科研生产模式转型升级，推动航天技术应用产业高质量发展，全面实现"十三五"规划目标，为建成世界一流宇航企业夯实基础；到2030年，实现空间基础设施一体化、网络化、军民融合发展，实现全球覆盖、实时获取、安全可控、随遇接入、按需服务的目标，建成世界一流宇航企业；到2040年，实现空间探索、空间应用能力全面提升，实现太空资源深度开发利用，全面建成世界领先的一流宇航企业，为集团公司建设成为世界一流航天企业集团奠定坚实基础。

"千秋基业，人才为本"，党务干部是人才这一"第一资源"的引领者。新时代对航天工作者提出新要求，而中国空间技术研究院作为我国航天事业的核心力量，党务干部素质的开发管理重要性凸显。航天科研院所在深化国有企业改革中要坚持党的领导、加强党的建设，要根据新时代发展需求和中央文件精神要求进一步提高党务干部的素质和能力。

（二）胜任力模型是航天科研院所党务干部队伍建设的现实需求

新时代国有企业党委（党组）要发挥领导作用，把方向、管大局、保落实。与此相适应，要培养一支政治素质过硬、业务能力过硬的党务干部队伍，就要反思当前党务工作队伍建设中的问题，以作为改进的基础。

中国空间技术研究院党务队伍建设中存在诸多问题，如岗位任职资格方面的制度尚不规范，相关岗位工作人员的胜任力模型不完善，指标体系细化程度不足等，对党务队伍进行选拔、培训、激励和考核的针对性不够，限制了党建工作队伍水平的提升。因此，建立一个系统、详尽和科学的、适合不同党建工作岗位的胜任力模型，有利于完善国企党务干部的考核机制，进一步提升党建工作的地位及引领作用，对党务干部的工作开展形成指引，切实发挥党务干部的积极作用；有利于选拔出能够胜任工作岗位内容和职责的党务干部，提高人才选拔任用的效率；有利于增强党务干部培养过程中的针对性及其工作间的契合度。

（三）研究技术路线图

为完成研究，航天科研院所采用如图1所示的研究技术路线构建胜任力模型。

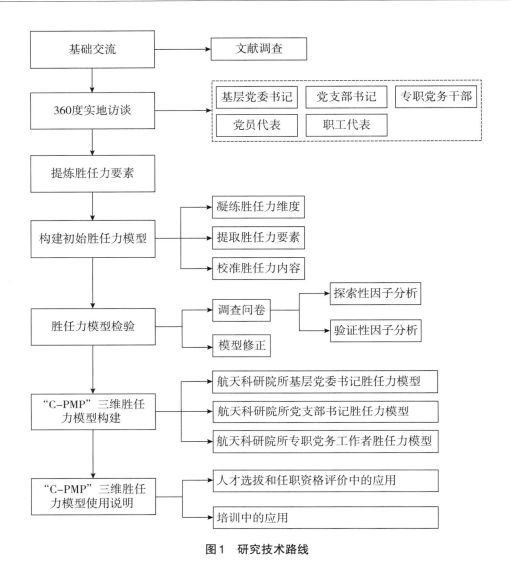

图1 研究技术路线

二、胜任力模型的内涵与研究方法

（一）胜任力模型的内涵与作用

胜任力模型是担任某一特定职位或某一特定任务角色表现优异所应具备的关键能力和个人特质的总和，具有评定、诊断反馈、预测的功用，是帮助企业实现组织目标，提高组织业绩，提高人员选拔、培养、聘用、绩效等方面工作效率的先进工具。它不仅能够帮助分析完成工作所需要的技能、知识和个性特征是什么，还能帮助分析哪些行为对于提高工作绩效和取得工作成功来说具有最直接的影响。

（二）研究方法

本研究综合运用德尔菲法、文献研究法、访谈与问卷调查以及数据分析法进行研究。基于文献研究、专家座谈、访谈与问卷调查收集提炼模型所需的基础数据，再采用包括中心度分析、K-core分析等数据分析方法提炼胜任力模型所需的数据。最后通过探索性因子分析和验证性因子分析方法对模型进行验证和修正。统计时使用的软件为SPSS 20.0和AMOS 20.0。数据分析方法如表1所示。

表1　　　　　　　　　　　数据分析法

数据分析方法	分析目的
中心度分析	说明网络中节点的重要性和节点对网络的影响
K-core分析	找出网络中的凝聚子群
描述性统计分析	反映变量的基本信息，用概括性数据来描述数据特征
探索性因子分析	建立模型
验证性因子分析	验证和修正模型
信度分析	对测量的可信度进行检验
效度分析	研究测量变量的正确程度
相关性分析	找出一个变量和另一个变量之间的相互关系

三、构建"C-PMP"三维胜任力模型的实施过程

为进一步提高航天科研院所党务干部的素质和能力，构建党务干部胜任力模型，主要实施以下三个步骤。第一步是初始胜任力模型构建，第二步是胜任力模型检验，第三步是"C-PMP"三维胜任力模型构建。整体建构逻辑如图2所示。

（一）初始胜任力模型构建

构建胜任力模型的关键环节是胜任力要素的科学采集与提取。本报告通过挖掘党和国家领导人讲话、中央政策文件及梳理文献，对航天科研究院所党务工作者队伍、群众进行访谈，按照"党务干部→国有企业党务干部→航天科研院所党务干部"的分析脉络逐步聚焦，将党务干部胜胜任力维度归结为政治素质、品德素质、能力素质三方面，进一步进行胜任力要素提取，确立航天科研院所基层党委书记、党支部书记和专职党务干部的初始胜任力模型。表2以航天基层党委书记的胜任力模型为例，进行展示。

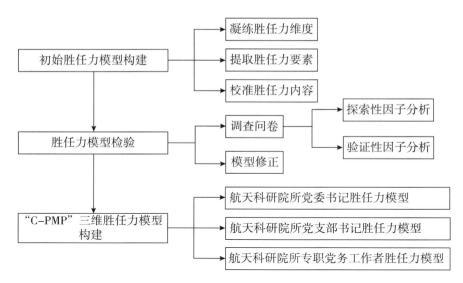

图2 航天科研院所党务干部胜任力模型建构逻辑

表2   航天科研院所基层党委书记初始胜任力模型

胜任力一级维度	胜任力二级维度	胜任力要素
政治素质	政治态度	坚定党的路线、方针、政策（A1）
		鲜明的党性原则与政治原则（A3）
		理想信念坚定（A7）
	政治理论	掌握习近平新时代中国特色社会主义思想（A2）
		熟悉干部行为准则与法律法规（A5）
		掌握领导讲话精神（A8）
	政治作风	遵守政治纪律和政治规矩（A4）
		清正廉洁（A6）
		强烈的政治责任感和使命感（A10）
品德素质	职业道德	开拓进取（A17）
		敬业爱岗（A11）
		亲和自信（A15）
		历史传承（A14）
		务实奉献（A12）
	个人品德	诚实担当（A16）
		乐观积极（A13）
	社会公德	公共责任意识（A19）
	家庭美德	尊老爱幼（A20）

胜任力一级维度	胜任力二级维度	胜任力要素
能力素质	基本能力	创新思维能力（A21）
		自主学习能力（A43）
		人际关系能力（A22）
		协调能力（A48）
		沟通交流能力（A23）
		情绪体察能力（A24）
		口头表达能力（A25）
	通用能力	政治鉴别能力（A26）
		战略思维能力（A37）
		统筹规划能力（A27）
		引领指挥能力（A43）
		组织动员能力（A29）
		危机处理能力（A40）
		团队合作能力（A31）
	业务能力	政策解读能力（A32）
		资源募集能力（A38）
		业务完成能力（A35）
		科研生产能力（A36）
		专业知识水平（A41）
	心理特质	亲和力（A42）
		抗压力（A43）
		自信心（A44）
	个人经验	良好的政治经历与经验（A18）

（二）胜任力模型检验

基于党务干部胜任力模型的初步探索，本研究进一步对模型进行实证检验，通过调查问卷，获取相关数据并进行因子分析。

1.调查设计

本次调查以问卷调查为主，互联网相关网站、访谈座谈调查对问卷调查进行补充，目的是通过多方渠道多种方式进一步翔实地了解航天科研院所党务干部胜任力模型的相关情况。问卷编制后，通过问卷形式向航天科研院所各下属单位发放问卷419份，其中回收有效问卷419份，有效率达100%。本研究运用SPSS 20.0和AMOS 20.0两个统计软件进行数据分析，SPSS 20.0主要用于进行描述性统计、因素分析和信效度检验；AMOS 20.0主要用于模型验证。研究将样本随机分为两份，其中一份样本量为205，用于探索性因子分析法（EFA），初步探索党务干部胜任力模型要素；另一份样本量为214，用于验证性因子分析法（CFA），进行模型的验证。

2.探索性因子分析与验证性因子分析

本研究对航天科研院所基层党委书记、党支部书记和专职党务干部胜任力模型进行探索性和验证性因子分析。经分析，针对三类主体的胜任力模型验证性因子分析的各项拟合拍标均达到良好状态，探索性因子分析显示：三个维度清晰，各题项在相应维度因子上载荷较高，总体解释变异量超过60%，且表示结构效度良好。

综上，探索性因子分析、验证性因子分析结果都表明航天科研院所基层党委书记、党支部书记和专职党务干部三维度胜任力模型的基本有效性。

3.模型再次修正

除探索性因子分析和验证性因子分析的实证研究以外，为了增强模型的实践应用性，根据课题组访谈和调查情况，对模型进一步修正和完善。主要根据访谈中典型事件和行为、党委书记专项问卷、最新政策文件等，进一步完善模型。

四、"C-PMP"三维胜任力模型结论及分析

基于上述研究，最终确定航天科研院所党务干部"C-PMP"三维胜任力模型，如图3所示。

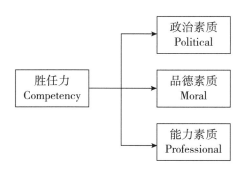

图3 "C-PMP"三维胜任力模型

可见，航天科研院所基层党委书记、党支部书记和专职党务干部的胜任力模型，这三个模型的维度结构相同，都是由政治素质、品德素质和能力素质构成。

政治素质：党的十九大报告中强调，"党的政治建设是党的根本性建设，决定党的建设方向和效果"，新时代党的建设要"以党的政治建设为统领"，"把党的政治建设摆

在首位"。因此在党务干部的胜任力模型中也将政治素质放在突出的首要位置，提高政治站位。政治要求具有一贯性，因此在政治素质维度上，三个模型皆强调政治理论、政治立场、政治本色、政治能力和政治使命的重要性。政治素质的高低关系着国有企业党组织能否将政治优势转化为企业创新优势、竞争优势、发展优势。

三个模型在政治素质的构成要素上完全相同，在内涵表述上略有不同。基层党委书记更强调"把握方向、把握大势、把握全局的能力"，把稳空间事业发展的政治方向；党支部书记强调"具备高度的服从意识，服从上级党组织安排"，做好支部的政治建设；专职党务干部强调"高效执行和落实上级和本级党组织决策"，贯彻执行上级关于政治建设的各项决定。

品德素质：在品德素质维度上，三个模型皆强调乐观进取、亲和自信、敬业担当和开拓创新的重要性。品德素质既是对共产党人精神作风的传承，也是对航天精神的传承。

其中，基层党委书记作为单位的领导者，对单位资源分配、干部选拔任用、员工利益分配有着特殊影响力，这就要求基层党委书记在工作中做到公道正派，既讲原则又讲感情，树立可亲可敬的好形象。要有敬业精神，既要敢于负责，对发现的问题敢于说不，对不足敢于指出，对错误敢于批评，又要敢于解放思想，转变观念，积极谋划发展。要有较高的个人修养，谦虚谨慎，密切联系群众，尊重职工意见，为干部职工做出表率。

而作为执行层的党支部书记和专职党务干部，要发扬"严慎细实"的工作作风，办事实事求是、细致稳妥，按程序、守规矩、严纪律，严谨务实是对其特殊的品德要求。

能力素质：差异化的能力胜任力模型将有助于各类型的党务干部相互配合、层层推进党建工作，服务中心，保障大局。具体而言：

基层党委书记作为党委班子的班长，是单位的主要负责人之一，主持党委日常工作，与行政领导目标一致，共同对企业负责，其能力素质侧重突出以下几个要点。第一，突出政治引领与战略能力。基层党委书记作为带头人，要具备战略思维能力适应时代要求、统筹规划能力提供工作保障、风险防控能力应对环境变化、引领指挥能力以党建促中心、自主学习能力紧跟时代步伐、协调合作能力协同整体效应。基层党委书记的能力素质更侧重全局性、未来性和整体性，既要求集体层面的引领统筹，也要强调个体层面的学习和协作。既要保证党和国家的方针政策在企业贯彻落实，也要支持航天事业改革发展和促进经营管理工作开展，真正做到将党建工作融入中心工作中去，带领各级党组织谋发展、创效益。第二，侧重团结协作。党委班子团结与否，党政一把手的关系处理是关键。因此需要基层党委书记搞好班子团结，既能够配合行政领导谋划企业发展，也能够对发展中重大问题提出意见、引导企业坚持民主集中制，发挥领导作用。第三，具备丰富的政治阅历。基层党委书记思路要清晰，发扬党内民主，处理复杂问题时能够科学决策，正确引导各方化解分歧，达成共识。第四，具备较强的个人特质和领导艺术。基层党委书记要善于识人、用人、管人，熟悉人才测评等方法和知识，能够推进干部选拔和培养，以及航天科研院所的人力资源开发与管理工作。

党支部书记作为基层党组织工作的组织者、领导者和践行者，对其能力素质的要求侧重于组织凝聚和思想保障。所以，党支部书记要具备专业的党建工作知识，搞好支部建设；同时具备情绪体察能力以熟知支部成员心理动态、科研生产能力以发挥科研生产单位的模范作用、统筹规划能力使科研生产与党务工作相辅相成、贯彻执行能力贯彻落实党的路线方针政策和决策部署、组织动员能力保证党务工作通畅运转、沟通协调能力构建支部的人力资本、信息整合能力有利于党委掌握全体党员的思想心理动态，并具备监督引导能力，能够统筹基层党组织思想建设，将政治思想学习引入航天强国建设、空间事业建设和世界一流航天企业建设之中，以思想政治工作为切入点，真正做到以航天精神鼓舞人，以事业发展激励人，把思想政治工作延伸到试验场、延伸到家庭后方，发挥思想保障作用。

专职党务干部是连接上级党委和基层党支部的纽带桥梁，其能力素质侧重于策划推动、沟通协调和落实保障，尤其注重在党务工作开展的过程中，把严慎细实的作风要求融入党建工作中。所以，专职党务干部应具备自主学习的意识和能力，关于党的路线方针政策能够先学一步、学深一层，能够第一时间解读和理解党的路线方针政策和上级精神；应具备贯彻执行能力，以更好地完成上级交代的任务；应拥有归纳提炼能力，以更明确地指导党支部书记工作的开展；还不可缺少沟通协调能力，以汇集各方资源开展支部工作。其中突出对专职党务干部在沟通协调和活动策划上的能力要求，要求专职党务干部能够围绕生产经营中心任务，创新推动党政工团联动，通过开展支部架桥、党员攻关、调研交流、劳动竞赛、教育培训等专项党务活动，系统落实各项党政工团工作，固本强基，增强全体党员及员工干事创业凝聚力。同时，专职党务干部还需具备党务知识能力、建言献策能力、严谨细致能力等。

（一）航天科研院所基层党委书记胜任力模型（见表3）

表3　　　　　　　　　　航天科研院所基层党委书记胜任力模型

胜任力维度	胜任力要素	内容
政治素质	扎实的理论素养	坚持以马克思列宁主义、毛泽东思想、邓小平理论、"三个代表"重要思想、科学发展观、习近平新时代中国特色社会主义思想为指导，坚持党的基本理论、基本路线、基本方略，强化理论武装，努力用马克思主义立场、观点、方法分析和解决实际问题

胜任力维度	胜任力要素	内容
政治素质	坚定的政治立场	增强"四个意识"，坚定"四个自信"，做到"两个维护"，自觉在思想上、政治上、行动上同以习近平同志为核心的党中央保持高度一致；贯彻落实党中央重大决策部署，认真贯彻"五位一体"总体布局、"四个全面"战略部署和新发展理念；坚决贯彻执行党的路线方针政策，坚决站稳党性立场和人民立场
	清廉的政治本色	政治作风清正廉洁，加强党性修养，知敬畏、存戒惧、守底线，积极推进党风廉政建设；带头遵守《中国共产党廉洁自律准则》，廉洁自律、廉洁用权；监督党员干部和其他工作人员严格遵守国家法律法规，严格遵守五院各项规章制度。遵守政治纪律和政治规矩，严格执行《中国共产党纪律处分条例》；坚持重大事项请示报告制度；坚持党内民主，过好"双重组织生活"
	过硬的政治能力	具备把握方向、把握大势、把握全局的能力和辨别政治是非、保持政治定力、驾驭政治局面、防范政治风险的能力；具备较强的政治敏锐性和政治鉴别力，对敏感因素、苗头性倾向性问题，做到眼睛亮、见事早、行动快，把稳空间事业发展的正确政治方向。善于从政治上研判形势、分析问题，自觉在党和国家工作大局下想问题、做工作，讲政治，顾大局，对意识形态领域错误思想保持高度警惕，积极开展意识形态领域斗争
	强烈的政治使命	贯彻落实习近平总书记"8·26"重要批示和关于航天强国建设指示要求，有强烈的革命事业心、政治责任感和航天事业使命感，争当"航天强国建设引领者、空间事业发展领导者"；认真履行抓党建第一责任人职责；具有航天事业荣誉感和自信心，带头弘扬"航天三大精神"，丰富新时期航天精神内涵；在理论学习、业务能力等方面率先垂范，为建成世界一流宇航企业不懈奋斗
品德素质	乐观进取	为人处世乐观，抗压能力强，具有带领员工攻坚克难的感染力，勇于攀登、敢于超越，在航天事业发展中锐意进取
	亲和自信	待人和善，举止大方，具有中国空间事业发展自信，有同理心，关心党员群众困难，注意听取和推动解决党员群众反映的实际问题，为中国空间事业发展凝聚人心
	敬业担当	工作中特别能吃苦、特别能战斗、特别能攻关、特别能奉献；在科研难题面前敢闯敢试，在矛盾问题面前敢抓敢管，主动协调、勇于担当
	开拓创新	解放思想，转变观念，自觉运用系统思维和创新思维，直面新问题、新难点，结合任务实际谋新路、创新意，鼓励员工自主创新，掌握核心技术，为航天强国建设筑牢基础

胜任力维度	胜任力要素	内容
品德素质	公道正派	坚持立党为公，执政为民，处事公正公平，选人用人不徇私情，倡导清清爽爽的同志关系、规规矩矩的上下级关系，忠诚老实，光明坦荡，实事求是，在推动空间事业发展中贯彻公平正义
能力素质	统筹谋划能力	善于开展战略性思考，思索业务工作发展战略、重大部署和重大事项，带领班子在中国空间事业发展中发挥"把方向、管大局、保落实"作用；善于运用航天系统工程理念，全面加强政治建设、思想建设、组织建设、作风建设、纪律建设，把制度建设贯穿其中；深入推进反腐败斗争；善于从党的建设角度考虑中心工作，运用党建工作方法解决工作难题，将党建工作的"根"和"魂"融入中国空间事业发展始终，确保党的工作贯穿国家重大任务和研制生产试验的全过程
	科学决策能力	具有丰富的政治阅历和工作经验，思路清晰，善于运用经验和科学的分析方法；发扬党内民主，坚持集体决策；处理复杂问题时能够科学决策。作为党委班子的"班长"，能够总揽全局、协调各方，化解分歧，达成共识
	学习创新能力	具备党建专业知识，熟悉本单位业务；具备自主学习创新的意识和能力；具备较强的专业研究能力、理解转化能力和快速适应能力；善于将政策文件、上级要求、工作经验转化为领导能力和工作能力，积极思考科研生产工作实际，创新开展党建工作
	知人善任能力	善于识人用人，掌握本单位干部队伍、后备干部队伍和人才队伍情况，善于发现和培养业务精、能力强、敢担当的干部和人才队伍；善于动员广大党员在完成国家航天重大工程任务中发挥先锋作用
	和谐构建能力	开放包容，具有领导艺术，善于强化政治引领，促进领导班子团结。协调能力突出，善于组织动员，带领干部加强和谐单位建设，化解各方矛盾，构建改革发展同心圆
	风险防控能力	具有风险研判能力，及时发现苗头性、倾向性问题；具备较强的风险防控和处置能力，应对突发事件及时得当，事件善后处置稳妥；提高国家安全意识，筑牢政治防线，警惕境外敌特分子策反，严守国家科研任务秘密

（二）航天科研院所党支部书记胜任力模型（见表4）

表4　　　　　　　　　　航天科研院所党支部书记胜任力模型

胜任力维度	胜任力要素	内容
政治素质	扎实的理论素养	坚持以马克思列宁主义、毛泽东思想、邓小平理论、"三个代表"重要思想、科学发展观、习近平新时代中国特色社会主义思想为指导，坚持党的基本理论、基本路线、基本方略，强化理论武装，努力用马克思主义立场、观点、方法分析和解决实际问题
	坚定的政治立场	增强"四个意识"，坚定"四个自信"，做到"两个维护"，自觉在思想上、政治上、行动上同以习近平同志为核心的党中央保持高度一致；贯彻落实党中央重大决策部署，认真贯彻"五位一体"总体布局、"四个全面"战略部署和新发展理念；坚决贯彻执行党的路线方针政策，坚决站稳党性立场和人民立场
	清廉的政治本色	政治作风清正廉洁，加强党性修养，知敬畏、存戒惧、守底线，积极推进党风廉政建设；严格遵守《中国共产党廉洁自律准则》、国家法律法规、五院各项规章制度，廉洁自律、廉洁用权。遵守政治纪律和政治规矩，严格执行《中国共产党纪律处分条例》；坚持重大事项请示报告制度；坚持党内民主，尊重和维护党员权利
	过硬的政治能力	具备高度的服从意识，积极服从上级党组织安排；具备辨别政治是非、保持政治定力、在支部层面驾驭政治局面、防范政治风险的能力；具备较强的政治敏锐性和政治鉴别力，对支部存在的敏感因素、苗头性倾向性问题，做到眼睛亮、见事早、行动快，把稳支部工作的正确政治方向。善于从政治上研判形势、分析问题，自觉在党和国家工作大局下想问题、做工作，讲政治，顾大局，对意识形态领域错误思想保持高度警惕，积极在支部开展意识形态领域斗争
	强烈的政治使命	有强烈的革命事业心、政治责任感和航天事业使命感，争当"航天强国建设引领者、空间事业发展领导者"；具有航天事业荣誉感和自信心，带头在本支部弘扬"航天三大精神"，丰富新时期航天精神内涵；在理论学习、业务能力等方面率先垂范，为建成世界一流宇航企业不懈奋斗
品德素质	乐观进取	为人处世乐观，抗压能力强，面对科研难题和工作问题，具有带领支部攻坚克难的感染力，勇于攀登、敢于超越，在航天事业发展中锐意进取
	亲和自信	待人和善，举止大方，坚定中国空间事业发展自信，有同理心，关心本支部党员群众困难，积极为本支部党员群众解决实际问题，为本部门业务工作凝聚人心
	敬业担当	工作中特别能吃苦、特别能战斗、特别能攻关、特别能奉献；在科研难题面前敢闯敢试，在矛盾问题面前敢抓敢管，主动协调、勇于担当；在本支部做好敬业担当的表率

胜任力维度	胜任力要素	内容
品德素质	开拓创新	解放思想，转变观念，自觉运用系统思维和创新思维，直面新问题、新难点，结合任务实际谋新路、创新意，鼓励本支部党员群众自主创新，掌握核心技术，为本部门业务工作筑牢基础
	严谨务实	发扬"严慎细实"的航天工作作风，实事求是，求真务实，健全党支部制度、严格党支部工作程序、严肃工作纪律，确保支部工作的严肃性
能力素质	党建专业能力	熟悉党建工作的基本理论、政策、制度和规定要求，能熟练运用党务专业知识开展支部工作；切实把握组织体系建设的基本内容、管党治党的基本任务、检验党建工作成效的基本标准；善于运用信息化手段开展党建业务工作，擅长运用融媒体开展思想政治工作
	融入中心能力	了解本支部科研生产业务，善于运用组织工作方法，将党的理论路线方针政策落实到科研生产实际，为科研生产任务提供坚实的组织保证；全面把握支部成员思想动态，统筹支部思想建设，加强员工思想引领，为空间事业发展筑牢共同思想基础；具备合理开展支部工作的能力，将"三会一课"、党支部实践创新等工作做出实效；围绕中心开展支部工作，服务改革发展、凝聚职工群众、建设企业文化，创造一流业绩
	统筹管理能力	善于组织策划，能够选择合适的时机，以恰当的方式开展政治动员和组织动员，确保党的路线方针政策和决策部署贯彻落实；具有较强的资源协调能力，能够根据科研生产实际合理分配资源，统筹规划和安排人、财、物等资源，注意时间节点控制，促进党务和业务协调发展
	沟通协调能力	善于组织协调和与人沟通交流，在开展活动策划时能够争取多方面支持，解决困难和问题；善于发现支部成员情绪变化，了解支部成员心理动态和诉求，具备同理心，协调各方力量解决党员群众思想问题；善于营造干事创业氛围，做好新形势下的党支部思想政治工作，凝神聚力，助推中国空间事业发展
	监督引导能力	定期自查本支部党员学习教育管理情况，监督和指导本支部党员思想学习状况，对上级要求的党建相关工作抓好落实；把握支部成员心理动态，严防对挑战政治底线等错误言论和不良风气听之任之、逃避责任、失职失察，及时向上级党组织报告重要情况

（三）航天科研院所专职党务干部胜任力模型（见表5）

表5　　　　　　　　　　　航天科研院所专职党务干部胜任力模型

胜任力维度	胜任力要素	内容
政治素质	扎实的理论素养	坚持以马克思列宁主义、毛泽东思想、邓小平理论、"三个代表"重要思想、科学发展观、习近平新时代中国特色社会主义思想为指导，坚持党的基本理论、基本路线、基本方略，强化理论武装，努力用马克思主义立场、观点、方法分析和解决实际问题
	坚定的政治立场	增强"四个意识"，坚定"四个自信"，做到"两个维护"，自觉在思想上、政治上、行动上同以习近平同志为核心的党中央保持高度一致；贯彻落实党中央重大决策部署，认真贯彻"五位一体"总体布局、"四个全面"战略部署和新发展理念；坚决贯彻执行党的路线方针政策，坚决站稳党性立场和人民立场
	清廉的政治本色	政治作风清正廉洁，加强党性修养，知敬畏、存戒惧、守底线，积极推进党风廉政建设；严格遵守《中国共产党廉洁自律准则》、国家法律法规、五院各项规章制度，廉洁自律、廉洁用权。遵守政治纪律和政治规矩，严格执行《中国共产党纪律处分条例》；坚持重大事项请示报告制度；坚持党内民主，尊重和维护党员权利
	过硬的政治能力	高效执行和落实上级和本级党组织决策；具备辨别政治是非、保持政治定力、驾驭政治局面、防范政治风险的能力；具备较强的政治敏锐性和政治鉴别力，对本单位存在的敏感因素、苗头性倾向性问题，做到眼睛亮、见事早、行动快，把稳正确政治方向。善于从政治上研判形势、分析问题，自觉在党和国家工作大局下想问题、做工作，讲政治，顾大局，对意识形态领域错误思想保持高度警惕，积极在本单位开展意识形态领域斗争
	强烈的政治使命	有强烈的革命事业心、政治责任感和航天事业使命感，争当"航天强国建设引领者、空间事业发展领导者"；具有航天事业荣誉感和自信心，带头弘扬"航天三大精神"，丰富新时期航天精神内涵；在理论学习、业务能力等方面率先垂范，为建成世界一流宇航企业不懈奋斗
品德素质	乐观进取	为人处世乐观，抗压能力强，具有较强的感染力和号召力，勇于攀登、敢于超越，在航天事业发展和党建工作中锐意进取
	亲和自信	待人和善，举止大方，坚定中国空间事业发展自信，有同理心，关心党员群众困难，推动解决党员群众反映的实际问题，为中国空间事业发展凝聚人心
	敬业担当	工作中特别能吃苦、特别能战斗、特别能攻关、特别能奉献；对于党建工作中出现的矛盾和问题敢抓敢管，主动协调、勇于担当

胜任力维度	胜任力要素	内容
品德素质	开拓创新	解放思想，转变观念，自觉运用系统思维和创新思维，直面新问题、新难点，结合任务实际谋新路、创新意，为本单位党务工作不断进步、取得实效提供新思路
	严谨务实	发扬"严慎细实"的航天工作作风，实事求是，求真务实，健全组织制度、严格工作程序、严肃工作纪律，确保党建工作的严肃性
能力素质	党建专业能力	熟悉党史，熟悉党建工作的基本理论、政策、制度和规定要求；熟悉全面从严治党基本要求、党建体系基本内容、检验党建工作成效的基本标准；熟悉党员发展、党员教育管理，以及基层党组织建设等相关业务工作；善于运用信息化手段开展党建业务工作，擅长运用融媒体开展思想政治工作
	策划推动能力	贯彻落实党的路线方针政策和决策部署，善于将上级精神和党建工作要求转化到本单位党建工作之中，贯彻落实到本单位各项规章制度、工作流程之中；坚决贯彻执行党委战略部署，策划组织能力强，工作计划性强，执行力强，推动党建工作要求落实落地；积极协助党委监督和指导基层党组织建设，纠正支部建设、党员发展、党员教育管理、基层党组织建设中的问题
	学习总结能力	具备自主学习的意识和能力，关于党的路线方针政策能够先学一步、学深一层，第一时间解读和理解党的路线方针政策和上级精神；具有良好的口头表达和文字表述能力，能够根据上级安排和基层党组织实际工作情况，解构工作任务、明晰时间节点；主动吸收党建工作新方法、新工具，结合科研生产工作实际丰富充实党建工作载体和内容，总结推广基层党组织建设的经验
	沟通协调能力	善于上传下达，向下准确传达上级党组织要求，发现新形势下基层党组织建设面临的新情况、新问题，并提出可行的意见方案供本单位党委参考；善于体察党员、干部群众和基层党务干部的心理动态和诉求，具备同理心，及时向党委反映问题；具有较强的亲和力和语言艺术，能够高质量完成考察对象的谈话，发现问题，提出改进建议
	融入中心能力	了解本单位生产经营业务，掌握思想政治工作方法，善于创新思想政治工作形式、丰富工作载体、完善工作机制，不断增强工作的实效性；围绕中心任务，服务改革发展，全面把握本单位员工思想动态，善于开展形势任务教育，为推动空间事业发展夯实思想基础

五、胜任力模型的实施效果

（一）以胜任力模型为导向选拔党务工作者

基于胜任力模型的选拔体系，可以从特定岗位对任职者的素质要求出发，对应聘者进行甄选，确保选拔和招聘更适合于工作和角色要求的从业者。

（二）以胜任力模型为基础培养党务工作者

胜任力模型另一重要作用在于员工培训。培训基本程序一般分为培训需求分析、培训计划的制订和实施、培训效果评价，具体如图4所示。

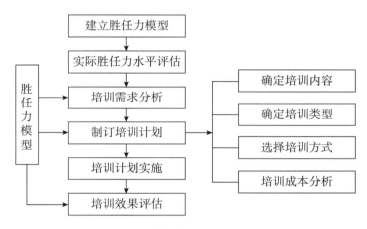

图4　胜任力模型在员工培训中的应用

党务干部胜任力模型为党务干部的培训需求分析提供了可参照的标准，需求分析是确定是否有必要进行培训的一个过程。从系统的观点看，培训类型和内容的确定以及培训效果评估等均需要依靠需求分析作为前提条件。具体模型如图5所示。

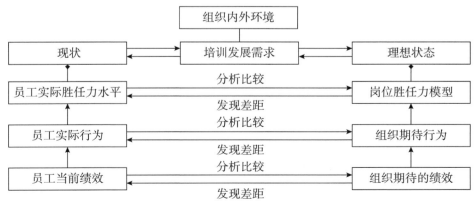

图5　基于胜任力模型的培训需求分析模型

基层党委书记、党支部书记以及专职党务干部因所在岗位的特点不同，其培训需求也有所差异，需要在分析的时候加以区分，精准评估培训需求。

（1）基层党委书记作为党委领导班子的主要负责人，培训前应明确培训目标，即打造一支守信念、讲奉献、有本领、重品行、善于推动科学发展、促进社会和谐的高素质基层党委书记队伍；创新培训理念和方法，塑造终身学习、团队学习、学习分享的理念；设计科学的培训内容，重点加强习近平新时代中国特色社会主义思想等理论知识学习与能力素质锻炼、世界眼光与战略思考的培养、领导艺术与文学修养、警示教育与革命传统教育等。

（2）党支部书记是基层党支部工作的"领头雁"，应以党的理论知识、党建实务操作技能为主，通过载体丰富、形式灵活、有针对性的培训，提升党支部书记的思想政治素养、业务能力和水平。

（3）专职党务干部作为党组织工作任务上传下达的具体执行者，其培训应侧重于党的基础理论知识，基层党务工作流程、方法和技巧，个人党性修养和政治素养，以打造一支讲党性、重品行、业务扎实的专业化高素质党务干部队伍。

具体而言，基于胜任力模型的培训需求分析模型主要特色和效果在于：第一，分级分类设计了培训体系。根据不同岗位、不同层级干部的特点，分级、分类设计了党务干部培训体系。一方面，针对不同层级干部的需求，做好主体班次设计，实现培训的全面覆盖；另一方面，针对专职和兼职党务干部群体的工作特点，灵活设计培训时间和培训内容，加强兼职党务干部的知识结构及现代管理能力的培训。

第二，完善了培训保障。在制度上，针对不同群体分别设计培训管理办法，对每年培训的时间和方式进行规定；在资金上，保证党务干部教育培训工作经费的充足；在师资上，保证优化内部资源的同时整合外部优质资源。

第三，丰富了培训内容。坚持把党性教育贯穿于干部教育培训全过程，以政治理论、政策法规、业务知识、文化素养、技能训练、廉政建设为基本内容开展培训。拓宽邀请专家渠道，使培训内容涵盖国际形势、时政要闻、经济、军事、文化、人文素养、心理辅导、人际沟通等各个领域，以满足党务干部多样化的培训需求，切实提高党务干部的政治素质、业务素质、文化素质和健康素质。

第四，创新了培训形式。灵活运用多种培训形式，如案例宣讲、团队拓展、实地参观等；充分利用互联网、新媒体等平台，推广应用网络培训、远程教育、电化教育等手段，提高培训教学和管理的信息化水平；做好选学调训，不断加大组织调训、干部选学力度，积极选派干部参加外部干部培训机构举办的各类培训。

（三）以胜任力模型为依据评估党务工作者

在开展培训的同时，以胜任力模型为依据进行跟踪考评有助于提高培训转化率。在培训效果评估环节，一方面，要通过培训中的课堂测评和培训后常规试卷测验，提交学习成果来检验课程学习效果；另一方面，要建立对基层党务干部培训绩效的跟踪考评机制，对其在工作中的知识使用和技能提升情况进行考核，逐渐形成完善的培后长期考评模式。

具体而言，对于党务干部培训效果的评估可以分为四个层面，如表6所示。

表6 党务干部培训效果评估

培训层次	定义	评估内容举例	评估方法	评估时间
第一层次（反应层）	在培训结束时，评估受训人员对培训的满意程度	对讲师培训技巧的反应；对课程内容设计的反应；对教材挑选及内容、质量的反应	培训效果满意度问卷调查；面谈法	课程结束后一周内
第二层次（学习层）	关注党务干部胜任力模型中理论知识相关的素质提升情况	受训人员对培训课堂理论知识的掌握程度	提问法；笔试法；心得感悟分析	课程进行时或课程结束后一个月内
第三层次（行为层）	培训结束后，了解受训人员对培训知识、技能在党务工作中的运用情况	受训人员在党务工作中是否使用了他们所学到的知识、技能	问卷调查法；360度评估；党员承诺完成情况	三个月或半年后
第四层次（结果层）	培训结束后，从部门和组织的层面，评估因培训而带来的组织上的改变效果	受训人员的党务工作业绩是否有了改善；受训人员的胜任力测评结果是否相较于上一周期有所提升	本支部党务干部及党建活动的成效评价，以及与生产经营的融合度；成本效益分析	半年后或一年后

主创人：赵小津　李君三　石　萌
参创人：刘志宏　关　潋　刘海英　母国新　姜美杰　莫　妤　王　莹

用公司治理改革推动企业体制机制创新

陕西汽车控股集团有限公司

前言

陕西汽车控股集团有限公司（以下简称"陕汽控股"）总部位于陕西省西安市，是我国西北地区最大的制造企业，前身是始建于1968年的陕西汽车制造厂，现有员工2.8万人，资产总额590亿元，居中国500强企业第276位，中国机械企业500强第20位，中国制造企业500强第122位。下辖陕西汽车集团有限责任公司（以下简称"陕汽集团"）、陕西汽车实业有限公司（以下简称"陕汽实业"）、陕汽集团商用车有限公司（以下简称"陕汽商用车"）等100余家参控股子公司。

陕汽控股业务涵盖整车、专用车、零部件和后市场四大板块，主要从事重型军用越野车、重型卡车、中轻型卡车、微型车等全系列商用车，冷藏车、清扫车、自卸车等专用车，重微型车桥、康明斯发动机等零部件的开发、生产、销售及汽车后市场服务。

陕汽控股是我国首批整车及零部件出口基地企业，近年来，紧抓"一带一路"机遇，整合市场资源，在阿尔及利亚、肯尼亚等13个国家建成了本地化工厂，在海外拥有200余家营销渠道、360余家服务网络，产品销往全球100多个国家和地区，出口量保持行业前列。

陕汽控股坚持创新驱动，推进"2035"战略落地，布局并形成全系列商用车暨新能源产业格局，实现陕汽商用车与陕重汽双轮驱动，发展西安和宝鸡两大产业集群，助力产业良性发展，推动社会可持续发展。

一、实施背景

党的十九届四中全会上首提"完善中国特色现代企业制度"，为我国企业制度变革指明了方向。在"现代企业制度、企业党建、社会责任"三位一体的企业治理模式中，"现代企业制度"是基础，通过健全法人治理结构，协调所有者、经营者、劳动者关系，规范企业行为，激发内在动力，提高运行效率；"企业党建"是灵魂，通过发挥党对企业的引领作用，把党的政治优势转化为企业发展优势，保证企业健康发展，促进企业利益与国家利益、社会利益高度统一；"社会责任"是使命，通过建立共享共赢机制，彰显企业的社会主义属性，树立以人民为中心的发展理念，优化企业生态环境，促进社会稳定和谐。

为认真贯彻落实党的十九届四中全会精神和上级要求，推动企业体制机制改革，进一步激活发展动能，陕汽控股认真对标和梳理存在问题，以推进法人治理改革为突破口，以提高国有资本运行效率、增强企业活力为核心，通过健全现代企业制度，加强集团管控，创新体制机制，优化产业结构和布局，进一步加强党对企业的领导，全面提升集团综合竞争力，促进"千亿陕汽"战略目标的实现。

（一）存在问题

1. 现代企业制度不够健全，运行机制需要进一步完善

《中华人民共和国公司法》（以下简称"公司法"）规定的董事会对高级管理人员选聘、业绩考核、薪酬管理等方面的职权，还没有完全落实到位。同时，董事会未建立相应的专业委员会及运行机制。集团内职业经理人的选聘任用机制有待建立和强化。

2. 集团管控模式不够明晰，分类管理需要进一步加强

经过多年的发展，陕汽控股已发展成为多产业、多企业和多地域的大型企业集团，企业和下属公司的定位、组织模式和商业模式等方面需要进行相应的优化。

3. 国有资产监督协同机制尚未形成，监督职能需充实和强化

陕汽控股监事会，以及财务、审计和纪检监察等监督力量尚未形成高效协同的监督机制；监事会的职能和作用需要进一步充实和完善；集团对下属公司的财务监督和审计监督功能需要进一步加强；执纪问责的方式方法和应用需要强化和创新。

4. 企业党建与法人治理需进一步紧密结合

党组织未完全嵌入公司法人治理结构，企业党建与法人治理需进一步紧密结合；党组织参与企业重大决策的前置程序没有在制度中予以明确。

（二）主要目标

1. 着力健全现代企业制度

深化公司体制改革，推动集团及权属子公司股权多元化和混合所有制；建立健全协调运转、有效制衡的公司法人治理结构；完善董事会职权、规范董事会运作，建立责权清晰的"三会职权"和授权机制及董事会专门委员会的科学决策保障机制。

2.加强集团管控和分类管理

准确界定不同下属公司的功能和业务范围，实行分类管理和考核；建立对下属公司管控责权清单，明晰管控职责职权；建立集团管控核心制度，实现企业管理高效运作和管理事项程序合规。

3.加强国有资产监督

形成监事会、财务、审计和纪检监察等监督力量高效协同的监督机制；加强监事会建设，充分发挥监事会对董事会、经理层的监督作用；加强审计监督和财务监督，强化监督执纪问责，从机制上和制度上预防问题的发生。

4.加强企业党的建设工作

落实"五个坚持"的总体要求，充分发挥企业党组织的核心作用。明确企业党组织在公司法人治理结构中的法定地位；党组织建设与企业改革同步谋划；制定党委常委会议事规则，明确党组织研究讨论是董事会、经理层决策重大问题的前置条件，全面加强企业基层党组织建设。

二、内涵和主要做法

（一）进一步完善法人治理结构，推进建立现代企业制度

2017年以来，随着外部股东引入，陕汽控股从过去的国有独资公司转变为国有全资公司，实现了股权多元化。在此情况下，法人治理结构完善、运作规范、各股东权益得到法定保障已成为公司治理改革的迫切需要。在确保国有资产保值增值的前提下，陕汽控股依据《公司法》规定，按照股东出资比例，经过反复协商，制定了公司治理结构模式并推进落实。

1.加强党的领导，明确党组织在企业法人治理结构中的法定地位

陕汽控股始终坚持党对国有企业的领导，把党的领导内嵌到公司治理结构中，贯穿于董事会改革始终。依据中央加强国有企业党建的要求和修改公司章程的安排，报经省国资委批复同意，增加党委和党建工作章节，据此完成公司章程的修订，并组织集团实际管理的28家子公司将党建纳入公司章程，有效保障了党组织在企业法人治理结构中的法定地位。

在决策程序上，制定更为详细和更具操作性的《陕汽控股党委常委会议事规则》《陕汽控股"三重一大"决策制度实施办法》，形成党委研究决策及前置研究事项清单44条，"三重一大"事项清单47条，明确规定重大经营管理事项必须经党委会研究讨

论提出意见后，再由董事会和经营班子按照权限作出决定；同时，在党建纳入章程前提下，组织三级以上子公司编制完成党组织议事规则和"三重一大"决策制度办法，将党组织前置研究纳入"三重一大"决策流程，确保党组织把方向、管大局、保落实作用充分发挥，全面提高决策质量，降低决策风险。

2.规范董事会建设，着力健全现代企业制度

陕汽控股作为陕西省属国有企业六项改革试点单位，根据政策要求和企业实际，积极推进规范董事会建设，着力健全现代企业制度。编制了《陕汽控股规范董事会建设实施方案》，并上报省国资委。依据省国资委批复将陕汽控股董事会由5人调整为7人，并将省国资委对公司董事会在主业投资、非主业投资、捐赠等方面的授权事项纳入公司章程。在此基础上，深入推进规范董事会建设。

一是坚持"双向进入、交叉任职"的企业领导体制，实现党委书记和董事长"一肩挑"，同时由总经理兼任党委副书记，更好地确保党的各项工作有效开展。在公司章程中明确符合条件的党委成员可以通过法定程序进入董事会、监事会、经理层，董事会、监事会、经理层成员中符合条件的党员可以依照有关规定和程序进入党委。

二是按照公司章程规定，在3名内部董事的基础上，为企业引入3名外部董事，同时选举1名职工董事，优化了董事会组成结构，充分发挥外部董事在深化董事会建设中的重要作用，进一步增强了董事会的独立性，提高了科学决策水平。

三是在运行机制上，持续推进建立和完善董事会决策保障体系。在组织层面，聘任了董事会秘书，设立董事会办公室，明确了相应工作职责。对董事会下设专业委员会的科学决策机制进行设计，在董事会下设战略规划委员会、提名委员会、薪酬与考核委员会、审计与合规委员会，其中提名委员会主任由党委书记、董事长担任；薪酬与考核委员会、审计与合规委员会主任由外部董事担任。同时，根据政策法规和公司实际制定了相应专业委员会议事规则，为董事会科学决策提供支持和保障。在制度层面，根据政策法规和公司章程制定了《陕汽控股董事会议事规则》及董事会四大专门委员会议事规则，并组织评审讨论和修订完善，为董事会及其专门委员会科学规范议事奠定了基础。

四是在子公司层面推进落实规范董事会建设。按照子公司规模、股权结构等实际情况，陕汽控股49家权属公司中，39家设立了董事会、10家设立了执行董事。其中32家建立了外部董事占多数的董事会，实现了董事会决策的独立性和客观性。同时，为保障国有资产保值增值，陕汽控投采取一系列的办法保障子公司组织有序运行，集团研究制定了《子公司"三会"分类管理方案》，从管理模式、操作流程和指导服务三个方面进行了创新与变革，并在2020年子公司年度"三会"管理中予以实施；增加了子公司的议案前置审核流程，加强了议案的合法合规，为集团董事审议决策提供法规依据。加强重大事项管理，编制修订了《陕汽控股及子公司层面重大事项缺项清单》《集团重大事项管理制度》《子公司重大事项管理制度》《陕汽控股重大事项管理变更方

案》。通过开展16家子公司重大事项季度自查、议案前置审核、日常业务辅导等活动，防范子公司重大事项违规发生。

3.建立逐级授权机制，提升公司决策效率

为抢抓市场机遇，公司决策层实行部分重大事项逐级授权制。明确陕汽控股股东会、董事会的事项权限；对企业重大事项，按照制度规定，除向上级部门上报核准的事项外，按授权分别由陕汽控股董事会、经营班子和子公司进行决策，全面提升公司决策效率。

4.规范经理层管理，维护经营自主权

按照政策要求，陕汽控股实现了经理层依法由董事会聘任，接受董事会管理和监事会监督，执行股东会和董事会决议；规定了经理层任期，总经理对董事会负责，向董事会报告工作，董事会闭会期间向董事长报告工作；总经理依法履行职责，主持公司日常生产经营管理工作，制定公司基本管理制度，实施内部管理方案。

5.试点推行经理层成员任期制及契约化管理

陕汽控股修订完善"双百行动"试点企业陕汽商用车《市场化经营机制改革方案》。该方案主要围绕职业经理人的任职期限、签订契约及签订程序做出详细规定，同步细化明晰职业经理人选聘及提名人设置流程，并针对职业经理人设置薪酬分配机制，即将原变动年薪=绩效年薪（30%）+岗位分红（50%）+任期激励（20%），调整为变动年薪=基础绩效（30%）+年度绩效（50%）+任期绩效（20%），季度与年度考核与变动年薪80%挂钩，进一步强化考核与激励。目前实现任期制和契约化管理的经理层成员总人数为6人。

（二）加强集团管控，形成系统管控体系

（1）以"高效、务实、清晰、协同"为基本原则，全面厘清了陕汽控股、陕汽集团、陕汽实业等各级法人之间的关系，形成了职责清晰、高效协同的组织体系。同时，按照法人主体所设部门最大限度融合和资源共享原则，设置部门并进行了职责优化和调整，对集团组织机构进行顶层设计和优化调整，形成了既分又合、职责清晰、高效协同的组织体系。另外，对各部门下设机构进行了大幅度的整合和精简压缩，全面削减了管理层次和幅度；对部门职责和业务流程进行优化调整，堵塞管理空白和边缘地带，有效助推了企业经营效率的提升。

（2）按下属公司的业务类型，对下属公司实施业务板块化的分类管理；根据下属公司产权结构和所处的发展阶段，选择采用战略管控型和财务管控型模式进行分层管理。对零部件板块和专用车板块的业务，由新设立的零部件事业部和专用车事业部分别实施分块管理。同时，组织制定了下属公司分类管理办法和战略、投资、外派人员管理等集团管控关键流程系列支持保障制度，形成了系统的集团管控体系。

（三）建立大监督体系，促进管控工作规范有序

1.强化监事会的履职能力，防控经营风险

依照有关法律法规和公司章程设立陕汽控股监事会，监事会成员分别由3名外派监事和2名职工监事组成，负责监督企业重大决策和关键环节，以及董事会、经理层履职情况。同时，健全以职工代表大会为基本形式的企业民主管理制度，支持和保证职工代表大会依法行使职权，加强民主管理与监督，维护职工合法权益。陕汽控股制定了《陕汽控股集团职工董监事管理办法（草案）》：职工监事按期参加监事会工作会议，研究讨论监督检查等工作；根据监事会的安排，职工监事职工监事积极介入监事会的专项检查工作；根据省国资委的安排，职工监事积极参加各项业务培训，较好地履行了职工监事的各项职责；职工董事参加董事会会议，进行议案审议，履行职能。

实际工作中严格执行相关要求，较好地配合监事开展财务监督工作；公司报送省委、省政府的《送阅件》等资料，均报送监事会；参加年度公司干部述职考评会议和高管任免民主评议，通过开展个别谈话、工资薪酬检查、职务消费检查等工作，监督公司董事高管履职情况；积极参加公司董事会和经营决策分析会议，参与公司"三重一大"经营决策，参加公司经济活动分析会、财务决算预算会议、财务问题整改会等工作会议，全方位开展财务监督工作，防范公司经营风险。

2.发挥监督作用，完善问责机制

陕汽控股从建立健全高效协同的监督机制、加强审计监督、加强财务监督、健全党内监督体系四个方面入手，编发《陕汽控股纪检监察关键管理制度汇编》，建立内审与企业监事会的沟通联络机制、审计成果汇报和分享机制、审计整改联动机制；为规范公司外派董事、监事和高级管理人员（以下简称"董监高人员"）的管理，确保外派董监高人员履行职责，切实保障公司作为法人股东的各项合法权益，制定集团外派董监高人员管理制度。针对下属子公司财务总监的评价，制定外派财务总监考核管理办法。

3.健全党内监督体系

陕汽控股发布《基层纪检监察人员工作履职内容和标准》及《纪检监察工作星级考评办法》；充分利用流程"6+1"及"四性测试法"，梳理出适合陕汽控股实际的效能监察标准化工作方法，并进行了专题培训。建立《纪委会议事规则》《纪委委员履职标准》；分阶段分步骤完成《纪检监察实务操作手册》，有力地指导了基层党风廉政建设落实工作；提炼、固化三个标准化底稿，形成效能监察标准化工作方法。

三、实施效果

（1）实现了结构健全、运作规范的法人治理体系，股东会、董事会职权得到进一步明确，董事会结构合理，董事会专门委员会运行有效，符合《公司法》和公司章程规定，在完善的治理体系支撑下，"三会"规范高效运作，为企业治理和生产经营提供了有力保障。

（2）将党建纳入公司章程，有效嵌入公司治理结构中，保证了党组织在治理结构中的法定地位；"三重一大"事项在决策前均通过党委会前置研究，有效发挥和落实了党组织"把方向、管大局、保落实"的作用，进一步增强了党对国有企业的领导。

（3）在制度层面，梳理研究和明确了党委会前置研究重大事项清单和"三重一大"决策制度实施办法，并严格实施，有效保障了企业重大事项决策程序合法合规。

（4）在子公司层面推进规范董事会建设，按照子公司规模、股权等实际情况，陕汽控股49家权属公司中，39家设立了董事会、10家设立了执行董事。其中32家建立了外部董事占多数的董事会，实现了董事会决策的独立性和客观性。

（5）明确"三会一层"职权边界和授权事项，进一步厘清了职权，提高了决策效率；同时，通过精简组织机构，明确业务职责，探索母子公司之间的授权放权管理机制，为企业持续健康发展和科学高效运营提供了有效支持。

（6）推进纪检、监察、巡察、审计"大监督"体系建设，察实情、出实招、求实效。按照层级逐级明确风险点，一级聚焦战略、运营、财务、合规；二级从33个单位190项中甄别确定42项；三级对照内控手册和测评底稿，将风险管控责任落实到关键党员，并明确各职能部门承担专业领域的风险管理职责，打造严格、规范、有效的内控体系。

通过以上改革措施的落实落地，进一步激发了企业内生动力，不断提升了企业管理能力和经营水平，增强了企业创新力和竞争力。陕汽控股近四年的产销规模从2016年产销11.7万辆增长至2019年的18.6万辆，屡创新高；盈利能力持续提升，近五年净利润总额增长42倍，企业向高质量发展不断迈进。2020年，在世界品牌实验室（World Brand Lab）主办的第十七届世界品牌大会上，陕汽控股以294.69亿元再次荣登"中国500最具价值品牌"榜单，较2017年品牌价值增加106.07亿元。2020年12月22日，由《中国汽车报》主办的"车轮上的中国——商用车助力全面建设小康社会"年度盛典在北京召开，大会盘点了我国商用车产业在经济社会发展方面所做出的突出贡献。经过前期走访调研和评审委员会评选，陕汽控股获评"大国基石"荣誉称号，受到大会表彰。截至2020年11月底，陕汽控股累计生产各类汽车22.01万辆，同比增长27.33%，近五年纳税达25.06亿元，为全面建成小康社会、建设美丽中国做出了突出贡献。

主创人：王琳琳　温向辉
参创人：魏志阳

全流程链效益攻坚体系的构建与实施

唐山三友集团有限公司

前言

唐山三友集团有限公司（以下简称"三友集团"）位于河北省唐山市曹妃甸区，前身是1986年建设的全国三大碱厂之一——唐山碱厂，后来经过扩建和并购于1998年成立，是全国纯碱和化纤行业的排头兵，省属国有重点骨干企业，下辖13个子公司，三友化工股份于2003年在上海证券交易所上市，是国有控股A股上市企业，股票代码600409，目前资产总额260亿元，年营业收入200亿元，在岗员工2万人。

三友集团所属各公司主要产品为纯碱、黏胶短纤维、PVC（聚氯乙烯）、烧碱、有机硅、石灰石、原盐等。目前可年产纯碱340万吨、黏胶短纤维80万吨、烧碱50万吨、PVC40万吨、专用树脂10万吨，有机硅单体20万吨、硅橡胶系列产品4万吨，纯碱、黏胶短纤维双双荣获"中国名牌"。"三友商标"为中国驰名商标，产品远销亚洲、非洲、欧洲、美洲、大洋洲五大洲100多个国家和地区，其中纯碱、黏胶短纤维产能位居国内前列，是北方重要的有机硅产业基地之一。

三友集团为行业内首家建立"两站一中心一基地"（博士后工作站、院士工作站、国家级技术中心、纤维素纤维新产品研发基地）的企业。建设了3个省级工程技术创新中心、2个市级工程技术研究中心，拥有特种树脂研发等9条试验线，科技平台数量和质量居行业首位。同时全国首创利用排废浓海水生产纯碱的新工艺，填补了国内空白；自主研发的大型纺丝等核心设备，由设备进口转变为设备出口；竹代尔纤维生产技术为国际首创；自主开发了蒸汽梯级利用、有机硅高沸物转化技术等国内先进工艺。先后开发了70多个新品种，累计授权专利394项，主导参与制定国家标准14项、行业标准12项等。

近年来，三友集团先后获得全国先进基层党组织、全国工业企业品牌培育示范企业、全国工业企业质量标杆等多项荣誉，尤其是2015年被省工业和信息化厅确定为"首批河北省管理创新示范企业"；2018年三友品牌价值达45.79亿元，居行业前列。2020年，三友集团《创新品牌管理方式，实现质量效益发展》案例入选国务院国资委2020年度国有企业品牌建设典型案例之"战略制定"单元，成为河北省唯一入选案例。三友集团下属纯碱、化纤、氯碱、硅业4家企业获"河北省政府质量奖"。

一、实施背景

近年来，三友集团上下通过外抓市场机遇、内强主观增效，实现集团利润、职工收入增幅连创新高。但自2018年下半年以来，集团面临宏观经济变数多、产业发展挑战多、转型升级压力大等诸多问题。因此，必须激励全体干部职工发挥主观能动性，眼光向内，深挖内潜，筑牢发展底线。

（一）着力落实中央推动高质量发展要求

2018年年底召开的中央经济工作会议强调，我国经济已由高速增长阶段转向高质量发展阶段。推动高质量发展，是保持经济持续健康发展的必然要求，是当前和今后一个时期确定发展思路、制定经济政策、实施宏观调控的根本要求，必须加快形成推动高质量发展的指标体系、政策体系、标准体系、统计体系和绩效评价、政绩考核体系，创建和完善制度环境，推动我国经济在实现高质量发展上不断取得新进展。大力推进改革开放，推动质量变革、效率变革、动力变革，促进经济社会持续健康发展。三友集团作为大型国有企业，高质量发展将成为集团今后若干年的工作目标，2019年年初党委书记、董事长在职代会报告中也提出了促进高质量发展的工作纲领。

（二）着力应对复杂多变的经济形势

全球贸易格局和供应链体系变化，特别是中美贸易摩擦直接导致集团主要生产原料浆粕的采购成本大幅提高，企业经营成本持续增加；同时对集团所属的化纤、氯碱、硅业等均造成不利影响，市场需求量进一步降低。国内生产总值增速预期放缓，近三年呈现逐年递减态势；政策调控持续，房地产增速放缓，短期放宽限价、限售、限购和限贷等调控政策可能性较小，安全环保治理力度加大，给原材料供给及下游开工带来不确定性。

（三）着力提升集团行业竞争优势

三友集团所属行业均为基础化工、化纤原材料，产业产能处于严重过剩状态，国内外产品同质化竞争激烈，导致纯碱、黏胶、有机硅等主导产品价格持续下滑，利润大幅降低，整体经济形势异常严峻。集团有效落实《行稳致远　质量发展》报告精神，强基础，打好深化改革效益攻坚战、打好管理效益提升攻坚战、打好经营效益攻坚战，做好有效应对，以主观努力弥补客观不利，提升集团总体经济效益。

二、实施内涵

推动三友集团高质量发展，必须坚持创新、协调、绿色、开发、共享的新发展理念，立足以氯碱公司为中轴的"两碱一化"循环经济发展模式，通过"产业关联"纽带辐射化纤、纯碱两大公司，两大公司又串联起矿山、钙业、热电、盐化、硅业等公司，实现了在公司间互为上下游企业，在技术上可紧密协作，在资源上能够高效综合利用；突出"三废"源头治理、综合利用，重点关注各产业之间的工艺衔接、有机串联，做到了环境效益、经济效益和社会效益相统一。

面对新的压力，三友集团为提升整体竞争力，推进高质量发展，围绕变革创新，在保证安全的基础上，化压力为动力，挖内潜、强内功，重过"紧日子"，打造全流程链效益攻坚体系（如图1所示），全方位发掘各环节创效点，创新思路、创新举措、创新形式，制定精细措施并督导落实，激发全员创效热情，加大主观创效力度。

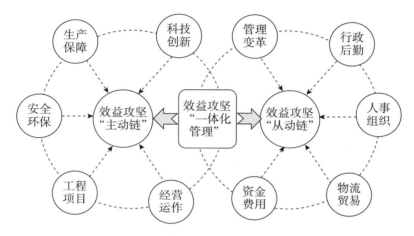

图1　全流程链效益攻坚体系

按照"分类管理、分块切割、综合协调"的原则，构建"两链一体"效益攻坚体系总体框架：

效益攻坚"主动链"，包括生产保障、安全环保、工程项目、科技创新、经营运作5大类。

效益攻坚"从动链"，包括资金费用、管理变革、物流贸易、人事组织、行政后勤5大类。

效益攻坚"一体化管理"，包括集团经济运行中心、财务中心、技术中心、研发中心、培训中心、安全生产部、人力资源部、企划部、组织部、审计部、证券部、纪委、办公室13个部门，负责专项跟踪督导。

三、运行模式

（一）组建机构，确保成效

三友集团在组织内部建立了高效的效益攻坚体系，该体系的建立得到总经理的高度重视，专门设立效益攻坚领导小组，由总经理为组长、常务副总为副组长，小组成员由党务副书记、各专业副总及各专业职能部室负责人组成，负责效益攻坚活动的组织、开展及考评工作。

（1）效益攻坚领导小组下设办公室，办公室设在经济运行中心，负责项目收集、整理、激励等日常工作。

（2）各相关职能部室强化归口管理，认真落实并做好督导和检查，分别制定专业管理办法，并负责对项目效益复审。

（3）各公司成立以总经理为组长的领导小组，负责本公司效益攻坚活动的开展、考评等日常工作。

（二）四级联动，层层落实

按照集团"三级管控"框架，将"四个板块"按照分管责任和主管责任，建立"集团—股份—各公司—各车间（部室）"四级联动体系，集团把方向、管大局，股份抓重点、担大事，各公司攻难点、保落实，各车间（部室）细规划、严执行。

（三）由上到下，双向督导

集团归口督导，按照专业事项由专业的人来做的原则，集团各归口专业部门，根据工作责任范围，针对各公司确定的事项进行指导、督导；子公司督导，各公司企管部组织专业人员，细化、确定项目路线图、时间表，实施周、旬、月三层跟踪、督导，确保各项既定事项保质保量完成。

（四）由下到上，三级认定

全流程链效益攻坚运行模式如图2所示，主要采用"一确认两审核"模式，在事项完成后，对其实施的效益、效率、效果进行逐级确认。一级确认为实施单位，在事项完成后对投入及产出等情况进行详细描述、详细计算；二级审核为各公司领导小组，对所有既定并完成的事项，进行逐一核实，确保效果真实、有效；三级审核为集团领导小组，根据各事项情况再次进行专业审核。

四、保障机制

（一）领导重视

"效益攻坚"是新形势下应对外部挑战、夯实基础管理、提升效益的重要手段，各单位必须高度重视，总经理要亲自抓、亲自管，对整体工作的推进情况负总责，将各个项目切实抓好、抓出成效。

（二）广泛宣传

各级组织及相关单位结合职工代表大会宣讲，做好形势教育，将体系建设的目的、意义等传达到各车间、班组、岗位、个人，让职工真正理解本次活动的目的、意义，营造全员创效浓烈氛围。

（三）全员行动

"效益攻坚"是公司抵御风险、提升效益的有效手段。各单位必须提高认识，充分依靠职工、发挥职工聪明才智，集思广益，全员参与，将职工的潜力挖掘出来，将本单位效益提上去。

（四）层层落实

下级保上级，一级保一级，公司、车间、班组都要组织多种形式的活动，调动广大干部职工的创效热情和创造活力，岗位出真招，公司见实效，形成"比、学、赶、帮、超"的良好氛围，通过活动的有效开展，确保公司全年利润目标任务圆满完成。

五、主要做法

三友集团效益攻坚体系的构建、推进、落实，以"三个为王、六个一块"为整体思路，着重做好"三效"，狠抓降本增效、夯实科技创效、激发全员增效，从全集团、全公司、全车间、全班组角度出发，做到横向到边、纵向到底，确保增效落地，效益提升；重点突出"三新"，从创新思路、创新举措、创新形式着手，找准问题的关键点，科学分析判断问题的瓶颈、症结，确保举措实施后，收到一针见血、立竿见影的成效。全流程链效益攻坚运行模式如图2所示。

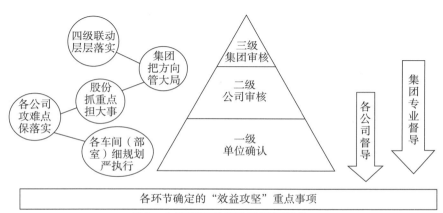

图2　全流程链效益攻坚运行模式

（一）生产保障，破极限、再挖潜

生产稳定，实施对标超越，瞄准历史最好水平、行业最优水平，进一步强化内部历史对标、外部行业对标，开展多样化生产指标横大班竞赛。开展技术引进和创新，夯实"三小"活动，实施填平补齐措施，实现提产、提质、降耗再创效。例如：开展聚合釜连续排气提高PVC产量项目。聚合釜在反应过程中连续排气，可使反应过程中产生的不凝气体有效排出，通过使用这种方法，提高了釜冷换热率，缩短了反应周期，进而提高产量。该项目实施后，一期生产SG-3型树脂同期缩短40分钟，二期生产SG-3型树脂同期缩短30分钟，每年可提高产量7600吨。

设备保障，深入开展红旗标杆设备活动，实施设备全寿命周期管理，加强计划检修，提高检修质量，进一步压缩检修费用，最大化延长稳定运行周期；利用库存精细化管理系统，降低设备库存资金占用，实现最佳经济运行。例如，耐磨阀改型项目，针对合成车间耐磨球阀频繁更换问题，将部分低温介质下的耐磨球阀改型为耐磨陶瓷阀，同时将一旋受料斗下料气动阀由耐磨夹板阀改型为耐磨盘阀。原耐磨球阀一年更换6次，耐磨夹板阀一年更换5次，项目实施后，阀门使用周期均大于半年，并且阀门故障率大大降低，年节约维修成本56万元。

（二）安全环保，保底线、促升级

围绕"安全第一、环保优先"，强化安全环保主体责任。确保安全底线，从超前防范、主动预防入手，增强基层岗位安全防范意识，抓好重大危险源监控管理，坚决遏制重大事故发生；狠抓日常安全隐患排查整改，确保安全零事故。例如，安全管理信息化平台开发及应用项目，能够实现全员登录系统进行隐患登记和流转、节点处理提醒和监管，做到全员隐患排查；同时能够实现外施工入场教育的在线流转，完成系统在线分发试卷、在线考试、阅卷、评分、登记、发布等工作，教育考试全程无纸化，不仅减少纸张和人力的消耗，还极大地提升了工作效率。

推动环保升级，依法依规实施清洁生产，实现各污染物达标排放，确保全年环保零事故；集中力量开展"三废"治理，加强环保技术攻关，实现变废为宝等。例如，通过制胶KKF滤机废胶处理系统改造、酸浴F2水综合利用等节水项目，实现水资源循环利用，节水700m³/h。有效利用莫代尔生产废碱液，将其用于碱洗、闪蒸反洗，累计降低成本600万余元。通过收集再生纤维素纤维生产或造纸的废液作为半纤维素原液，再将半纤维素原液在硫酸催化作用下进行裂解生产木糖醇。同时，公司还依托这项发明技术生产出了高附加值的半纤维素深加工产品，进一步解决了黏胶废液的污染及合理利用问题。此外，公司以专利为依托，已建成大型产业化的生产线，在有效降低黏胶纤维生产成本的同时，将半纤维素变废为宝。

（三）经营运作，抓机遇、控拐点

向市场要效益，供销抓机遇、控拐点，做好经营效益攻坚。创新经营模式，推进多元化经营，在现有产品销售的基础上开拓新业务；进一步减少中间商，提高直采直供比例；探索"互联网+"销售新模式。

销售方面，深入推进结构、节奏创效，以效益调整产品结构，扩大差异化、定制化、高附加值产品规模；紧跟市场变化，动态调整接单节奏，增加高价运行期接单数量，多卖一单是一单。例如，2019年轻灰罐车散装碱、液钙、有机硅罐车运输销量同比分别增长66%、80%、31%；高附加值产品增量增效，轻灰最大月销量占比50%以上，化纤高白、竹纤维、莫代尔销量同比分别增长35%、8%、2%，专用树脂手套料、树脂2500及消光3型粉销量同比分别增长85%、23%；突出差异化操作，氯化钙外采经销量是2018年的7倍；等等。尤其针对中美贸易摩擦影响，在黏胶短纤维产品销售上，根据市场走势把控签单节奏，先后4次拉涨售价，与同行保持100元/吨左右的价差优势。

供应方面，统筹渠道、库存、性价比，引入新渠道，加大招标比价力度，少花一分是一分；优化库存定额，实施避峰就谷采购，低价增储，高价控量；产供结合，继续发挥"吃粗粮"创效优势；等等。例如，在纯碱、氯碱的原材料——原盐采购上，利用澳大利亚、印度等国外进口原盐打压国内市场盐价，利用南堡腹地盐百万吨库存优势打压山东盐价，当山东盐价低于腹地盐价时倒逼腹地盐缩量、降价，目前原盐采购价格比2019年年初大幅降低。化纤引入多家纸浆新渠道，珍珠浆月供量增至1万吨；通过优化工艺指标、合理控制设备参数以及难点攻关等手段，深入推进"吃粗粮、产精品"，特别是全年订购低价浆粕12万吨、进口甲醇7000吨、引入井矿盐7.8万吨、订购进口盐50万吨；等等。同时做到了纯碱、烧碱优等品率100%，产品质量保持行业首位。开展物资采购系统降本增效，2019年以来实现物资采购降本2000万元，其中辅材料350万元、大宗原燃料1650万元。

（四）工程项目，控成本、提速度

在确保项目进度和工程质量前提下，狠抓成本控制，多手段实施项目全过程管理，细化过程环节控制；加大项目自营力度，最大限度降低工程设计、施工成本；积极谋划实施新的基建技改和"短平快"创效项目，力争实现早实施、早见效等。例如，2019年3月，三友化纤莱赛尔纤维中试线第一包莱赛尔纤维成功下线，标志着三友集团继莫代尔纤维、竹代尔纤维研发成功后，自主创新实现了又一重大突破。此项目攻克了107项技术难题、突破了5大核心技术，该产品打破了国外垄断，填补了国内空白。莱赛尔纤维顺利达产后将为后续规模化生产提供工艺技术、设备及人才保证，这标志着三友化纤强势进军第三代纤维素纤维领域。通过自主研发、集成创新，发明了新型黏胶短纤维纺丝机、新型黏胶短纤维精炼机等多项具有自主知识产权的技术装备。目前，三友集团是国内唯一可同步生产第一代普通黏胶短纤维、第二代莫代尔纤维、第三代莱赛尔纤维的企业。同时，在产品种类上，已经形成了彩色纤维、莫代尔纤维及阻燃纤维等差别化、高端化产品，高白纤维、细旦纤维等常规化品种，石墨烯纤维、负离子纤维、白椰壳碳纤维、竹炭莫代尔纤维等"定制化"功能性纤维。

（五）科技创新，解问题、保高效

坚持创新驱动战略，深入开展"科技攻关"活动，全面完善研发管理配套制度，实施课题制、津贴制、淘汰制，充分激发创新活力，大力谋划新课题，实现高产出；加快成果转化进程，做深循环经济链条，提升核心竞争力，特别是纯碱碱渣利用、化纤莱赛尔纤维等；解决产品质量提升中难点问题，打造拳头产品，确保高端、高质、高效；等等。例如，为有效推进课题制的实施，破解企业长远生存发展及实际生产中遇到的难题，进一步激发员工的创造激情，建设高素质的研发团队，三友集团针对课题制定下发了《课题制管理办法》，并配套制定了《课题制实施细则》，确定了绩效评价一、二级指标，设置了节点奖、绩效奖（项目奖）。两年共谋划"有机硅关键工艺开发"等课题300多项，"单体合成系统降耗研究""快速凝胶专用树脂研发""SY-Z170型专用树脂提质攻关"等多项课题取得显著经济效益。

（六）资金费用，控"两本"、降"三费"

落实控"两本"、降"三费"，树立过紧日子思想，深入挖掘新的降费点，控制费用支出，力争可控费用再降低；统筹收支平衡，提高资金利用效率，适时启动资本运作，实施多元化投融资手段，降低财务成本；密切关注国家政策变化，争取政策资金支持，充分利用政策红利；等等。例如，强化融资授信管理，统筹融资进度，结合公司资金情况，优化融资结构，集团授信总额230亿元，保障了公司经营及项目建设需要，促进了集团发展。完成6亿元公司债的成功发行，并合理安排公司债资金使用，充分利用期限优势，调整公司信贷结构。充分利用香港公司融资平台，扩大授信规模，通过直接开立美元信用证的方式，对内地产业发展提供间接资金支持，降低集团整体融资成本。强化成本控制，夯实费用管理，通过提前归还贷款、低息置换高息、合理选择贷款偿还、续贷与新增时点等措施，降低财务费用支出，提高资金使用效率。全年整体费用同比降低10%。

（七）人事组织，缩用工、提效率

不断完善组织机构，优化管理层级和管理范围，减少干部职数和用工岗位；提高装备自动化，合理配置人力资源，提高工作效率，不断压缩用工成本；实现人力资源最优配置，人尽其才、才尽其用，发挥公司两万名干部职工的最大潜能；等等。例如，在纯碱生产中，多袋型成品碱自动码垛装车技术研究及产业化应用，实现了小袋碱码垛装车自动化，减少了用工成本，年创效约150万元；化纤公司通过全员考核优化、岗位合并、后勤瘦身等措施开展优岗增效，提升效率、激发活力。分层次组织职工、班组长、科级及中高层人员培训，提升全员素质。实施"双百"人才培养，建立高技能人才、技术员、班组长选聘模式。省级焊工高技能人才培训基地顺利通过验收，国家高技能人才培训基地建设加快推进。通过提升职工业务技能，打造素质过硬、技术过硬的职工队伍，为公司长远发展厚植根基。

（八）管理变革，立标准、防风险

突出风险防控，在全面大联查的基础上，抓好"健康、平安、安全"常态化工作，重点防控和化解关键领域重大风险；深化权责界定，进一步明细"三级管控"职责权限，强化属地管理；推进管理标准化，完善内控制度，优化业务流程，用标准规范各项工作，提升办事效率；等等。例如，三友集团立足自身实际，在推动业务流程标准化的同时，围绕技术、管理和工作三大标准体系，同步完善和建立健全"8153"标准化体系，做到"物、事、人"一体化、标准化管理。在国家相继颁布了新《标准化法》及企业标准化工作5项新版标准后，为适应国家经济发展新常态，突出企业标准化改革与发展的新特点，使标准化工作更符合企业生产经营管理理念。三友集团以"健康、平安、安全"常态化工作为中心，以国标新版企业标准体系为总框架，以规范、规矩为核心，依据"三级管控"模式，在原企业标准化体系基础上，进行调整、补充、完善，进一步提升了集团绩效水平。化纤公司先后确定了标准化工作的方针目标、框架图和体系表，自行设计了"4134"的标准体系框架结构。经过半年的努力，制定修订产品实现标准体系、基础保障标准体系、岗位标准体系等标准1144项。

化纤公司作为集团内首家、河北省内首批通过的"河北省企业标准化示范单位"，为有效发挥标杆引领作用，开展标准化现场经验学习交流活动，推动各公司结合实际查找不足，通过补充完善和优化调整，不断缩小与标杆之间的差距，制订切合实际的提升方案并有效落地，将标准化提升工作融入日常，做到长期推进，逐步提升。

（九）物流贸易，抓环节、拓业务

加强产供销存各环节衔接，严格控制外包劳务，降低库存、装卸、搬倒等仓储费用；有效整合内部运输资源，提高汽运自营比例；开拓外部新业务，提升对外创收能力；等等。例如，创新业务模式，直接与市场接轨，扩大黏胶短纤维、纯碱、有机硅运输业务自主发运量，在确保产品运输顺畅的同时，实现运输效率和效益"双提升"。创新运输模式，购置"正面吊"专用设备，实现集港、疏港双向载重运输，重去重回比例平均在60%以上，单项业务最高达到80%以上；创新货代模式，着眼外部市场，大力开拓新业务。在与中远海内贸合作的良好基础上，扩大出口合作，实现外贸出口订舱的从无到有、从有到多的跨越，全年完成1000余箱，同比增长4倍。

（十）行政后勤，优服务、提保障

深化信息化管理手段，突出简洁高效，变革办公模式，提升效率；强化车辆管理，刚性开展用车成本控制；严格办公用品采购程序，开展厉行节约；优化后勤管理模式，持续开展"四个放心"工程，增强服务意识，提高职工幸福指数和满意度等。例如，打造"四个放心"升级版项目，基于职工对食堂满意度偏低的现状，制定专项攻关课题，确定课题目标为利用 3 个月时间，将职工对食堂满意度提升 6%。项目初期综合部发放调查问卷，广泛征求职工意见，利用价值链分析法逐层分析得出了买饭时服务人员微笑少、盛饭效率低、送饭时速度慢为影响食堂满意度的三大核心问题。然后，综合部有针对性地制定了微笑服务标准及督办流程、减少售饭语言沟通障碍、完善送餐流程三项工作目标，并制定微笑沟通率、盛饭率、送饭率三项考核指标，开展绩效改进夺旗竞赛，同时制定《线上线下送餐自检记录表》《食堂人员工服穿戴日检表》《四餐供应日检表》等制式表格进行统计监督，对表现优异的班组进行物质和精神双重奖励。历经 3 个月的持续跟踪改进，食堂满意度由课题开题前的 84% 提升至 91%，职工的幸福感得到有效提升。

六、精准激励

集团制定了《专项激励办法》，对重点工作精准激励，落实到人。针对年度重点工作分解表、基建技改项目及科技创新计划等年初既定事项，对效益、效率、效果提升有支撑作用，并且在规定时间内已完成见效的新点子、新措施、新项目，进行及时、精准奖励。

七、成果效益

（一）经济效益

2019 年，集团效益攻坚体系，围绕生产保障、安全环保、经营运作、科技创新、管理变革等十个方面全方位发掘新增效益点 1900 余项，其中效果突出的有 600 多项，年增效 1.8 亿元；实现了集团资产利润率、净资产收益率、资产证券化率居省工业企业第一，融资规模、贸易总量、授信额度三个历史最高，集团整体工作得到上级领导的高度评价和社会各界的充分肯定。2019 年集团效益攻坚谋划项目及增效额趋势如图 3 所示。

2020 年，以"六个一块"（项目见效增一块、节能降耗挖一块、压缩支出省一块、修旧利废多一块、优岗增效占一块、政策支持争一块）为抓手，进一步夯实全流程链效益攻坚体系建设基础，经过"三轮启动"，全年效果突出的效益点有 900 多项，年累计主观创效达到 5 亿元以上，全年预计利润达到 9 亿元以上，成功实现了"利润三级跨越"：一季度利润亏损—二季度效益减亏—三季度效益扭亏—四季度效益保全年。

（二）生态效益

近年来，三友集团紧紧围绕"打造百年老店　建设世界一流"的企业目标，大力实施创新驱动战略，构建全流程链效益攻坚体系，行稳致远，推动集团高质量发展。

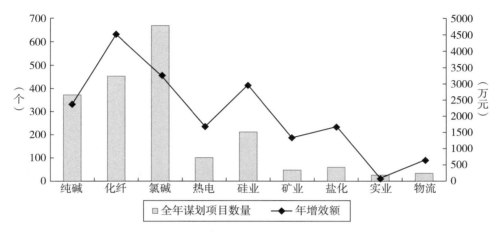

图3　2019年集团效益攻坚谋划项目及增效额趋势

集团各公司均通过了环境体系认证、清洁生产审核，并在国内首创了以氯碱公司为中轴的"两碱一化"循环经济发展模式，拥有盐化、矿山两大原材料供应基地和供给内部蒸汽、电能的热电公司，以及蒸氨废液回收再利用的氯化钙公司。集团内各公司资源循环利用，如氯碱公司电石渣废浆供股份公司纯碱生产代替石灰石，股份公司冷却水、冷凝水供热电公司，氯碱公司烧碱、次氯酸钠供化纤公司生产黏胶，盐酸供硅业公司生产DMC（二甲基硅氧烷混合环体），实现了内部能源循环利用，是全国首批循环经济试点企业。

（三）社会效益

2020年针对疫情物资原料如口罩料、医用手套料供应紧张的形势，三友集团实现了"社会贡献、经济效益"双丰收。

为了克服行业技术封锁等难题，在特种树脂技术改造项目中先后提出工艺专业建议94条、仪表专业建议39条、电气专业建议20条，此项目仅试运行一个月即达产达效，增效810万元。为进一步及时供应市场需求，第一时间推进高白纤维生产增线扩能项目。在设备老化、工艺差异等种种客观不利因素下，成功突破纺前接入技术，仅历时一周即实现高白纤维转产，并且做到产品质量合格，完全符合下游客户需求。

主创人：王春生　王　兵

参创人：于增盛　王铁英　周学全　韩力锋　王全宏　李秀军　王树新　孙慧军

油气钻探企业工程与服务全流程集中共享招标采购新模式

中国石油集团西部钻探工程有限公司

一、实施背景

中国石油集团西部钻探工程有限公司服务于新疆油田、塔里木油田、吐哈油田、青海油田、长庆油田、西南油气田等国内油气区和国外哈萨克斯坦、乌兹别克斯坦、伊拉克、沙特阿拉伯、阿联酋和埃及等十个国家。工程与服务业务年采购额200亿元以上。

在国际经济发展回落，尤其是受新冠肺炎疫情的影响，国内经济面临内循环、外循环双轮驱动的新形势，中国石油积极应对，坚持低成本高质量发展不动摇，持续开展提质增效活动，吨油操作成本持续压减，油气钻探企业承受着服务价格下降和总成本刚性上升的双重压力。为了控制生产成本、更好维护员工利益，西部钻探深入贯彻提质增效战略部署，改变工程与服务采购方式，彻底解决原有采购模式各自为战、分散操作、标准不统一、人员不专业、操作不规范、运行成本高、资源不共享、采购质量低等种种弊端，通过创新工程与服务集中采购管理模式，提高资源配置效率，有效控制百元收入变动成本。

工程与服务集中招标采购在提高采购质量与效率方面优势突出。一是通过集中资源，实施"以量换价"的集约化采购，有效节约采购资金。二是集中采购可以避免大量重复采购，降低采购频次，提高资源配置效率。三是集中采购可以利用规模优势在更大范围内吸引更多优秀服务商参与竞争，有利于建立战略合作关系，优化上下游供应链管理。四是集中采购避免了投标人多头、多次和重复投标，有利于降低投标成本，产生规模效应。五是通过标准化、信息化、专业化采购，将分散决策变为集中公开决策，强化过程控制和资源统筹协调，增强服务保障能力。

二、工程与服务集中招标模式的创新与探索

（一）创建工程与服务项目编码管理体系

创新工程与服务项目分类与代码，是实现招标采购集约化、标准化、信息化、专

业化"四位一体"新格局的基础。西部钻探借鉴《石油工业物资分类与代码》方法，创建了涵盖钻探企业所有工程与服务支出类项目的四级编码管理体系，为采购项目高效运行提供了强有力支撑，编码管理水平处于业界领先。

1. 确立编码规则，高质量建成编码库

组织专业力量全面梳理近三年6530份、585亿元工程与服务项目合同及招标采购资料，深入研究不同项目的合同类别、技术标准、服务内容、质量要求、计价方式等，建立了项目归类科学合理、符合钻探企业实际业务需要的《工程与服务类专业分级分类编码库》。

工程与服务项目划分为一至四级类别，共745个类目。其中一级类别创建为2位编码，涉及油田工程、承揽、服务、运输、租赁等12个类目；二级类别创建为4位编码，涉及钻井工程、井下作业工程、加工定做、修理修缮、测试检验、公路运输、生产生活服务、资产租赁等42个类目；三级类别创建为6位编码，涉及压裂作业、钻井设备维修、排液求产、吊卡车运输服务、顶驱租赁等192个类目；四级类别创建为9位编码，涉及钻井辅助业务、大修作业、绞车修理、泥浆泵修理、采输服务辅助业务外包、钻机油改电、吊卡车运输服务等499个类目。创建了工程与服务项目编码库，确定了每一个四级类别项目的采购方式（定商定价、定商或带量采购）。

2. 编码应用信息化，开启智能采购新体验

（1）充分发挥编码体系标准化优势。将编码库应用于信息系统，每个集中采购的项目四级编码对应各自的技术要求、评分标准、计价方式、服务标准等采购内容，用户单位只需选择相应编码，在申报工程与服务采购计划时，系统自动匹配服务标准、技术要求等上述采购内容，极大减少了用户单位工作量，有效提高了采购效率。

（2）最大限度发挥规模效应。集中采购部门编制采购方案（谈判方案或招标方案）时，将不同单位相同编码的采购计划在系统中选择"合并同类项"，系统自动生成同一采购计划，自动提取对应的采购方案标准模板，只需编制一个采购方案，实施一次采购，就可满足不同单位的相同采购需求，有效发挥了集中采购的规模效应。

（3）实现采购计划与集中采购结果自动匹配。通过招标形成的"定商定价"和"定商"采购结果在系统中生成含有入围服务商、中标价格、招投标文件关键条款等内容的集采目录，在招标结果有效期内，用户单位在对应的四级类别项下查询编码即可完成采购计划（立项）申报，系统自动完成匹配定商定价或定商招标采购结果，并将匹配的结果在信息系统中反馈至用户单位。

3. 对编码库实行两级管理的动态管控方式

通过建立两级管理体系，强化协同联动的编码动态管理，确保了工程与服务分类

及编码数据的规范性、准确性和适用性。

（1）公司编码管理职责分工明确，注重各单位协同联动。采购部门负责制定工程与服务编码规则，建立工程与服务编码体系，审核18家用户单位编码创建、修改和采购立项申请，对编码运行情况进行分析总结。用户单位负责向采购部门提报所需工程与服务编码的创建、修改和扩展申请。

（2）按照"先确认、后创建"的原则，从源头把好编码质量关。用户单位在申请新编码前先进行系统查询，确保无可用编码后方可申请新编码，并要求提供技术标准、服务内容、质量要求等相关内容，以便编码审核人员核对。若用户单位有扩展编码的需要时，报集中采购部门进行审核，确有必要的，统一进行扩展，避免问题编码进入编码库。

（二）创新工程与服务集中采购模式

坚持问题导向、目标导向、结果导向，强化合规管理，确立了工程与服务集中采购的三种全新模式（定商定价、按量签约；分类分级定商、按量定价签约；带量采购、即时签约），进一步集中市场、集中资源，吸引优质服务商参与竞争，实现采购质量与效率的有效提升。

1.定商定价、按量签约模式

对标准化程度高、通用性强、采购频次多、可以确定单价的采购项目，通过定商定价集中招标采购方式，确定该类项目的单价及中标人。在采购结果有效期内，用户单位根据服务商所在区块、服务能力、保障及时性等进行综合评价，完成审批程序后，选择其中的中标服务商签订合同。"定商定价"采购业务流程如图1所示。

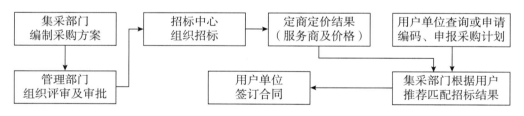

图1 "定商定价"采购业务流程

适用类型：钻井工程、井下作业工程、修理修缮、测试检验等需求明确的项目；生活、绿化、物业、安保等通用型强的服务类项目；年采购频次较高的设备资产类租赁项目；公路、铁路运输类项目等。

具体做法：由集中采购部门编制采购方案，管理部门组织集中评审，提出修改意见并完善后报批，招标中心通过招标确定入围服务商及服务单价。在招标结果有效期内，用户单位按照需求或批复，在对应的大类中类下查询编码或申请编码，在信息系统中完成采购计划（立项）申报。集中采购部门按照用户单位推荐服务商意见，匹配定商定价结果，将匹配的定商定价结果在信息系统中反馈至用户单位，用户单位依据匹配结果签订合同并履约。

2.分类分级定商、按量定价签约模式

对通用性强、采购频次多、不能提前确定单价（或以单价计量不利于降低成本）的采购项目，分两阶段组织招标。第一阶段通过分类分级集中招标定商，确定该类采购项目的服务商短名单。第二阶段在定商结果有效期内，根据实际工作量需求，短名单内的服务商报价，通过综合比选确定服务商及服务价格，各用户单位按中标结果签订合同并履行。"定商"采购业务流程如图2所示。

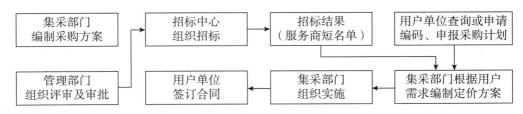

图2 "定商"采购业务流程

适用类型：井下、定向、录井等油田工程类辅助业务外包项目；非标件加工定做、修理修缮等承揽类项目；钻头总包、钻井提速、井控服务、科研加工等技术服务项目。

具体做法：由集中采购部门按照分类分级情况编制采购方案，管理部门组织集中评审，提出修改意见并完善后报批，招标中心通过招标确定入围服务商短名单。在定商结果有效期内，用户单位按照需求或批复，在对应的大类中类下查询编码或申请编码，在信息系统中完成采购计划（立项）申报。集中采购部门编制定价方案（选商在定商短名单范围内），并组织定价，定价结果履行公司规定的招标（谈判）结果审批程序。审批通过后，向中标人发中标通知书。用户单位依据审批结果签订合同并履约。

3.带量采购，即时签约模式

对服务内容和工作量已经确定且不能整合需求的采购项目，以及政府定价项目，依据用户单位的单次需求，通过招标（谈判）方式确定"量"和"价"，用户单位按照采购结果即时签订合同并履行。"带量采购"业务流程如图3所示。

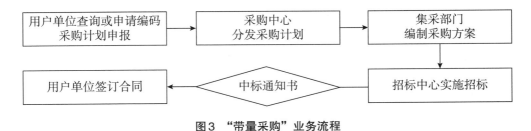

图3 "带量采购"业务流程

适用类型：涉及投资计划、维修计划、安全隐患治理、政府定价、融资保险的项目。如勘察、设计、施工、监理等建设工程类项目；政府定价的水电气热类项目；融资保险类项目；年采购频次较低的房屋、设备等资产类租赁项目等。

具体做法：用户单位按照需求，在对应的大类中类下查询编码或申请编码，在信息系统中完成采购计划（立项）申报。采购计划（立项）经过审批后，集中采购部门将不同单位相同编码的采购计划在系统中选择"合并打包"，并完成采购方案（招标文件）的编制与报审，招标中心组织实施招投标活动，向中标人发中标通知书。用户单位按照中标通知书签订合同并履约。

（三）搭建工程与服务智慧采购平台

根据采购业务需求，开发应用了西部钻探工程与服务采购信息系统，实现采购立项、项目合并打包、方案编制、报批、综合分析、过程监控等功能信息化管理，有效降低了采购运营风险，采购质量和效率得到明显提升。

1.统一信息系统集成

按照统一平台、统一标准、统一流程的工作思路，将传统采购业务由线下分散运行，整合为全流程在线集中运行模式，建成工程与服务全业务链集成管理的信息系统。平台采用HT分层框架技术，明确UI（用户界面）、控制、业务、数据分界，同时具有强大的扩展灵活性、系统稳定性、可移植性、快速应对业务的需求变化等特点，为信息系统后期功能扩展奠定了基础。

2.信息数据互联共享

利用标准化技术实现不同计算机软、硬件平台间数据传递、信息交互、远程数据访问及异地协同工作。建立数据控制标准和数据交换标准，实现信息系统中电子文档分类管理、权限控制和传递有序，各用户单位工程与服务采购相关信息数据共享。将业务操作流程、资金结算、审核审批、责任追究等问题以标准化的信息资源固化于信息系统中，使信息系统共享管理更为有效，可增强采购全生命周期数据共享和业务融合能力。

3.业务流程在线运行

从工程与服务项目立项开始，到招标采购结果生成，全流程应用标准化模板。方案编制、采购结果自动匹配、报审等各业务流程节点采用任务递推模式，任务到达时提醒操作员有未执行业务，当前任务完成后提醒后续任务启动。计算业务预估开始和完成时间，统计业务实际开始和完成时间的差异，判断业务是否可分解为子任务，从而支持精细化的业务在线管理。信息系统可提供以任务节点、流程跟踪、进度管理等多种不同形式的查询功能。

（四）深入推进采购标准化建设

西部钻探工程与服务集中采购以标准化建设为抓手，建立统一技术标准、统一工作规范、统一采购策略、统一专业化实施的"四统一"工作模式，形成了一套运行高效、过程受控的集中采购体系。

1.统一技术标准，推进采购需求标准化

针对各用户单位工程与服务项目技术标准不统一，质量要求不一致，服务内容不规范等状况（如柴油机大修，有的钻井公司大修内容只含密封件、易损件和人工费，有的钻井公司只含曲轴、凸轮轴等关键总成件），公司抽调专业处室和用户单位150名工程技术、安全环保、设备管理等各路专家，根据项目编码类别组建12个集中评审小组，对钻井工程、加工定做、修理修缮、测试检验等169类集中采购项目进行集中评审、优化调整，统一了同编码项下工程与服务项目的技术要求、评分标准、资格条件、计价方式、服务标准等内容。

2.统一工作规范，推进采购行为标准化

为避免业务人员对采购理论知识和政策法规理解不一致，操作不规范、不统一等情形，西部钻探完善了工程与服务集中采购管理和操作实施办法及其细则等规范体系。梳理国家层面招标采购法律法规38项，集团公司制度规范65项，先后制定《西部钻探公司招投标管理办法》《关于规范工程与服务类支出项目业务运行的通知》等17项管理办法及相关规定，对采购管理、职责划分、管理权限、审批流程、信息公开等环节做了全面规定。编写了《工程与服务采购业务手册》，对"定商定价、定商、带量"三种模式的采购业务流程、操作方法及注意事项、阶段工作时效等做了详细规定。

3.统一采购策略，推进采购文件标准化

根据集团公司发布的规范性文件和表单，西部钻探制定发布《关于规范工程与服务采购相关资料的要求》，进一步补充完善招标方案、谈判方案、招标文件、谈判文件、评标资料模板、谈判资料模板、资料报审规范等各类基础资料，健全了工程与服务集中采购格式化表单76件，编制招标文件、谈判文件标准模板256套，最终形成了覆盖全、易编制、好投标、依法合规的采购文件体系。同时，将这些表单和模板固化到信息系统，做到了只有"规定动作"，没有"自选动作"。

三、工程与服务集中招标取得的主要成效

（一）集约化降本效果显著

通过集中资源、集中市场，充分发挥集团化、规模化采购优势，将大量分散、

重复采购项目采取定商定价、定商或带量的集中采购模式，使供应链整体运行更加顺畅、高效，服务更优质，价格更优惠，年节约采购成本10.9亿元。集中采购实施第一年，完成钻井工程、运输、技术服务、维修等定商定价和定商的集中采购项目161个，金额80亿元，采购价格同比下降6%，节约采购资金4.8亿元；完成资产租赁、加工制作、钻井提速服务等带量采购项目690个，金额122亿元，采购价格同比下降5%，节约采购资金6.1亿元；各二级单位减少岗位操作人员20多人，年节约人工成本234万元。

（二）标准化采购运行高效

坚持以标准化、规范化为统领，引入编码管理的全新理念，构建以"标准化需求、标准化文件、标准化操作、标准化运行"为核心的具有西部钻探特色的系列标准采购体系，为工程与服务项目高效运行提供了强有力支撑。制定形成维修、钻井提速、技术服务等门类齐全的采购技术规范书121份，将原来需求各异的542个采购项目整合技术规范后，形成107个目录采购项目，平均一个目录采购项目相当于5个分散采购项目；招标（谈判）项目下降35%；合同签订数量下降25%；招标率由83%提高到89%。

（三）信息化管理驱动发展

工程与服务采购信息系统开发应用后，采购立项、采购结果导入、采购计划与集采结果匹配、编码管理等所有采购环节均纳入信息平台在线管理。系统可自动提取实时数据，生成各类报表，统计价格变化，规范、优质、快速为科学决策和动态管理提供了依据。审批流程从原来的4级减少至3级；定商定价、定商项目平均采购时间由原来的55天分别缩减为1天和3天，带量项目平均采购时间由原来的55天缩减为25天；业务单据由原来的25份减少至14份；采购人员日常工作量减少35%，提高了采购效率，降低了供应链管理成本。

（四）专业化保障成效突出

高效整合采购资源，成立集中采购专业机构，大力推进采购管理和操作实施专业化进程，建立内外部资源统筹协调、决策支撑、专业联合三大保障机制，全面提升服务能力。近年来，西部钻探新增深井钻机、压裂车组等高端装备200余台（套），优选1300多家各专业类型服务商为公司提供服务，涉及中国石油内部单位18家、大型国企55家，其他骨干企业653家，专业覆盖钻井工程、压裂、井下作业、钻井液、承揽、钻井提速、加工定做等所有油田技术服务项目。能力提升和内外统筹并重，有力促进了公司加快建设国内最具竞争力的管理技术型企业的步伐。

四、结束语

随着新冠肺炎疫情对世界经济的影响，新能源加速发展，油气行业低成本高质量发展面临着诸多挑战，西部钻探持续推进管理技术型企业建设，不断探索创新，优化完善国内外生产经营全流程供应链管理，为国家油气能源保障贡献力量。

主创人：张忠志 马 军
参创人：王 峰 许建忠 白 云 韩 峰 陈 昇 张立佳 杨生虎
　　　　李 瑾

深化区域能源战略合作的探索与实践

陕西省煤炭运销（集团）有限责任公司

一、实施背景

2016年2月，《国务院关于煤炭行业化解过剩产能实现脱困发展的意见》实施，重庆市关闭退出煤炭落后产能。

2016年7月，国家三部门联合下发《关于实施减量置换严控煤炭新增产能有关事项的通知》，陕西煤业化工集团有限责任公司（以下简称"陕煤集团"）按照应关尽关、能关早关的原则，尽可能加大本集团可使用指标量，同时把寻找产能置换指标的目光投向了全国。

2016年12月9日，重庆市经济和信息化委员会（以下简称"经信委"）代表重庆市政府与陕煤集团签署战略合作协议，双方达成了"煤炭保障＋产能置换＋储煤基地＋产业合作"的共识。

2017年2月7日，重庆市政府向国家能源局出具了《关于恳请支持将我市关闭煤矿去产能指标用于陕西煤业化工集团有限责任公司重点煤矿项目核准的函》，同意将关闭退出的产能，按照国家有关规定减量折算成495万吨/年指标，无偿置换给陕煤集团用于项目核准。同年9月25日，重庆市政府向国家能源局出具了《关于将我市关闭煤矿产能置换指标用于陕西煤业化工集团有限责任公司重点煤矿项目核准有关事项的函》，同意将关闭退出的536.9万吨/年折算指标，"零"价格交易给陕煤集团用于项目核准。

二、主要做法

1.准确把握当前形势，科学找准发展定位

（1）科学定位市场布局。陕西省煤炭运销（集团）有限责任公司（以下简称"陕煤运销集团"）依托榆北产能释放、靖神环线与蒙华铁路同步开通后的运输条件改善等优势，市场增量的核心，南下在长江经济带辐射的"两湖一江"和川渝等地区，东出在经北方港口的"海进江"和华中、华北、华东的优质电煤与化工、冶金市场。通过东出"海进江"与南下"江进海"的无缝对接，为实现战略市场布局奠定了坚实基础。

（2）科学定位产品结构。面对煤炭供给侧改革下煤炭消费结构升级，紧跟客户需求，不断增加煤炭品种、细分煤炭市场、开拓非电煤高附加值用户，并引导、协调矿区优化产品结构，提升产品附加值和竞争力。

（3）科学定位竞争策略。随着榆北三矿投产，陕煤集团的产量将稳居全国第一方阵，自有资源加靖神环线集结的地方资源总量将超过3亿吨。基于此，市场竞争策略需从跟跑向领跑转变，从区域性的零敲碎打，向谋求全国煤炭市场话语权和目标市场主导权转变。

（4）科学定位发展方式。创新营销模式，转变发展方式，加快建设长江中上游的余家湖港、荆州港及重庆区域的物流节点，提高铁水联运、掺配加工和转运分销能力，以营销链、服务链提升价值链，着力打造国内一流的煤炭供应链管理企业。

2.创新营销商业模式，打造市场竞争新优势

（1）以"五个前移"提升营销效能。积极实施"五个前移"战略，将各分公司的营销阵地前移、业务前移、人员前移、服务前移、责任前移，形成"专业化+区域化""分公司+办事处""互联网+煤炭"的营销模式，打破分矿区独立的营销单元，重塑体制机制和销售业务流程，整合产、运、销全部环节，构建融通商流、物流、信息流、资金流一体化的大市场配送网络。

（2）创新"互联网+煤炭"营销模式。与陕西煤炭交易中心无缝对接，全面推进煤炭网上交易，充分发挥交易平台的交易撮合、价格发现、信息汇聚、资金集聚等功能，加快实现线上交易、线下交割的无缝对接；推行煤炭产品标准化，创新实施"网上交易、异地交割"模式，实现了万州港、果园港等港口资源公开竞价、滚动销售，减少中间环节，降低用户交易成本。同时，积极探索标准仓单质押等供应链金融业务，落实陕煤集团提出的"技融双驱"战略，提高了资本运作能力。

（3）搭建区域煤炭交割库。成立了陕煤重庆港物流有限公司、重庆港陕煤电子商务有限公司，构建区域煤炭交割库和物流配送体系，在重庆区域建设了珞璜、合川、涪陵、万盛四个储煤基地，建立了常态储备机制，按照淡储旺销、滚动储煤的模式运行，常态储煤50万吨，年度周转不低于150万吨。

（4）延伸服务链和价值链。延伸营销的服务链和供应链，立足客户价值需求，成立专业化服务团队，从客户的炉型、燃烧配比、煤源结构等，为其量身定制最优的一体化能源解决方案，提供一体化、一站式、门到门的定制化、标准化产品和全程供应链保障服务，打造稳定、可持续的煤炭营销用户生态圈。

3.以公铁水并重多式联运为途径，打造综合运输保障体系

（1）集合铁路运输资源。一是多方式扩大国铁运力，不断优化调整运输结构，重点提高太中银、西康、陇海线等外运能力。二是稳步提高2000辆自备车运能，新租

1000辆、购置2000辆自备车，以5000辆左右的自备车运输规模，提高铁路运输的保障能力。三是做优铁路集装箱运输，增量块煤运输。四是发挥集团内部专用线和站台优势，整合地方资源，平抑周边市场。

（2）加大公路运输配送。对500千米范围内的省内外重点用户，实行订单式、门到门的专业化配送，优化地销流向，掌握终端客户供应渠道，形成稳定高效的供应关系。同步推进集团各生产板块的公路专业化物流配送，降低物流成本，并面向社会开展公路配载业务。

（3）扩展水路干线运输。以沿江沿海物流园区为依托，以自建的襄阳港、荆州铁水联运港和战略合作方的重庆四港为基地，提高对长江内河运输区域的市场辐射与配送能力。抢抓水运行业变革整合的历史机遇，与相关资源需求方、港口单位合作，积极参与航运市场整合，形成千万吨级水运能力，实现"江海直达"，形成公铁水联运的大运输格局。

4. 以物流项目为支撑，打造通江达海的大物流网络体系

（1）在三大煤炭主产地及省内地方资源富集区，建设产地型物流园区，提高省内资源集结及标准化加工能力。在建的陕北榆阳物流园区主要提升区域资源整合与加工能力，加大对地方资源掌控力度。

（2）在主要铁路枢纽及沿江沿海港口建设中转型园区，提高分销转运和地方资源集结能力，并为进口及"海进江"搭建转运平台。

（3）在华东、华中、西南等主要消费地建设消费型物流园区，解决中转资源储备和下游市场开发问题。

5. 深化区域能源战略合作，打造全国跨区域保供稳价新体系

2016年12月9日，重庆市经信委与陕煤集团签订战略合作协议，约定双方建立长期合作关系、锁定供煤数量、开展产能置换、建设储煤基地等内容，达成了"煤源保障+产能置换+储煤基地+产业合作"的共识，共同促进跨省区能源战略的长期合作。

（1）煤源保障是指陕煤集团按照约定，每年向重庆市供应相应的煤炭量，并逐年增加供应量。同时，陕煤入渝要锁定销售权和价格，经重庆市确认的重点用煤企业采购陕煤集团煤炭，实际结算价格不高于当期长协价和市场价。

（2）储煤基地是指陕煤集团在重庆市指定单位承担在渝电煤储备任务，确保在迎峰度夏和度冬两个高峰节点在重庆市常态储煤（珞璜、涪陵、合川、万盛等地）不低于50万吨，全年周转3次以上总量不低于150万吨，以保障重庆企业用煤之需。

（3）产能置换是指重庆市作为回报，将重庆市区域内去产能折算指标，分批次提供给陕煤集团用于重点煤矿项目核准。

（4）产业合作是指双方资源互补、优势合作，在物流节点、港口运营、交易体系、实体项目等方面开展深度合作。

①重庆市煤炭供应量增价稳。陕渝双方严格落实、积极推进战略合作协议，陕煤入渝发运量逐年走高，对重庆地区煤炭市场及价格体系起到了"定心丸"和"稳价器"的作用，保障了重庆电力企业和重点工业企业煤炭供应充足、运行平稳。

②常态储煤平稳有序。陕渝双方认真落实《陕渝能源合作在渝常态储煤管理办法》，陕煤集团投入专项资金3亿元用于储煤基地周转运行，全力抓好珞璜、涪陵、万盛、合川四大储煤基地的常态储煤有序运行工作，实现了库存前移、分销转运和丰存枯用功能，充分发挥了在渝常态储煤对重庆电煤保障的应急储备功能。

③产能置换顺利完成。经多方努力，重庆市与陕煤集团两批产能指标置换工作已全面完成。按照国家发展改革委的文件精神，第一、二期产能置换工作，陕煤集团获得1031.9万吨/年的新增产能指标，分别用于陕煤集团小保当二号煤矿及澄合山阳煤矿等重点项目建设。

④多产业合作成果斐然、前景广阔。充分发挥陕煤集团的资源优势和重庆的港口物流优势，在物流合作方面，设立了陕煤重庆储运有限公司、陕煤重庆港物流有限公司及重庆港陕煤电子商务有限公司等合资公司，紧密围绕物流、交易、支付、电商等大宗商品供应链要素开展全方位合作。在网上交易方面，将万州港和果园港资源通过平台线上交易，开启了陕煤入渝资源网上交易。同时，由中国煤炭工业协会、中国煤炭运销协会和重庆市经信委共同指导，陕西煤炭交易中心负责的"中国煤炭价格指数—长江中上游（重庆）动力煤价格指数"已在2019年全国煤炭交易会上发布。

6.建立区域煤炭价格指数体系，平抑经济运行波动

（1）区域市场价格体系设计。为切实反映市场长协煤（签订了长期协议的煤炭）的真实成交价格变动水平，全面反映市场各种贸易类型的价格水平、变动趋势和程度，分别设立长协指数和现货指数。

（2）标准规格品及质量指标。为获得稳定、连续且有可比性的价格样本数据，根据交易量和市场活跃度兼顾的原则，确定出三个标准规格品：5500千卡、5000千卡和4500千卡。

（3）数据采集、审核与处理。

①数据采集。指数的基础数据既包括实际成交数据，也包括指数编制单位的询价数据，其中只有可追溯的信息才会被参与指数计算。

②数据审核。主要检验数据的准确性，检查录入数据与原始价格样本数据的一致性，剔除或修改具有明显错误的成交价格和询价信息。

③数据处理。指数编制小组按照实物样本换算标准规格品样本的经验法则，对样本数据进行加工处理。即对于符合编制要求的非标准化实物样本数据，按照相关的煤炭质量升贴水标准，将不同热值、硫分、价格类型、付款方式、地点等的非标准化样本数据转换成标准的价格样本数据。

（4）样本单位的选择及调整。样本单位包括重庆区域的电力、建材、化工、冶金、造纸等动力煤消费企业以及活跃的贸易及中转企业。样本单位的选择和调整标准如下。

①样本单位的选择。长协指数样本单位纳入条件：

a.年度长协采购量须大于20万吨；

b.至少有一个年度长协标准规格品采购量大于10万吨，且该年度至少10个月交易行为；

c.长协合同要有明确的价格调整机制；

d.若样本单位行业代表性强，只要符合c且至少有一个标准规格品每年至少10个月有交易行为，也可以被纳入。

现货指数样本单位纳入条件：年度港口现货贸易量（含中转）须在5万吨以上，且该年度至少8个月有现货交易行为。

②样本单位的调整。

a.指数样本单位定期调整。依据样本稳定性和动态跟踪相结合的原则，价格指数原则上于每年1月审核样本单位（审核依据是样本单位上一年度的动力煤交易情况是否符合样本单位选择标准），并依据审核结果调整指数样本单位及样本单位权重。样本单位及样本单位权重的调整实施时间原则上是每年1月的最后一个指数发布日。

b.指数样本临时调整。在有特殊事件发生，影响指数的代表性时，就要对指数样本做出必要的临时调整。如及时剔除不再符合标准的样本，及时增加能够很好反映区域市场情况的新样本等情形。

（5）价格指数计算。

①长协价格的计算。先将有效的长协样本价格根据升贴水规则转换为相应的标准规格品价格，然后按固定权重（根据各样本单位长协煤交易量数据，同时结合数据质量、市场影响力、交易活跃性、定价可比性、专家评分等因素确定）的加权算术平均法计算得到各标准规格品的综合平均价格，即长协价格。

②现货价格的计算。先将有效的现货样本价格根据升贴水规则转换为相应的标准规格品价格，然后根据数学模型计算出各标准规格品现货价格。各标准规格品现货价格均按下式进行计算。

现货价格等于升贴水后的有效现货样本价格的平均值。

$$现货价格 = \frac{\sum_{k=1}^{n} P_k}{n} P_k = P_C + P_{CV} + P_s + P_O$$

式中，P_k 为升贴水后的有效现货样本价格；P_C 为有效现货样本价格；P_{CV} 为发热量升贴水；P_s 为硫分升贴水；P_O 为其他指标升贴水。

（6）指数试运行。为了验证重庆指数中各规格品指数之间的关联性以及重庆指数与其他动力煤价格指数的关联性，进行了相关性分析。总体来看，重庆指数运行稳定，并且从测试结果和区域企业反馈的情况看，与动力煤市场价格变化的实际趋势基本相符，已经具备向全社会公开发布的条件。

（7）信息发布机制。发布单位：陕西煤炭交易中心有限公司；发布时间：以周为发布周期；发布内容：5500K、5000K、4500K三个标准规格品的长协价格和现货价格；发布平台：国家煤炭工业网、中国煤炭市场网、西煤网和其他授权平台。

三、深化区域能源战略合作的实施效果

1. 建立了陕煤集团煤炭营销新模式

陕煤集团通过建立"专业化+区域化、分公司+办事处（区域公司）、互联网+煤炭"的立体式、一体化的新型大宗商品营销模式，重点围绕"长江经济带和东南沿海发达地带"进行战略市场布局，并综合构建大市场支撑体系、大运输保障体系和大物流配送体系，提升了陕煤集团在主要目标市场的主导权和全国煤炭市场的话语权。

2. 建立了陕渝能源新型战略合作关系

陕煤集团与重庆市建立区域间"煤源保障+产能置换+储煤基地+产业合作"能源合作发展新模式，从陕渝两地能源战略合作的高度出发，不断深化合作领域和合作层级，扩大合作范围。2016年以前，陕西煤炭每年入渝量仅有几十万吨；2017年，陕西与重庆开展战略合作，当年陕煤集团入渝的煤炭总量就达到514万吨，同比增长了260%；2018年，陕煤集团入渝商品煤总量累计完成849万吨，同比增长65.17%，为重庆地区区域经济发展增添了陕煤动力。

3. 促进了陕煤集团的高质量发展

陕煤集团在改革创新和发展新动能上做"加法"，在淘汰落后过剩产能上做"减法"，按照国家发展改革委的文件精神，获得1031.9万吨/年的新增产能指标，走出一条绿色低碳循环发展的道路。

4. 优化了区域战略市场布局

陕煤集团在赢得西南千万吨级市场的同时，整合了内部资源，优化了物流节点布局，未来依托重庆，陕西煤炭将挺进云南、贵州、四川。随着蒙华铁路的建成，陕煤集团在湖北、江西、湖南的供应量也在快速增长。在全国煤炭供应格局中，"中部看陕煤"的战略布局正在形成。

5. 建立了区域性煤炭价格体系

区域市场价格体系的形成，填补了长江中上游地区缺乏动力煤价格指数的空缺，

为各级政府制定宏观政策提供了决策依据，给相关产业企业提供了经营决策的参考依据，为区域市场提供了直接有效的定价支撑和估值参考标准，促进了区域动力煤市场和区域经济的健康平稳可持续发展。

主创人：杨科生　孙　虎
参创人：曹本美　刘小江

大型工程公司基于流程管理的管理体系再造

中国五环工程有限公司

前言

中国五环工程有限公司（以下简称"中国五环"）创建于1958年，是具有工程建设项目全过程承包和管理功能的国际型工程公司。作为化学工业诸多领域的领跑者，中国五环在煤化工、碳一化工、化肥、磷化工和新型合成材料等工程科技领域始终占据行业发展战略制高点，处于市场主导和技术领先地位，建设了一大批具有重大产业示范意义的高端项目，树立了国内知名的一流品牌。

公司拥有工程设计综合甲级资质和工程咨询、工程监理、工程造价咨询、建设项目环境影响评价等多项甲级资质，并享有对外工程咨询、工程设计及工程承包经营权，是首批获得全国AAA级信用企业资格的工程公司。六十多年来，中国五环在工程科技领域硕果累累，累计完成境内外2000余项大中型设计项目和100多项工程总承包项目，业务遍及国内31个省、自治区、直辖市和全球20多个国家和地区。

中国五环获得了300余项国家和省部级工程科技奖励，开发并拥有了一批具有国际先进水平的自主知识产权技术。近年来，公司先后获得国务院国有资产监督管理委员会授予的"中央企业先进集体"，国家住房城乡建设部授予的"科技创新先进单位"等荣誉称号。

中国五环拥有一支专业齐全、经验丰富、勇于开拓的高素质人才队伍，现有职工1300余人，大学及以上学历的员工超过95%，各类工程技术人员占员工总数的96%以上，其中包括多名国家和部级设计大师。

一、实施背景

"十三五"规划开局初期，中国五环持续推进国际化发展战略，国内和国外市场份额稳步提升，公司发展稳中向好。2017年，随着国内宏观经济出现持续走低，中低速增长成为新常态，公司的生存发展面临严重挑战，"一带一路"建设的推进，为公司更好地走出去提供了重大机遇，但在市场开发和投资体系建设、搭建风险防范与管理体系等方面面临新的问题和挑战。公司迎难而上，以战略调整破局持续发展困境，提出大力推动战略调整，实施二次创业、加快转型升级，开展深耕传统业务、进军全球工程市场、开拓新的领域、创新商业模式、构建风险管理体系、提升服务能力、创新引领发展。

（一）管理体系再造是公司二次创业的需要

公司的二次创业，要寻找新的发展机遇，进军新的市场，开拓新的业务领域，创新商业模式、构建风险管理体系。结合二次创业的需要，对标国际上优秀工程公司的管理经验，公司的管理模式还有些粗放；精细化程度和工作的价值关注度还有待提高；工作职责中灰色地带较多，甚至出现真空地带，内部推诿、本位主义时常发生；工作中流程不连通，出现信息流不畅的环节，影响工作效率。为此，中国五环通过管理体系再造，深入挖掘内部潜能，向管理要效益，提质增效，按照标准化、流程化、信息化的要求，调整组织结构和岗位，探索新商业模式，开发新的工作流程以适应新业务领域，在管理程序、管理深度和管理质量方面达到国际先进工程公司的水平；通过创新和精细化管理，使公司业务领域更宽，管理成本更低，核心竞争力更强，实现破局发展。

（二）管理体系再造是提升公司战略执行力的需要

在新的挑战面前，中国五环确定了清晰的战略规划，只有拥有强大的战略执行力，才能确保公司战略落地实施。通过管理体系再造，引入目标管理体系，将公司战略目标层层细化分解，落实到部门和员工；增强公司中层对于战略规划的实现路径和方法的理解，防止战略任务在执行过程中出现跑偏的现象；加强各层级目标实施监控和纠偏，防止出现工作落实雷声大雨点小、头重脚轻的情况；将战略目标的任务完成情况作为个人考核绩效的重要内容，让个人与公司战略紧密联系在一起。通过推动目标管理，层层压实责任，让全员紧跟公司战略，产生企业合力，确保战略目标实现，突破公司面临的困境。

（三）管理体系再造是加强国有企业内部控制的需要

中国五环是中国化学工程集团有限公司的全资子公司，为规范公司内部管理，建立了内部控制体系。公司的内部控制体系与原有的QHSE（质量、健康、安全、环境）管理体系在文件结构、表达方式上都不相同，是两个独立的管理体系，但有部分业务领域重叠，运行过程中出现了多头管理和真空环节，降低了管理效率。为此，中国五环通过管理体系再造，融合QHSE管理体系和内控体系，实现管理体系"一体化"，一套管理体系文件满足多方标准要求，减少管理多头现象，以此提升公司内部控制的水平及风险管控能力。

（四）管理体系再造是构建价值创造企业文化的需要

企业的生存依赖于为客户创造的价值，岗位存在的目的是为企业提供价值，但是随着工作程序的逐渐固化，员工对于工作、流程的价值思考开始淡化，单纯是为了工作而工作，工作价值逐渐降低，部分工作程序变得不适用和冗长，管理和生产效率降低。在管理体系再造中，中国五环再次审视公司各项工作价值、流程价值、岗位价值，认识到全员价值文化要进一步培养强化，才能促进创新思维，激发创新动力，助力企业开拓新的领域、创新商业模式、提升服务能力。

二、内涵

为了适应公司实施二次创业、加快转型升级、增强市场竞争力的战略发展需要，中国五环以引进现代管理理念，建立基于流程管理和风险控制的业务保障管理体系为指导思想，坚持立足公司多年积累的项目管理经验，发挥工程设计、总承包项目管理的专业特长，广泛学习借鉴国内外同行及兄弟单位先进经验，建立将传统的 QHSE 体系和内控体系充分融合的"四合一"的整合管理体系；建立以经营生产为核心，基于全过程价值链管理的理念，采用流程管理模式，运用过程方法，构建融合目标管理、流程管理、过程管理、风险管理、信息管理为一体的"五位一体"管理体系。通过管理体系的创新，实现以目标管理为驱动，以风险管理为保障，以信息管理为助力，从客户要求到客户满意的端到端的全流程价值链管理，提升公司应对和适配复杂外部环境的能力，增强内部控制能力，全面提升公司管理水平，提高战略执行力，增强市场竞争力，以助力实现公司战略转型和二次创业目标。

三、主要做法

（一）指导思想

通过管理体系再造，引进新的管理理念，建立基于流程管理和风险控制的业务保障管理体系。

（二）基本原则

（1）坚持立足公司二次创业的战略发展需要。着眼公司长远发展，提前谋划开放式、市场反应快速的组织架构和管理模式。

（2）坚持建立一个整合的管理体系，满足质量管理体系、环境管理体系、职业健康安全管理体系和内控体系等各外部标准要求。

（3）坚持立足公司管理经验与学习借鉴相结合。既要保持多年积累的项目管理经验，发挥自身的专业特长，又要广泛学习借鉴国内外同行及兄弟单位先进经验。

（4）坚持覆盖公司管理全过程，不留断点和死角。既要抓好经营生产等核心业务过程管理，也要强化资源保障的支持过程及统筹协调的管理过程，增强管理体系系统性。

（5）坚持与信息化紧密结合。逐步实现重点管理制度的流程化、流程表单化、表单信息化，充分利用现代信息技术与公司信息化工作相结合，提高管理效率。

（三）目标

建立"四合一"和"五位一体"的公司管理体系。目标分解为以下几个方面：

（1）在战略指引下，以目标管理为抓手，建立战略落地管理系统，提高战略执行力。

（2）以风险控制为工具，将风险管理的方法贯穿于各过程，建立全面风险管理体系，识别并控制重大风险，降低公司运行风险。

（3）以过程为管理的基础，推进过程方法的运用，全面梳理、优化公司各过程的输入和输出，明确管理和控制要求，增强管理系统性。

（4）以流程管理为核心，识别流程和分析价值链，建立公司从客户需求到客户满意的全过程价值链，提高管理绩效。

（5）以信息化为平台，建立公司信息平台，打通数据流转过程，提高工作效率及质量，构建数据收集平台，为公司分析和决策提供支持。

（6）打造价值创造的企业文化，培养一批骨干，以文化营造氛围，以骨干树立榜样，对公司战略转型起到长久的推动作用。

（四）组织领导

中国五环建立了以董事长和总经理为领导，管理者代表负责的核心领导层。安全质量部负责组织各项管理体系再造工作，信息技术部负责管理体系的信息化工作。各职能部门和生产部门负责人领导管理体系再造项目组，各部门主任为各自管理过程体系再造工作的责任人，负责部门体系再造工作的质量和进度保证。成立了由各部门管理专家及专业骨干组成的管理体系再造工作组，在安全质量部指导下完成各自管理过程的体系再造工作。

为保证管理体系再造工作的顺利实施，聘请咨询公司全程参与并指导管理体系再造工作，指导和帮助小组成员完成管理架构和过程识别，编制流程图。

在核心管理层的带领下，安全质量部组织项目组成员全面开展详细策划工作，明确各阶段目标，分配工作职责，细化任务，列出了工作进度时间表、各项任务的交付成果，有计划、有步骤地实施。

（五）各阶段时间安排及主要工作

管理体系再造过程从2017年4月至2018年12月，分为五个阶段：

第一阶段是准备阶段，在2017年4月，用一个月的时间开展管理体系再造的策划工作，主要工作是确定工作目标，请咨询公司进行差距分析，确定工作重点及步骤，筹建项目组，全面详细策划各阶段目标，分配职责和细化任务，列出了工作进度时间表、交付成果，有计划、有步骤地实施全面管理提升工作。

第二阶段是实施阶段，从2017年5月至2017年12月，主要进行动员启动工作，组织开展过程识别、目标和风险管理培训，开展目标确定及过程风险识别工作，梳理公司各项工作内容，建立过程清单、过程风险清单、进行流程文件编制，流程和表单逐步进行信息化。

第三阶段是验收及培训阶段，从2018年1月至2月，主要审查管理体系流程文件及支持文件，进行新老管理体系对照，查缺补漏，全员开展管理体系培训，新管理体系正式上线试运行。

第四阶段是试运行阶段，从2018年3月至5月，主要对新管理体系运行情况进行检查、总结及改进，对流程文件补充表单、模板、细化要求等支持文件。

第五阶段是新版管理体系全面运行阶段，从2018年5月至12月，新版管理体系正式运行，旨在培育和建立全员价值创造企业文化。

（六）实施过程

1.管理体系差距分析

在咨询公司帮助下，中国五环基于公司战略发展规划，进行内外部环境分析，对标先进企业，以及质量管理体系 ISO 9001、环境管理体系 ISO 14001、职业健康安全管理体系 OHSAS 18001、企业内部控制基本规范等标准要求，对公司的管理体系进行全方位的差距分析，找到公司原有管理体系中制约战略实现的各种因素，聚焦解决战略转型的关键环节，如市场开发、生产管理、人才培养、技术开发等核心问题，以及项目管理中存在的突出问题和薄弱环节，找出不足，找准问题根源，有针对性地深入挖掘。通过差距分析，共分析汇总八个方面的近30个差距环节，以此确定管理体系再造的着力点和实现路径，作为公司管理体系再造的关注重点。

2.新的管理理论知识和工作方法培训

管理体系再造是公司管理体制的创新，是把新的管理思想、管理理论、管理知识、管理方法、管理工具这些要素组合引入公司管理系统，以更有效地实现公司目标的活动。管理体系再造项目组成员通过培训，掌握新的管理思想、理论知识、管理工具，这是管理体系再造的首要条件。通过一系列的培训课程，包括《目标设置和分解》《过程识别》《风险管理》《流程编制方法》等，项目组成员了解了目标管理、风险管理、流程管理等管理理念和方法，掌握了战略目标的设置及分解，风险管理的要素和方法，过程识别、流程编制等工具和方法，建立了流程价值理念，为管理体系再造做好知识和技能准备。

3.构建管理体系架构

管理体系架构不同于组织结构，是企业价值链的展现，表达了企业价值链各项活动间的关系。公司主营业务是提供以设计为主体的大型工程咨询服务，设计、工程项目管理是公司的关键价值链，为企业创造效益。结合公司的组织机构设置、公司运行需要的管理要素及战略需要，中国五环重新构建了管理体系架构，绘制了公司管理体系一级过程关系图，确定了以营销、总承包项目为关键价值链，将其他相关活动分为支持和管理两类，共同组成将客户需求、公司战略目标转化为客户满意的产品、企业期望的绩效的管理体系架构。公司管理体系一级过程关系如图1所示。

附录AO4 CMS-MAM-AO4-C 2版

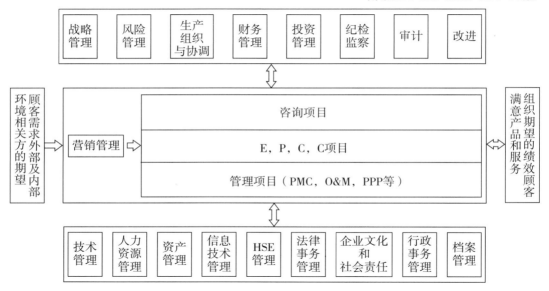

图1　公司管理体系一级过程关系

4.过程识别和分解

这个阶段的工作是整个管理体系再造的重点环节，也是需要突破的难点。过程识别是在公司管理体系架构的基础上继续分解，建立过程清单，确定公司各项工作间的层级、逻辑关系，划分公司管理、生产、技术等过程的界面。实施过程分为以下三个步骤。

（1）过程分解。过程分解也是流程识别的过程，在一级过程架构的基础上，按照PDCA的管理理念、公司各项管理工作和业务工作流的顺序，继续开展过程分解，各项工作都可以不断分解为PDCA的环节，如同剥洋葱，一层层分解，最复杂的过程分解到了七级过程。

（2）流程识别。过程不断细化分解后，根据公司管理的颗粒度要求，确定过程分解的最后一级，作为公司工作流程的基准，同时公司价值链也细化到岗位。

（3）界面划分。在职能管理中，管理的重点是在职能范围内的事；在流程管理中，流程责任人是建立和打通工作信息及要求在各职能间流转，这样原体系中的真空环节、灰色地带都呈现出来，并被完善。在过程识别后，按照流程的合理性、职能的专业特点，重新划定界面，确定流程的起点和终点。

5.目标确定及过程风险识别

根据管理的二八定律，管理中抓住20%的重要环节，投入资源，可以实现80%的效益。流程识别后，基于内控风险的管理思维，明确流程目标，确定影响目标的风险因素，并制定风险控制措施，作为管理的重点环境，将风险控制措施融入流程，并在绘制流程图时，对风险控制措施进行标识，便于各岗位了解流程中关键环节及其目的和价值。管理体系再造过程共识别过程风险点400余个。

6.流程文件编制

依据识别的过程清单，以及确定的流程步骤和风险控制点，编制流程图。流程图的内容包含"十要素"：流程目的、范围、岗位、工作内容、流程、输入、输出、工作要求、风险控制点及相关附件表单。流程图能清晰地表达各流程的界面关系，标识流程的风险控制点。公司共编制全过程流程图260余个。将流程和表单逐步进行信息化，财务、资产等流程信息化率达到100%，生产管理流程信息化率达到90%。

7.管理体系试运行

流程图正式发布后，管理体系进入试运行阶段。公司开展全员宣贯学习新版管理体系理念、背景、目的、结构和文件。公司领导带头宣讲流程管理的价值创造理念。举行各级培训40余次。

试运行后，开始进行监督和反馈。开展内外审工作，对照管理体系再造目标，审查体系运行情况，发现新的管理体系在职责分配、岗位设置、流程、界面等存在的问题，讨论并确定解决办法，完善公司管理体系的各级文件。

8.新版管理体系正式运行

新版管理体系正式运行后，重点任务是价值创造企业文化理念的推广。公司领导在工作部署会、管理评审会等各类会议中多次带头宣讲基于全价值链的价值创造理念，鼓励员工在工作中始终以流程的价值增长为核心，在各个岗位中创造自身价值和企业价值。

　　根据战略落地需要，公司领导亲自安排管理、技术创新的任务，作为各部门推动管理改进的工作目标，涉及公司运营、经营和生产各方面，指定专人定期检查完成情况，并与部门绩效挂钩。

　　开展表彰活动，对在工作中有创新思维能力和方法、有突出价值创造贡献的集体和个人进行表彰，通过学先进比差距，发挥榜样引领作用，营造价值创造文化氛围。三年来，共评选30位有突出贡献的员工及100多位表现优秀的员工。

　　管理创新稳步推进，在公司掀起了围绕企业价值链的创新文化高潮。

（七）工作重难点和措施

　　管理体系再造是一次管理的创新和变革，在推动过程中遇到了各种困难。管理体系再造项目组针对各种困难，提前准备，采取了多种措施，分阶段推动既定目标的实现。

1.思维变革

　　有些部门由于路径依赖和思维定式，习惯于现有的管理体制，不理解管理体系再造的价值。所以，参与推动管理体系再造人员理念的改变是第一个难点。

　　主要措施是高层亲自参与推动和做细培训学习。管理者代表亲自参与指导，统筹协调，统一各部门的认识，工作中亲自参与各级过程识别及流程编制，及时协调界面冲突及职责分配问题。通过培训学习，让参与管理体系再造的项目组人员掌握新思维及新管理方法的理论知识。通过各种培训和研讨，转变员工观念，打破部门职能管理思维模式，建立全局、系统的流程管理思维模式，为过程识别和流程编制做好准备。

2.基于流程的全价值链的建立

　　全价值链的建立是管理体系再造的难点。全价值链的建立是将隐藏在日常工作中的流程识别显性化，通过识别各级过程，确定流程的层级和关键流程，建立流程间关联，从而编制公司的全过程流程，并优化流程，保证公司工作流的高效流转、逻辑关系合理。

　　公司属于工程咨询服务行业，是以设计为主体的工程公司，提供给客户的产品是技术和管理服务，不是实体的商品，公司的设计和项目管理业务，采用矩阵式管理的模式，价值创造是通过技术和管理信息的加工。不同于制造业企业，有实体的产品生产线和产品，生产工艺流程清晰，而中国五环的生产流程不直观，增加了过程识别的难度。

　　采取的措施主要有：

　　（1）基于ISO 9001的过程方法，以工作流为核心，确定输入、输出、控制要求和职责分配。

（2）抓住项目管理的策划、实施、监控和收尾时间轴，将项目的各项管理要素整合，建立项目管理体系架构（如图2所示），建立过程清单，厘清过程的层级关系，最复杂的分解到了第七级子过程。

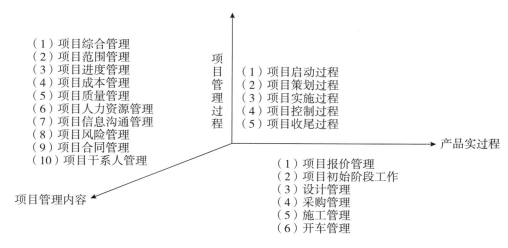

图2　项目管理体系架构

（3）始终围绕价值导向。听取多方意见，充分讨论，不停地提问和回答"这项工作的目的是什么？解决什么问题？存在什么缺陷？还有更好的方法替代吗"，每一个过程都要经过反复的推敲和改进。

经过一年的流程再造，中国五环组织了上百次的各种讨论会，充分研讨流程价值，并达成一致，保证了流程再造顺利进行，共编制流程260余个，制定支持性文件（管理规定、表单、模板）780余个，覆盖了公司经营、生产和运行的所有内容，实现了从客户需求到客户满意的全过程价值链的打通，实现了管理制度化、制度流程化、流程表单化、表单信息化，推进企业管理的转型升级和高质量发展。

3.全面风险管理体系建立

公司的内控体系中，风险管理包含战略风险管理和运营过程风险管理，但结合公司的特点，由于每一个项目的实施背景、环境、产品都不相同，对产品和服务实现过程也需要进行风险管理，然而风险管理与工作过程的关联度不高，因此建立以设计为主体的工程公司的全面风险管理体系并与具体流程相结合是个难点。针对这个难点，公司采取了以下措施。

（1）结合内控体系对风险管理要求，运用全面风险管理的方法，识别风险管理过程，明确公司的风险管理体系包含公司战略风险管理、公司运营过程风险管理和项目实施过程风险管理，并建立了公司的风险管理体系架构及流程（如图3所示）。

（2）通过基于流程的过程风险识别，将控制措施落实到流程中，标识在流程图中，便于在流程实施过程中执行各项控制措施，确保规避各项风险。

（3）利用信息化逐步建立和完善公司各级风险数据库，作为公司风险管理的基础数据，提升公司风险管理水平。

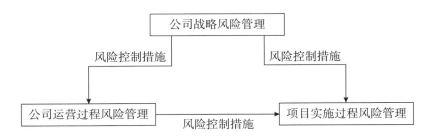

图3　风险管理体系架构及流程

基于流程管理的公司风险管理系统，打通了战略风险管理、运营过程风险管理、项目实施过程风险管理之间的信息流，让风险控制措施从战略中来，落实到公司管理、项目生产具体工作中，让风险管理不再是纸上谈兵，从而提高企业风险防范能力。

四、管理体系创新成果应用

公司的管理体系再造三年来，从内外审监督检查来看，公司管理体系运行正常有效，在管理、经营生产上取得较大的突破。

（一）基于流程管理的"五位一体"的管理理念深入落实，全面提升公司管理水平

通过管理体系再造，公司建立全流程的价值链，打破部门壁垒，建立客户意识，紧盯价值创造，深挖工作效率，降低管理成本；建立目标管理体系和全面风险管理体系，引领全员紧紧围绕公司的战略和年度工作目标开展工作，识别并控制战略目标、流程目标重大风险，公司战略执行力大幅提升；强化过程管理，关注工作策划，加强过程监控，管理的重点从"救火"改为"防火"。公司管理体系再造引入的流程管理、风险管理、目标管理、过程管理理念已逐步深入人心，"五位一体"的管理模式及思维已成为公司上下共识，公司全体人员在行动中自觉实施，凝聚了人心。公司管理水平全面提升，在市场开发能力、项目收款能力、项目管理能力、人才队伍建设、技术创新、客户满意度等各方面都有较大提升，公司的国际化、多元化战略目标在逐步实现。

（二）经营开发和业务模式实现跨越，提升公司综合实力

通过调整完善发展战略，建立目标管理体系，强化目标责任管理，确保战略规划落地实施，公司二次创业、转型升级的各项具体举措逐步发力，实现了市场结构、业务结构、经营模式的"三大跨越"。在实现经济指标稳定发展的同时，公司收入结构、业务结构、合同结构持续得到优化，二次创业、转型升级取得了实实在在的进展和突破。

2017—2020年，公司经济运行在经历波动后实现强势回升，主要经济指标持续大幅增长，新签合同额、营业收入指标双双取得历史性突破，国际收入比重基本稳定在50%左右，国际营收占比达到71.67%的峰值。非传统化工业务占比不断提升，2018年以石油化工、天然气化工、新材料、新能源以及基础设施和环保等为代表的非传统化工业务首次超过营业收入的50%，业务结构进一步优化。2019年，公司全年新签合同额首次突破百亿大关，同比增长35.4%。目前，公司设有境外办事处14个、海外分公司3个，基本实现了全球化布局，属地化发展正在形成。2020年，公司身处武汉，面对新冠肺炎疫情和外部形势的严峻考验，公司统筹推进疫情防控和经营生产各项工作，有力稳住了企业发展基本盘，重拾了平稳增长走势。截至2020年10月，公司完成新签合同额超百亿元，完成主营业务收入37亿元，实现主要经济指标稳定增长，其中新签合同额预计增长率超过30%，利润总额和净利润预计增长率分别达11%和24%。

（三）打造价值创造的企业文化，提升公司核心竞争力

通过基于流程的管理体系再造，公司打通从经营、生产到产品交付的全流程价值链，紧盯经营生产、技术开发的关键价值链，开展各项管理创新、技术创新，提高了管理水平，降低了成本，使公司的管理创新氛围更浓厚。从"要我改进"到"我要改进"，人人在优化流程，在不断地创新管理和生产方法，按照标准化、流程化、信息化的要求，向管理要效益，使公司核心竞争力持续提升，逐步形成差异化竞争优势。近三年新客户数量不断增加，2019年公司新客户签订合同占比37%。此外，公司创新业务模式，开辟PMC、F＋EPC、EPC＋O&M等业务模式，不断挖掘更多的利润增长点。非化工业务开拓成效明显，累计实现合同额超过20亿元，公司多元化发展布局初步建立。

公司连续多年进入美国《工程新闻记录》（ENR）和中国《建筑时报》联合发布的"中国承包商80强"排行榜，在中国勘察设计协会公布的2018年勘察设计企业境外工程总承包营业额排行中位列第11，2019年工程项目管理完成合同额排序中位列第66，2020年工程总承包完成合同额排序中位列第36。

（四）打造过硬产品和服务质量，拓展公司新业务新领域

公司的产品和服务质量有较大提升，公司设计或建设的项目获得省部级设计奖3项，其中中海石油华鹤30万吨合成氨、52万吨大颗粒尿素项目获一等奖；省部级科技进步奖3项，其中高效合成、低能耗尿素工艺技术获一等奖；高效合成、低安装高度CO_2气提法尿素生产工艺及高压管式全冷凝反应器获省专利金奖；国家优质工程奖1项；全国优秀工程总承包奖5项，其中越南金瓯项目获工程总承包金钥匙奖。截至

2019年年底，共获得国家级和省部级奖励325项，公司整体技术水平在国内外同行业中居于领先地位。三年来，公司收到客户80余封感谢信，没有收到一份客户投诉，客户满意度持续提升。

公司立足化工主业，加大新材料、新能源、高端化学品和精细化工市场开发力度，进一步向产业链上下游延伸拓展，在有机硅、新能源（锂电池）、农药及医药中间体、电子级化学品等领域均有项目落地，初步形成多元化业务格局。开拓国际市场，每年都有新签国家项目。公司新客户数量逐年增加，2019年新客户数量占比达到30%。

（五）建设全过程信息化平台，助力企业高效发展

管理体系再造的各级流程，是公司信息化平台建设的基础，信息化建设是流程落地的保证，信息化平台建设实现数据的一次录入、多次流转，推动管理标准化及效率提升。基于公司全流程管理体系，全面梳理并建立公司全过程信息系统架构、工程项目信息系统架构、职能管理信息系统架构，打通各信息平台的数据流转，持续推进经营、项目管理、技术研发等核心运营业务的管理全过程信息化平台建设，不断完善协同设计平台、模块化建造、数字化交付等生产业务平台的建设。通过三年的管理体系再造，公司管理、生产业务的主要流程基本实现信息化，提升了公司运营、项目综合管控效率。2019年公司开发的材料管理软件获得湖北省勘察设计协会授予的计算机软件鉴定证书。2019年公司获得了由工业和信息化部审核、中国船级社质量认证有限公司颁发的信息化和工业化融合管理体系认证证书。

主创人：陈　红　徐晓晔

参创人：樊华伟　何　雄　刘红庆　杨先锋　胡智忠　唐　亮　赵德艳　丁　浩

大型磷矿山井下智能化集成创新与应用

贵州开磷有限责任公司

前言

贵州开磷有限责任公司（以下简称"开磷矿山"）为开磷集团股份有限公司（以下简称"集团公司"）下属分公司，旗下包含马路坪、用沙坝、沙坝土、极乐、牛赶冲和两岔河六个矿段，总面积约85平方千米。矿区内已探明磷矿资源总量达10亿吨，平均P_2O_5含量33.83%，占全国富矿储量的70%，矿石总生产能力达1000万吨/年。其中，马路坪矿为贵州开磷有限责任公司的下属生产单位，马路坪矿段磷矿石平均地质品位在33%以上，地质储量3149万吨，生产能力200万吨/年，现有职工229人，其中一线直接生产人员62人，原矿全员劳动生产率达到6416吨/人·年，采矿直接工效26265吨/人·年。

近年来，开磷矿山以信息化深度融合采矿运输工艺技术和管理，取得显著效果。采矿技术获国家科学技术进步奖二等奖、脉内采准无间柱连续分段充填采矿法获贵州省科学技术进步奖一等奖、急倾斜破碎磷矿体安全高效开采综合技术获贵州省科学技术进步奖三等奖、地下磷矿山深部开采地压监测与井巷支护技术研究获贵州省科学技术进步奖三等奖、非煤矿山掘进机岩巷掘进新技术研究获湖南省科学技术进步奖三等奖等，充填采矿技术将矿石回收从65%提升到90%以上，提高了资源的利用率，延长了矿山的服务年限。马路坪矿依托开磷矿山发展建设成为贵州省矿山安全文化示范基地、国家级绿色矿山、国家级矿产资源综合利用示范基地、国家矿产资源与综合利用先进适用技术推广应用示范矿山、国家一级安全标准化矿山企业。

一、实施背景

马路坪矿经过多年的发展，目前生产能力已达到200万吨/年，几代人的艰苦建设使矿山得到了长足的发展，然而，随着时代的发展，过去的开采方式和管理模式已无法满足现代化矿山的发展要求，迫使矿山从劳动密集型向技术创新型转变，对于马路坪矿来说，现代化、信息化、智能化、科学化管理已成必然，矿山必须加强管理模式创新，通过技术创新和管理创新实现矿山的现代化建设。同时，按照公司发展规划要求，矿山要按照国际最先进的指标标准建设矿山，使马路坪矿的建设与运行达到国际领先水平。这就要求矿山在现有的智能化、自动化、信息化已广泛实现的基础上与矿山开拓系统的延伸相匹配，进行更加深入和全面的研究与建设，与贵州大数据建设相融合，使矿山系统的布置更为高效，自动化、智能化程度更高，信息化数据网更为宽泛与实用。

二、内涵和做法

智能化是指由现代通信技术与信息技术、计算机网络技术、行业技术、智能控制技术汇集而成的，针对某一管理领域或某一方面的成功应用。开磷矿山井下智能化集成创新与应用的内涵是：以建设国家一级安全标准化矿山企业为目标，按照集团公司战略部署，紧紧把握现代信息技术快速发展的机遇，将传统矿山井下开采科学技术工艺技术与当今智能化技术深度融合，以解决磷矿石井下开采过程中面临的技术、安全和管理难题为突破口，以标准化为基础，以数字化为支撑，将生产控制系统信息、矿山技术数字系统信息和管理系统信息整合，把开磷地下大型矿山建设成为智能化矿山。通过矿山三维可视化平台建设，井下压风通风、供排水、运输提升智能化建设，矿石破碎远程控制、盘区溜井遥控自动放矿以及矿山管控一体化平台建设，对井下矿石开采各工艺环节进行信息化智能化管理，优化传统工作、作业流程和劳动组织形式，为矿山井下开采提供三维可视化展示，以及对矿山生产管控决策提供科学的分析数据，实现大型磷矿山井下开采智能化管理。其主要实施做法如下：

（一）矿山三维可视化平台建设

信息是重要的经济资源，信息化是当今社会发展的历史潮流和必然趋势，信息化技术及与其相关的数字化和网络化技术则是现代化发展水平的重要标志。对矿山来说，矿山资源赋存形态复杂多变，难以精确描述。同时，矿产资源在短期内具有不可再生性和耗竭性，加上地下矿山受作业空间的限制，作业现场变化不定，条件恶劣，实现高水平的信息化较困难。因此，从整个矿山现代化的高度来宏观、全局地指导其信息化发展进程，是摆在矿山领导者面前的一项重大课题。为顺应时代潮流，提高矿山企业生产管理效率，有效地实施数字化矿山建设工作，开磷矿山开展了以数字矿山建设为主的矿山信息化工作。马路坪矿经过多年持续的工作，矿山实现了应用国际先进矿业软件系统MineSight进行三维矿体建模、三维井巷工程建模、三维采矿设计和应用MineSight Atlas编制动态采掘计划，在数字化矿山建设及应用上积累了丰富经验，是全国非煤矿山数字化矿山建设及应用的先行者之一。

1. 数字矿山建设流程

数字矿山的建设可分为两个层次：第一层次是将矿山实体信息（如地形、井下地质构造与矿体、测量控制系统、已完成的井巷工程等）数字化，按三维坐标构建一个静态虚拟矿山，全面详尽地刻画矿山及矿体；第二层次是在此基础上嵌入相关的行为信息（与空间位置间接有关的变动信息，如资源/储量管理、生产管理、技术管理、机电管理、人事管理等），组成一个意义上更加广泛的多维动态数字矿山。因此，在实施数字矿山建设时，应当首先进行第一层次的建设，再在此基础上进行第二层次的建设。与此相应，相关软件和硬件的研发和配置也应当循序渐进，即先开展基础信息系统研发，再围绕基础信息系统逐步开展各种系统配置，嵌入其他信息，构成完整的数字矿山体系。数字矿山建设流程及应用总体框架如图1所示。

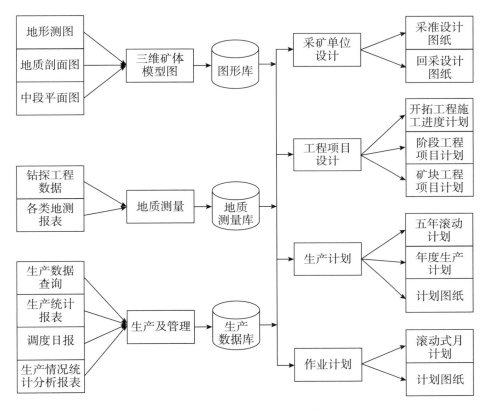

图1　数字矿山建设流程及应用总体框架

2.智能化规划与设计

（1）资源储量动态计算分析

为促进矿山矿产资源储量的有效保护和合理利用，满足矿山生产的实际需求，基于三维可视化平台，对矿产资源储量的动态计算及其变化特点进行研究，探索建立矿产资源储量动态计算模块，实现资源储量的动态估算，从而可以准确快速地估算矿产资源储量，动态掌握和管理资源储量的变化，提高矿山工作效率，降低成本，为生产经济管理提供有效的数据支持，为快速准确的决策提供支持。

（2）采矿设计和优化

根据生成的井下三维采矿模型、矿体的产状（走向、倾向）及勘探线方向等规划设计依据及原则，在 MineSight 软件的三维视图下对整个矿床进行井下三维采矿方法设计。虚拟开采设计的基础是已建立好的各种模型，在对开采设计的盘区（阶段）进行开拓系统虚拟化设计后，进行三维实体的交并差运算，最后对各种量进行统计计算，可以得出开拓工程量、副产矿石量等信息；然后进行采矿方法模拟，可以计算出每个矿房的矿（岩）量、损失率、贫化率、采切工程量、千吨采切比等信息；爆破设计则能反映每个矿块每天的生产能力、爆破器材消耗等具体信息，并能生成爆破施工卡片，直接用于指导生产。通过对开采工艺进行模拟，可以避免矿山决策出现大的失误，从而为矿山带来不可估量的经济效益。

（3）生产过程控制管理

采用目前国际上比较先进的大型矿山工程软件 MineSight Atlas 对矿山进行生产计划过程控制管理工作（生产计划操作流程如图 2 所示），结合矿山生产经营实际进行多方案采掘顺序的优化，从而促使矿山生产更为科学、合理和有序，实现矿山资源的安全、高效、经济回采。

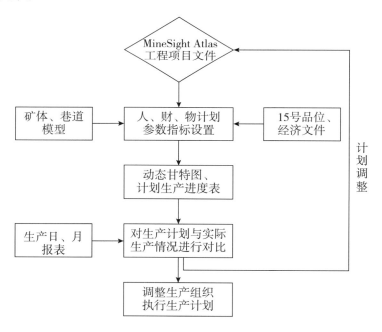

图2　生产计划操作流程

完成好生产计划后，每当生产过程中的具体参数发生改变，即可改变生产计划的结果，且结果可靠真实。当生产过程与生产任务偏差过大时，应及时调整，以保证生产过程符合生产计划，全面控制生产成本、生产工期，及资源储量管理等各类生产过程控制，真正实现生产计划与生产过程的高度契合，监视生产与经营管理的平衡。

（二）矿山开采智能化

地下矿山开采通常将其生产辅助系统分为提升运输、供电、供风、供水、排水、通风等系统，它们是矿山采矿生产的基本框架，是井下作业人员及生产所用设备、材料出入的通道，是满足井下工人身体健康需要及确保采矿活动正常进行必不可少的设施与保障，是矿山矿石、废石及人员车辆运行的重要枢纽。长期以来，矿山的辅助系统均是在人工值守的恶劣环境下运行的，不仅系统运行的安全性差、可靠性低，事故频繁，而且工人的身体健康受到多种危害，职业病不断。基于此，为确保矿山开采安全，马路坪矿利用物联网技术、以太光纤环网技术、信号控制技术、ZigBee 定位技术、IPPBX 语音交换技术、无线通信技术（Wi-Fi）等先进技术，在建立"六大系统"（监测监控系统、人员定位系统、通信联络系统、压风自救系统、供水施救系统和紧急避险系统）的基础上进一步依据各个生产辅助系统的特点，采用现代过程控制技术与手段，利用不同传感器及控制器将智能化元素注入矿山开采辅助系统中，通过不断的技术改造，并将各个智能化系统集成，形成可视化的监控平台，从而实现地下矿山开采系统的智能化（如图3所示）。这不仅大大提高了井下开采系统的安全性与可靠性，防止井下生产的人为事故与不正常的生产停滞，杜绝了井下生产事故与安全事故的发生，而且大大减少了生产辅助作业人员，提高了矿山生产效率，降低了作用成本。

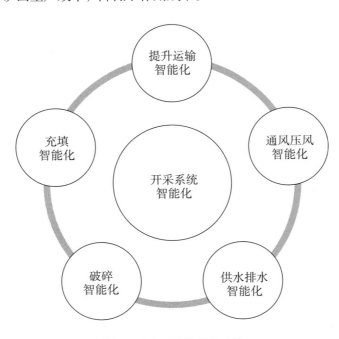

图3 矿山开采智能化系统

1.提升运输自动化

（1）胶带运输自动化

胶带运输系统是矿井管理的一个重点环节，其运输环节长、工作时间长、磨损量大，加上配备功率大，能耗也大，其中胶带机设备工作容量约占整座矿井工作容量的30%，而且胶带配备冗余功率容量达20%。为实现节能减耗、降低生产成本，马路坪矿依赖电工电子技术、计算机技术、自动控制技术，其胶带运输机采用目前比较成熟的变频控制技术，对矿井胶带运输物料流量进行监测，从而完善胶带变频调速控制系统，使控制系统更加智能化、节能化、经济化。

胶带运输系统是马路坪矿井下运输的主要方式，所有矿石都是通过胶带运输到达地面，目前所有胶带运输控制系统都已建成为远程控制系统，并且加入连锁控制，保证安全，所有控制全部在控制室内完成。控制室通过带光端接口的工业交换机及光缆连接到各分站，共同组成一个透明的环形以太网，实现数据共享和交换，为矿山管理信息化建设提供支撑。

（2）运输车辆生产调度智能系统

井下车辆的投用越来越频繁，运输的畅通与否成为生产进一步发展的一个"瓶颈"。由于井下道路窄、弯道多、岔口多，车辆在行驶时经常会遇到难以错车、拥堵、擦帮、刮坏电缆的现象，不但会严重影响车辆运输的速率，还会给井下正常开采造成诸多阻碍，从而降低矿山的生产效率。马路坪矿运输车辆生产调度智能系统根据井下复杂多变的路况因地制宜地设计了交通指挥系统，舍弃了传统的定时红绿灯方式，采用车辆计数的方式来控制红绿灯的状态，使时间不会被浪费在等待绿灯上面，这样既提高了红绿灯的工作效率，也提高了井下运输的效率。把红绿灯系统和HMI（人机接口）有机结合起来，使得红绿灯系统更加稳定、井下交通更加安全，能够简单易行地获取井下车辆往来情况。

运输车辆生产调度系统通过智能化的车辆调配方式，使进出井车辆行驶井然有序，避免了错车、堵车对矿山生产造成的影响；通过设置井下智能红绿灯，减少了在井下某些特殊路段安排的专门控制车辆往来的人员，节省了人力和时间，提高了车辆在矿山井下行驶的安全系数。

（3）称重计量无人化系统

马路坪矿将地秤应用于井下，利用现有的光纤网络系统，实现了远程无人计量，称重计量无人系统主要流程如图4所示。该系统的应用代替了人工的值守、估量和开票等工作，大大提高了井下运矿计量的精度，降低了人力资源成本，提高了工作效率；同时也激励了车辆驾驶员，达到了预期效果，实现了预期目标，有效解决了长期以来井下人工计量不准带来的一系列问题，为井下生产起到了积极的促进作用。主要体现在以下几个方面：

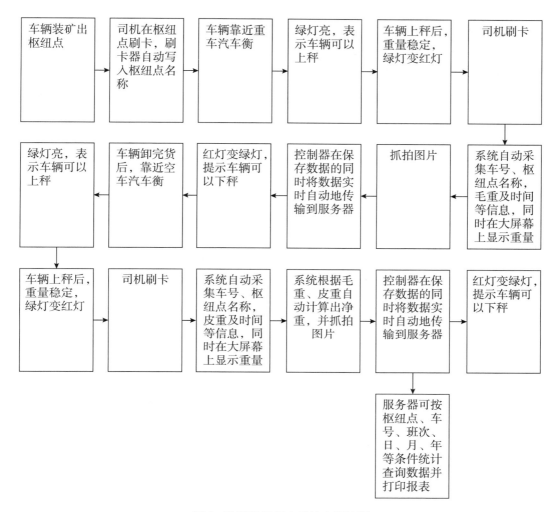

图4　称重计量无人系统主要流程

一是提高了计量的准确性。过去的人工计量，全靠计量人员的经验进行估量，计量准确度得不到保障，常常是月累计下的估量远远高于实际产量，给矿山带来直接的经济损失。井下无人计量系统投用后，问题迎刃而解。

二是减少了人力资源的投入，提高了人均工效。井下无人计量系统与驾驶员遥控放矿相结合，可撤销放矿计量岗位，减少人力成本的投入。

三是提高了工作效率。过去的人工开票，每日票据多，统计困难，井下开票人员与车辆驾驶员交票不及时，甚至有跨月交票现象，丢票也时有发生。统计人员通常需要数日后才可完成月报。使用井下无人计量系统后，可实现即时统计，工作效率得到大大提高。

四是避免了计量人员受到伤害。之前，计量人员在计量时有可能被放矿设备上方因震动滚落的矿石和冒矿击伤，或者被运输设备因放矿计量点狭窄视线不佳和放矿噪声大而造成交通伤害。计量人员是流动负责多个地点计量，因此要在运输巷道内不停往返，存在交通安全隐患和劳动强度大等不利因素。

五是提高了矿山的自动化程度。井下无人计量系统属网络监控类型，为管控一体化数据自动采集打下了坚实的基础。

2. 压风通风智能化

（1）压风系统智能化调节

地表空压机主要是为井下压风自救系统提供新鲜风源。在对空压机系统进行远程智能控制改造前，地表空压机系统的运行需要现场两人值守三班倒才能保证压风系统的正常运转，人工成本投入较大。通过对压风系统进行智能化改造后，马路坪矿空压机已全部建成为远程控制系统，现场无人值守。空压机启停及分量调节控制全部在总控制室内完成。压风系统远程智能控制所含的空压机均有一个运行模式选择开关，用以决定本设备是投入自动控制还是手动控制。

（2）通风系统智能化控制

马路坪矿现有通风方式为中央进风、两翼回风的对角式通风，中央进风井已延伸至580中段。随着产能的节节攀升，通风效果相对滞后成为主要问题。在保证系统通风达到最优的前提下，马路坪矿从研究光纤传感到风机、风窗智能控制及软件应用开发，建立了智能通风应用平台，对盘区内的通风进行自动控制，实现根据生产所需实时改变盘区内的通风状况。

井下通风自动控制系统对现场设备的实时数据采集、起停控制和设备的安全连锁，使调度人员可以更多地了解风机的运行状态和生产情况，预测设备故障，从而及时进行设备维修和优化使用，合理地安排和调度生产，提高生产安全性和工作效率。

3. 供水排水智能化

马路坪矿原水泵运行管理主要在泵站安排值班人员对附近的水泵每天进行巡检，通过电话调度水泵运行人员进行设备启停，运行管理具有工作量大、效率低、反应慢的缺点，与矿山越来越快速的发展不适应。为此，马路坪矿对井下供排水系统进行了智能化技术更新改造。水泵远程控制系统由控制部分，检测部分、执行部分组成。控制部分和控制核心选用高性能可编程序控制器，检测部分又分为两部分：一是模拟量检测部分，其主要由水仓水位传感变送器、流量传感变送器、压力变送器、负压变送器、温度传感变送器等组成，此部分用于泵房供排水系统运行参数的检测；二是开关量检测部分，将电动阀的工作状态与启闭位置等开关量信号接入PLC（可编程逻辑控制器），可检测系统运行状态。通过供排水系统远程控制改造，马路坪矿井下供排水系统已全部实现了现场无人值守，改善了工人的工作环境。

4. 矿石远程破碎智能化

在矿山地下采矿中，矿石在采场爆破后会产生一些大块，而这些大块矿石通过运输设备运输到主溜井口时有时会卡在溜筛处或各种格筛处，严重影响正常生产。为了解决大块矿石卡格筛、卡溜井口的问题，马路坪矿将固定式液压破碎机安装在各个分层的主溜井口，对大块矿石进行人工现场破碎。由于现场的通风不好，加上粉尘、油烟等环境因素的影响，工人都不愿意到现场工作，严重影响生产效率。

基于此，马路坪矿将井下液压冲击破碎机与远程操控技术有机结合，通过井下视频实时监控和光纤信号传输系统，实现视频图像数据的在线同步传输，构建了国内首套地下矿山破碎机远程操控系统，从根本上改善了操作人员的作业环境，实现了一人操作多台设备的目标，从而使得生产环节紧密结合、有序衔接、高度可靠，为充分利用人力资源和降低生产成本创造了良好的条件。该系统主要是在井下每个溜井处安装两个摄像头通过光缆与操作室内视频系统连接，操作人员在控制室操作台通过视频监视到放料口堵塞后，即可远程启动破碎机，实现破碎。

5. 充填智能化

为解决集团公司化工园区磷石膏堆存问题，同时为进一步提高井下采矿回收率，自2004年起，开磷矿山就加强了同中南大学在磷石膏充填法无废害开采综合技术方面的研究，并在技术研究取得重大成果突破后率先在马路坪矿实施了磷石膏井下充填采矿工业应用。井下磷石膏充填采矿技术的应用，对采场和竖井井筒岩壁的位移和应力起到了良好的控制作用，满足了矿柱回收对充填质量的要求，提高了矿石回收率，减少了地表塌陷造成的地质灾害发生。

通过磷石膏井下充填综合应用，马路坪矿也逐步实施了充填系统智能化改造，对充填站的运行设备进行监控管理，如对石膏料下料处、水泥仓下料处、搅拌槽和卸料斗进行实时影像监控。充填系统智能化的建设，使马路坪矿实现了充填工艺各环节的远程控制，以及根据生产过程的有关参数、模拟图、生产工艺流程等实时图形在上位机系统上进行相应的参数调节及设备故障显示，存储相关生产数据的报表资料和历史数据，自动巡检等。

（三）矿山管控一体化

按照"生产过程自动化，管理过程信息化"的现代化矿山建设目标，开磷矿山就相关统计工作围绕大数据信息技术的推广运用，与大专院校、信息公司合作，开发了具有矿山特色的矿山管控一体化信息平台，实现了统计工作数据从数据采集、整理到分析决策的一体化运行管理模式。通过矿山管控平台集成与矿山企业生产执行过程相关的如生产计划、运营调度、成本消耗等各类管理信息，建立各业务环节信息具有关联性、共享性、可追溯性特点的平台，实现开磷矿山企业统一的信息库管理，从而提高了企业管理效率，有效地支撑了矿山过程管理优化，达到了控制成本、提高经营效益的目的。

马路坪矿结合生产经营管理工作实际，重点对管控一体化平台矿山业务系统中的生产管理、设备管理、经营管理及决策分析进行具体应用，改变了传统数据统计方式，利用管控一体化平台将数据统计业务过程搬进信息化系统，实现了统计数据的快速、实时采集，建立了大数据仓库。根据实时采集的数据，实现了统计报表、台账的自动生成。以大数据思维，建立矿山决策分析作战指挥平台，为矿山经营决策提供了数据保障。

1. 生产管理

生产管理的主要职责就是保证矿山生产调度、设备运行与维保流程的正常运转，完成采矿计划。为了能够完成这一职能，生产管理系统对外接收生产调度指令，安排好采矿计划，对内通过实时数据的监控、中队长日志管理、班长日志管理、交接班管理，使运行人员和设备都有很好的生产安排。同时，并采用定期工作管理、巡回检查、设备缺陷管理等手段，使生产设备处于良好的运行状态，实现采矿计划和采矿生产的紧密衔接。

2. 设备管理

设备管理是以矿山采矿设备为管理对象，围绕设备台账，以设备编码为线索，以工单为主线进行功能集成，对矿山的预防维护、缺陷维护、计划检修等设备维护活动进行从项目的立项、实施到验收全过程管理（包含维护过程中的备品备件管理），确保设备稳定可靠的运行，保障矿山生产的连续正常进行。

3. 经营管理

经营管理是以全面预算和成本控制为核心，确保企业利润目标的实现，降低矿山运营成本。经营管理包括全面预算管理、物资管理、工资管理等。尤其在物资管理上，马路坪矿在管控平台经营管理模块的应用上结合矿山物资领料工作实际，进一步融合网络信息技术和视频监控技术，将矿山物资发放库房建设成为无人库。班组人员领取材料时只需按照无人库操作管理流程，就能实现物料领用下单，并进入班组消耗核算，减少了物资库房管理人员的配置，降低了人工成本。同时通过物资管理模块的开发应用，实现了库房实时物资信息共享、对物资保有量进行预警、物资库存分析等功能，减少了物资资金占用，使矿山消耗物资达到合理水平。

4. 决策分析

决策分析是在整合MES（制造执行系统）和ERP（企业资源计划）系统数据后形成数据中心，实现对矿山整体经营情况的分析。作为矿山管理智能化的核心，决策分析系统全面收集矿山生产管理的数据，智能分析矿山管理者最为关心的矿山生产管理数据，并以最直观的方式将分析数据进行展示，为管理者进行管理决策提供最客观、最具体的依据，最终达到生产管理的事前预测、事中监控和事后分析的效果。

三、实施效果及效益分析

开磷矿山自进行数字化矿山建设以来，以马路坪矿为建设试点，结合矿山生产组织管理特点，综合运用虚拟现实、计算机网络与通信、数据库等技术对矿山生产过程进行信息化建设，构建矿山智能化基础平台，对矿山生产过程中产生的各种信息进行动态监测与集聚、存储与处理、深层融合与挖掘、综合管理与传输分发，形成海量、多样化的交互数据和传感数据，实现了马路坪矿智能化连续安全高效开采数字化、矿山设备智能控制、矿山生产经营智能化管理。

（一）实施取得的效果

1.提升了矿山数字化管理水平

（1）自建立基于MineSight软件的矿山三维可视化平台以来，在规范的数据框架下，建立了马路坪矿用于测量、地质、采矿各专业的数字矿山，通过对矿产资源评估、矿山开采领域和虚拟现实基础数据的研究，实现了基于测量、地质、采矿基础数据共享管理以及各个阶段的测量、地质、采矿各专业、工艺间基础数据的三维可视化，解决了数字矿山建设中基础数据采集、转换、传输、处理、融合及共享的技术问题，为时间、空间、工艺关系复杂的数字矿山建设奠定了数据基础。

（2）从矿山的实际应用来看，直接在三维的视角下，优化开采设计，极大地提高了马路坪矿数字化技术水平，并且充分应用先进的信息技术来为矿山的设计、生产、管理服务，不断促进了矿山的技术进步，提高了采矿生产的效率和管理决策水平。

2.矿山自动化程度整体得到提高

（1）在矿山"六大系统"建设完善的基础上，通过矿山智能化建设，实现了马路坪矿井下通风系统、供排水系统、井下运输系统、空压机、破碎机、振动放矿设备等固定设备远程集中控制，大幅度减少了井下工作岗位，降低了安全事故发生概率，同时减少了人力成本的投入，提高了矿山劳动生产率。

（2）矿山智能化基础平台以计算机网络和信息技术为依托，将数字化矿山信息数据、矿山各职能部门信息数据乃至市场信息数据通过信息化建设，形成海量、多样化的交互数据和传感数据，达到快速交换信息的目的，从而进行生产、销售、设备、能源、劳资、财务等多项管理，为矿山组织生产和经营活动提供快速、准确、可靠的决策依据。各系统功能智能化建设的实施，不仅实现了生产场所视频监控及语音通信功能，还实现了对井下的有毒有害气体、风压、风量、地压、计量设备等的实时监测，以及对井下设备、人员的实时定位跟踪及指挥，使管理人员能够远程实时了解井下状态。

3.以数据分析为支撑，提高了矿山管理科学决策水平

通过管控一体化平台建设，马路坪矿生产、经营管理实现了现代化、信息化。管理创新、管理手段的转变及管理方式的规范化，促使专业化、信息化管理在矿山生产管理中得到深入运用，这不仅促进了全矿职工队伍整体素质的提高，还提升了矿山管理水平，增强了矿山竞争力。除此之外，将生产管理、设备管理、经营管理相关数据通过管控平台进行决策分析，为矿山管理人员在生产管理决策方面提供了可靠的数据分析依据。

（二）效益分析

1.社会效益

（1）矿山通过智能化建设，实现了作业现场的机械化和无人化。关键作业点人员减少，辅助作业点工人远离了井下工作面，避免了井下作业环境对人员的伤害，从本质上解决了矿山井下生产安全问题。

（2）智能化系统的建设极大地提高了矿山的技术装备水平。通过矿山生产系统集中控制与生产组织经营管理的信息化和科学化，实现了矿山生产与管理的精准控制，为矿山生产经营决策与管理提供了科学依据。

（3）以数字矿山为切入点，将信息通信技术与矿山开采技术相融合，实现了井下系统建设、大型采掘设备配套应用与先进物联网、模式识别、预测维护等新一代信息化技术的结合，推动了矿山关键工艺过程控制数字化。

（4）马路坪矿从三维可视化平台、智能化开采及管控一体化三个方面进行智能化矿山建设，开创了我国非煤地下矿山智能化的先河，在当前全球矿业向智能化迈进的形势下走在了国内企业的前列，具备了一定的国际竞争力，对推进我国智能化矿山建设和矿业可持续发展具有重要指导意义和示范引领作用。

2.经济效益

（1）主要计算依据

马路坪矿目前矿山生产能力达到年产量200万吨。人员工资等费用支出：矿区辅助系统工人基本工资8万元/人·年，五险一金2万元/人·年；井下工作人员基本工资10万元/人·年，固定消耗费用2万元/人·年（包括劳保用品及人员通风、运输费用等）。

（2）节省人力成本

马路坪矿通过建设数字化的三维可视化平台，采用智能化的开采系统，开发科学高效的管控一体化平台，辅助岗位员工人数由原来的109人减少到现在的40人，直接减少辅助岗位人员69人。因此，每年共节省人工成本828万元。

主创人：何忠国　王清平
参创人：姚　华　黎文斐　罗　鑫　王　江　付宗德

"红色领航工程"引领企业改革发展

黑龙江龙煤鹤岗矿业有限责任公司

前言

黑龙江龙煤鹤岗矿业有限责任公司（以下简称"鹤岗矿业公司"）前身为鹤岗矿务局，1917年开发，1945年建企，是东北重要的煤炭生产基地。抗日战争时期，鹤岗矿区沦陷，备受日本侵略者残害和掠夺，矿区人民英勇斗争，付出了巨大牺牲。解放战争时期，鹤岗作为大后方，原东北电影制片厂、中国医科大学先后迁到鹤岗，矿山重建，支煤保前，为东北及全国解放战争胜利做出了重要贡献。鹤岗矿业公司现有煤炭地质储量15.8亿吨，其中可采储量8亿吨。有7个生产矿井，1个在建矿井，4座选煤厂，并配套形成了发电供热、矿铁运输、建筑建材、机械修造、食品加工等产业。建企以来，累计生产原煤7.9亿吨，上缴税费155亿元。截至2020年11月底，在册职工3.3万人，在岗职工2.4万人。鹤岗矿业公司党委现有直属基层党委38个，基层党总支（支部）977个，党员14426名。

一、实施背景

2013—2016年，鹤岗矿业公司累计亏损44.4亿元，最困难时拖欠干部工资6个月、地面工人工资3个月，稳定职工队伍压力剧增，企业生存与发展面临重大考验。为有效破解突出矛盾，推动企业脱困发展，鹤岗矿业公司党委树立"治企先治党，办好企业必须建好党"的发展理念，以实施"红色领航工程"为载体，充分发挥领导作用，把方向、管大局、保落实，促进党的建设与企业改革发展的紧密融合、良性发展。

二、主要内涵

——坚持三个遵循：《中国共产党章程》、全国国有企业党的建设工作会议精神、《中国共产党国有企业基层组织工作条例（试行）》。

——构建三个板块：创建"先进党委"、创建"五好"党支部、加强政治生态建设。

——解决三个问题：一是解决党组织弱化、淡化、虚化、边缘化问题；二是解决治党管党责任缺失，少数党组织软弱涣散，部分党员违纪违法易发多发问题；三是解决党建与经济工作"两张皮"，游离于企业中心之外的问题。

——发挥三个作用：发挥党委领导、党支部战斗堡垒、党员先锋模范作用。

——实现三大目标：一是提高党建科学化水平，激发基层党组织活力；二是营造风清气正的良好政治生态，推动全面从严治党向纵深发展；三是增强党组织和党员队伍凝聚力、战斗力、创造力，推动企业改革发展。

三、主要做法

（一）发挥党委领导作用，引领改革发展正确方向

面对严重亏损、职工降薪的艰难局面，鹤岗矿业公司党委通过实施"红色领航工程"，引领企业改革发展的战略方向和工作布局，保证了整体工作方向正确、思路科学、措施得力，在企业困难时期充分发挥了党委领导作用。

1.科学研判"三个阶段"脱困进程

鹤岗矿业公司自2012年下半年起步入新一轮困难期，一直持续到2016年年底开始有所好转。在此期间干部职工思想波动较大，有的意志消沉，对企业发展前景丧失了信心；有的认为困难的根源是宏观经济和煤炭市场下行，企业无能为力；还有的在企业经营形势出现阶段性好转时就盲目乐观起来，铺张浪费、大手大脚现象有所抬头。面对人心不稳局面，鹤岗矿业公司党委客观分析企业内外部环境条件，在对企业工作基础、改革成效、存在问题、不利条件、发展优势等进行深入分析的基础上，做出了企业脱困进程是一场攻坚战、持久战，要经历"下滑渐困期、僵持攻坚期、恢复好转期"三个阶段的判断。党委通过召开各种层面会议和深入基层广泛宣讲，及时地纠正了错误认识，号召干部职工要保持足够的耐心和坚定的信心，锁定目标，砥砺攻坚，闯过这段艰难的路程，企业就一定能够走出困境，实现新的发展。在党委的组织动员下，最终统一了全员思想和行动，为推进企业改革脱困工作奠定了基础。

2.确定"做强主业、壮大非煤"战略方向

多年来，鹤岗矿业公司以煤为主的产业格局没有实质性改变。由于资源萎缩、矿老井深、地质灾害严重，煤炭产量不断下降；煤炭市场下行，煤炭产业经济效益受到严重冲击；非煤产业体制机制不活，弱小散问题严重。鹤岗矿业公司党委深入分析宏观经济和区域经济走势，针对企业产业布局，确定了"做强主业、壮大非煤"的战略思路。做强主业，主要通过挖掘区内生产潜能、与地方煤矿合作经营、开发外埠煤炭资源三个渠道，大力发展煤炭产业。近三年来取得较好进展，区内生产能力得到全力释放，新建的鸟山煤矿将于2021年试生产；与鹤岗市地方煤矿合作经营创效3930万

元；在内蒙古开发煤炭资源创效7033万元。壮大非煤，主要举措是延伸煤炭产业链，加强煤炭共伴生资源综合利用，推进非煤矿山、新能源产业建设，发展现代农副业和新兴服务业。近年来谋划开发了煤质活性炭、风光发电、康养小镇、现代农业等项目，目前非煤产业营业收入占企业总收入比重比2015年提高16%，成为推动矿区发展新引擎。

3.确定"科学释放安全经济产能"主攻方向

2020年下半年，为有效解决煤矿灾害严重、产量规模不足的问题，鹤岗矿业公司党委通过深入分析制约生产的主客观因素，确定了"实施采煤工作面全过程灾害风险预控，科学释放安全经济产能"的工作主攻方向。党委连续组织召开全委（扩大）会议、煤矿系统会议、党委系统会议，立足于统一领导、协调各方、整合资源的工作方针，从五个方面具体推动工作落实。一是正面宣传引领，通过多种载体和形式，引导干部职工在科学释放安全经济产能上形成思想共识、行动自觉和工作合力；二是剖析存在的问题，通过调研、座谈、写实，查找了七个方面的问题，找准了问题症结；三是对问题排队，条分缕析，有针对性地制定解决问题措施；四是发挥政治优势，与先进党委、五好党支部创建、星级党员评选等工作相结合，发挥基层党组织在生产组织中的先进作用；五是严格督导问责，从责任、设计、阶段、环节、流程、措施等方面，跟踪问效，督导检查，制定了《采煤工作面未实现达产稳产责任追究规定》，对落实不力的从严追责问责，保证了这一重点工作的高效推进。

4.把握"确保安全、确保稳定"两大前提保障

鹤岗矿业公司党委提出，煤炭企业发展必须具备两个前提保障，一是安全生产，二是队伍稳定。如果没有这两个先决条件，整体工作就会打乱节奏、基础不牢，阻力重重、难上加难。在确保安全生产上，鹤岗矿业公司党委严格落实习近平总书记提出的"管业务必须管安全、管生产必须管安全"指示要求，主导各煤矿构建了系统、区科、班组三个"安全自主管理体系"，形成了责权利统一的主责架构，提升了本质安全保障能力。针对灾害严重、产能难以充分释放的难题，鹤岗矿业公司实施了采煤工作面全过程灾害风险预控，改变边生产边治理、隐患集中暴露后再被动治理问题，从源头上防控灾害风险形成安全隐患；实施"1573"安全教育培训工程，在全国率先建成煤矿e课堂智慧云平台，大力整治安全管理感情风、人情风，强化从严管理、从严问责。2017—2019年，鹤岗矿业公司连续3年实现安全生产。在确保队伍稳定上，鹤岗矿业公司党委建立信访稳定管理体系，修订完善《依法依规反映诉求和有效解决合理诉求规定》等14项工作制度，并将基层单位领导班子信访稳定工作成效纳入年度经营绩效考核，近年来在特殊政治敏感期实现越级非访零登记、零通报，在企业困难时期稳定了职工队伍，为改革发展提供了可靠保证。

5.完善党委议事机制，有效参与企业重大决策

鹤岗矿业公司党委会作为鹤岗矿业公司法人治理机制的重要组成部分，严格按照《党章》《公司法》和《鹤岗矿业公司章程》行使治理主体权利。鹤岗矿业公司党委会同董事会、经理层制定了企业"三重一大"事项清单，明确各治理主体的责权范围，确保各治理主体依法依规行权履职，不缺位、不越位，不相互替代、不各自为政。在讨论和决定企业重大事项上，履行党委会决策前置程序，在董事会和经理层会议决策之前先召开党委会对拟决策的重大问题进行研究讨论，提出意见和建议。对于党委会一致同意的事项，提交董事会或经理层决策；对于党委会提出异议的事项要暂缓决策；对于党委会认为需要董事会、经理层决策的重大问题，在党委会讨论后向董事会、经理层提交。企业党委会有效参与重大决策，发挥了很好的把关定向作用，保证了企业重大决策科学、务实、高效。加强党建信息化管理，初步建成党建可视化管理和党建智慧云平台。

（二）创新思想政治工作，引领改革转制瘦身减负

近年来，鹤岗矿业公司重大改革举措频繁出台，改革的深度、广度、力度前所未有。鹤岗矿业公司党委充分发挥思想政治工作优势，在改革推进中实施全过程"领航"，引领和保证了各项改革举措高效推进、落地见效。

1.抓宣学引导，凝聚改革共识

鹤岗矿业公司具有近百年开发历程，是传统的煤炭生产基地。2015年前后，面对资源逐渐萎缩、煤价大幅下跌、企业严重亏损的困境，鹤岗矿业公司党委通过各种会议和各类媒体、各种宣传形式，旗帜鲜明地提出了"抛掉等待市场回暖和政府解救'两个幻想'、坚定改革求生解困信心"的思想定位，深入开展形势任务教育和解危渡困大讨论，教育引导广大干部职工要深刻认识到，"再好的政策、再多的帮扶也只能是解一时之急、救一时之需，只有通过深化改革实现质的改变，才能从根本上解决存在的问题"。为提高改革效能，鹤岗矿业公司组建多个学习考察团，赴中国一重集团有限公司、淮南矿业（集团）有限责任公司、山东能源集团有限公司等企业学习先进改革管理经验，指导企业制订切实可行的改革方案，保证了各项改革目标实际、路径科学。公司和基层两级党委成立宣讲团（组），深入区队、车间、班组宣讲1200余场次；选树离岗自主创业先进典型70余个，其中多名职工的典型事迹受到黑龙江省有关领导的高度赞许。在改革中，鹤岗矿业公司主要领导带头，降工资时领导先降，分流人员时领导亲属先下，起到了很好的安抚情绪和示范带动作用。在管理中，鹤岗矿业公司党委带领各级管理人员深入学习先进煤炭企业经验，建立了以内部市场化为核心的企业精细化管理体系。目前，22个实行内部市场化管理的基层单位全部建成组织、定额、价

格、计量等12项信息化核心功能模块，效果正在逐步显现。先期试点的兴安矿已达到行业先进水平，与未推行内部市场化管理、产量规模相当的2013年相比，2018年原煤成本下降127元/吨，职工人均月收入增加953元。有效的思想引导、初步的改革红利为深化改革奠定了坚实的思想基础和群众基础。

2. 抓政策指导，解决瓶颈问题

鹤岗矿业公司党委充分发挥把方向、管大局、保落实作用，主导企业在改革中坚持"确保国有资产保值增值、确保维护员工利益、确保依法依规经营"三个原则，以此为指导，会同董事会、经理层围绕重点改革任务制定了系列政策机制，保证了各项重点工作高效推进。在"三项制度"改革中，用人上，坚持科学化选聘、契约化管理、差异化薪酬、常态化退出原则，制订了中级管理人员选拔任用、管理人员任期制、管理人员退出管理岗位、竞争上岗等机制，确保上有遵循、管有标准、下有渠道、易岗易薪；用工上，完善以劳动合同管理为核心、岗位管理为基础的用工制度，制定市场化用工和规范劳动管理12项措施，及时清理不合格职工，实行待岗人员安置、职工自主创业政策，初步形成与市场经济相适应的用工机制；分配上，完善薪酬差异化办法，实行机关浮动工资考核政策，薪酬向高技能、苦累脏险岗位和优秀管理者倾斜，合理拉开薪酬差距，实现以岗定薪、岗变薪变、以效定薪、效异薪异，建立激励约束对称、效率公平兼顾、既符合市场规律又体现国企特点的薪酬分配机制，较好地解决了管理人员能上不能下、职工能进不能出、收入能增不能减问题。在推进基层单位"五自经营"（自主经营、自负盈亏、自担风险、自我发展、自我约束）机制改革中，制定了系列政策措施，通过下放人事管理、劳动用工、工资分配、物资采购四项权力，享受利润分成、市场保障、产品销售、固定资产更新改造、资金管理五项优惠政策，使"五自经营"单位增强了走向市场的压力和改革发展的动力，充分调动了干部职工积极性，促进了企业良性发展。在处置"僵尸企业"过程中，由于厂办大集体企业严重亏损，资不抵债，几乎长期处于停产状态，公司不仅背负沉重的包袱，而且矿区稳定工作压力极大。鹤岗矿业公司党委审慎决策，科学操作，在保持矿区总体稳定的同时，完成了涉及30户企业和3.2万名职工的厂办大集体改制工作，保证了重点改革任务取得实质性突破。

3. 抓思想疏导，化解突出矛盾

近年来，鹤岗矿业公司内部改革步入深水区，体制机制变革、机构整合精简、职工转岗分流等重点领域改革触及了大量实质性矛盾。为引导干部职工支持改革、参与改革，确保改革顺利推进，鹤岗矿业公司党委研究制定了"职工心理疏导十二法"（倾听倾诉法、陪伴释放法、同情理解法、亲情传递法、情绪感染法、换位思考法、目标转移法、矛盾介入法、嗜好纠正法、循循善诱法、访贫问苦法、以身示范法），通过有针对性的思想政治工作，消除职工心理困惑和认识偏差，引导职工保持积极的心态、良好的情绪、健康的心理，全身心地投入企业改革发展中来。在向黑龙江省森林工业总局、省林业和草原局及鹤岗市政府公益岗位分流人员改革操作中，大多数职工故土难离、亲人难舍，担心到新企业、新岗位工作不适应。为此，各级党组织积极行动起来，挨家挨户宣讲政策、疏导情绪，做好一人一事的矛盾化解工作，有效地消除了职工的思想顾虑，保证了9654名职工顺利向外部转岗分流，使鹤岗矿业公司每年减少工资性支出2.8亿元，极大地促进了瘦身减负。鹤岗矿业公司所属的鹤岗斯达机电设备制造有限责任公司（以下简称"斯达机电公司"）曾是长年亏损单位，人员多、成本高是亏损的主要原因。为推动斯达机电公司扭亏脱困，鹤岗矿业公司党委大刀阔斧改革，对斯达机电公司原领导班子整体解聘，重新竞选班子成员，班子职数由13人削减到7人，一名车间副主任被职工选为经理；所属机构由31个精简到13个，管理人员由192人缩减到71人，在岗职工由722人压减到368人，全部由竞聘产生，落聘的354人全部进入创业培训中心，逐步安置再就业。改革力度之大前所未有。鹤岗矿业公司党委把思想疏导工作融入改革全过程，超前化解矛盾，保证了各项改革的高效顺利推进。改革后，斯达机电公司当年实现扭亏为盈。

4.抓工作督导，确保改革实效

为吸取企业历史上改革雷声大、雨点小，规划多、效果差的教训，鹤岗矿业公司党委着力加强对改革措施落实的督导问责，取得了明显效果。2016年以来，鹤岗矿业公司共实施了"三项制度"改革、"三供一业"移交、两座煤矿关闭退出、厂办大集体改革、三所医院国有资产转让、多个单位市场化改革和"五自经营"、职工转岗分流等百余项重大改革发展举措，工作千头万绪，任务极其繁重。鹤岗矿业公司党委制定完善纪检监察、审计监督、民主监督、法律监督等配套制度，为企业改革发展提供了基本遵循和制度保障。同时针对每项重点改革措施成立督导组，制订方案，落实责任，按照改革时间表和路线图进行督导落实，对应付工作、做表面文章、推进改革不力、改革效果不好的单位和责任人给予经济处罚和党政纪问责，并作为干部选用的重要依据，有效传导了压力，增强了各级干部抓改革的危机感、紧迫感，保证了改革高效落实。

（三）创建"五好党支部"，引领服务中心创新创效

鹤岗矿业公司党委把改革发展的成效作为检验基层党组织战斗力的根本标准，坚持服务生产经营不偏离，以"支部班子作用好、党建工作机制好、改革发展业绩好、安全稳定成果好、职工群众反映好"为主要内容，开展了"五好党支部"创建工作，引领基层党支部服务中心创新创效。"五好党支部"每季度评选一次，煤矿各评选4个，每个支部奖励2000～4000元；地面单位各评选1个，每个支部奖励1000元。奖励的

10%作为党支部工作经费，90%用于奖励所在支部符合条件的党员。这极大地调动了党支部和党员的工作积极性，促进了支部工作与生产经营工作的紧密融合。主要运行机制有以下六个方面：

1."三联三化"机制

（1）安全联保，建立党员责任区，实现质量标准化。在基层安全责任体系中，党支部书记与班队长同薪同责，失职追责、同奖同罚，促进党支部书记在安全上发挥思想引领、监督保障作用。每班由支部书记带领开展班前点名、情绪观测、教育培训、讲评、派班、诵读安全理念、岗前宣誓7项礼仪，增强职工安全红线意识，筑牢安全思想防线。在重点区域、重要环节建立党员责任区552个，由党员对责任区内作业人员进行安全包保，保证安全标准化作业，如职工发生轻重伤事故和工程质量不达标的，对责任区党员连带问责。严格执行3人安全联保，对严重"三违"人员实行帮教过"七关"，即处罚关、通报关、教育关、培训关、反思关、联保关、帮带关。凡是严重"三违"人员，支部书记和党员要对其进行家访，避免个别员工向家属隐瞒违章真相，动员家属共同参与帮教工作。"三违"人员在经过培训合格重新上岗前，支部书记要共同签订联保协议，监督"三违"人员遵章守纪、遵规作业，如再次出现"三违"，严肃追究连带责任。同时，坚持"五必清、六必访、七必谈"制度，即家庭状况清，脾气性格清，思想情绪清，生活交往清，工作优缺点清；婚丧嫁娶必访，家庭纠纷必访，生病住院必访，缺勤旷职必访，家庭困难必访，重大变故必访；思想波动必谈，受到处罚必谈，关系紧张必谈，工种变动必谈，发生"三违"必谈，新工人上岗必谈，考试不及格必谈。通过党员领导干部与采掘工交朋友，促进了职工思想转化，增强了一线职工安全生产自觉性。2017年至2019年鹤岗矿业公司实现连续三年安全生产，工伤人数降幅50%。

（2）任务联责，建立党员突击队，实现生产高效化。煤矿将每月生产、经营、稳定等工作目标分解细化到队和班组，党支部书记与队班长共同承担工作责任。自2012年煤炭市场下行，企业步入困境以来，各党支部围绕每月目标任务，深入开展"亮身份、树形象、做表率"活动，组建党员突击队195个，先锋示范岗315个，充分发挥广大党员在生产掘进、节支降本中的先锋模范作用。例如，益新煤矿112开拓队党支部，以建设"特别能战斗、特别能开拓、特别富有凝聚力的开拓铁军"为目标，积极打造具有典型特色的"家"文化亲情管理模式，有效地推动了安全、优质、高效队组建设，开拓进尺连续三年保持在1800米以上水平，最高年进尺2004米，连续多年被黑龙江龙煤矿业控股集团有限公司、鹤岗矿业公司授予"重点掘进队""开拓先锋号""十佳掘进党支部"和"金牌班组"等荣誉称号。近三年来，全公司基层党组织积极带领广大职工开展群众性增收节支、修旧制新、小改小革活动，年均创效1.3亿元，把党组织的先进性体现在了生产经营最前沿。

（3）监督联审，建立民主管理小组，实现管理民主化。各基层单位由党员牵头成立民主管理小组261个，其中采煤队不少于7人，掘进队不少于5人。凡涉及职工利益的事项，必须经民主管理小组研究通过，并定期开展企务公开活动，通过工作例会、公开栏、多媒体等形式，及时公布本单位各项生产指标、资金使用、职工绩效工资、扶贫救助金、金秋助学、选优评模等事项；定期组织职工代表培训和职工代表视察活动，充分保障职工代表的知情权、建议权、参与权和监督权。目前，全公司段队（车间）工资分配制度均实现公开透明，职工通过每天公布所得分值来审视分配是否公平，当发生分配不公时，任何一位职工都可以提出质疑，直至及时纠正并得到共同认可。

2.一线建党

坚持支部建在队上，以"队有党支部、班有党小组、关键岗位有党员"为目标，坚持发展为主、调整为辅，整顿软弱涣散基层党支部12个，300个基层单位直属党支部被黑龙江省国资委党委命名为标准化党支部，占比70%以上。建成采掘队独立党支部104个，占比90.4%，其中采煤队独立党支部占比达到100%，实现了党组织全覆盖，做到了重点岗位有党员、重要骨干是党员、重要关头见党员。

（1）实施"1+3"扩源工程，即1名党员至少带3名职工群众，并将其定向培养为入党积极分子。在职工中广泛开展党的启蒙教育，重点做好在生产和采掘一线职工、班组长和生产骨干中发展积极分子的工作，把学历高、懂经营、会管理的优秀人才列为培养对象，在工作中交任务、压担子，加速锻炼其成长，促使其早日加入党组织。同时，引导技术能手、科研骨干和主动为群众服务、受群众尊重的能人积极向党组织靠拢，以"选树典型、典型引路"宣传方式，用身边人的典型事迹对积极分子进行教育，激发他们的政治热情，使他们尽快加入党组织。三年来，鹤岗矿业公司吸收入党积极分子735名，发展党员1003名。

（2）实施"1+1"牵手行动，即1名党员与1名发展对象牵手结对子，帮助发展对象定向培养为党员。充分发挥党员领导干部、党务干部、老党员和优秀党员的"传帮带"作用，鼓励他们与发展对象中的班组长、科技骨干和各类人才结成对子，在思想上加强引导、在工作中指导帮助、在生活中关心关怀，使发展对象端正对党的认识，积极靠近党组织，并帮助他们找准缺点和不足，在工作中逐步改进，提高他们的思想政治素质和业务能力，争取早日加入党组织。三年来，鹤岗矿业公司共发展采掘一线班组长221名，采掘一线班组长党员比例达到70%以上，比2017年提高26.5个百分点。

（3）实施"双培"工程，即把党员培养成班组长、把班组长培养成党员，把科技骨干培养成党员、把党员培养成科技骨干，把人才培养成党员、把党员培养成人才。对生产一线党员，重点开展安全知识和操作技能培训；对专业技术岗位党员，重点开展专业技能培训，提升技术创新能力；对各级各类管理人员，重点开展政治理论、管理知识、市场经济知识培训，不断提高其思想政治素质和业务理论水平，以及带领群众改革创新的能力。三年来，鹤岗矿业公司举办各级各类党员培训班268期，培训党员23873人次。通过实施"双培"工程，进一步改善了党员队伍结构，提升了队伍知识层次、整体素质、工作水平以及解决实际问题的能力，促进了企业改革脱困、转型发展。

3. 开展"五星"党员评选

即"五星"学习提素之星、安全生产之星、节约增效之星、文明友爱之星、服务奉献之星。"五星"党员由基层党委（直属党总支）每季度组织评选一次，从"二星级"党员评起，一个季度为"二星级"党员，连续两个季度为"三星级"党员，连续三个季度为"四星级"党员，连续四个季度为"五星级"党员，坚持精神激励和物质激励相结合，对评为"二星级""三星级""四星级""五星级"党员的，每季度分别奖励300元、400元、500元、600元。同时，对"星级"党员发放佩戴标识、照光荣照、上光荣榜，在进修学习、提拔任用等方面优先考虑，并把"五星级"党员作为"七一"表彰优秀共产党员的主要依据。近年来，鹤岗矿业公司党委在矿工报、矿区有线电视对"五星级"党员先进事迹进行广泛宣传报道，全面打造向党员看齐、向党员学习的浓厚氛围。

4. 推行"三带四有五在前"

"三带"即党员带积极分子，师傅带徒弟，老大哥带小兄弟；"四有"即让党员政治上有前途，工作上有建树，社会上有地位，经济上有实惠；"五在前"即安全质量、科学生产干在前，严细管理、开拓创新走在前，关爱职工、维护稳定包在前，遵纪守法、廉洁自律做在前，吃苦耐劳、急难险重冲在前。坚持党建带队建，通过"1573"安全教育培训工程、"安全传帮带""岗位练兵技术比武"等活动载体，党员与职工结一帮一对子3083对，其中建立新型学徒制264个，签订导师带徒合同753份。近年来涌现出172名公司技术状元、345名技术能手，在"陕煤杯"2020全国煤炭行业职业技能竞赛中，鹤岗矿业公司代表队获得了团体三等奖和3项个人三等奖，有4名职工被中国煤炭工业协会授予"全国煤炭行业技能大师"称号，在黑龙江省第一届应急救援职业技能大赛中获得了团体第一名和个人前三名的好成绩。建立党员劳模和工匠创新工作室32个，作为凝聚和带动职工创新创效的平台，激发职工学技术、搞创新的热情，年创产值达亿元。

5. 推进党建信息化管理

建立"互联网+党建"和党建工作大数据信息化管理平台，提高党建管理科学化水平。先行试点的兴安矿党委通过建设智慧党建云平台，实现网上"三会一课"、组织管理、党建考核、知识考查、在线民主评议等80余项功能。

6.党员联防联控，抗击新冠肺炎疫情

建立"党委主导、一岗双责、全员防控、党员带头"疫情防控工作体系，制发《关于在疫情阻击战中充分发挥党委领导核心作用、党支部战斗堡垒作用和共产党员先锋模范作用的通知》《疫情防控工作实施细则（暂行）》《疫情防控战地纪律》等文件190余份，召开各类疫情防控会议90余次，绘制疫情防控体系架构图和应急处置流程图，指导全公司科学防治、精准施策。开展"防疫形势、知识、措施、法制和正反面典型"五项教育，编发宣传教育专刊20期、《疫情防控信息简报》308期，开通心理咨询热线电话和QQ在线咨询热点，引导全员做到不伤害自己、不伤害他人、不被他人伤害。建立党员防控责任区、先锋岗891个，组建党员联防小组3119个，由1名党员负责3~5名员工上班、回家、通勤、洗浴等全程监管、连带问责；组建家属志愿者联保队伍，强化员工上班和回家"两点一线"作息管理，确保员工不串门、不聚餐、不聚会、不聚集、非必要不出城；组建爱心车队210个，1620名党员干部利用私家车免费拉载顺路职工。积极发动党员为疫情捐款122万元，下拨专项党费60万元，支援基层党组织购买防疫物资，用于慰问奋战在疫情一线的党员。疫情以来，鹤岗矿业公司未出现确认、疑似病例和无症状感染者，并在全省煤炭企业中第一个复工复产。中央宣传部"学习强国"学习平台、《中国煤炭报》、国企网等主流媒体对鹤岗矿业公司疫情防控工作进行了宣传报道，《黑龙江日报》在头版头条以《龙煤鹤矿公司在战"疫"中释放安全产能》为题进行了报道，并配发了《坚持防控和发展相适互动》的评论员文章。公司所属峻德煤矿荣获"黑龙江省抗击新冠肺炎疫情先进集体"称号。

（四）营造良好政治生态，引领转变作风强化落实

企业改革发展必须以良好的政治生态作保证。鹤岗矿业公司党委立足于实现企业做优做强、职工富裕幸福总体目标，主持制定了《鹤岗矿业公司政治生态建设方案》，引领企业各级干部转变作风、干事创业，使得企业风气明显好转，职工满意度进一步提高，促进了整体工作健康发展。

1.科学识人，公道用人

坚持德才兼备、以德为先，把"对党忠诚、勇于创新、治企有方、兴企有为、清正廉洁"20字国有企业领导干部标准落到实处。完善干部日常了解机制，坚持经常性、近距离、有原则地广泛接触各级干部，完善谈心谈话制度，了解各级干部在重大事件、重要关头、关键时刻的表现。建立干部监督信息档案，通过调研、日常考核、年度考核、民主生活会、述职述廉、群众议廉评廉、职工民主评议等渠道，及时掌握各级管理人员德才情况和群众口碑。完善分析研判机制，健全干部表现情况通报制度，组织部门及时收集整理纪检监察、审计、信访等方面的信息和网络舆情反映的有关情况，

进行会诊辨析、筛查甄别，对党政正职、党政正职拟任人选、问题较多的干部进行重点研判。建立后备干部储备库，强化思想、作风和业绩考核，及时跟进写实，全面系统地掌握后备干部现实表现，确保选出来的干部让组织放心、职工服气。严格执行管理人员退出管理岗位规定，推行干部三年任期制和契约化管理，开展副总师以上干部和机关部室业绩考评，实行两级机关选调干部竞聘上岗制，对任期届满经考核不合格不再续聘的、业绩考评末位淘汰的等五种情形的干部划入干部培训交流中心，三年内按同职级及以下职级安排两次上岗机会，三年后不同意上岗的划入人力资源创业培训中心。这种管理使公司逐渐形成了能者上、优者奖、庸者下、劣者汰的用人导向和从业环境。

2.践行宗旨，服务群众

鹤岗矿业公司党委引领企业树立"一切为了发展、一切为了职工""以职工为中心"的发展理念，通过大量扎实的工作，践行"不忘初心、牢记使命"主题教育要求，切实提高职工群众的安全感、幸福感、获得感。以促进职工全面发展为目标，持续开展职工业务技能、文化素质提升教育培训，对学历不高的段队长、班组长和特殊工种，在职工大学开展中专学历教育3期，培训1428人，提高了职工队伍素质。提高矿工班中餐质量，由多年一贯的面包香肠改变为热饭炒菜盒餐，重大节日让矿工在井下吃上热水饺，矿工生日时送蛋糕，职工满意度达到98%。加强职业病危害防治，投入近亿元建设井下除尘装置，建立口罩厂，为矿工配置专业防尘防疫口罩，保障了矿工健康安全。近年来，鹤岗矿业公司投入1.2亿元修建购置两级职工培训中心、浴池、食堂、学习室等设施设备。通过脱贫攻坚、金秋助学等专项工程，投入4900万余元，救助困难职工5万余户次，129户录入全总帮扶网特困职工已全部实现解困脱困，救助贫困职工子女就学1491名。采取集中研究、领导包案等方式，着力化解信访积案和重点信访件，近五年化解信访积案和疑难信访案件110件。

3.正风肃纪，反腐倡廉

鹤岗矿业公司党委坚持全面从严治党与全面从严治企相结合，聚焦主责主业，大力正风反腐，维护企业和职工利益。深化党风廉政教育，编印《清风礼赞》《警示教育漫画》，自制廉政教育片《蜕变》《喜事》和微电影《人情味儿》《封口费》，启动"三警三省"双向教育，开启移动教育新模式，选树廉政标兵，与司法机关搭建现场教育平台，组织党员干部到法院旁听庭审、到看守所受教育，推进廉洁文化进家庭，营造崇廉尚廉浓厚氛围。严格落实中央"八项规定"精神和省委"九项规定"、集团"八项规定"，集中排查整治形式主义、官僚主义问题，整改文件多、会议多和违规"挂证"、在外兼职现象；持续开展纪律检查、"零点"夜查、值带班检查、入井时长清查、机关夜查倒查、疫情防控监督检查，查处脱岗漏岗、工作时间违规饮酒等工作不力、违反纪律问题135件，党政纪处分145人，查处公车私用、违规操办"学子宴"等"四风"案件32件，处分40人。围绕企业工作重点，实施效能监察，检查企业应收账款抹账、转供电、"汽改水"工程、房屋土地管理、地销煤给付、转岗分流情况，监督原煤库存、采购招投标程序执行，维护企业利益，堵塞管理漏洞，避免和挽回大量经济损失。围绕群众关注热点，广泛收集问题线索，整治"谋小利、搞小贪"行为，检查考勤管理、奖金分配、定额执行、领取退休金待遇情况，纠正违规发放问题，促进管理制度规范落实。认真执行"一案双查""一问三责"，做到"逢案必追责"，查办责任追究案件427件，追究646人。五年来，受理问题线索1911件，立案1328件，处分1581人。运用"第一种形态"处理党员干部2145人，取得了挺纪在前、抓早抓小的良好效果。

4. 跟踪问效，保障落实

由于国有企业的文化特征和体制性局限，多年来，很多工作有规划、有部署，但在执行过程中严不起来、落不下去，极大地影响了企业改革发展成效。为有效改变不适应的管理文化，鹤岗矿业公司党委围绕企业中心工作，建立党员信息化管理平台，完善重点工作督导考核和跟踪问效、问责机制，保证重点工作有效落到实处。2020年年初，鹤岗矿业公司党委制定《保障落实2020年改革脱困措施工作方案》，成立组织机构，落实工作责任，建立例会制度，制定工作细则，发挥了重要的跟踪指导和服务保障作用。建立党委书记月份办公会议、党建月份例会等制度，在重点工作推进上抓思想统一、跟踪问效、督导问责，把党组织的作用融入企业日常工作全过程。

四、实施效果

"红色领航工程"作为系统集成、科学实用的党务工作新平台、新品牌，立足于领导和推进企业改革发展，系统解决了党组织"为什么、干什么、怎么干"的问题，切实发挥了国有企业党委"把方向、管大局、保落实"作用，引领、保证、推动了企业改革高质量发展。2017年以来，鹤岗矿业公司累计生产原煤3489万吨，实现盈利11.5亿元。2015年以来在册减员3.1万人，减幅48%，在岗减员3万人，减幅56%；管理人员由7376人减至2957人，减幅60%；在岗职工年人均收入提高4000元，取得了企业改革发展的阶段性成果。

主创人：刘鹏飞　王玉波
参创人：夏　波　袁长青　张修勇　王守东　黄　明

激活国企党建与生产经营深度融合工作法之"一张蓝图绘到底"在排山楼公司的实践

辽宁排山楼黄金矿业有限责任公司

前言

习近平总书记在2016年全国国有企业党的建设工作会议上提出:"坚持党的领导、加强党的建设,是我国国有企业的光荣传统,是国有企业的'根'和'魂',是我国国有企业的独特优势。"当前,如何践行党建工作在生产经营中的作用已成为国有企业改革发展的重要课题,如何把党的建设有机融合到企业的生产经营之中就显得尤为关键。作为国有企业的主力军,辽宁排山楼黄金矿业有限责任公司(以下简称"排山楼公司")党委近年来按照党中央的要求高度重视党的建设,不断探索如何持续提高党建工作水平,着力解决党建工作与生产经营高度融合,最终实现以高质量党建引领企业高质量发展,将党建各项工作内嵌于企业改革发展全过程,推动党建标准化和企业发展战略创新融合。

一、实施背景

在推动国企党建工作和生产经营融合过程中,有的企业过度强调市场化竞争和运营,片面以抓经济效益为中心,把党建工作置于从属地位;或者将党的领导体制僵化形式化,与企业生产经营和现代企业制度结合不够紧密。如何做好国有企业党建工作,找准党建工作与企业生产经营的结合点和着力点,以高质量党建推动高质量发展是国有企业亟待解决的基本问题。要全面地、联系地、发展地认识和把握国有企业党建与生产经营的辩证关系,充分发挥党建工作和公司治理两方面优势,精准找到最佳融合点,清晰回答"怎么融"问题,就要抓住制约企业发展的现实问题,将党的建设与生产经营深度融合,绘制一张内含企业核心文化的长期建设发展规划蓝图,这既是现代管理学中运用的一种科学有效的战略管理工具,也是企业适应高质量发展目标新要求的必然选择,更是治理体系和治理能力现代化的要求。

二、成果内涵

思想是行动的先导，思想政治工作就是规划的引领，为保证科学发展长效机制、提高企业管理水平，实现打造辽宁大型黄金生产基地、建设国内一流黄金矿业公司的目标，排山楼公司结合"不忘初心、牢记使命"主题教育，注重成果转化，齐心合力做好顶层设计，创新工作理念、思路和方法、途径，创造性地发明了"一张蓝图绘到底"工作法，即采用"思维导图+PDCA"等现代化管理工具实现党的建设与生产经营深度融合。具体来说，就是公司党委一手抓党建，一手抓生产经营，通过思维导图将党建与生产经营任务明确为目标责任，体现公司党委把方向、管大局、保落实职责；基层党支部通过细化基层导图明确重党建、抓生产、促发展的职责，采用PDCA管理模式进行闭环管理，将党建与生产经营任务落实落细落地，真正实现"一张蓝图绘到底、一以贯之抓落实"，将国企党建做实、做细、做强，为企业高质量发展保驾护航。

三、主要做法

（一）在发展战略上深度融合

凡事预则立，不预则废。实现企业的高质量发展不是短期之计，而是战略之策，一些企业经常出现"一任领导一张蓝图""新官不理旧事"的怪象，让企业发展"东一榔头，西一棒槌"，让员工不理解企业的经营决策，不明白某项工作的意义，不知道企业未来的美好愿景，看不到领导和骨干队伍的表率作用，这严重影响员工工作的主观能动性。在这种情况下，管理的措施越严，越会导致大家产生反感情绪。因此，企业的生产和发展越是遇到困难，越要加强党建设工作，越要加强方法、手段上的创新，充分发挥党建工作服务企业的最佳作用。

针对此类问题，排山楼公司党委清醒地认识到，推动党的建设与生产经营深度融合，把党建工作成效转化为企业发展动能，也是国有企业充分发挥独特优势，建设国内领先、世界一流，实现做强做优做大的有效措施，也是国有企业生命力之所在。而没有政治信仰就没有"主心骨"，缺乏政治信念就会得"软骨病"，就无法在纷繁复杂的市场环境中清晰认知发展为了谁、发展依靠谁、发展成果由谁共享这些重大问题，所以牢牢把握政治站位和发展战略的辩证统一，是国有企业党建工作和生产经营融合的制高点。企业成功源自战略正确，战略格局源自政治站位，政治坚定源自理论清醒，越是爬坡过坎的困难时期，越是要重视和加强党的建设工作，要将人心凝聚起来，坚决保证企业的执行力和活力，必须有"一张蓝图绘到底"的恒心与定力。

排山楼公司党委、经营班子在企业发展战略和重大经营管理事项上，为了真正实现"一张蓝图绘到底、一以贯之抓落实"，在"绘制一张蓝图"的过程中注重顶层设计，把党建和生产经营深度融合，多维度优化企业发展格局，充分考虑企业愿景、发展目标、深化改革等要素，提出了"12318"发展战略，即一个企业愿景："一张蓝图绘到底"，建设国内一流黄金矿业公司；两个发展目标：大干三五年，建成黄金生产基地，再干三十年，建设国内一流黄金矿业公司；三个发展步骤：两年打基础，三年上台阶，三十年建成国内一流；一个口号："创新争先，团结实干"；八个深化：深化党的建设、深化企业文化、深化安全环保、深化资源增储、深化生产经营、深化成本效益、深化科技创新、深化精细管理。"12318"发展战略，精准聚焦了排山楼公司短期、长期的管理探索之路，是排山楼公司近二十年发展经验的延伸和拓展，有着良好的系统性、整体性、协同性，为公司未来的发展指明了道路，初步形成了"一张蓝图"的大格局。

（二）在体系建设上深度融合

一分部署、九分落实，一张蓝图已绘就，如何把蓝图一步步变为现实呢？

习近平总书记强调，中国特色现代国有企业制度，"特"就特在把党的领导融入国有企业管理的各个环节，而生产经营是企业的中心工作，国有企业党的建设工作只有围绕生产经营进行，才能发挥其应有的作用，尤其要与企业管理相结合，把刚性约束与柔性导向有机结合起来，把党的建设工作的导向性要求体现在管理制度之中，使员工在"情"的激励之下爱岗敬业，在"法"的约束下努力工作。

为了进一步细化措施，不断提升落实力和执行力，排山楼公司以思想政治建设为黏合剂，将党的建设与生产经营深度融合作为抓手，一手抓党的建设，一手抓生产经营，两手都要硬。通过"思维导图+PDCA"等现代化管理工具创造了"一张蓝图绘到底"工作法——利用思维导图和PDCA管理工具，把党建与生产经营深度融合，化抽象为具象，把党的建设分解为政治建设、思想建设、组织建设、作风建设、纪律建设，并把制度贯穿其中；把生产经营具体到"八个质量深化"，重点抓好生产质量、经营质量、安全质量、环保质量、科技质量、管理质量、资源质量、项目质量，逐项细化任务清单，明确时间表和路线图，完成一个销号一个，做到一份清单一张图，一张蓝图绘到底。这样就推动了党建工作与生产经营深度融合，把党建工作成效转化为企业的发展优势，真正形成了"一张网络布到底""一把尺子量到底"和"一张蓝图绘到底"工作格局和一手抓党建、一手抓经营，两手都要硬的工作局面。

（三）在企业文化上深度融合

优秀的企业文化具有强大的导向、规范、凝聚和激励作用，是企业发展不可或缺的精神力量。在绘就"一张蓝图"的过程中，如何以党的政治建设统领党的其他各项工作，用党的建设引领企业文化建设，是国有企业党建与生产经营深度融合的又一难题。

排山楼公司结合思维导图管理工具，把党建工作与企业文化建设紧密结合，充分发挥党建工作对企业文化建设的引领带动作用，坚持以社会主义核心价值观引领企业文化建设，把社会主义核心价值观融入企业发展各方面，转化为企业职工的情感认同和行为习惯。一是加强理论武装，把用习近平新时代中国特色社会主义思想武装党员干部职工作为首要政治任务，通过中心组学习、举办优秀青年党员工作报告会、集中培训等形式，搭建学习平台，创新学习载体，推动习近平新时代中国特色社会主义思想进企业、进车间、进班组、进头脑，引领职工群众听党话、跟党走，把"不忘初心、牢记使命"作为党建工作永恒课题，深入开展党史教育，把党的理想信念通过强化使命担当转化为企业的凝聚力，把握企业改革发展的正确方向；二是坚持价值引领，通过"黄金大讲堂"系列活动传承弘扬国有企业优良传统和作风，培育家国情怀，增强党员干部职工应对挑战的斗志，提升他们产业兴国、实业报国的精气神；三是做好思想政治工作，扎实开展"不忘初心、牢记使命"主题教育，积极开展"大谈论"活动，聚焦问题抓落实，公司党委坚持从班子做起，认真开展调查研究，对查摆的问题全面剖析、深挖症结，做到立行立改、即改即销；四是深化活动内涵，积极开展创先争优及群众性文明创建活动，围绕工程建设开展"安全月"活动，围绕安全生产开展党管安全和党员身边无"三违"、无事故、无隐患的党员责任区活动，领导群团组织开展劳模创新工作室、导师带徒、技能比武、青年文明号、青年先锋岗、党员突击队及青年志愿者活动等，打造党建与生产经营深度融合的好平台。要按照新形势新任务的要求，与时俱进，开拓创新，在内涵上不断丰富、深化，在方式上不断改进、提高，进一步增强针对性、实效性。

（四）在执行落地上深度融合

随着国有企业内部竞争机制的引入和不断深化，各种矛盾和问题直接影响到国有企业建立现代企业制度的进程。因此，如何依靠国有企业特有的党建工作优势，以机制创新为突破口，更好地发挥统一思想、凝聚人心、稳定队伍的作用，成为排山楼公司发展的重要任务。

第一，排山楼公司党委书记、总经理苑兴伟充分发挥头雁效应，在抓执行的过程中采用"思维导图+PDCA"等现代化管理工具创造了"一张蓝图绘到底"工作法，把党的建设工作制度真正纳入现代企业管理体系之中，与企业生产经营工作融为一体，构筑党政工团齐抓共管、分工合作的工作体制，实现了由小政工向大政工的转变。做到抓管理，以人为核心，从思想入手；抓思想，以育人为本，从管理出发，使行政手段、经济手段与党的建设工作同步，批评教育同表扬鼓励结合，严格管理与关心爱护并举，把管人、管事、管思想较好地结合起来。

第二，排山楼公司严格落实同职级、同待遇政策，建立党务工作人员和经营管理人员双向交流机制，注重选拔政治素质好、熟悉经营管理、作风正派、在职工群众中有威信的党员骨干做企业党建工作，把党务工作岗位作为培养企业复合型人才的重要平台；加强对党支部书记和党务工作人员培训，提高党务工作人员队伍素质，提高党务工作人员推动党的建设和生产经营深度融合的能力；坚持把政治标准放在首位，重视在生产经营一线、青年职工和高知识群体中发展党员，努力把生产经营骨干培养成党员、把党员培养成生产经营骨干，把党员输送到重要岗位，鼓励每个员工在各自的工作岗位上最大程度地发挥自己的聪明才智，实现党的建设工作与企业经营管理工作的有效结合，逐步形成大政工的党建工作格局。

第三，为了使"一张蓝图绘到底"真正落地，要努力达到价值引领的共识化，坚持把党建工作与价值引领紧密结合，充分发挥党建工作的引领带动作用。排山楼公司一是试点使用日事清管理工具，逐项细化任务清单，明确时间表，完成一个销号一个，做到一份清单一张图、一张蓝图绘到底，极大地提高了团队管理效能；二是推出"为民服务直通车"手机 App 交流平台——App 的推出也是主题教育期间征集到"党员群众交流平台不畅通"问题的整改措施之一，解决了员工与领导班子沟通交流的"最后一公里"，实现了职工心声有人听，所提问题有人管；三是落实谈心谈话制度，加大提醒、函询、诫勉等力度，通过巡视巡察、考察考核、调研督导、处理信访举报、抽查核实个人有关事项报告等方式，督促企业领导人员依规依法履职，坚守廉洁底线，切实做到保障职工知情权、参与权、表达权、监督权，维护职工合法权益；四是创建《团队建设手册》，以 90 条标准抓团队建设，统一"再干三十年"的思想，凝聚"干就完了"的奋进力量，将广大员工在实际生产工作中的行为标准、工作作风、群体意识进行整合汇编。该手册构架清晰，言简意赅地论述了 3 种工作习惯和 12 种工作品格，切实把企业文化、企业精神转化为员工"心往一处想"和"劲往一处使"的总体行动，为增强"四个意识"、坚定"四个自信"、做到"两个维护"补足了精神钙质，打牢了思想根基，使公司上下凝聚思想共识，为实现"一张蓝图绘到底"同心发力。

四、实施效果

（一）"一张蓝图"引领体系建设

在"一张蓝图"引领体系建设方面，排山楼公司一是利用思维导图等现代化管理工具完成了党建标准体系建设工作，着力落实全面从严治党主体责任和监督责任，提高企业党建科学化管理水平，实现了党建工作管理标准化、规范化、程序化、科学化，明确各业务板块层级和抓手，厘清各项工作之间的内在逻辑，促进党建工作系统规范、一目了然，避免党建工作碎片化、临时化、随意化，全面实现规范化、标准化和清单化管理，切实解决了党建工作"层层递减"问题；二是通过将集团战略和决策部署、企业发展规划、年度工作计划等核心目标细化分解，层层压实责任，从而转变成公司全员的共同意志，转化为抓落实的具体行动；三是把执行"蓝图"作为干部考核的重要指标，进而引导干部做到"一张蓝图绘到底"，形成"一个企业、一个班子、一套政策、一抓到底"，以"马上就办、真抓实干"的精神确保"蓝图"快落实、见成效；四是根据企业发展的需求定期完善"蓝图"，持续改进，螺旋上升。有了有效的措施和制度并加以执行，才能让"一张蓝图绘到底"工作法得到有力保障，才能快速、稳步实现企业的发展目标。"一张蓝图绘到底"工作法集目标管理、思维管理、闭环管理、协同管理、可视化管理功能于一身。

（二）"一张蓝图"确保从严管理

在"一张蓝图"确保从严治党、合规经营方面，排山楼公司一是通过细化党的建设工作和生产经营工作，将从严治党与生产经营融合当成重要任务来抓；二是完善各项制度和规则，根据企业改革发展需要，党委会充分研究讨论，先后修订完善了"三重一大"决策制度实施办法，党委会、总经理办公会决策权限清单和"三重一大"决策事项明细四项制度，进一步规范了公司治理的制度和流程，为党委科学决策提供了制度保障，不断提升了党委科学决策能力和水平；三是积极推进纪检监察体制改革，研究制定了《辽宁排山楼黄金矿业有限责任公司纪检监察体制改革实施方案》，撤销纪检监察部，成立纪委办公室，明确职责定位，强化纪委监督责任，推动公司全面从严治党向纵深发展，运用监督执纪"四种形态"做到有案必查、违纪必究；四是加强干部队伍建设，坚持党管干部原则，完成了党委、纪委委员增补工作，补充高管两名，其中"85后"高管一名，按照干部选拔任用程序，大胆使用年轻干部，补增中层干部12人，为加强干部队伍梯队建设制订了中层后备培养方案；五是持续强化依法合规经营理念，切实履行法制建设责任，建立健全依法合规经营制度，将审计工作持续贯穿生产经营全过程，坚决遏制经营管理中的违规行为，对合同管理、询价比价采购等进行了系统的审计监督，发现问题逐项整改，并修订完善了《合同管理办法》《法律纠纷管理办法》《内部审计制度》等相关制度和管理办法，促进了公司内部控制、合法合规经营再上一个新的台阶。

（三）"一张蓝图"促进基层融合

在"一张蓝图"促进基层党建融合方面，排山楼公司通过将整体工作分解为具体模块来推动各层级建立基层党建经营工作联系点，本着有利于党的基层组织和党员作用发挥、有利于促进中心任务完成的原则，根据依托生产经营管理任务设置党的基层组织，保证党建和生产经营工作全方位对接，做到生产经营任务落到哪里，党组织就建到哪里，党的工作就开展到哪里。例如，公司在五道沟尾矿库项目建设过程中，组织召开"大干五十天、坚决打赢五道沟尾矿库项目攻坚战"誓师大会，攻坚时刻在五道沟尾矿库施工现场成立临时党支部，把支部建在工地上；收购新民金矿后成立新民矿党支部，充分发挥党支部的战斗堡垒作用。

（四）"一张蓝图"指导项目管理

在"一张蓝图"指导项目管理方面，排山楼公司根据"一张蓝图绘到底"工作法指导工作，挂图作战，倒排工期，梳理了一批近、中、远期要实施的重点工作，策划了若干前瞻性的大项目、好项目，使企业发展一步踩在高位上，为党的建设找到具体的支撑点、落脚点，真正把党的建设及企业发展的动力落在项目上。目前，"一张蓝图绘到底"工作法在抓重大问题上取得实效。排山楼公司一是在中央环保督察整改攻坚战中，采取积极主动的态度，提高政治站位，增强央企责任担当意识，努力践行"绿水青山就是金山银山"的生态文明思想，在集团公司及政府各有关部门的大力支持下，投入了近3亿元资金以确保中央环保督察整改工作按时完成，其中露天坑尾矿干堆场闭库和生态修复工作如期保质完成，得到了环保督察组和当地政府部门的高度认可，辽宁广播电视台和市县环保督改办到生态修复现场进行了调研，并在辽宁广播电视台、《辽宁日报》、阜新电视台等官方主流媒体进行了播报，展示了集团和公司高度重视生态文明建设的风采，已成为中央环保督察整改工作的标杆；二是认真履行央企社会责任，积极投身定点扶贫、精准扶贫，圆满完成了捐助河南省驻马店市新蔡县、阜新"集团帮村"的扶贫任务，帮助公司困难职工脱贫，解决了困难职工翻盖新房问题，公司被阜新市总工会授予"五一劳动奖状"，上排矿井下放矿班组荣获辽宁省总工会授予的"辽宁工人先锋号"荣誉称号，脱贫攻坚系列项目已成为集团公司和阜新市阜新蒙古族自治县脱贫攻坚的典型；三是资源整合项目也已取得实效，"十年磨一剑"的新民金矿资源整合工作已全部完成，为排山楼公司未来"三十年"的高质量发展提供了坚实保障。

（五）"一张蓝图"谋划科技创新

在"一张蓝图"谋划科技创新方面，排山楼公司多措并举以科技创新引领企业发展，在党委科技创新领导小组架构下开展工作，促进生产经营与党建高度融合。一是实施年度重点科技项目，科研投入2000万余元；二是完善科技平台建设，排山楼公司已完成高新技术企业认定工作，并经市县联合推荐、初审评估和省工信厅、省财政厅、国家税务总局辽宁省税务局联合评审后，公司技术研发中心升级为省级企业技术中心，公司创新工作室被评为阜新市劳模和职工创新工作室，标志着排山楼公司技术创新能力及创新业绩在辽宁省技术创新体系中走在了前列，起到了引导与示范作用；三是依托完整的技术研发体系，积极鼓励职工"创新创效"，成果显著，9项科技成果获集团公司合理化建议和小改小革奖励，获发明专利1项，实用新型专利12项，享受政府科技优惠政策，获辽宁省科技厅企业研发项目经费投入后补助奖励资金30万元；四是持续推进信息化建设，选矿厂和井下部分关键工艺流程实现了无人值守及信息化管理，取得了三大管理体系认证证书，排山楼公司三维模型系统、GPS静态测量建立矿区控制网、选厂自动化手机 App 的应用为公司工业化信息化建设打下了良好基础。

（六）"一张蓝图"精细化管理

在"一张蓝图"精细化管理方面，排山楼公司一是推进应用日事清管理工具，逐项细化任务清单，明确时间表，完成一个销号一个，做到一份清单一张图、一张蓝图绘到底，极大地提高了团队管理效能；二是通过思维导图 +PDCA 全过程管理模式持续纵深推进全过程成本管控，编制了 2020 年全过程成本管控工作方案，确定了 101 个管控点，实现成本管控目标，降本增效 349.76 万元，通过优化采矿设计、采场二次圈定、掘进废石考核等工作，累计完成降本增效 371.23 万元；三是有效利用躲峰用电，落实直供电政策节省电费 39.2 万元，积极与电力部门争取力率调整电费奖励政策，公司采取多种措施，通过优化供配电系统，采取无功功率补偿等措施获得奖励电费 16.2 万元。

主创人：苑兴伟　纪建国
参创人：任　人　李　君　陈殿生　张劲旅　姜宏锋　李　辉

百年电企推进红色基因传承弘扬的企业文化建设

江苏华电戚墅堰发电有限公司

前言

江苏华电戚墅堰发电有限公司（以下简称"戚电"）始建于1921年。戚电是中国农村电力启水、列车电站的发源地，江苏电力系统第一个党支部在此建立，其改进奖金的办法被毛主席称为创举。红色基因铸就企业发展之魂，电力体制改革后，戚电通过三期建设，关停拆除燃煤机组，成功实现从小煤电到大型现代化纯燃机发电企业的华丽转身，目前有六套天然气发电机组，装机容量217万千瓦，职工887人。

近年来，戚电积极探索红色基因传承弘扬的创新实践，形成了独特的红色文化，凝聚职工智慧，激发职工干劲，"工人有力戚电行"的企业核心理念落地生根、深入人心。企业先后荣获"全国五一劳动奖状""中国美丽电厂""全国电力行业优秀企业""全国电力行业思想政治工作优秀单位""华电集团五星级发电企业""华电集团文明单位标兵"等荣誉，被命名为"中国红色文化教育基地""华电集团红色教育基地""常州市党性教育基地"。

一、建设背景

"红色基因就是要传承。中华民族从站起来、富起来到强起来，经历了多少坎坷，创造了多少奇迹，要让后代牢记，我们要不忘初心，永远不可迷失了方向和道路。""一切向前走，都不能忘记走过的路；走得再远、走到再光辉的未来，也不能忘记走过的过去，不能忘记为什么出发。""要把红色资源利用好、把红色传统发扬好、把红色基因传承好。"党的十八大以来，习近平总书记在多个场合强调传承好红色基因、发扬红色文化的重要意义。党的十九大报告指出："中国特色社会主义文化，源自中华民族五千多年文明历史所孕育的中华优秀传统文化，熔铸于党领导人民在革命、建设、改革中创造的革命文化和社会主义先进文化，植根于中国特色社会主义伟大实践。"这一重要论述，深刻阐明了红色基因、红色文化在中国特色社会主义文化中的重要地位和作用。

红色文化是国有企业独特的精神禀赋，是国有企业转型发展独有的政治优势和精神资源。国有企业在长期的建设实践中形成了优良的红色文化传统，积淀了丰富的红色文化资源，拥有鲜明的红色文化基因。纵观国有企业发展史，在其发轫的开端以及改造、发展和壮大过程中，一直是工人阶级最集中的地方，是党领导工人阶级革命、建设、改革最为重要的阵地，自其诞生之日就被深深烙上了红色印记。

红色象征光明，凝聚力量、引领未来；基因需要传承，血脉永续、薪火相传。戚电工人阶级听党话、跟党走，在中国新民主主义革命、社会主义革命和建设、改革开放的光辉历程中，做出了应有的贡献，塑造了鲜明的红色品格，形成了敢为人先的革命精神、不怕牺牲的斗争精神、甘于奉献的主人翁精神、勇于变革的创新精神和不忘初心的时代精神，这些都构成了融入血脉、永放光辉的戚电红色基因和精神特质，丰厚了戚电"力行"文化的内涵。

戚电是个老企业，职工中有"红二代""红三代"，戚电又是个新企业，创新发展、新建项目、新进职工注入了"新鲜血液"，企业持续焕发生机活力。对戚电人来讲，传承红色基因是生命和精神两个层面的深度融合。作为一个根正苗红的百年电力企业，在新的历史时期怎么样运用好这份独特和宝贵的精神财富，如何发挥"红色动力引擎"的作用，创新方式、创新载体，提振职工精气神，成为企业文化建设积极探索的重要课题。

二、内涵和主要做法

红色是本色，红色是基色，戚电汲取近百年历史积淀精华，大力挖掘宝贵的红色资源，以建设红色教育基地为主要方式，依托现有资源，打造"一体（主展馆）两翼（辅馆、文化广场）三区（职工创新工作室、全国燃机技术培训中心、燃机集群）"的综合教育基地。发挥红色基因在企业文化发展中的"定海针""引路旗"作用，形成以"力行"为根本的"力行之道"文化体系，大力建设先进繁荣、阳光和谐的企业文化。不断推进企业文化创新，提升软实力、展现新魅力，走出了一条老企业文化传承、发展与创新之路，把深厚的文化积淀、光荣的革命传统、优良的工作作风不断地传承下去。

（一）制定文化之"纲"

戚电坚持以文铸魂、以文兴企、以文育人、以文塑形，不断丰富完善、创新发展以中国华电集团有限公司（以下简称"华电集团"）文化为主导、以华电江苏能源有限公司（以下简称"江苏公司"）企业文化为引导、以百年戚电红色文化为延伸的文化体系，为公司和员工健康、协调、可持续发展提供正确价值取向、共同思想基础、强大精神动力和先进文化支持。

戚电"十三五"规划中指出，公司要实现"装机容量超300万千瓦、利税超10亿元，管理有特色、指标树标杆；人力资源结构合理、人才储备丰富；燃机工程技术板块打造震华品牌；仿真培训全国知名；企业文化丰富生动；绿色环保、具有较强竞争力的美丽百年戚电"的目标，给企业文化建设提出了新的要求。企业做大，企业文化要随之全覆盖；企业做强，企业文化要更加深入人心。企业文化全覆盖，包括企业环境文化元素的全面导入、新项目中的企业文化衍生和外部工程中的文化品牌塑造；企业文化深入人心，包括制度文化的成熟和企业传统优秀文化的提炼、宣贯和传承。

第一阶段：宣贯培训阶段（2016年）。开展学习宣传教育活动，使广大员工认知企业文化体系、"六化六统一"要求及其内涵；加强视觉识别系统的集中整改和统一；推进职工文化活动工程和企业文化传播工程；开展"员工日"活动、烈士纪念日活动等多种形式的活动，使员工认同企业理念，转化为员工的自觉行动。

第二阶段：全面推进阶段（2017—2019年）。建成红色教育基地；用两年左右的时间，逐步实现"六统一"，同步推进文化落地工程和文化标准建设，主动与江苏公司母文化融合，进一步修订企业文化体系、完善《企业文化手册》；继续开展多种形式的员工文化活动，不断强化广大员工对核心理念的认同感，增强团队的凝聚力和向心力。

第三阶段：完善提升阶段（2020年）。通过有效推进和不断提升，认真总结经验，进一步提炼百年戚电的文化精髓、系列文化理念，形成特色文化管理模式，塑造一个具有市场竞争力的燃机品牌电厂。只有这样企业文化的管理功能和凝聚人心的作用才能得到较好发挥。

（二）厚植文化之"根"

百年基业，文化是根。戚电近百年发展史，镌刻了常州党建工作的烙印，展示了电力工业发展的缩影，记录了产业工人奋斗的足迹，这些都是戚电文化建设需要牢牢把握的要素。

常州市工人运动史专家曾指出："研究常州工人运动和基层党建的历史，戚电厂是无法回避的重要节点。"戚电从1927年建立江苏电力行业第一个党支部起，党组织在企业改革发展中发挥了重要作用。戚电1924年就架设了江苏首条33千伏输电线路；在武进县（现常州市武进区）试办电力戽水站，创中国农村电力灌溉先河；1947年安装投运我国第一座列车电站；2005年投运我国第一批天然气发电机组，坚持科学发展、绿色发展，实现了向"建设清洁能源基地，构筑环保电站典范"的战略转变。与党同龄的戚电，在历史的洪流中形成了一种与中国共产党与生俱来、休戚与共的感情。红色的种子在这里生根发芽，毛主席的肯定激励着戚电工人传承改革创新精神，坚定了理想和信念。

（三）发掘文化之"源"

戚电深挖红色资源，以此教育职工，唯有不忘初心，方可告慰历史、一往无前。红色资源告诉我们从何处来。从1921年建厂到大革命时期戚电党支部团结工人开展革命运动，再到1949年职工群策群力取得反轰炸斗争胜利，随着时间的推移，那段历史已被封存。但红色资源一直在提醒戚电人要铭记历史，珍惜当下的和平岁月，也揭示了只有共产党才能救中国，只有社会主义才能发展中国的真理。戚电面向职工和社会发布"寻红色基因，忆光荣岁月"老物件征集启事，并聘请企业老领导担任顾问，发动职工特别是老同志帮助提供线索。最终收集和征集到了一批较有价值的实物，如企业早期共产党员、"五四"时期新文学作家孙梦雷（1922年加入中国共产党）创作的小说、记载戚电职工解放初期反轰炸斗争的《苏南日报》、纪念章、王寿生烈士证明书等。这些老物件是时代的亲历者，看到这些老物件，人们的思绪就会被带回到那段风雷激荡的岁月。

红色资源告诉我们往何处去。企业第一任党支部书记王寿生等革命先烈为了给人民谋幸福、为了共和国的诞生抛头颅、洒热血，是出于他们深沉的历史责任感。中华民族到了最危急的时刻，戚电工人抵制日货、抗日怠工，把血肉筑成新的长城，这是爱国主义的最高体现。沈长根小组、"十八罗汉"、徐健劳模创新工作室，戚电从沪宁铁路"动力心脏"到转型升级典范，体现了戚电工匠们以改革创新为核心的时代精神。他们身上集中体现的红色精神代表着党和人民的理想信念、价值理念，彰显着不同时代的精神风貌。职工从他们身上汲取信念的力量和前进的动力，自觉培育和践行社会主义核心价值观，在传承弘扬红色基因的行动中，筑牢理想信念，强化责任担当。

（四）梳理文化之"脉"

文化的精神性是文化价值的基本内核，决定着文化的性质和发展方向。尽管不同时代红色文化的精神内涵千差万别，但爱国主义、集体主义等始终是其精神品格的核心，是国有企业改革发展的重要精神资源和动力来源。

戚电职工很早就受到红色文化的感染。1927年年初，革命烈士王寿生就在戚电前身震华电厂组织成立了江苏电力系统第一个党支部，带领工人开展革命斗争，迎接国民革命军进城、支援附近纱厂工人运动、争取职工权益，使企业成为常州市第一个实行8小时工作制的工厂。

改革开放后，戚电的规模、职工队伍发生了变化。企业在这个时候，提出"安全经济、艰苦创业、团结文明、求实创新"的十六字"戚电精神"。20世纪末，随着扩建燃机的蓝图日益清晰，戚电开始思考自己的企业文化体系，变革企业文化。变革的轨迹恰恰和企业规模的发展相吻合：2003年，第一批燃机机组建设，企业全面宣贯华电集团视觉识别系统，进行视觉文化建设；2006年，第一批燃机在运，企业形成新的文化理念体系；2009—2011年，企业发展经过"阵痛"逐渐走向"利好"，调整了检修和运行管控模式，整合了设备、人才、管理等资源，从组织机构、管理模式上为运营百万燃机电站做好充分准备，戚电"力行"特色文化正是在这个时候逐步形成的。

2015年，随着217万千瓦燃机电站的建成，戚电做好"力行"文化与上级公司文化体系的契合与延伸，开始调整完善企业文化。在视觉识别、核心价值观、工作原则及公司愿景、精神、使命等方面与上级公司保持一致。调整后的企业文化体系名为《力行之道》，分为企业标识、力行初心、力行根本、力行作为、力行风范五个部分。"力行"根本即"努力先行，倾力笃行，奋力健行"。其中"先行"，体现了戚电人敢为人先、永不满足的精神；"笃行"，体现了戚电人踏踏实实、锲而不舍的作风；"健行"，体现了戚电人刚劲有为、发愤图强的状态。

"力，是姿态、是能量、是凝聚。""行，是探索、是实践、是自信。"在即将迎来百年的新的发展时期，戚电准确把握百年红色历史"爱国、奋斗"主旋律和精神内核，充分挖掘提炼各时期所形成的"艰苦奋斗、改革创新"戚电精神、"经世济民、实业报国"震华精神、"胸怀天下、学以致用"翼之精神、"开天辟地、不怕牺牲"寿生精神、"群策群力、英勇护厂"反轰炸精神、"甘于奉献、百折不挠"长根精神、"立足岗位、实干兴企""十八罗汉"精神、"传承创新、心手合一"工匠精神、"作风优良、能打硬仗"铁军精神、"勇于开拓、敢为人先"首创精神，整合构筑形成百年新戚电的红色精神堡垒。在现有"力行"文化的基础上，戚电结合新形势、新任务、新要求，进一步充实完善企业文化体系，形成了"先行是信念、笃行是实践、同行是团结"的"奋力先行、倾力笃行、聚力同行"的"新力行"文化体系。同时将在传承发扬的基础上，凝练培育各具特色，感召力、向心力强的支部（部门）文化，真正形成"上下同心再出发"的百年新戚电、新时代、新征程、新文化格局，使企业文化成为企业改革发展过程中最持久、最深沉的力量。

（五）筑牢文化之"基"

文化的物质性是文化价值的承载物，也是文化传承发展的重要媒介。国有企业红色文化的物质形态一般是指党在革命、建设和改革时期所形成的遗址、展馆、革命文献和人物雕塑等物质呈现物，以及承载各种红色记忆、红色标识、红色经典的生动记述和真实见证。

红色展馆是利用红色资源，留存红色记忆，传承红色基因，开展红色教育的重要载体。2018年，戚电建成了以"传承红色、实业报国、现代化求索"为特色的红色教育基地展馆，在建筑和展陈设计中将红色元素贯穿始终，在"星星之火""风雷激荡""高擎铁锤""革故鼎新""继往开来"五个展厅中，把戚电近百年的历史通过图片文字、场景还原、雕塑、油画、声光电等多种形式加以展现。以红色教育基地展馆为主的红色载体，为企业开展红色教育，传承弘扬红色基因提供了可扩展的创新模块。

成为红色活动的举办地。"七一"建党节，戚电组织新党员入党宣誓和老党员重温入党誓词活动，组织职工重读红色历史；运用先辈事迹、身边事例、鲜活事实讲党课，展示老一辈的革命传统和先进集体、个人的风采，增加党课的吸引力和感染力。烈士公祭日、国庆举行祭扫活动和升旗仪式，唱《中华人民共和国国歌》，向革命烈士王寿生敬献鲜花，瞻仰烈士塑像，弘扬爱国主义和集体主义精神，深切缅怀革命先烈的丰功伟绩。厂庆纪念日通过举办厂史知识竞赛、企业故事演讲比赛，增强员工自豪感和自信心，使其始终保持昂扬向上、奋发有为的精神状态。

成为入职教育的活教材。参观教育基地展馆，进行厂史和革命传统教育是入职教育最直接、最有效的形式之一。展馆独特的氛围能够吸引新员工，通过参观展馆，新员工能汲取知识、了解历史、震撼心灵、激励精神、启迪思想，更容易接受教育，从而更加满怀信心地投入美丽戚电建设事业之中。

成为展示企业的新窗口。戚电红色教育基地基础设施完善、展陈内容丰富、机构人员到位、管理制度健全，在党员教育实境课堂、党性教育基地基础上，加强与地方主管部门联系，申报爱国主义教育基地、科普教育基地等。与华电集团系统企业以及社会各团体进行红色文化交流，提升华电集团在整个社会的美誉度。红色文化+党建共建。运用自身平台，戚电先后与多家机关、企事业单位联合开展主题党日活动，成为华电集团系统和地方开展党建共建共享活动的新热点。如2019年"七一"前夕，在常州地铁一号线全线试运行和公司迎峰度夏保发电关键时期，和常州市轨道交通发展有限公司联手打造一场互讲、互学、互赢的主题党日活动，为服务地方民生增添精神动力。运河文明+科普教育。从戚电旁缓缓流过的大运河，传承着生生不息的运河文明，见证着常州工业的大突破、大跨越和大发展。戚电在红色教育基地展馆内复制了20世纪20年代老电杆，完好保存了老厂房旧照、石凳、地契股票、机器铭牌，变"锈"为"秀"，还展陈有先进的燃机模型等，为电力工业遗产保护和传承增添了浓墨重彩的一笔。工业旅游+网红打卡。《学习打卡我来了——走进红馆、寻找初心》《戚电厂：百年电厂的时光印记 带着红色基因的"动力心脏"》……戚电红色教育基地的身影屡屡出现在媒体报道中。截至2019年10月底，戚电已接待225批共3401人次的参观调研，更吸引了学习强国、新华网、《中国电力报》、《江苏经济报》、《扬子晚报》、常州广播电视台、抖音等十多家传统媒体和新媒体的采访报道，讲述解放初期反轰炸抢修故事的视频在快手网播放量接近30万次，使戚电红色文化品牌的传播和传承更加广泛、更具内蕴。

成为燃机培训的示范地。戚电燃机技术培训中心是国内机型最全、规模最大的燃机技术培训中心，2012年以来，已为40余家单位（包括国外燃机电厂）、近千人提供了燃机技术培训。红色教育基地与培训中心培训业务有效结合，已把培训中心的燃机模型迁至展馆中，做到对各单位参培人员业务培训、红色教育两不误、两促进。

今后，展馆自身也应当顺应时代潮流，发挥公司新媒体工作室作用，将红色资源数字化，让更多人在千里之外也可以领略红色资源魅力，感知红色资源内涵，接受红色教育，补足精神之钙；还可以开发相应的文创产品，让更多人在接受文创产品的同时接受红色教育。

（六）促进文化之"融"

文化的制度性是文化价值的支撑系统，表现为行为规范、工作准则、规章制度等规范体系。国有企业红色文化的制度形态是指革命、建设和改革时期所形成的重要理论、纲领、路线、方针、政策、制度等规范层面的呈现物，往往体现在企业的各项文献与政策法规中。

1957年，戚电改革奖励制度，实行按岗位拿奖，调动职工积极性，当时在全国还无先例。1958年1月31日，《人民日报》头版刊发了这则消息。毛主席通过新闻媒体了解到这一情况后，称赞此办法为"创举"，并在同年写进了《工作方法六十条（草案）》，1999年6月出版的《毛泽东文集》第七卷收录了该文。1958年4月，上级管理部门在所辖单位推广了戚电的做法，使江苏电业系统先于全国取消了原有不合理的奖励制度，产生了深远的影响。

戚电将企业文化建设与企业管理紧密结合，将企业的建章立制等管理工作有效融入企业文化建设。2015年，戚电第三次燃机建设完成，抓住建设华电集团电力行业"标准化良好行为企业"试点单位的契机，把华电集团的基本精神和理念融入企业标准和规章制度建设全过程，贯彻执行公司管理标准、技术标准和工作标准，及时清理和修订不符合华电集团文化要求的规章制度。修订企业文化建设规划，明确了规划目标、重点任务、实际步骤、保障措施。还结合党员活动室、"7S"管理、班组硬件设施改善，进行文化"渗透"，美化生产现场和班组环境。戚电坚持以标准化、规范化、系统控制、过程管理为理念，抓安全生产、设备提升、节能减排，积极履行社会责任。2016年年底通过中国电力企业联合会标准化良好行为企业4A级确认。

2018年公司治理体系发生深刻变化，国有企业党的建设融入中心工作，坚持党对国有企业的领导，在党委"把方向、管大局"，"三重一大"决策制度改变、落实"两个责任"，"纪律规矩年"建设等新的要求下，公司三大标准体系随之发生变化。截至2018年12月12日，公司标准体系有基础标准169项，技术标准1068项，管理标准248项，工作标准188项，为企业管理水平的提升夯实了基础。

（七）凝聚文化之"魂"

众人拾柴火焰高，戚电发动全公司员工开展"我为红色教育基地建设做贡献"大讨论活动。通过传承红色基因、讲好戚电故事、凝聚红色精神，不断扩大和增强"中国红色文化教育基地""华电集团红色教育基地"的品牌影响力。

组织学习、领会精神。通过主题党日、道德讲堂等多种形式，学习党的十九大精神、习近平新时代中国特色社会主义思想，学习集团公司红色报告会上戚电"传承红色基因、持续改革创新"的交流材料和红色报告文学《红色品格——大道之行》，以及系列微信文章《戚电工人跟党走》《戚电宝藏》等。积极思考、凝聚共识。结合本职工作，第一步思考"我能为红色教育基地建设做什么"，发扬"全厂干基建"的优良传统，为红色教育基地建设各尽其力。第二步结合本职工作，思考"我应该如何传承戚电的红色基因"，以"稳基础、强党建、提效益、树品牌"为总体要求，以"高严细实"的标准和"马上就办、办就办好"的工作作风，为公司实现安全稳定、管理有力、党建深入、职工队伍奋发向上的良好局面精准发力。开展讨论、群策群力。通过党员活动日、班会、部门会议等多种形式，组织职工对思考的内容进行讨论、交流。邀请退休职工参与、挖掘红色故事，收集厂史资料，充实完善讨论成果。大讨论活动与推动红色教育基地建设、推动中心工作紧密结合，与做好职工思想政治工作、增强职工企业自豪感、凝聚职工精气神紧密结合。各党支部做好活动记录，留下影像资料，及时宣传报道。党员特别是党员领导干部带头学习、认真思考，积极参与大讨论活动。要求每位党员深入了解戚电的历史，特别是对第一个党支部的成立、王寿生烈士的事迹、戚电在社会主义建设时期和改革开放时期的典型事例和成绩等能熟知并讲述。一线主要部门、班组提炼出红色传承故事，将红色故事与班组文化相融合，形成独特的班组红色精神、红色文化。"长根精神""十八罗汉精神""陀螺精神"等宝贵的精神财富，成为成风化人、立德树人的源头活水，结合新时代要求不断发扬光大。组织公司退伍军人拍摄《我宣誓》宣传片，让职工体味红色资源的魅力，领悟红色资源的内涵。

三、建设成果

（1）管理效益成果显著。戚电在华电集团的指引下，遵循"高效、清洁、共赢、持续"的发展理念，坚持清洁能源发展方向，全面深化改革，强化管理创新，全面构建持续发展、诚信友爱、充满活力、稳定有序的绿色和谐戚电。近年来，以建好"燃气电热集群基地、燃机技术培训基地、红色教育基地、绿色生态基地"四个基地为目标，以"打造清洁能源标杆式企业"为主线，筑牢安全基础（安全生产截至2019年10月31日已达5557天）、推进精益管理、传承红色基因、强化支部和班组建设，促进经营提效、管理提升、发展提质和党建水平提高，各项工作取得新成效。目前已实现华电集团"五星级发电企业"五连冠。

（2）经济效益稳中求进。戚电以高度的文化自觉，主动承担起推动文化繁荣发展的历史责任，在创造丰富精神文化的同时，为社会发展提供物质财富。善于运用新思想指导新实践，善于从政策研判中捕捉机遇，善于思考新策略来解决新问题。发扬戚电持续改革创新的优良传统，激发各级人员积极性、主动性、创造性。紧紧围绕年度经营目标，对照提质增效找差距，发挥劳模、技能大师的示范引领作用，带动青年大力开展创新创效工作，推进"双创双提升"行动，实现"双推双促"，全力提升效益水平。

（3）生态效益同行领先。戚电长期以来一直秉持"绿色节能、安全环保"的生产理念，建立环保、节能的绿色电厂形象。公司现有六台燃机发电机组，全部使用天然气发电，机组采用DLN低氮燃烧技术，NO_x排放值均低于$50mg/Nm^3$，其中#3、#4燃机在低氮燃烧基础上还在余热锅炉中采用SCR脱硝工艺，NO_x排放量进一步降低到$15mg/Nm^3$以内。2018年，戚电公司烟尘排放总量32吨/年，SO_2排放总量47吨/年，NO_x排放总量662吨/年，在全国电厂中处于领先水平。为了使所在的常州市生态环境更美好，近两年公司投资近1亿元建设供热管网及配套设备，替代了地方小热电。目前公司还在奋力推进常州东部燃机项目，以替代常州东部地区小热电，实现绿色供热。

（4）社会效益声名远播。戚电以红色教育基地为主的红色文化载体，注重延续城市历史文脉，保留城市工业历史文化记忆，为企业开展红色教育，开发具有企业特色的工业旅游提供了可扩展的"红色+"创新模块；全面深入挖掘戚电近百年发展历程中的红色基因和文化脉络，集中展示企业革命传统和敢为人先、自强不息、创者先行的奋斗历程，彰显华电集团优秀企业文化、宣传企业良好形象，为华电集团内部、行业系统、社会大众提供一个接受爱国主义教育、革命传统教育的良好场所；成为企业内外兼收的"大舞台"，唱响"爱国、奋斗"的戚电主旋律。

主创人：王　　振
参创人：杨　　宏　　陈一峰

现代管理方法在大型国企高质量发展中的应用实践

金川集团股份有限公司

前言

金川集团股份有限公司（以下简称"金川集团"）是甘肃省人民政府控股、21家股东单位参股的特大型采、选、冶、化、深加工联合企业，主要生产镍、铜、钴、铂族贵金属及有色金属压延加工产品、化工产品、有色金属化学品等。金川集团拥有世界第三大硫化铜镍矿床，是中国镍钴生产基地、铂族金属提炼中心和北方地区最大的铜生产企业，被誉为中国的"镍都"，在全球同行业中具有较强的影响力。

经过60年的建设与发展，金川集团已具备镍20万吨、铜100万吨、钴1万吨、铂族金属3500千克、金30吨、银600吨、硒200吨和化工产品560万吨的生产能力。其中镍产量居世界第三位，钴产量居世界第四位，铜产量居国内第三位，铂族金属产量居国内第一位。拥有世界第五座、亚洲第一座镍闪速熔炼炉，世界首座铜合成熔炼炉，世界首座富氧顶吹镍熔炼炉，以及世界上连续回采面积最大的机械化向下充填采矿法等国际领先的装备和工艺技术。

作为中国有色行业骨干企业和甘肃省工业强省排头兵，经过60多年的建设与发展，金川集团已成为全球同行业中最具影响力的企业之一。金川集团居2019年世界500强第369位、2020年中国企业500强第93位、中国制造业企业500强第31位、中国跨国公司百强第56位。

金川集团先后荣获国家科学技术进步奖特等奖、一等奖、二等奖，中国工业大奖，全国五一劳动奖状，全国质量奖，中华宝钢环境奖等奖项，以及全国模范劳动关系和谐企业、全国文明单位等称号，被列为国家首批创新型企业、国家矿产资源综合利用示范基地、国家安全文化示范企业宣传教育基地。

一、实施背景

2016年，受全球金融危机影响，主要经济体经济增速放缓，有色金属市场萎缩、产能过剩成为全球性问题，结构性矛盾日益突出。我国经济发展处于增速换挡、结构调整、动能转换的新节点，经济增速放缓和需求结构的变化成为新常态。

金川集团作为大型跨国有色金属企业，受外部环境影响较大，主导产品价格大幅下跌，盈利空间不断压缩，经营成果由盈转亏且亏损面不断扩大。同时，长期以来积存的许多深层次、根本性、极具复杂性的顽疾逐渐显露出来。金川集团经营面临21世纪以来最严峻的考验。

这些问题中既有国有企业、有色企业面临的普遍问题，也有自身经营管理的缺陷与不足，突出表现在以下几个方面。

（一）分子公司经营主责意识普遍不强

长期以来，金川集团采取集团集中管控模式，这种管理模式虽在一定时期内发挥过重要作用，但已不适应当前瞬息万变的市场形势。受此影响，各单位经营主体责任难以落实，分子公司普遍存在"等、靠、要"思想，自主经营意识普遍不强，在外部经营环境恶化情况之下，主动应对市场挑战的意识和能力不足。

（二）主营业务持续亏损

受有色金属价格大幅下跌、存货减值风险扩大等诸多不利因素影响，金川集团主产品总体呈亏损趋势，生产经营受到前所未有的冲击，面临着主业规模扩大，效益持续下滑，核心竞争力有所弱化的不利局面。

（三）生产成本居高不下

产品生产成本普遍高于行业先进水平，特别是固定资产相关成本、人员相关成本、资金相关成本在成本费用中占比大、刚性强，严重影响产品市场竞争力。金川集团在技术创新变革、资产高效利用、劳动生产率提高等方面仍需做大量工作。

（四）子公司经营效益不佳

许多在资本投入与资产份额上举足轻重、堪称重量级的子公司，与金川集团预期目标仍有差距，对整体业绩贡献与支撑仍不够，资本收益率仍不理想。

（五）贸易业务质量不高

贸易业务虽在金川集团经营扩张中发挥了不可替代的作用，但经济效益总体不理想，大量历史遗留亏损有待消化，严重蚕食了金川集团整体经营成果。同时，贸易业务单元大额度占用的资金授信已超过其风险承受能力，容易对金川集团损益、资产负债率、现金流等关键业绩指标造成致命性的影响。

（六）海外资源收益不及预期

资源是矿业企业生命线，为积极争取外部矿产资源，金川集团积极开拓海外市场，但近年来受有色行业形势恶化影响，海外资源项目建设周期长，运营效率不高，影响了发展能力储备和收益提升。

（七）经营风险不断扩大

随着金川集团规模的不断扩大，尤其是在有色行业整体低迷的大环境下，金川集团盈利水平较低，资产负债率居高不下，债务风险、价格风险、坏账风险、减值风险、外汇风险、期货风险等众多不确定性因素给金川集团经营埋下隐患。

（八）用人机制及薪酬制度僵化

各分子公司没有选人用人自主权，内部激励、约束机制不健全，缺乏激发企业家精神、发挥企业家创新创业作用的激励保障机制。

（九）企业办社会负担沉重

金川集团背负着"企业办社会"等历史遗留包袱，"三供一业"分离移交、剥离企业办医疗和教育等机构、退休人员实行社会化管理等任务仍然艰巨。

外部市场环境短期内难以出现较大转机，诸多经营难题亟待破解。为走出当前经营困境，金川集团"眼睛向内"，紧盯管理要效益，开展了"提质增效、转型升级"攻坚行动，全面梳理生产经营难题，深入分析问题背后的根本原因，有针对性地制定了"提质增效、转型升级"战略目标及措施，猛药去疴，标本兼治。

二、成果内涵

金川集团制订的"提质增效、转型升级"攻坚行动方案，是为了适应当前新环境、新形势，求生存、谋发展而制订的战略规划及实现目标的方针。综合分析，产品价格低位震荡运行和生产要素成本上升，是经济发展的大环境、新常态，金川集团也概莫能外。因此，实施提质增效、转型升级的战略目标，既是应对内外复杂严峻形势的必然之举，也是金川集团发展的新常态、新任务。

（一）总体思路

以习近平总书记提出的"关于系统观念是具有基础性的思想和工作方法"重要论述为指导，金川集团认真贯彻中央和省委、省政府关于搞好国有企业深化改革、提质增效等工作的一系列重要文件精神，坚持改革统揽、创新驱动、攻坚克难和效率效益优先，统筹协调稳增长、转方式、调结构、控风险、增效益的辩证关系，切实把思想和行动聚焦到提质增效、转型升级主题上来，努力向深化改革、结构调整、技术创新、管理改善要效益，完成由规模速度型增长向质量效益型增长的总体转变，确保金川集团迈上健康持续发展的新台阶。

（二）基本原则

坚持党建统领、改革统揽，加快转机建制步伐，增强内在动力，破解深层次、根本性、极具复杂性的顽疾与不足，提升金川集团市场竞争能力和基层组织力。

坚持目标导向、问题导向、结果导向，统筹处理好打基础、补短板、抓转型、促升级、增后劲和高质量发展与做强做优做大的关系，确保各项工作滚动优化、压茬落实和持续提升。

坚持市场化、国际化改革方向，巩固前期改革成果，加快转机建制步伐，破解深层次、根本性、极具复杂性的顽疾与不足，增强金川集团市场竞争能力。

坚持盘活存量、优化增量、提高质量，实现由资产保值向资产保值增值的根本性转变，由规模速度型向质量效益型的根本性转变。

坚持抓主、抓重、抓关键，紧紧围绕提升金川集团整体效益核心目标，牢牢抓住发展这个主题，深入调研、深入分析、综合施策、系统解决，拓展发展空间，厚植发展优势，增强经济增长协同性和稳定性。

坚持对标对表、走深走实、一厂一策、因地制宜、分类施策、精准发力，增强工作的针对性和实效性。

三、主要做法

（一）以市场化为主导，全面改革纵深推进

以市场化改革为"提质增效、转型升级"攻坚行动的突破点和抓手，按照"市场化取向、主责化经营、契约化管理、目标化考评"的改革思路举措，构建高效灵活的市场化经营机制，充分发挥市场在资源配置中的决定性作用。

二级单位比照子公司实施"五自"经营。进一步细化、实化二级单位比照子公司"五自"经营后的职责、目标、指标、考评体系，确保经营主体责任体系完整、匹配、统一。进一步下移、前移、简化、细化、实化核算，落实二级单位会计核算主体责任，完整反映财务状况、经营成果。对照市场公允价，规范价格形成规则，确保各产品生产成本、各经营主体经营成果与市场可比。

深化市场化改革，推动"五自"经营机制规范运行。各经营主体全面承担"生产经营、产业发展、科技创新"主体责任；机关部门承担"服务、监督、指导、考评"主体责任；各级管理人员实行"五自"履职模式；引导全体员工主动参与经营核算、参与改革创新、参与民主管理，形成四者之间相互依存、相互联动关系，使市场化改革和"五自"经营真正回归本质本源并走向成熟定型。

（二）持续加强成本管控，不断提升经营效益

以预算目标为切入点，持续优化成本费用定额标准，严格控制非生产性费用支出，合理安排人工成本预算，做到营业成本预算与收入预算相匹配，管理费用预算占营业收入比重持续下降。加强对标管理，提高自主创新能力。严控期间费用，降低有息负债，减轻财务负担。以持续优化成本管控体系、创新成本管控方式、落实重点管控事项、完善激励约束机制为重点，从加强投资项目成本控制、成本费用预算控制、资金成本控制、现金流管理、刚性降低三项费用等方面，持续推行全员、全要素、全过程成本管控。

通过优化工艺、打通流程、提升产能，着力解决中间物料积压；加大科研攻关力度，提高对复杂金属物料的处理能力；充分发挥产业协同配合优势，在同等价格条件下，优先与内部单位签订原料采购合同；加大市场开拓力度，扩大产品销售渠道，降低产成品库存占用；建立产供销模型，全方位、全流程控制存货占用资金，确保存货持续优化。

在价格低迷情况下，将闲置资产折旧计入产品生产成本无异于雪上加霜。因此，金川集团盘活存量资产，加快处理闲置、低效、落后、淘汰资产，将资产优化重组作为一项降本重要举措来落实。

（三）加快产业结构调整，构建高质量产业发展体系

着力发挥主导产业"四梁八柱"作用，突出"优""强""增""扩""延""效""特""快"，在大做强主导产业的同时，培育新的利润增长点，构建高质量产业发展体系。

突出一个"优"字发展镍。即优化布局，优化工艺，优化结构，优质低耗，降低全流程生产成本，贫矿资源、红土镍资源开发形成规模，建立红土镍矿与电池材料低成本产业链，保持市场份额，提升行业竞争力和话语权。

突出一个"强"字发展铜。即强资源保障，强工艺指标，强盈利水平，强加工优势。

突出一个"增"字发展钴。即充分发挥金川集团钴资源优势，增加电钴产品产量，增强钴产业在动力锂离子电池领域的影响力。

突出一个"扩"字发展贵金属。即扩大规模，扩大二次资源利用，扩大综合回收。

突出一个"延"字发展化工。即延深和优化硫、氯碱化工循环产业链。

突出一个"效"字发展新材料。即立足增值增盈增效，实现集群发展。以电工材料、铜合金、镍合金、粉体材料及粉末冶金制品、电镀材料、高纯金属、贵金属新材料、电池材料为重点，高效推进有色金属新材料园区化、规模化、产业化发展，形成明显聚集效应。

突出一个"特"字发展生产性服务业。发挥特长、成龙配套、形成特色、根壮叶

茂。做强做优机械制造、工程建设、信息自动化、现代农业等特色产业；借助"互联网+"积极拓展研发设计、检测检验、信息技术、咨询服务、技术集成营销等盈利业务，建立新增值体系。

突出一个"快"字抓产业转型升级和循环发展。即立足现有基础，着眼内涵集约，坚持提高资源化、循环化、生态化水平，建设绿色低碳循环发展的产业体系；通过传统产业转型升级，驱动整个产业体系向中高端跃升，实现做强做优做大。

（四）对标行业先进，有效促进产业转型升级

根据金川集团高质量发展战略体系任务目标要求，结合各单位特点、发展阶段等实际，在确保效率效益优先、强调投资回报的前提下，采用与同行业、与国内外先进企业对标对表的方法，二级单位设置"总资产收益率""成本费用利润率"对标行业先进水平，子公司设置"净资产收益率"对标行业先进水平，坚持"一厂一策"原则核定经营指标。确保本部矿山的基础性作用得到充分发挥，金川集团主导产品的市场竞争力不断提升，生产保障单元经济高效安全运行，生产类子公司发展壮大。通过行业对标，使管理方式由粗放型向集约化、精细化转变，各项管理指标接近或达到国内同行业先进水平，促进生产转型升级。

矿山单位2020年确保效益环比增长不低于10%，实现经营性现金净流入目标；2021年确保总资产收益率达到行业优秀值以上，实现经营性现金净流入目标。

镍冶炼厂作为金川集团镍产业中心，2020年确保效益环比增长不低于10%，实现经营性现金净流入目标；2021年确保总资产收益率、成本费用利润率达到国外镍冶炼企业良好值以上，实现经营性现金净流入目标。

广西金川有色金属有限公司作为金川集团产量最大的铜生产中心，发挥临海优势以及新资产、新技术优势，积极开拓西南及国外市场，发挥"走出去"桥头堡作用，2020年确保效益环比增长不低于10%，实现经营性现金净流入目标。2021年确保净资产收益率达到有色金属冶炼业优秀值以上，实现经营性现金净流入目标。

兰州金川新材料科技股份有限公司作为钴产业中心，发挥科研优势，做精做深新材料，进军新电池领域，2020年确保效益环比增长不低于10%，实现经营性现金净流入目标。2021年确保净资产收益率达到国内钴冶炼企业良好值以上，实现经营性现金净流入目标。

（五）着力提升贸易单元运营效率及质量

制定系统性措施，加大营销贸易业务止血减亏控风险和保量提质创效力度，下功夫走好营销贸易高质量发展之路，大幅提高做强做优做大的贡献度。要坚持以盈利为目的开展商品贸易业务，不断优化贸易结构，丰富贸易品种，创新盈利模式，稳步提升贸易质量。

（六）提高资源项目效益

资源是金川集团的生命线。自有资源是金川集团的天然优势，在做好自有资源二次开发利用、贫矿资源高效利用的同时，扩大外部资源控制量，提高资源项目收益。

对外资源投资是金川集团跨国经营的重要组成部分，也是解决矿产资源不足的有效途径。对外资源投资要做好全流程管理，投资前要充分做好可行性分析，加强投资论证，杜绝盲目投资、无效低效投资。立项后加快建设进度，确保按期投产，降低资金占用。同时，建立项目建设运营投入产出评价机制与制度，建立经济模型，实施动态调整，加强资源项目经济模型对标管理。

（七）实施全面风险防控体系

建立健全风险管理内部监督会商机制，加强系统性风险的排查、评估、整改。

健全经营主体的风险防控体系，落实风险防控责任。市场化改革后，各经营主体必须全面落实风险防控责任，提高防风险意识，增强防风险能力，形成全面防控风险责任体系全覆盖。制定全覆盖的应急预案，在风险触发时确保及时处置，确保"零损失"。

坚持抓好全面风险防控，做到科学决策、源头防范、严控投资、严禁投机、稳健经营，重点防控营销、财务、投资等风险。套期保值业务严格执行"现货对冲、余量保值"原则；优化资产负债结构、降低偿债压力和财务风险；建立科学全面的信用政策，控制坏账风险；建立审慎稳健的投资运作机制，确保投资项目投资收益风险可控。

（八）持续深化三项制度改革

构建新的职位体系、薪酬体系、用工制度和多元激励机制，挖掘人力资源潜能，服从服务于金川集团改革发展稳定大局。

建立以德才、业绩、贡献为主导的选人用人机制，督促和指导单位重视发挥劳动合同在用工管理中的作用，畅通不合格员工的退出渠道，坚决不养闲人、懒人，使"能进能出"成为用工常态。严格控制用工总量，进一步细化新增用工招聘条件，督促单位精准用人、精细用人。结合金川集团"五化"战略推进，鼓励单位并岗减人，控制用工成本，提高用工效能，确保金川集团劳动生产率持续提升。

按照现代企业管理制度，充分发挥子公司董事会作用，按程序加大子公司职业经理人市场化选聘力度，支持子公司及其下属公司试行董事会选聘经理层成员，落实子公司经营管理自主权，激发内部发展活力。

坚持运用员工收入与业绩挂钩联动机制。单位在工资总额范围内，自主制定考核分配办法，合理确定不同岗位员工收入水平，并依照考核结果将"收入能升能降"落到实处。

（九）强化科研项目管控，持续推进科技创新

科研与创新是推动企业长远发展的不竭动力，科研创新有助于解决制约金川集团发展的技术难题，持续推进工艺流程优化，不断提升经济技术指标，提高自主创新能力。

组建集团科学技术委员会及矿山、选矿、冶金等六个技术专家委员会，研究制订金川集团科技体制机制改革方案，深入推进金川集团在科研项目管理、创新激励机制、科研评审等方面的改革，优化科研管理体系，激发创新活力，提高科研攻关效率和质量。做好国家重点实验室、工程技术研究中心和镍钴新材料创新联盟等平台验收、维护、建设、整合等工作，发挥预期作用。

做好"十四五"规划编制，加快研发进程，确保时间节点，实施精准对接，不断提高科技成果转化效率。加大在新产品、新业务领域的研发力度，为新产业培育和新业务拓展提供技术职称和引领。

（十）逐项推进剥离企业办社会职能

成立"三供一业"项目组，积极推进供水、供电、供暖及物业的移交，切实做好剥离企业办社会职能工作。大力推进职工医院改制重组，幼教、市政设施等企业办社会职能移交工作，并保证平稳过渡，服务质量和服务效果不打折扣，实现金川集团精干主业，集中精力发展主营业务。

四、实施效果

（一）创新完善管理系统工程，形成未来三年规划纲领

"提质增效、转型升级"攻坚行动方案是集目标、措施、责任于一体的管理系统工程，它从金川集团整体战略规划出发，统筹了生产经营、财务管理、资源资本、科技创新等各个方面。该方案运行一年多来，取得良好的经济效益，丰富完善了金川集团经营管理体系。

目前，"提质增效、转型升级"已成为一项纲领性、常态化管理手段。为适应外部形势新变化，解决内部管理新困难，金川集团对"提质增效、转型升级"攻坚行动方案进行滚动优化升级，使其成为金川集团未来三年改革发展的"路线图""任务书""责任单"和"时间表"。

（二）"五自"经营卓有成效，市场化机制不断完善

各单位对照"五自"经营要求，全面落实人、财、物和产、供、销经营管理主体责任。围绕提质增效目标，实现由成本中心向利润中心转变；与市场化相配套的核算

体系不断完善，各单位核算职能更加完整，核算效率不断提高；内部交易价格不断规范，更加接近市场公允价；市场化运行机制不断完善，市场化改革理念深入人心。

（三）经营效益全面改善，扭亏增盈稳步推进

盈利水平稳步提升。2017年金川集团全面扭亏为盈，实现利润总额13.86亿元，同比增利53.38亿元。2018年盈利水平持续提升，实现利润总额25.14亿元，同比增利11.28亿元。2019年盈利水平进一步提升，实现利润总额28.24亿元，同比增利3.1亿元。2020年预计实现利润总额33亿元，同比增利4.76亿元。

特别是在新冠肺炎疫情蔓延，全球经济陷入"停摆"和衰退的不利形势下，全流程提质、增效、降本增利占比30%左右。选矿厂同比减亏1.03亿元，兰州金川新材料科技股份有限公司同比减亏3.92亿元，金川集团热电有限公司同比增利0.79亿元，广西金川有色金属有限公司同比增利0.66亿元，金川集团财务有限公司同比增利0.46亿元，金川集团工程建设有限公司同比增利0.38亿元，金川集团镍盐有限公司同比减亏0.33亿元，金川集团镍都实业有限公司同比增利0.19亿元。二级单位资本金收益22.42亿元，子公司现金分红2.12亿元；金川集团主体信用保持AAA评级。

经营活动现金流量持续为正。2017年，金川集团实现经营活动现金净流入99.82亿元；2018年经营活动现金流量稳步增长，实现净流入117.56亿元；2019年累计实现净流入89.52亿元；2020年预计实现经营活动现金净流入71.92亿元。

有息负债规模持续下降。基于良好的经营活动现金净流入，2017年金川集团归还有息负债76亿元，2018年继续归还58亿元。2019年以来，通过发行中期票据优化融资结构，并继续统筹调度资金，再下降23亿元。2020年累计下降24亿元。目前有息负债规模控制在440亿元以内，有效降低了财务风险。

资产负债结构持续优化。受益于盈利水平持续提升、经营现金流量持续扩大和有息负债规模得到有效控制，金川集团资产负债率从2016年年底的70.69%逐年下降，到2020年年底预计降至61%以下。

（四）财务管理转型升级，资金管理成效显著

金川集团确立了"企业管理以财务管理为中心，财务管理以资金管理为中心"的管理理念，财务管理转型对金川集团管理模式和经营战略转型作用凸显。按照"量入为出、无收不支、收支均衡"原则，实行最严格的资金管控，围绕资金管理的主要指标不断好转。

（1）资金状况持续好转，信用等级维持稳定。受到2015年大额亏损影响，外部评级机构将金川集团主体信用从AAA级下降至AA+级，给金川集团的形象造成了不利影响。2016年，金川集团采取市场化改革、提质增效等措施，经营成果出现好转，但全年仍出现了较大亏损。2017年金川集团扭亏为盈，取得了评级机构对金川集团努力、

成效和前景的认可，金川集团主体信用评级由AA+调升至AAA，评级展望调整为稳定；2018—2020年主体信用评级等级保持AAA，评级展望为稳定，维护了金川集团在债券市场的形象，优化了外部融资环境。

（2）经营活动现金净流入不断扩大。2016年经营活动现金净流量110亿元，2017年经营活动现金净流量约100亿元；2018年经营活动现金净流量约118亿元；2019年经营活动现金净流量约90亿元；2020年预计实现经营活动现金净流量71.92亿元。2016—2020年累计实现经营活动现金净流量约489亿元。

（3）有息负债规模持续降低。2016—2020年，有息负债共降低327亿，从源头上降低了财务费用。截至2020年年底，预计资产负债率为61%，较2020年年初下降1.47个百分点，较2016年下降9.69个百分点，已远低于70%的警戒线。

（4）财务费用连年下降。按照"量入为出、无收不支、收支均衡"的资金管理原则，制定了金川集团财务费用控制原则：2017年财务费用环比降低6亿元，2018年环比降低2亿元，2019年环比降低3亿元，2020年预计环比降低1.7亿元。

（五）不断完善"经济模型"，强化海外资源项目管理

在对思维铂矿、梅特瑞斯公司旗下如瓦西铜钴矿和印尼WP&RKA红土镍矿等项目进行现场调研的基础上，金川集团结合项目实际情况对各个项目经济评价模型进行更新和完善。同时按照金川集团的目标和要求，明确了各个项目未来2～3年主要经济技术指标，从"压投资降成本、提升产量、优化技术经济指标、加快建设进度"四个方面，协助各个项目提出了改进提升措施，为金川集团对标管理提供参考依据。每月根据海外资源项目公司计划完成情况、经济模型参数变化情况，对相关数据进行跟踪、更新和完善，形成海外资源公司月报分析专题报告，及时向金川集团反映各项目最新进展、存在问题，提出下一步工作的建议，与各项目公司适时对经济模型进行更新，不断提高金川集团海外资源项目的管理水平。

（六）建立风险管理体系，重大风险基本可控

目前，金川集团风险管理体系及运行机制已建成，建立了由风险管理委员会、风险职能管理部门、风险归口管理部门、风险主责单位四级构成的风险管理组织体系，制定了一系列风险管理制度，规范了风险识别、测评、分析、预警、处置等工作和管理流程。同时，制定了风险管理专项考核办法，明确各层级风险管理评价考核标准，目前正在按照既定工作机制发挥相应的决策、监督职责。

（七）配套三项制度改革，绩效管理不断改进

出台《深化三项制度改革实施方案》，全面落实单位用工自主权，推行公开招聘制度，员工队伍基本保持稳定，总数稳中有降。2020年金川集团实物劳动生产率预计完成62.41吨/人，同比提高23.72%。

加大劳务用工管控力度，劳务派遣用工和非核心业务外包劳务用工全部纳入用工单位车间、班组属地管理，严格落实"同安排、同部署、同检查、同考核"管理举措。新入厂的劳务用工参照金川集团新员工进行三级安全教育培训。规范非核心业务外包项目管理，清理混岗作业问题突出和安全管理不到位的业务外包项目。

试行董事会选人用人机制。在实行职业经理人制度的基础上，分别对广西金川有色金属有限公司等7家子公司，试点开展董事会依法选聘经理层成员工作，按程序新聘经理层成员14人，初步建立了适应现代企业管理制度要求和市场竞争需要的选人用人机制。

完善工资效益动态调整机制，持续提高员工收入水平。以"效率效益"为核心，落实业绩与薪酬挂钩动态调整机制，合理管控工资总额，实现员工工资与企业经济效益同步增长。

（八）科技创新协同推进，六大项目加快实施

六大项目加快实施，部分项目取得突破性进展。各经营主体工艺技术创新成效显著，为提质增效提供了有力支持。持续开展新型还原剂降低贫化电炉尾料中含有价金属等科研试验，为提高镍、钴回收率提供了技术支持。同时积极谋划2021年度科研开发计划，为持续优化提升生产工艺流程、降本增效、提升工艺指标提供了技术支持。

各科技创新平台组织机构健全、基础设施完善、研究方向明确，能够围绕各自的研究方向推进平台建设。建立科技平台工作定期报告制度，及时与各平台沟通联系，了解各平台项目进展情况以及困难和需求，帮助平台申报项目、获得省级或国家级经费支持。

（九）逐步完成移交企业办社会职能，社会负担有所减轻

金川集团成立了供水、供电、供热、物业四个专项工作组，与地方政府部门对接。"三供一业"分离移交工作于2018年全面完成，2019年推进退休人员社会化管理移交，2020年完成住房公积金中心移交至金昌市。企业办社会职能逐步移交，社会负担进一步减轻。

五、结语

察势者智，驭势者赢。"提质增效、转型升级"攻坚行动方案作为金川集团一项系统性工程，虽取得阶段性成效，但仍需集团上下深入推进、持续完善，为金川集团改革发展发挥长效机制作用。

主创人：王永前　李尚勇

参创人：张有达　田东晗　陈文业　李得锦　刘　建　周胜名　赵彩云　张进峰

大型航空发动机企业基于"五力"模型高质量发展科研生产体系的构建

中国航发南方工业有限公司

前言

中国航发南方工业有限公司（以下简称"南方公司"）始建于1951年，隶属于中国航空发动机集团有限公司，是国家"一五"期间156个重点建设项目之一、国家首批试点的57家企业集团之一和我国早期六大航空企业之一。截至2020年年底，南方公司总资产152亿元，在岗员工6569人，研究生及以上学历438人，享受政府津贴14人。2020年经营收入70.24亿元。主要研制生产航空发动机、航空转包、燃气轮机、光机电产品等。

南方公司于1954年8月研制出我国第一台航空发动机，毛主席为此亲笔签署嘉勉信。此后，相继成功研制出我国第一台重型摩托车发动机、第一枚空空导弹、第一台涡桨发动机、第一台地面燃气轮机等产品，研制生产了活塞、涡喷、涡桨、涡轴、涡扇和辅助动力装置共6大类别40多个型号，现已发展成为我国中小型航空发动机研制生产基地。

南方公司前身为株洲兵工厂，第一任厂长是被誉为"中国保尔"的吴运铎。历任党和国家领导人刘少奇、朱德、邓小平、江泽民、朱镕基、温家宝等都曾亲临视察。曾获得"全国优秀企业（金马奖）""全国质量奖""中国知名企业""国庆阅兵装备保障突出贡献单位"等多种荣誉称号。南方公司坚持"航空为本、军民融合、创新驱动、开放合作"的总体思路，坚定不移走自主发展的产业化、市场化、国际化道路，全力构建领先的核心技术体系，致力成为世界一流的中小航空发动机供应商。

一、实施背景

（一）落实强军首责，满足国防武器装备建设的需要

党的十九大报告强调，要建设一支听党指挥、能打胜仗、作风优良的人民军队，实现"两个一百年"奋斗目标，实现中华民族的伟大复兴，表达出党对强军的决心。

国防武器装备现代化建设对国产航空发动机研发和制造提出了日益迫切的需求，要实现从"跟跑"向"领跑"的转变。南方公司作为我国中小航空发动机主要研制生产基地，承担多个型号的航空发动机研制任务，是实现强军目标，建设世界一流国防武器装备的"国家队"和"主力军"。

（二）确保科研生产，满足航空发动机自主研发和提升制造能力的迫切需要

随着用户对优质航空动力的需求持续增加，企业迎来了难得的大发展、大前进的历史机遇，同时也面临着严峻的风险考验。充足的科研生产任务是用户信任的体现，也是企业国家利益至上的责任担当和持续健康发展的根本所在。近年来，企业科研生产任务呈爆发式增长态势，近三年来，航空发动机生产总量连续以30%以上的速度增长。同时，企业核定的生产指标与用户需求之间存在较大的能力缺口，生产运营控制不精准、计划流程不清晰，新型航空发动机工艺成熟度偏低，质量稳定性、可靠性有待进一步提升。如何满足客户需求，提升航空发动机自主研发和制造能力，切实提供技术先进、质量可靠的中小航空发动机是企业面对的现实问题。

（三）提升发展能力，助推企业管理转型升级的需要

随着"创新驱动""军民融合"等国家战略深入实施，中国航空发动机集团有限公司提出了构建"小核心、大协作、专业化、开放型"的科研生产体系，引领社会资源共享共建航空发动机产业。南方公司虽制定了外包外协战略规划，但推进速度较慢，难以解决当前生产能力不足的问题。在军民融合的大环境下，如何立足企业发展实际，创新科研生产体系建设，在现有资源的基础上深挖潜力助推企业管理转型升级，同时更加高效运用相关资源创造更大的价值，推进工业强基、智能制造、绿色制造等重大工程，拉近与世界先进航空发动机制造企业的差距，成为企业亟须解决的问题。

二、构建内涵

为贯彻落实习近平总书记对航空发动机事业的系列重要指示批示精神，严格落实国家和集团各项战略部署，全力以赴履行"动力强军、科技报国"的使命与责任，针对客户不断增长的需求，南方公司以"成为世界一流中小航空发动机供应商"的愿景为牵引，分析企业各方面工作发展不平衡、不充分之间的矛盾，切实把任务理清楚，把能力理清楚，把风险点和控制措施理清楚，把措施实效理清楚，全面完成国家赋予的使命任务，全力满足客户需求，促使企业营造良好的发展生态，以内部与外部"两个维度"为着力点，基于竞争力、生命力、源动力、助推力和驱动力的"五力"模型构建高效科研生产体系（如图1所示）。

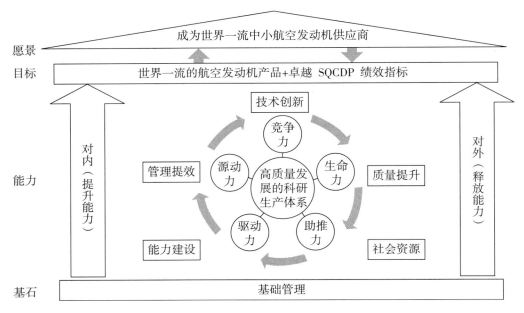

图1 "五力"模型内涵

"两个维度"——一是企业内部加快以产品为核心的技术能力与管理能力的保障体系建设，充分发挥企业自身的内驱力、内动力；二是通过释放部分一般产品及其附件的生产制造，充分构建"小核心、大协作"的军民融合科研生产体系。从两个维度建设企业的五个保障能力，形成全要素、全过程的快速、高效、准时、经济的科研生产体系。

企业"竞争力"——以技术创新为核心提升产品竞争力。提升方法：推进研发流程和研发平台建设、推进基础技术研究等研发工具应用，不断强化产品竞争力。

企业"生命力"——以质量改进为手段提升产品生命力。抓质量体系建设、抓型号质量管控、抓质量问题实施管控，持续夯实科研生产基石。

企业"源动力"——以管理提效为方法苦练企业运营内功。构建运营管理体系、构建生产计划流程和管控机制、构建生产设备保障机制，切实提高综合运营水平。

企业"助推力"——以扩展社会资源为补充提升保障能力。促零部件外包外协、促军民混合制改革、促供应商协作配套积极性，持续释放企业竞争活力。

企业"驱动力"——以加快技改条件建设为硬件提升能力。加快新园区建设、加快数字化建设、加快技改实施速度，全面保障科研生产需求。

企业对内提升能力，对外释放能力，补短板、强弱项，不断补足任务增长和能力建设之间的缺口，既提升了企业生产能力，又提升了企业核心制造能力，切实满足了用户的需求，构建了安全、优质、低耗、准时、高效的科研生产体系。

三、主要做法

（一）基于"五力"模型构建高质量发展科研生产体系能力指数

为了解决能力资源与快速增长的科研生产任务之间的矛盾，南方公司组织开展了基于科研生产的专题调研和诊断，并根据企业内部主要矛盾的新变化，选取具有南方公司特点的"五力"指标，包括技术创新、质量提升、管理提效、社会资源、条件建设5个维度及19个评价要素，最终形成了高质量发展科研生产体系能力指数（如表1所示）。各要素分类正交，每个要素代表体系某一方面的能力，全部要素代表科研生产体系的完整能力。基于"成为世界一流中小航空发动机供应商"的愿景，确定最高等级为卓越运营，最高分值为5分；对标世界一流企业的实践和业绩指标，确定企业科研生产体系等级为5级（初始级：0~60%指标达到预期的目标值；已管理级：60%~80%指标达到预期的目标值；已定义级：80%~100%指标达到预期的目标值且30%及以上的指标达到挑战值；已量化管理级：100%指标达到预期的目标值且60%及以上的指标达到挑战值；卓越运营级：100%指标达到挑战值）。

表1　　　　基于"五力"模型的高质量发展科研生产体系能力指数

指数	维度	企业能力	评价要素	权重	内容
科研生产体系能力指数	对内——提升能力	竞争力——技术创新指数（0.25）	自主创新研发流程、工具、方法、标准的完备程度	0.06	在专项实施、型号牵引、瓶颈突破等过程中，逐步提升航空发动机制造技术
			机匣/叶片/叶轮/轴等关键制造关键技术突破创新	0.08	
			新一代科研型号瓶颈零件创新提效的成果	0.06	
			原材料自主研制比例	0.05	
		生命力——质量提升指数（0.25）	质量体系、质量标准、程序文件完备程度	0.05	落实"质量制胜"战略要求，满足用户需求
			发动机零部件一次制造/整机装配/试车合格率指标	0.08	
			型号质量问题分析及归零指标	0.05	
			质量损失指标	0.07	

指数	维度	企业能力	评价要素	权重	内容
科研生产体系能力指数	对内——提升能力	源动力——管理提效指数（0.25）	端到端的订单到交付全流程信息化管控程度	0.08	着力推进生产制造体系建设，梳理业务流程，充分激发企业内生活力
			关键零件家族流动式精益单元建设程度	0.08	
			作业现场精益管理改善提效情况	0.04	
			关键数控设备利用率提升指标	0.05	
	对外——释放能力	助推力——社会资源指数（0.10）	"小核心、大协作"战略实施情况	0.04	按照"小核心、大协作、专业化、开放型"的思路，积极引入社会资源
			战略供应商培育情况	0.03	
			企业混改提升产能情况	0.03	
		驱动力——条件建设指数（0.15）	园区能力布局满足企业发展情况	0.05	加强机械化、自动化、数字化、智能化制造能力
			关键瓶颈生产线设备自动化、柔性单元建设情况	0.03	
			数字化、智能化车间建设情况	0.03	
			专项资金、自筹资金投资审批实施情况	0.04	

南方公司聚焦科研生产任务，以问题为导向，以提升科研生产体系能力指数为目标开展了实践。

（二）强化企业"竞争力"：通过技术提升不断增强主业攻坚能力

国家提出实施创新驱动发展战略，强调科技创新是提高社会生产力和综合国力的战略支撑，必须将其摆在国家发展全局的核心位置。技术创新、技术提升是企业科研攻坚，乃至生存和发展的核心竞争力。南方公司设立2000万元创新奖励基金，激励员工开展技术创新和技术提升，为自主研制出性能先进、质量可靠的航空发动机提供攻坚能力保障。

1.创新驱动，大力推进工艺研究平台建设

随着航空发动机批产机型更新换代、新机型号研制增多，现行研发体系已不能完全适应航空发动机研发需求。为此，南方公司完成了高校联合实验室、重点专业实验室、工艺研究中心、关键零部件试制中心四个研发平台的初步搭建。不断深化产学研

合作，以5个联合实验室和10个重点专业实验室为平台，与上海交通大学、北京航空航天大学、华中科技大学等国内科研院所合作，开展预先研究，为新机研制提供基础。成立以厂所协同制造为平台的先进研发和制造示范中心，将钢机匣、叶片、叶轮、叶盘等关键零部件的新机试制与批产分线运行，突破尚未掌握的关键技术和预研的核心技术，加快工艺技术成熟度研究。以型号为试点，进一步推进厂所IPT（协同团队）建立，构建厂所协同工作机制。搭建厂所协同制造环境平台，建立设计制造融合的研制流程（如图2所示），加强工艺设计技术状态一致性和稳定性，实现厂所图纸、标准、技术文件的数据共享及互签互批。

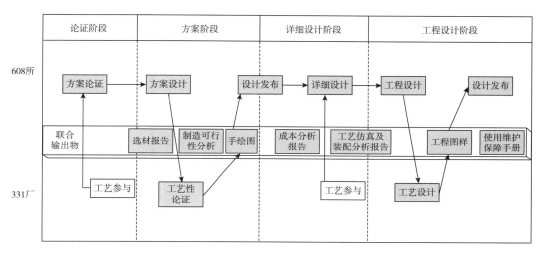

图2　设计制造融合的研制流程

2.目标牵引，持续开展基础、共性技术研究

为提升工艺技术研发水平，以"型号牵引和技术预研"双驱动模式推动核心关键技术及基础共性技术的发展，制定航空发动机制造技术地图和技术树，结合型号研制需求，开展增材制造、表面涂层、焊接技术等6个方面关键技术研究；强化仿真技术研究，规范仿真分析流程，开展铸造、钣金、焊接等多个课题试点应用研究。坚持以问题为导向，全面梳理影响科研生产的技术问题，编制技术问题"一本账"清单，加快技术问题的处理速度。针对毛坯铸造合格率低、少数零件工艺成熟度低等技术问题，建立了技术一本账。以促进批产型号稳定交付为目标，开展长周期零件提效、精铸零件合格率提升等"速赢速效"改进项目，效果显著；开展关键零件工艺攻关，30余种关键零件合格率平均提升30%。

3.标准建设，开展工具和方法应用研究

引入技术状态控制的工具包，以重点型号典型零件开展首件包管理试点，完善细化工艺资料、开展特殊过程确认和过程能力指数分析等方面工作。推进 PRI（Process Robustness Index，过程稳健性指数）工艺完备度评估，促进多个重点型号工艺稳定性提升，为型号产能爬坡和转批奠定了基础；推进 NADCAP（National Aerospace and Defense Contractors Accreditation Program，国家航空航天和国防合同方授信项目）应用，连续三年对真空热处理、等离子喷涂、自动喷丸、氩弧焊、阻焊等12项专业进行审核，促进特种工艺过程能力提升；引进国际航空企业标准，完成20余项转变标准的转换，完成60项标准、数据库的建设。

（三）强化企业"生命力"：通过质量改进不断夯实科研生产的基石

党中央要求国有军工企业落实新形势下装备质量提升工程战略，坚持战斗力标准、坚持法制化管理、坚持问题导向，进一步加强装备质量建设，有效提升装备质量保证能力，着力提高装备质量管理水平。质量是"航发人"的生命，质量改进是推进科研生产的生命力。

1.对标一流，建强质量管理体系

南方公司全面贯彻 ISO 9001、GJB 9001、CCAR-21标准体系，通过了7个专业的NADCAP认证、适航 TC/PC/维修认证，开展了六西格玛等先进工具的应用，实现了中小航空发动机的研制和批量稳定生产。全面贯彻国际航空航天质量管理体系标准AS9100D—2016，致力达到国际航空质量管理水平。不断完善质量体系文件，梳理完善了质量管理体系审核流程。深入推进"三谁"机制落实，"两张皮"现象有效削减。以强化员工质量意识为目标，聚焦科研生产过程质量改进，持续开展"一次把事情做对""三个杜绝""双五归零"等主题教育，让质量文化落地生根。深入推进厂所协同适航体系建设，设计保证系统、制造保证系统、供应商适航管理系统等方面推进效果良好。积极开展 AS9100D 体系认证，提高企业质量管理体系的适宜性、充分性和有效性。持续推进质量综合提升工程，以提升工程五年总体目标为纲，组织梳理305项工作，并完成年度验收。强化正向激励，设立1000万质量重大改进基金，激发员工质量改进的主动性。

2.突出重点，严格型号质量管理

围绕"六个100深化年"质量主题，从夯实质量基础、迭代梳理问题、提升过程控制能力的高度，实施型号质量提升工程，成立领导小组和工作小组，由主要领导亲自挂帅。以某型号发动机为重点，深入开展质量"双想"活动，推进问题清查整改。深入实施"零超差"工程，推进型号"零超差"管理，确保不合格品下降50%目标的实现。深入开展重大、严重、重复性、低层次质量问题"双五归零"。持续开展质量问题"一本账"管理，推进各型号厂内外质量问题迭代梳理、统计分析、问题处理回头看工作。

3.搭建平台，全面助推航机均衡高质交付

质量与生产进度是对立统一的关系，二者既相互制约影响，又相互统一促进。装配、试车作为发动机总成和试验交付最后两个环节，决定了发动机最终交付的进度与质量，是各方所共同关注的环节。所以，将装配试车过程中质量问题提炼出来，通过实时管控平台展现出来，聚集各方力量与资源及时有效解决共同关注的问题，实现质量问题的逐一解决。实时管控平台利用信息化手段，打通了相关业务部门各层级沟通壁垒，实现质量信息的共享与分析。以日常流入装配、试车质量问题为着力点，提升企业异常质量问题处理效率。通过平台结构化设计，实现对装配试车问题数据的存储，为后期数据分析提供数据基础；利用数据分析方法，实现对装配试车质量问题分类统计与分析，针对重复出现的质量问题督办进行专项整改。通过显性化、流程化解决装配、试车问题处理过程中不够透明、信息共享不足的问题，助推航空发动机均衡高质交付。

（四）强化企业"源动力"：通过管理提效切实提高综合运营水平

国家发展战略对航空发动机产业提出了新要求，要抓住航空发动机事业大发展大进步的历史机遇，苦练内功，不仅在产品性能、质量上要奋起直追，在企业经营管理水平上也要迎头赶上。实现科学管理是有效推动科研生产任务均衡完成的源动力。

1.全员参与，深入推进生产运营管理体系建设

建设并实施完善的运营管理系统是促进企业规划发展、技术研发、制造优质产品的保障。南方公司按照"系统策划、重点突破、分步实施、持续改进"的思路，按照"点、线、面、体"的推进路径实施，即"精益现场、精益制造、精益生产、精益企业"四个精益推进模式，精益现场"点"上工具运用；精益制造生产"线"上试行；价值链（采购、研发、生产、保障）业务"面"的建设；再由"面"向"体"转变，即由"精益管理"向"精益企业"蜕变。在体系建设中，以拉动式生产计划、SQCDP、脉动装配生产线、精益单元、分层例会、可视化管理等为主的业务组建、流程优化及工具运用是重点突破内容，找到问题点，不断改进，激发员工创造活力与成就感，形成人人参与创造、人人以创造为荣的文化氛围，使生产运营制造体系建设真正落地。

2.优化流程，建立"331"计划与能力平衡管控模式

持续推进均衡生产，南方公司建立了"331"计划与能力平衡管控模式（如图3所示）。以用户需求为牵引，生产组织以计划为核心。计划层层对接与落实，通过能力平衡，优化和调整计划；有效管控生产过程，识别和化解过程风险，落实生产计划。开

展生产流程梳理，梳理优化452条OTD（准时交货）流程，编制业务矩阵和流程所有者责任矩阵。推进EOS（电子订货系统）与ERP、生产管控平台数据同步接口的调用和开发，完成19个接口的开发，并完成了指标开发、数据集成、指标配置，实现201个数据监控点数据呈现。完成了管理程序文件17份、作业程序文件448份、岗位操作手册593份，整理流程涉及表单471份。

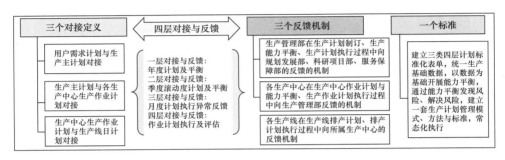

图3 "331"计划与能力平衡管控模式

大力引导全员树立全产业链、全价值链的"总任务"概念，以订单完成率、半成品供给率作为长期宏观指标，以交付发动机配套率作为短期微观指标，来评价生产单位的绩效。根据MRP（物资需求计划）原则，建立期量标准数据库，根据企业产量变化以及对历史数据开展的大数据分析，进行期量标准定期维护。通过近三年批产机型订单历史数据中获取批量、生产周期等关键字段，共抽取有效物料号17218条，订单数据133485条，进行对比分析后，修订批产12425条期量标准，以指导生产改善。全产业链条码的应用，打造了全流程可追溯的物料电子清单。实现生产过程质量、技术信息可追溯，物流信息实时共享，提升了物流转工效率和物料配送效率。

3.建设精益单元，推进生产组织方式变革

基于航空发动机多品种、小批量的产业特点，适合运用精益生产单元的生产组织方式对核心零部件进行实践。针对7个主要机加生产厂，共30余条生产线，划分形成60余个零件家族。以确保发动机保障供给能力为前提，重点建设叶片、轴、机匣、喷嘴等关键核心零部件精益生产单元。运用PR分析、PQ分析识别出典型零件，运用面条图、现状价值流分析、设备综合利用率分析，识别主要的浪费点，制定改善对策；运用精益思想、流程优化、3P模拟等方法和工具设计精益单元方案，重构科研生产现场布局。涡轮叶片单元、滑油喷嘴单元、导管单元、冲裁单元、整流器单元等10个单元已经完成生产现场布局调整，按照精益单元的方式组织运营。建设涡轴发动机脉动装配线，实现零件精准配送、过程节拍管理、质量自动检测、数字化军检、可视化管理，大幅度提高生产效率，实现装配质量有效受控，有效提升航空发动机装配的有效性和过程的稳定性。

4.精准维保，提升大型数控设备综合效率

全面强化"以保为主，保修结合"的设备保障体系构建，减少设备故障停机时间。构建设备保障技术例会常态机制，抓实关重瓶颈设备"三检"。由于企业科研生产任务繁重，瓶颈设备处于满负荷运行状态，一旦出现严重故障导致停机，将会对科研生产带来颠覆性影响。此外，60%以上设备已投入使用超过10年，加上设备种类、厂家与型号众多，设备总体保障难度系数高。所以，一方面要构建设备保障技术例会常态机制，形成技术例会常态化，组织设备疑难问题攻关；另一方面要抓实关重设备日常巡检、专业点检、三保执行检查。通过连接MDC（生产数据及设备状态信息采集分析管理）系统对关键重点设备实时监控，在系统界面上选择生产线，就能在显示屏上直观监控到每台重点设备加工、待机、报警、故障停机等情况，然后通过统计图表、对比分析等技术，直接查看设备状态。完善"保修结合、维保为主、修理为辅"的设备保障绩效考评体系，全面构建"以保为主"的利益共享、风险共担的责任考评机制，将与设备健康状态相关的操作者、管理者、维保者利益捆绑在一起，全面提高设备完好率。

（五）强化企业"助推力"：通过社会资源持续释放企业竞争活力

国家已将军民融合上升为关乎国家安全和发展全局的国家战略，军民融合发展体制改革已基本完成，推进军民深度融合发展是支撑国家由大向强的必然选择。要从全产业链的角度加强供应链体系建设，有效利用社会资源是持续释放企业产能的助推力。

1.把握原则，加快外包外协步伐

以国家军民融合发展战略为牵引，通过对产品特性分类，建立了产品外包数据库，将航空发动机零件分为A、B、C三类，A类为关键核心类零件，原则上自主制造；B类为重要零件，选择性外委；C类为一般零件，逐步全部外委，以充分利用社会资源提升产能。以"两头在内，中间在外，关键在手"为原则，绘制企业供应链能力地图，从产品家族角度清晰呈现企业供应链内部和外包能力现状及未来三年发展方向。不断扩大零件外协外包规模，有效释放产能，缓解生产压力。一方面，非核心能力全面释放；另一方面，生产瓶颈重点外扩。不断强化"强强联合"的理念，加强与优势民营企业战略互补，有效解决部分产品因人员、设备、场地限制造成的生产能力不足问题。

2.深度混改，提升配套保障能力

深入落实中国航空发动机集团有限公司集中优势资源和精力发展航空发动机科研生产核心能力的要求，企业将逐步退出非核心主业领域的投资，进一步缩短投资链条，

通过引入外部民营资本参与混合所有制改革，充分调动社会资源共同发展航空装备建设。南方公司与株洲市政府共同推进了株洲零部件公司军民融合混合所有制改革，打造了军民融合示范企业，增强了航空发动机非核心零部件的质量和交付能力，有力地提升了航空发动机零部件的研保能力。

3. 优化管理，持续激发供应商积极性、主动性

在加快供应商的培养和充分利用社会资源的同时，以"优化供应商选择机制，强化供应商过程控制，做好供应商培育评价，提升供应商绩效表现，保证科研生产供应"为出发点，全方位建立健全供应商管理机制，加强对供应商的管理。通过建立健全覆盖供应商管理、过程控制、绩效评价等全流程的制度，实现供应商管理体系全流程受控、业务操作更加顺畅的目标。对供应商进行分级分类管理，建立供应商寻源数据库，使供应商准入、退出机制更加科学规范。通过建立供应商质量、交付、服务、价格等综合评价体系，定期开展供应商绩效评价，有效激发供应商的积极性、主动性。

（六）强化企业"驱动力"：通过条件建设全面保障科研生产需求

随着航空发动机的更新换代，设计精度和复杂度也在不断提高，需要广泛采用新工艺、新技术才能满足设计要求，对条件建设的要求也在持续提升。以先进制造条件建设为牵引，构建机械化、自动化、数字化的先进制造能力是全面保障科研生产的驱动力。

1. 加快建设，稳步提升科研保障能力

坚持军品科研生产能力结构调整方向，坚持"小核心、大协作、专业化、开放型"的建设原则，坚持增量与存量能力统筹，深挖现有的存量设备能力，提高设备利用率，重点提升建设装配、试车、叶片、机匣、叶轮、叶盘和轴等核心能力，解决产能瓶颈。南方公司加快"一厂三区"能力布局规划，打造智能化园区，使数控化率达到95%以上，集成数字化工艺技术和自动化物流技术，形成6个自动化制造单元和1条脉动装配生产线，支撑"十四五"及后期重点型号产品的自主研制和生产任务。推进在线测量、机内自动对刀、快速换型、工装自管及配送管理等先进工具的应用，推进叶片磨削、叶片铣削、钢机匣示范线、铝合金造型线等自动化单元建设。

2. 稳步推进，数字化建设上标准

以数字化体系能力建设为指引，以提升核心能力为目标，加快信息系统的互联互通，构建涵盖科研、生产的全业务域、全价值链数字化系统。以航轴加工中心为样板，不断推进ERP/PDM/MES的深度应用，目前主要机加中心MES正式上线试运行，生产过

程管理持续优化。轴线数字化车间工艺制造一体化平台等4个项目完成建设并推广运用，数字化车间管控模式初步成形。

3.逐层落实，加快技改实施速度

采用"项目负责人制"的管理模式，以项目负责人为管理主体，牵头组织项目的立项、申报和实施，明确项目负责人的"责、权、利"关系。采用可视化和分层例会的方式推进技改工作，利用0级网络图、甘特图、看板等工具和方法进行可视化展示；引入流程管理的理念和方法，不断优化技改实施的业务流程，明确流程所有者的职责，减少审批环节；积极推进技改流程信息化工作，目前固定资产投资项目申请等流程均实现了信息化管控，提高了技改实施的工作效率。

（七）南方公司科研生产体系能力指数评估

通过基于"五力"模型科研生产体系的构建实践，南方公司对科研生产体系能力指数进行评估（评估情况如表2所示）。评估综合考虑世界一流航空发动机企业的实践和指标，企业能力指数为1.346，属于已管理级，部分模块处于已定义级。南方公司将以"成为世界一流中小航空发动机供应商"的愿景为牵引，在"十四五"期间持续提升科研生产体系保障能力。

表2　　科研生产体系能力指数评估情况

指数	维度	企业能力	评价要素	权重 α	业务表现 β
科研生产体系能力指数	对内——提升能力	竞争力——技术创新指数（0.25）	自主创新研发流程、工具、方法、标准的完备程度	0.06	1.0
			机匣/叶片/叶轮/轴等关键制造关键技术突破创新	0.08	1.5
			新一代科研型号瓶颈零件创新提效的成果	0.06	1.0
			原材料自主研制比例	0.05	1.5
		生命力——质量提升指数（0.25）	质量体系、质量标准、程序文件完备程度	0.05	2.5
			发动机零部件一次制造/整机装配/试车合格率指标	0.08	1.2
			型号质量问题分析及归零指标	0.05	2.5
			质量损失指标	0.07	1.0

指数	维度	企业能力	评价要素	权重 α	业务表现 β
科研生产体系能力指数	对内——提升能力	源动力——管理提效指数（0.25）	端到端的订单到交付全流程信息化管控程度	0.08	1.5
			关键零件家族流动式精益单元建设程度	0.08	0.8
			作业现场精益管理改善提效情况	0.04	0.8
			关键数控设备利用率提升指标	0.05	1.1
	对外——释放能力	助推力——社会资源指数（0.10）	"小核心、大协作"战略实施情况	0.04	1.5
			战略供应商培育情况	0.03	1.5
			企业混改提升产能情况	0.03	0.5
		驱动力——条件建设指数（0.15）	园区能力布局满足企业发展情况	0.05	2.0
			关键瓶颈生产线设备自动化、柔性单元建设情况	0.03	0.8
			数字化、智能化车间建设情况	0.03	0.5
			专项/自筹资金投资审批实施情况	0.04	2.0

说明：各要素的业务表现，$0<\beta<5$；首先对照5级成熟度模型，按等级确定分值范围；之后该范围内根据与标杆差距大小打分，差距大，打分靠近等级下限，差距小，打分靠近等级上限，科研生产体系能力指数 $=\alpha_1 \cdot \beta_1 + \alpha_2 \cdot \beta_2 + \cdots + \alpha_n \cdot \beta_n$。

四、构建成效

（一）生产交付再创新高

履行强军首责，科研生产任务全面完成，"两机"专项和型号研制捷报频传，航空发动机生产交付再创历史新高，任务量同比增长27%，准时交付率从85%提升至95%。

（二）经济效益稳步提升

截至2020年年底，南方公司实现营业收入70.24亿元，同比增长20.22%，创历史新高，利润总额4.48亿元。经济总量平稳增长，经济效益稳步提升，2018年、2019年连续两年经营业绩考核被中国航空发动机集团有限公司评为"优秀"。

（三）自主创新能力持续提升

基础研究取得新进展，机匣3D打印、叶片阵列抛光等新技术实现突破并应用。重点型号的零件工艺稳定性持续提升，工艺成熟度和首件包管理得到加强。全年受理发明专利145项，授权专利145项。7项科技成果项目被鉴定为国际先进，7项被鉴定为国内领先。

（四）产品质量形势向上向好

质量运行体系实现优化，质量体系通过AS9100D及适航认证；质量管控能力持续强化，年度军品质量损失率为1.09%；一次交检合格率为99.47%。

（五）管理基础有力夯实

全面完成三代机精益转型试点工作。建立了三类四层的"331"计划与能力平衡管控模式，开发流程管控平台，建设完成机匣、盘、叶轮等14种典型零件精益单元，生产周期平均缩短20%。

（六）通过对外协作提升能力

加快非核心业务转移，批产零件外转率达77%，关键零件的生产瓶颈得到有效解决。外协工时近三年平均增速为57%，870家供应商完成网上商城上线注册，线上交易额达40.24亿元。

（七）条件建设收效显著

航轴数字化车间已通过工业和信息化部验收，工艺制造一体化平台等4个项目完成建设并推广运用，数字化车间管控模式初步成形，基本形成"一厂三区"能力布局。

主创人：彭建武　杨志利
参创人：邓文珺　龚　浩　袁健松　闫海滨　张小水　苏庆怀　龚建波　陈　凯

基于人工智能的铁路电务专业状态修管理体系建设

国能朔黄铁路发展有限责任公司

前言

国能朔黄铁路发展有限责任公司成立于1998年2月18日，主要负责运营朔黄铁路、黄万铁路。朔黄铁路正线总长594千米，属国家Ⅰ级、双线、电气化重载铁路，全线共设33个车站。黄万铁路正线总长76千米，属于国家Ⅰ级单线铁路，共设7个车站。公司控股子公司国能黄大铁路有限责任公司负责黄大铁路的建设和运营，线路全长216.8千米，于2020年12月建成通车。

国能朔黄铁路发展有限责任公司原平分公司（以下简称"原平分公司"）承担神池南站至三汲站（不含）间256千米电气化铁路的运营维护、运输组织和后勤保障管理工作。管辖线路大部分穿行于恒山、云中山和太行山系，线路高填深挖、桥隧相连。从神池南站到西柏坡站海拔落差达1364.38米，15次跨越滹沱河进入华北平原。线路曲线半径小、坡度大、桥隧多，汇聚了国家能源投资集团有限责任公司（以下简称"国家能源集团"）铁路曲线半径最小、线路坡度最大、桥隧涵最多、地质结构最复杂、设备养护最难的"五大之最"，属典型的山区铁路。

由于管辖区段地理条件复杂、自然环境艰苦、季节性病害多，原平分公司确保运输生产安全畅通责任重大。为此，原平分公司在铁路设备维修管理中，充分发挥人工智能作用，实现从周期修向状态修的转变，合理分配维修资源，提高劳动生产率，降低设备故障率，节约维修成本，提高整体设备安全性、可靠性，提高集团整体经济效益。

一、研究背景及内容

（一）铁路电务设备重要地位

在铁路运输中，铁路电务设备是最重要、最关键的行车设备之一，是保证列车运行安全、提高行车效率、改善职工劳动条件的铁路行车自动控制及远程控制设备。

（二）维修管理改革的必要性

目前，铁路设备采用的检修方式通常称作"周期修"，即在技规、维规的框架要求下，定期巡视，周期检修，按期中修，阶段大修。这种设备维护方式，不论使用处所，不论使用频次，不论外部环境，一律设定固定维修周期，投入相同人力和物力资源。这种固定的"周期修"仅是一般的预防性维修，显然在维修资源利用和分配上不尽合理，会造成超维修或欠维修。超维修会造成不必要的行车干扰及资源浪费，欠维修会造成关键设备得不到足够重视。随着重载、高速铁路运量的不断增加，运与修的矛盾愈加凸显，迫切需要进行维修模式的变革。

为此，设备维修有必要由"周期修"向"状态修"转变。所谓状态修，是根据设备特性变化状态有针对性地进行维修。实行状态修的基本条件是设备具备有效的自检、监测、报警、冗余等功能和手段，能够随时掌握该设备工作状态和变化趋势，预防可能出现的故障。这是以安全、可靠、环境、成本等要素为基础，通过设备状态评价、风险评估、检修决策，达到设备运行安全可靠，维修资源合理分配，检修成本最佳的一种检修策略。这种维修包含了预防性维修，更重要的是以设备可靠性为中心，动态监测分析设备运用状态，实行有针对性、选择性、适时性、重点性的维修。

（三）研究现状分析

信号设备实现状态修是铁路行业不断追求的目标，中国国家铁路集团有限公司印发的《普速铁路信号维护规则》也要求，现场维修实行计划性维修和状态修相结合的模式，积极推行设备分等级维修。国内关于铁路信号设备状态修的研究已经有几十年的时间了，20世纪80年代即有人提出应实行信号设备状态修。但实际上变革是很缓慢的，状态修也一直是在口头提倡，仅凭经验进行局部改革，缺乏基础数据采集和理论计算结果做支撑，始终没有具体的实质性的进展。

近年来，高速铁路、重载铁路发展极为迅速，而且列车密度不断增加，特别是山区铁路，交通不便，自然环境十分恶劣，作业难度陡然增加，给电务设备维修管理带来极大的挑战。探索状态修实现的途径，是维修模式变革的必然趋势。

（四）研究主要内容

在现有的智能诊断系统基础上，以站为单位，逐站对大量的设备电气特性参数进行分析，对设备运用频次、环境影响等进行大数据统计分析，并设定一个数学模型，结合《普速铁路信号维护规则》中各项设备的技术标准，确定影响设备稳定运行的技术参数，通过计算机技术对信号设备电气特性参数和工作状态进行采集和诊断，将影响设备运行的多项因素考虑带入，自动计算出设备的实时状态。

（五）研究的目的及意义

智能系统通过对现场设备的使用情况进行实时分析和诊断，将这些实时数据代入影响设备稳定运行的各项技术参数中，再结合人工评价综合判断设备的使用状态，以达到减少信号设备故障，降低信号设备故障对运输的干扰，提高维修效率，降低维修成本，让设备在经济适度的维修下发挥最大功效的目的。

（六）现场需求分析

原平分公司主要是对整体设备运用现状进行彻底分析，研发一套基于人工智能的铁路电务专业状态修管理体系，具体的需求包含软件的功能需求、性能需求及行为需求。

1.功能需求

在功能方面的需求主要是以设备运用状态为基础，通过计算机技术对信号设备电气特性参数和工作状态进行采集和诊断，并结合人工评价综合判断设备的使用状态，进行预防性维修。

（1）确定一个合理、可调整的状态修计算公式

通过搭建数学模型，结合各中间站、区段站、编组站设备的具体使用状态，确定公式的具体技术参数，并研发出一套可调整参数的状态修计算公式。

（2）在各站平面图上可以直观体现设备的运用状态

在站场平面图通过信号设备的不同颜色，辨别信号设备是正常、注意、异常，还是严重状态。

（3）搭载移动端软件

维修人员通过移动端软件可以直接看到各设备的实时状态，可以通过手机端"扫一扫"功能对设备进行人工评价、整改、记录查询等。

2.性能需求

智能系统主要使用人员是现场电务作业人员，其他专业可推广应用。该系统具备以下几个特点：

（1）操作顺畅。操作动作在5秒内得到响应。

（2）具有较高的稳定性。其主要设备均采用工业级产品，并采用成熟技术及工艺。

（3）充分考虑易用性。所有操作系统均采用中文Windows操作系统，所有交互系统提供中文图形界面，符合常规视窗系统的操作模式。

（4）从整体结构的设计到关键技术的采用都遵循先进、实用的原则，以满足系统在功能、性能、扩展性等方面的要求。

3.行为需求

基于微机监测智能分析与故障诊断系统研发，各个模块与微机监测智能分析和故障诊断系统有机融合，做到资源共享，实现信息的畅通直达。

二、管理体系研究和建设过程

（一）框架结构

1.网络框架

网络框架分为两部分，即网络平台和服务器系统平台，该设计结构为复杂的分布式应用提供了统一的环境。

（1）网络平台

网络平台包括两部分：第一部分是网络物理层，它构成了系统的最底层，包括传送信息的物理载体、交换设备、网络安全设备等；第二部分是网络协议，本系统采用标准的、具有开放性的网络协议，以实现异构网络间互联。

（2）服务器系统平台

服务器系统平台主要是为实现系统的分布式计算与管理提供一个全面的、独立于应用软件平台的运行环境。它可提供基本服务、安全服务和目录服务。

2.软件框架

（1）服务器端

服务器端在网络中为所有终端提供应用服务，并承载文件、数据库的各项服务，具备承担服务并且保障服务的能力，是系统结构中至关重要的部分。

（2）PC端

PC端用于提供本地服务的软件，在客户机中通过与服务器通信连接为其提供服务。

（3）移动端

移动端用于提供手持安卓设备服务的软件，通过无线技术与服务器通信连接，获得为其提供服务的能力。

（二）现场设备技术数据收集

1.设备图纸资料入库

基础信号图纸中包含了信号设备在站场中的安装位置、连接关系、设备类型等内容，依照原铁道部的命名规范对铁路范围内信号设备进行了命名规范和矢量图符的定义，然后借助矢量绘图工具将各种信号图纸分解成图符元数据，并纳入知识库中，其图符元数据在计算机中生成统一的存储结构模型。

以图纸数据（计算机中的图符元数据）为基础，依照设备连接规则和进路联锁规则，从图符元数据中生成控制台盘面图和进路联锁表；以生成的进路联锁表与控制台盘面图为基础，根据行车组织规则生成信号模型；向模型中输入仿真数据，根据设备与图符的对应关系规则可以模拟设备运用过程。

2. 接入微机监测智能分析与故障诊断系统数据

微机监测智能分析与故障诊断系统的实时数据量较大，两系统间采取了数据更新传输机制，为解决信号设备和数据名称命名不统一的问题，对数据格式进行匹配。

3. 设备正常值分析

针对具有模拟量信息的信号设备，将接收到的数据转义校验后，先通过异常识别技术对实时数据进行清洗，消除偏离正常值、逻辑关系错误、过车等情况的数据；再抽取数据特征点进行平均值计算得出设备正常值。

4. 检修项目分解

检修项目分解是将各项设备原标准化检修分解表中每一个项目按照检查步骤细化成若干条，最终将各项标准落实到单项的设备部件上。设备检修项目的分解要做到细致、严谨，确保其合理性和可实施性。

5. 确定纳入状态修范畴的项目

根据设备检修项目分解表，具备监测条件、有冗余设计、具备免维护条件、日常巡视能够覆盖的检修项目直接纳入状态修范畴。

（三）建立状态修安全值数学模型

1. 技术参数依据

结合《普速铁路信号维护规则》中设备的技术标准和要求以及管内《故障障碍统计》数据分析，确定影响设备稳定运行的14项技术参数，并将其划分为正向参数、反向参数、反向参数概率值三类。

2. 技术参数的构成

（1）正向参数

Y——技术优化率；Z——标准稳定率；W——运行稳定率。

（2）反向参数

Pb——道岔扳动频次；Py——车列碾压频次；Pk——信号机开放频次；G——故障、障碍发生次数；F——风险预控录入隐患项目发生次数；X——车列运行线别。

（3）反向参数概率值

Gpb——道岔扳动频次对设备影响的概率值；Gpy——车列碾压频次对设备影响的概率值；Gpk——信号机开放频次对设备影响的概率值；Gg——故障、障碍发生与相关设备关系的概率值；Gx——车列运行线别对相关设备影响的概率值。

3. 计算结果

输出两个值：C——状态修参考值；S——状态修预警值。

（1）C——状态修参考值

公式一：$Y+Z+W-F-G \times Gg-Pb \times Gpb-Py \times Gpy-Pk \times Gpk-X \times Gx=C$。

（2）S——状态修预警值

公式二：$F+G \times Gg+Pb \times Gpb+Py \times Gpy+Pk \times Gpk+X \times Gx=S$。

4. 技术参数值条件等级划分及赋值说明

（1）正向参数（见表1）

表1　　　　　　　　　　正向参数条件等级划分及赋值

代码	代码解释	参考值				
		1	2	3	4	5
Y	技术优化率	没有技术优化	通过技术优化使检修周期延长2倍	通过技术优化使检修周期延长5倍	通过技术优化使检修周期延长10倍	完全代替人工或是设备达到免维护条件
Z	标准稳定率	标准稳定能达到30天以下	标准稳定能达到30~90天	标准稳定能达到90~180天	标准稳定能达到180~360天	标准稳定能达到360天以上
W	运行稳定率	非巡视、养护项目	巡视、养护到位但容易影响该项目的正常运行	巡视、养护到位不影响该项目的正常运行	巡视、养护后能够完全确保该项目的稳定运行	不巡视、不养护但不影响该项目的正常运行

（2）反向参数（见表2）

表2 反向参数条件等级划分及赋值

代码	代码解释	参考值				
		1	2	3	4	5
Pb	道岔扳动频次	100 频次以下	100～300 频次	300～600 频次	600～1000 频次	1000 频次以上
Py	车列碾压频次	1000 频次以下	1000～5000 频次	5000～10000 频次	10000～20000 频次	20000 频次以上
G	故障、障碍发生次数	未发生障碍或故障	发生障碍或故障1次	发生障碍或故障2次但非同一类型	发生故障或障碍2次且为同一类型	发生故障或障碍3次及以上
F	风险预控录入隐患项目发生次数	未录入隐患	录入隐患2次但非同一类型	录入隐患3次或2次且为同一类型	录入隐患4次或3次且为同一类型	录入隐患5次以上
X	车列运行线别	—	下行或下行场（折返段）	—	—	上行或上行场
Pk	信号机开放频次	达到5000次	达到10000次	达到15000次	达到20000次	达到25000次

（3）反向参数概率值（见表3）

表3 反向参数概率值条件等级划分及赋值

代码	代码解释	参考值				
		0	0.25	0.50	0.75	1
Gpb	根据分析具体频次数据对设备单项检修项目影响的实际情况确定概率值。如果对该单项检修项目影响较大或全部影响，概率值为1；如果没有任何关系，概率值为0	不参与道岔动作环节的静态项目，对道岔动作不会造成任何影响的单项检修项目（或设备的单项部件）	不参与道岔动作环节的静态项目，可能对道岔动作造成影响的单项检修项目（或设备的单项部件）	不参与道岔动作环节的静态项目，对道岔动作会造成影响的单项检修项目（或设备的单项部件）	基于道岔扳动频次直接影响的动态类的检修项目（或设备的单项部件）的单项检修项目（或设备的单项部件）	对该单项检修项目（或设备的单项部件）造成直接影响的动态类的检修项目（或设备的单项部件）

代码	代码解释	参考值				
		0	0.25	0.50	0.75	1
Gpy	根据分析具体频次数据对设备单项检修项目影响的实际情况确定概率值。如果对该单项检修项目影响较大或全部影响，概率值为1；如果没有任何关系，概率值为0	不参与列车碾压产生的振动过程的静态项目（或设备的单项部件）	全程参与列车碾压产生的振动过程的静态项目（或设备的单项部件），且车列振动不易造成质量强度下降或易造成技术参数发生变化	全程参与列车碾压产生的振动过程的动态项目（或设备的单项部件），且车列碾压20000次可能造成质量强度下降或易造成技术参数发生变化	全程参与列车碾压产生的振动过程的动态项目（或设备的单项部件），且车列碾压10000次可能造成质量强度下降或易造成技术参数发生变化	全程参与列车碾压产生的振动过程的动态项目（或设备的单项部件），且车列碾压5000次易造成质量强度下降或易造成技术参数发生变化
Gg	根据分析具体设备故障障碍发生的频次数据对设备单项检修项目影响的实际情况确定概率值。如果该单项检修项目造成设备故障障碍的影响较大或全部影响，概率值为1；如果没有任何关系，概率值为0	设备未发生障碍	设备发生障碍1次	设备发生障碍2次但不是同一种类型	设备发生障碍1次或2次且为同一种类型	设备发生故障、障碍超过2次
Gx	根据车列运行线别与检修项目的影响程度的不同确定对设备影响的概率值，影响越大概率值越大，反之越小	列车运行对设备无影响	列车运行1年以上对设备标准造成变化的	列车运行6~12个月对设备标准造成变化的	列车运行3~6个月对设备标准造成变化的	列车运行1个月以内对设备标准造成变化的
Gpk	根据信号机开放频次对信号机单项部件影响的实际情况确定概率值	达到5000次	达到10000次	达到15000次	达到20000次	达到25000次

（四）状态修数学模型的实际运用

1.单项检修项目代入公式计算或人工巡视

（1）将设备检修项目代入状态修安全值计算公式中，各项参考值、概率值的选择要客观、合理，充分结合实际，以真实的统计数据为基础。

（2）无法代入公式计算的设备检修项目需结合现场实际情况合理制订检修周期人工巡视计划，保证设备稳定运行。

2.确定单项检修项目的安全基准值

安全基准值是指衡量不能直接纳入状态修的检修项目是否能纳入状态修范畴的标准。安全基准值的确定直接影响项目是否能够纳入状态修范畴执行状态修模式，且如果安全基准值确定错误将直接影响设备的正常运行，所以其合理性非常重要。以下为安全基准值取值方式：

（1）将设备各项参数考虑为最稳定的状态（以设备故障、障碍发生次数，风险预控管理体系录入情况等因素为基础）进行状态修实施安全值代入计算。

（2）将设备各项参数考虑为相对稳定的状态（以设备故障、障碍发生次数，风险预控管理体系录入情况等因素为基础）进行状态修实施安全值代入计算。

将两次计算结果使用"极值平均法"得出状态修基准值，再通过综合分析确定设备各项检修项目的状态修安全基准值，公式具体如下：

$(A+B)/2 = J1$（状态修安全基准值）

3.确定单项检修项目的预警基准值

预警基准值是指衡量通过计算执行状态修的检修项目是否需要维修的标准。状态修预警基准值的确定直接影响项目是否执行状态维修的模式，且如果状态修预警基准值确定不准确将直接影响设备的正常运行，所以其合理性非常重要。以下为预警基准值取值方式：

（1）将设备各项参数考虑为最不稳定的状态（以设备故障、障碍发生次数，风险预控管理体系录入情况等因素为基础）进行状态修预警基准值代入计算。

（2）将设备各项参数考虑为相对稳定的状态（以设备故障、障碍发生次数，风险预控管理体系录入情况等因素为基础）进行状态修预警基准值代入计算。

将两次计算结果使用"极值平均法"得出状态修预警值，再通过综合分析确定设备各项检修项目的状态修预警基准值，公式具体如下：

$(A+B)/2 = J2$（状态修预警基准值）

4.状态修计算公式使用说明

公式一：$Y+Z+W-F-G \times Gg-Pb \times Gpb-Py \times Gpy-Pk \times Gpk-X \times Gx=C$

将设备单项的检修项目（或单项部件）的各项技术参数代入状态修计算公式一中，得出的状态修参考值与状态修安全基准值进行对比，当$C \geq J1$时，该项目（或单项部件）纳入状态修范畴；当$C < J1$时，将各项技术参数代入状态修计算公式二中。公式二如下：

公式二：$F+G \times Gg+Pb \times Gpb+Py \times Gpy+Pk \times Gpk+X \times Gx=S$

将得出的状态修预警值与状态修预警基准值进行对比，当$S > J2$时，该项目（或单项部件）立即进行状态维修，当$S \leq J2$时，该项目处于安全状态。

5.**实现计算公式自动运算功能**

以信号专家知识库为基础，通过开关量、模拟量、道岔曲线等数据的融合分析得出信号设备的使用频次并存储，再抽取信号设备历史数据进行各项参数的代入计算，得出结果后自动提示各项设备状态修的项目和时间，根据各项参数的不断变化指导现场设备的状态修项目和具体时间。状态修计算公式的各项参数的采集方式、要求、参考值确定方法、标准等条件具体如下：

Y——技术优化率：根据现场设备运行状态确定参考值。

Z——标准稳定率：根据现场设备运行状态确定参考值。

W——运行稳定率：根据现场设备运行状态确定参考值。

Pb——道岔扳动频次：根据道岔扳动频次统计自动生成参考值。

Py——车列碾压频次：根据车列碾压频次统计自动生成参考值。

Pk——信号机开放频次：根据信号机开放频次统计自动生成参考值。

G——故障、障碍发生次数：根据故障障碍统计自动生成参考值。

F——风险预控录入隐患项目发生次数：根据现场设备运行状态确定参考值。

X——车列运行线别：根据现场设备运行状态确定参考值。

Gpb——道岔扳动频次对设备影响的概率值：根据现场设备运行状态确定参考值。

Gpy——车列碾压频次对设备影响的概率值：根据现场设备运行状态确定参考值。

Gpk——信号机开放频次对设备影响的概率值：根据现场设备运行状态确定参考值。

Gg——故障、障碍发生与相关设备关系的概率值：根据现场设备运行状态确定参考值。

Gx——车列运行线别对相关设备影响的概率值：根据现场设备运行状态确定参考值。

C——状态修参考值：根据采集数据分析，自动生成参考值。

S——状态修预警值：根据现场设备运行状态确定参考值。

6.**实现人工评价功能**

无法用电气特性描述的各项设备指标（如设备外观、机械强度，信号机柱是否倾斜，加封加锁是否良好，螺栓防松措施等），需要人工巡视信号设备状态，发现问题由人工在系统内及时对信号设备评价（包含评价项目、评价内容、评价班组、评价人、现场照片等内容），系统记录并计算新的人工评价的设备状态，且纳入公式评价系统。

7.综合分析

对各模块的分析结果进行汇总，针对每一个具体设备，统计各种异常状态，形成是正常、注意、异常还是严重的结论，以绿、黄、橙、红四种不同颜色在站场平面图中显示，以方便电务工作人员据此安排维修计划。

（五）关键技术

1.基于面向对象的设计方法

面向对象设计是把分析阶段得到的需求转变成符合成本和质量要求的、抽象的系统实现方案的过程。从面向对象分析到面向对象设计，是一个逐渐扩充模型的过程。

2.建立信号专家知识库

铁路站场形式各不相同，联锁制式有多种。信号设备类型繁多，同类设备生产标准差异较大，因此解决系统的通用性问题是系统开发的核心难题。

为解决这一难题，建立了信号专家知识库。信号专家知识库主要包括以下内容：信号设备信息库、信号设备联锁表、分析诊断推理逻辑及规则库、设备故障信息库、信号设备标准化检修库、信号设备公式模型库、信号图纸信息库、设备运行状态库、评价整改记录库等。

通过该模型存储所有评价整改信息，以此为记录查询、整改等功能模块提供数据支撑。随着系统应用时间的积累和应用范围的扩大，信号专家知识库将不断得到丰富和扩大。

3.通过公式计算设备运用状态

利用微机监测智能分析与故障诊断系统对信号设备运用中的开关量、模拟量等电气特性数据实时分析，建立数学模型，纳入状态修公式计算。并结合《普速铁路信号维护规则》中各项设备的技术标准，确定影响设备稳定运行的技术参数，系统自动将其划分为正向参数、反向参数、反向参数概率值三类。

技术优化率+标准稳定率+运行稳定率-风险预控录入隐患项目发生次数-（故障、障碍发生次数×故障、障碍发生与相关设备关系的概率值）-（道岔扳动频次×道岔扳动频次对设备影响的概率值）-（车列碾压频次×车列碾压频次对设备影响的概率值）-（信号机开放频次×信号机开放频次对设备影响的概率值）-（车列运行线别×车列运行线别对相关设备影响概率值）=状态修参考值。

　　风险预控录入隐患项目发生次数+（故障、障碍发生次数 × 故障、障碍发生与相关设备关系的概率值）+（道岔扳动频次 × 道岔扳动频次对设备影响的概率值）+（车列碾压频次 × 车列碾压频次对设备影响的概率值）+（信号机开放频次 × 信号机开放频次对设备影响的概率值）+（车列运行线别 × 车列运行线别对相关设备影响的概率值）=状态修预警值。

　　系统通过正向参数 - 反向参数 × 反向参数概率值，将参数所涉及的数据定向获取并统计整理存储至缓存中，根据缓存数据计算得出信号设备每个检修项目的状态修参考值 C。将得出的状态修参考值 C 与状态修安全基准值 $J1$ 进行对比，当 $C < J1$ 时，系统自动将所有反向参数与反向参数概率值进行极值法运算，得出信号设备每个检修项目的状态修预警值 S，并与状态修预警基准值 $J2$ 进行对比，当 $S > J2$ 时，该项目（或单项部件）立即进行状态维修，当 $S \leqslant J2$ 时，该项目处于安全状态，从而得出所有信号设备对应的公式运算状态。

　　4. 通过人工评价影响设备运用状态

　　不能纳入电气特性监测的项目（如设备外观、机械强度等内容）由检修人员人工巡视信号设备状态，发现问题及时予以评价，系统记录并计算新的人工评价的设备状态。

　　5. 通过数据挖掘技术及时发现设备隐患

　　实时采集数据与分析结果，利用数据挖掘技术通过数据清理、数据变换、挖掘实施等过程，从海量数据中获取所需信息。

　　（1）信息收集

　　通过 TCP（Transmission Control Protocol，传输控制协议）实时接收站机数据，将收集到的信息存入数据库。

　　（2）数据集成

　　把不同来源、格式、特点、性质的数据在逻辑上或物理上有机地集中整合。

　　（3）数据清理

　　数据库中的数据有一些是不完整的（有些属性缺少属性值），含噪声的（包含错误的属性值），并且是不一致的（同样的信息不同的表示方式），因此需要进行数据清理。

　　（4）数据变换

　　通过平滑聚集、数据概化、规范化等方式将数据转换成适用于数据挖掘的形式。对于有些实数型数据，通过概念分层和数据的离散化来转换数据，也是重要的一步。

　　（5）挖掘实施

　　根据数据仓库中的数据信息，应用统计方法、事例推理、规则推理、模糊集等方法处理信息，得出有用的分析信息。

在这些数据与设备间建立关联规则，针对每一个信号设备，将全部的影响因素有机融合，进行分类整理和运算，从而判断出设备是处于正常状态还是异常状态。

（六）功能实现

1. 公式计算

将各项设备原标准化检修分解表中每一个项目按照检查步骤细化成若干条，确保单项检修项目分解结构的合理性和可实施性，从而确定纳入状态修公式计算的检修项，并结合《普速铁路信号维护规则》中各项设备的技术标准，确定影响设备稳定运行的14项技术参数，系统自动将其划分为正向参数、反向参数、反向参数概率值三类。通过正向参数−反向参数 × 反向参数概率值，将参数所涉及的数据定向获取并统计整理存储至缓存中，根据缓存数据计算得出信号设备每个检修项目的状态修参考值 C。将得出的状态修参考值 C 与状态修安全基准值 $J1$ 进行对比，当 $C < J1$ 时，系统自动将所有反向参数与反向参数概率值进行极值法运算，得出信号设备每个检修项目的状态修预警值 S，并与状态修预警基准值 $J2$ 进行对比。最终将所有信号设备的所有纳入公式计算的检修项目计算结果进行整合，得出所有信号设备对应的公式运算状态，目前包含四类信号设备，每类设备存在差异。

例如，神池南站 ZYJ6、ZYJ7 道岔，共34项检修项（可进行灵活的自定义配置），对每项检修项分别计算，如果该检修项未曾整改过，那么在公式计算中，抓取单月的扳动数据进行运算，且不受 Pk 等参数影响。如果整改过，则按照最后一次整改时间开始抓取该设备数据进行运算，同样不受 Pk 等参数影响。

2. 人工评价

将各项设备原标准化检修分解表中每一个项目按照检查步骤细化成若干条，最终将各项标准落实到单项的设备部件上。按照细致、严谨的要求，确保单项检修项目分解结构的合理性和可实施性，从而确定人工评价的检修项，并结合《普速铁路信号维护规则》中各项设备的技术标准，人工巡视信号设备状态，发现问题及时对信号设备进行评价，系统记录并计算新的人工评价的设备状态，并更新数据库记录，在记录后，更新信号设备缓存数据，从而做到实时确定设备状态，目前包含四类信号设备，每类设备存在部分差异。

3. 车列运行线别采集

从数据库中将所有设备取出，根据现场设备位置，针对每个设备逐一判定车列运行线别，并纳入状态修计算，以此完成车列运行线别采集。

4.实时曲线采集

根据现场设备使用情况，利用微机监测智能分析与故障诊断系统实时采集曲线（计划包含液压道岔的功率曲线、电动道岔的电流曲线、轨道电路的实时电压曲线、信号机的实时电流曲线），对其进行数据转义并校验，将原始数据通过TCP上传至神池南站服务器。在接收到实时原始数据后，对其协议包进行拆包操作，并对数据进行转义校验，校验正确的数据再与所采集到的配置文件（包含道岔曲线配置文件、开关量配置文件、模拟量配置文件）整合，以定位设备并根据特定格式正确解析数据，解析后的数据存储至内存中（包含数据时间、转换方向、具体曲线数值、曲线码位、设备名称等数据内容），并保留固定量数据作为多平台客户端数据源。

5.设备使用频次分析

根据现场设备使用情况，系统将实时采集的开关量、模拟量、道岔功率曲线等数据进行转义校验，校验正确后进行解析并存储至内存。通过系统基础数据、知识库的支撑，对其进行数据综合分析并进行可靠性判断，得出科学且准确的使用频次数据并存储至数据库中，以此完成设备使用频次采集。系统可分析采集的具体项如下：道岔扳动频次，道岔过车频次，轨道电路过车频次，信号机开放频次，信号机开放时间，故障、障碍发生次数。

6.站场设备状态管理

系统在权限验证成功后，自动获取该车站对应的所有设备状态概况，并以站场平面图的方式显示。

7.设备评价

需要对指定设备的指定检修项进行评价时，可在主界面站场图中给出相应提示。

8.设备整改

需要对指定设备的指定检修项进行整改时，在主界面站场图中可以录入整改内容、整改班组、整改人、现场照片等内容。

9.公式参数管理

需要对指定设备的公式参数进行设置或修改时，可在主界面站场图中显示出来，实时更新该设备状态并显示。

10.二维码生成

需要生成设备的二维码时，可在主界面站场图中生成该设备的二维码，同时提供直接扫描和下载的功能。

11. 检修项管理

需要管理指定设备类型的检修项时，可在主界面添加、修改、删除检修项（包含检修项名称、劣化等级等内容）。

12. 设备评价检索

需要查看设备评价时，可在主界面获取所有设备评价记录，系统将数据解析后显示在列表中，并支持按照条件精确查找（包含设备名称、设备类型、时间范围等条件）。

13. 设备整改检索

需要查看设备整改时，可在主界面获取所有设备整改记录，系统将数据解析后显示在列表中。

（七）移动终端使用实例

1. 移动端设备状态概况

在凭证验证成功后，系统会调用相应接口获取该车站对应的所有设备状态概况，并等待返回结果，如成功获取，则将该数据解析后以列表形式显示。

2. 移动端设备状态检索

在设备状态显示列表中，可实现设备状态检索模块，可以通过输入关键字，实现对设备状态的便捷搜索。

3. 移动端设备评价

需要对指定设备的指定检修项进行评价时，可在设备状态列表中录入评价内容，并上传现场照片，系统将智能给出提示并实时更新设备状态。

4. 移动端设备整改

需要对指定设备的指定检修项进行整改时，可在设备状态列表中录入整改内容，并上传现场照片。

5. 移动端扫一扫

在现场工作人员需要对指定设备进行评价、整改、查看实时状态操作时，可通过扫一扫的方式进行快速准确的设备定位。

6.移动端记录查询

需要查看评价整改记录时，系统可调用相应接口获取所有设备评价整改记录，将数据解析后显示在列表中。

7.移动端记录详情

需要查看某条记录的详细内容时，系统会响应该操作，展示本记录的所有内容。

（八）设备状态检测系统的建设完善

在设备的运行维护方面，以前掌握设备运行状态的手段有限，主要采取"望、闻、问、切"的人工检查方式，存在主观性强、误差大、效率低、时效性差等缺点。随着状态修管理体系的建设，原平分公司建立了基于微机监测、微机监测智能分析与故障诊断系统、电缆温度监测系统、智能电缆标桩管理系统、道岔缺口监测系统、地网监测、道岔融雪监测、视频监控等监测检测系统的设备运行状态评价体系，可以准确掌握设备的运行状态，并在站场图上进行呈现。设备存在隐患时，会以不同颜色的图标显示设备健康状态。蓝色表示设备存在轻微隐患，需加强观察；橙色表示设备存在较严重的隐患，需尽快安排检修；红色表示设备存在严重隐患，需立即进行检修，否则可能导致设备故障。这方便了维护人员一目了然地掌握全站设备的健康状态，对"亚健康"设备有针对性地进行精准维修。

三、主要创新点和亮点

（一）企业文化整体提升

维修体制改革，是一项庞大的工程，以人工智能为辅助手段，发挥"人工智能＋"的作用，其中"＋"就是具体设备的维修实践，牵涉到全公司所有员工。

在改革过程中，公司主要领导牵头，班子成员集体决策，进行顶层设计，各科室各负其责，各工队严密组织，各班组员工针对具体设备学习和钻研技术，做好具体落实。职工业务素质、班组学习氛围、单位企业文化等，得到整体提升。

（二）作业效率大幅提高

利用状态修管理体系，能方便地确定设备维修等级（无须维修、一般维修、重点维修等），有利于减少不必要的重复劳动，有利于提高劳动生产率，有利于降低人身安全风险，有利于集中精力解决主要矛盾，有利于提高设备安全性和可靠性。使用两年来，效果明显。

智能系统准确实现了公式计算、人工评价、设备使用频次采集、车列运行线别采集、实时曲线采集、站场设备状态检索、站场平面图、查看设备概况、设备评价、设备整改、公式参数设置、公式参数修改、二维码生成等功能。并且系统具备可理解性、操作相关的一致性、易用性、可靠性、兼容性、安全性。根据现场要求，系统通过计算机技术对信号设备电气特性参数和工作状态进行采集和诊断，并结合人工评价综合判断设备的使用状态。

微机监测智能分析与故障诊断系统，历经近10年的持续改进和系统升级，现已具备130余项智能分析和诊断功能，实现了对各类监测数据的自动分析、智能诊断、趋势预判和故障指导、道岔功率包络曲线和标准曲线生成，真正实现了对道岔转换全过程的动态管控和精准预警。全面提高了道岔监测曲线分析效率，至少减少了80%数据分析工作量。以2019年的数据为例，神池南至西柏坡13个车站790组道岔累计产生了2531484条曲线，道岔日均转换7000次，平均每12秒就有一组道岔转换，如此大的分析工作量，人工分析需要43人连续工作8小时，而智能诊断只需2人即可轻松胜任。

（三）安全管理得到加强

在状态修管理体系的建设过程中，随着各应用系统的完善，现场安全生产管理得到全面加强。在现场作业安全防护方面，传统防护由驻站联络员、现场防护员相互配合完成，掌握行车信息完全依靠驻站联络员的通报，存在漏报、确认不清的弊端。现在依托专家诊断系统开发了基于联锁进路的智能防护系统，可对作业人员进行全站播报或列车接近作业区域时播报行车信息，实现了一部终端可掌握全站所有行车信息的目标。在现场人员管理方面，依托现场视频监控系统，驻站防护员可以知道现场作业人员的具体位置，列车接近时，现场作业人员可知自己是否按要求下道避车。通过技术手段补强了现场作业安全防护体系，进一步提高了作业的安全性。

在设备安全管控方面，通过智能信号电缆标桩和维护管理系统，实现了标桩倾斜、位移、扰动报警，为光电缆径路稳定运行提供了重要的技术支持和安全保障；信号电缆温度监测智能预警系统，实现了电缆温度异常变化自动预警，能够有效预防牵引电流通过电缆侵入信号机械室引起的重大火灾事故。

（四）优化和改进了修程修制

各类监测数据的智能统计分析和综合运用，为改进和优化修程修制提供了数据支持，能够结合设备使用频次、线路行别、过车轮对及总重、信号机开放时长、设备全生命周期档案等条件，分级分类明确"检、养、修"的标准、周期、范围和内容，形成差异化维修策略，以问题为导向，"天窗点"精准派工，全面开展设备规模化集中修工作。具备自检、监测等功能的设备实现了预防性状态修，其他设备实现了由周期性计划修向精准修的转变。

（五）现场实施效果分析

原平分公司基于人工智能的铁路电务专业状态修管理体系，经过两年多的运用实践及不断完善，其使用效果明显，主要表现在以下方面。

1.功能齐全直观

实现了以站场平面图形式显示信号设备实时状态，将设备状态分为正常状态、注意状态、异常状态及严重状态，并在界面上显示设备状态。

2.使用简单方便

系统研发移动端软件，可随时查看设备电气信息，不仅能看到，而且知道正常与否，有助于故障指挥处理。系统具备二维码输出功能，可通过扫码进行设备评价、问题整改和设备电气信息的实时查看。点击设备名称即可看到非正常状态设备存在的问题，并进行整改操作，同时将设备状态信息推送到移动终端。

3.便于历史记录查询和运用告警

智能系统可通过开关量、模拟量等大量实时数据智能分析道岔扳动频次、车列碾压频次、信号机开放频次、信号机开放时间等信息，且具备将分析结果代入公式技术参数中动态计算并显示的功能。

4.降本增效成果显著

自实施状态修以来，试点区域信号设备检修实现了由"完成任务多"向"作业效果好"转变，由"周期修"转变为"状态修"，实现了对信号设备的"精准修"和"精细修"，优化了维修周期，减少了作业频次和工作量。

下面从三方面来说明状态修实施效果：

（1）工时对比

以神池南Ⅱ场下行咽喉设备为例，共有27组道岔、31架信号机、34个轨道电路及50个电缆盒，每年需要1603个工时去维修设备，其中还不包括日常隐患处理所需的工时。自从实施状态修试点以来，结合设备实际情况，对设备检修项目及周期等进行了合理的优化，制订了"设备状态量评定表"，进一步压缩了维护设备所需人力，维护管内设备仅需要1191个工时/年，检修工时减少了25.32%。

（2）设备故障、障碍的对比

通过对设备隐患以及维护设备所用工时的了解，可以发现状态修可以节约人工，提高工作效率，但现场设备的稳定系数就要通过各阶段所发生的故障及障碍来衡量了，实施状态修后，随着设备及时消除，设备故障呈大幅下降趋势。

如图1所示，随着状态修的推进，设备的稳定系数明显提高，设备故障、障碍的数量显著减少。

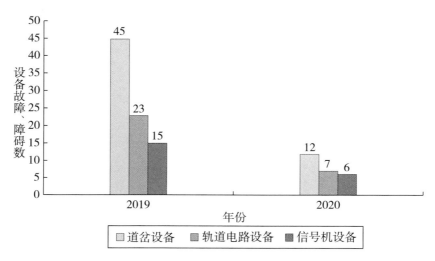

图1　2019—2020年设备故障、障碍数量对比

（3）具体实例

下面分别选取了具有代表性的一组道岔与一个轨道电路区段，从一年维护所用工时来进行实际说明，如图2所示。

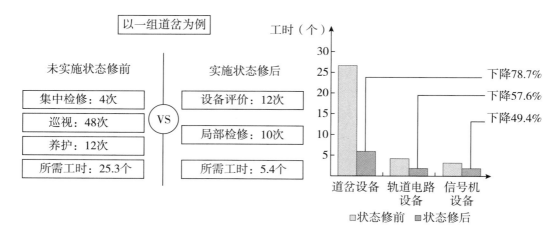

图2　工作量对比

① ZYJ7道岔设备

ZYJ7道岔在未实施状态修以前每年需集中检修4次、巡视48次、养护12次，年均克缺20余次，共需25.3个工时，而现阶段仅需要进行12次评定和年均10次的局部检修，共需5.4个工时，较之前省去约20个工时，节约了78.7%的人力。将神池南站信号设备换算成道岔组数，共4612.8组，全年可节约91794.72个工时。以一名信号工一年平均工

资10万元计算，全站信号设备全年可节约人力成本420万元，降本增效成果显著。

②轨道电路设备

站内轨道电路在未实施状态修以前每年需集中检修2次、巡视48次，年均克缺1次，共需4.17个工时，而现阶段只需要进行12次评定和1次局部检修，共需1.77个工时，较之前节省了2.4个工时，节约了57.6%的人力。

③信号机设备

信号机在未实施状态修以前每年需集中检修1次、巡视24次，年均克缺1次，共需3.5个工时，而现阶段只需要进行12次评定和1次局部检修，共需1.77个工时，较之前节省了约1.73个工时，节约了49.4%的人力。

综上所述，随着状态修的实施，在保证设备应用质量的情况下，既大幅度节约了设备维修工时、人力，又能对设备做到精准修、精细修，还能及时发现问题、处理问题，对设备的状态实时掌控，提前消除不利因素，保证设备的稳定。随着状态修综合管理系统及相关App的研发使用，借助网络手段，微机监测、现场设备状态、专家诊断系统等将在同一个平台上实时共享，使状态修工作科学化、数据化、高效化。

5.经验全面推广应用

原平分公司将状态修研究成果在管内各站进行了推广应用，例如将设备预报警统计分析、逻辑判断、道岔功率包络曲线等功能移植到沿线各站专家诊断系统中，提高了各工队生产效率，降低了设备故障率。

四、应用体会和推广前景

（一）状态修适应维修改革的趋势

对电务设备实现状态修，是多年来电务工作者倡导和追求的目标，也进行了大量的研究和实践。近年来，人工智能、云计算、物联网等新技术在全社会各个领域发展迅速，为电务维修体制改革提供了技术条件支撑，特别是国家能源集团提出的智慧铁路建设，为状态修的实现起到了极大的促进作用。

运用人工智能系统，实时采集数据，以数据挖掘技术在海量数据中获取所需信息，在数据与设备间建立关联规则。这基本解决了从计划修向状态修的转变，这是一次维修改革的重大实践，解决了多年来电务工作者想解决而无法解决的难题，在维修改革的道路上迈出了可喜的一步。

人工智能分析系统按照需求分析、架构设计、具体实施、功能测试的步骤一步步完成研发。可针对每一个信号设备，对多种影响因素综合考虑，进行分类整理和运算，从而判断出设备是处于正常状态还是异常状态，据此安排维修计划。这不仅缩短了维修时间，降低了维修费用，提高了信号设备运用质量，也降低了发生人员伤亡的可能性。

（二）效益分析

1.社会效益

信号设备实现状态修是铁路信号设备维修模式的变革，具有重大的实用意义。

原平分公司在电务设备状态修改革中，采用人工智能系统，运用先进的大数据、人工智能及计算机技术，将先进技术与铁路发展需求相结合，运用科学技术保安全，促进铁路行业的发展。该系统投入使用后，经现场验证，可以改变传统周期修模式按时间进行设备检修为按设备的运用状态检修的状态修，有效提高了设备的运用质量，大大减少了电务工作人员的劳动强度，提高了工作效率和质量，节约了人力资源，实现了以更少的人做更多、更高质量的事。这对于解放劳动力，促进铁路运输业的发展和社会进步都有着积极的推动作用。

2.安全效益

在铁路运输中，特别是在运输设备维修中，安全即最大的经济效益。有效减少信号设备故障对运输的干扰，降低设备维修对运输的干扰，减少维修人员上道作业存在的人身安全风险，与经济社会效益密切相关。

原平分公司有了铁路信号设备状态修综合管理系统，电务工作人员可以直接在电脑前监测信号设备的使用状态，在设备状态异常时安排维修，避免了周期修模式下利用列车间隙进行设备零星维修。作业人员年均上道频次减少了70%，基本实现了"非天窗不上道"和"行车不作业、作业不行车"的管理目标，人身安全风险大幅降低。

3.经济效益

（1）提高运输增益

使用智能系统估计可有效减少信号故障30%左右。根据朔黄铁路2020年3.3亿吨的运量目标，每吨千米单价0.12元计算（运量/365天/24小时/60分钟×吨千米单价×朔黄铁路千米数），平均每影响运输一分钟可造成直接经济损失5万元左右，按照每个信号故障影响运输20分钟计算，每减少信号故障1个就可提高运输收益100万元。

（2）缩短维修占用时间，降低维修费用

状态修不同于之前的周期修，它倡导的是该修的要修好，不该修的不乱动，使设备处于可靠受控状态。在保证设备可靠性的条件下，将设备维修分出轻重缓急，根据设备状态和使用情况确定维修频次、内容、时间。这样既提高了维修效率、缩短了维修时间，又降低了维修成本，让设备在最经济的适度维修下发挥全部功效，达到最佳的投入产出经济效益。

（3）提高信号设备运用质量

根据信号设备运用状态采取相应的维修方式，针对性强，既减少了过度维修造成的信号设备损坏和磨损，又避免了高使用频次的信号设备的欠维修缺口，在一定程度上提高了设备运用质量。

（三）推广应用前景广泛

铁路信号设备实行状态修是铁路维修改革的主流趋势，原平分公司管内线路曲线半径小、坡度大、桥隧多，汇聚了集团铁路曲线半径最小、线路坡度最大、桥隧涵最多、地质结构最复杂、设备养护最难的"五大之最"，属典型的山区铁路。在此环境下开发应用状态修管理系统，很有示范引领作用，可在国家能源集团重载铁路，乃至全国铁路推广应用，前景广泛。

主创人：王　风　苏有斌
参创人：徐炳辉　吕　红　尹　明　张　斌　白宏权　李志云　张　岩　朱德华

创新"智慧党建+" 打造"无愧于党的诞生地"一流党建品牌

国网上海市电力公司

前言

国网上海市电力公司(以下简称"上海电力公司")认真贯彻落实习近平总书记"把抓好党建作为最大的政绩""人心是最大的政治"的指示要求,坚持发挥党建引领"新优势",通过"智慧党建"全面贯彻落实两个"一以贯之",保障政治引领作用精准发挥,深化党建和业务内嵌融合,强化党的组织网络和工作网络全面贯通,推动实现"五全五心"的智慧效果,全力打造"一屏观党建、一网聚人心"的智慧党建中心,既为企业数字化转型赋能赋智,又为事业发展和打造"四心""四有"干部队伍凝聚人心,更为服务党和国家的重大部署、重大应急、重要民生发挥关键作用,切实彰显能源央企的政治价值、经济价值、社会价值、品牌价值和信仰价值,打造"无愧于党的诞生地"一流党建品牌。

一、建设背景

(一)新时代国有企业党建的新要求

1.习近平新时代中国特色社会主义思想对国企党建的要求

党的十八大以来,习近平总书记提出了关于国有企业改革发展和党的建设的一系列新思想新观点新论断。习近平总书记指出,坚持党的领导、加强党的建设是国有企业的"根"和"魂",要通过加强和完善党对国有企业的领导、加强和改进国有企业党的建设,使国有企业成为党和国家最可信赖的依靠力量,成为坚决贯彻执行党中央决策部署的重要力量,成为贯彻新发展理念、全面深化改革的重要力量,成为实施"走出去"战略、"一带一路"建设等重大战略的重要力量,成为壮大综合国力、促进经济社会发展、保障和改善民生的重要力量,成为我们党赢得具有许多新的历史特点的伟大斗争胜利的重要力量。习近平总书记要求我们必须坚定"央企姓党"的政治自觉,强化"六个力量"政治担当，确保改革发展正确方向；必须贯彻落实新发展理念，充分发挥国有企业市场主体作用，提高国有资本效率、增强国企活力，融入和促进"五位一体"高质量发展；必须坚持"人心是最大的政治"，始终做到强信心、聚民心、暖人心、筑同心，引领职工群众听党话、跟党走。

2. 全国国有企业党的建设工作会议对央企党建的要求

习近平总书记在全国国有企业党的建设工作会议上提出了两个"一以贯之"的要求，他强调"坚持党对国有企业的领导是重大政治原则，必须一以贯之；建立现代企业制度是国有企业改革的方向，也必须一以贯之"，阐明了国有企业必须坚持党的领导、加强党的建设，指出中国特色现代国有企业制度"特"就特在把党的领导融入公司治理各环节，体现了国有企业本质属性和现代企业基本属性的有机统一，为抓好国有企业党建工作指明了方向。

3. 国家能源安全战略部署对电力央企党建的新要求

习近平总书记在2014年6月13日中央财经领导小组第六次会议上提出了"四个革命、一个合作"国家能源安全新战略（即积极推动能源消费革命、供给革命、技术革命、体制革命，全方位加强国际合作），要求能源工业由高速增长向高质量发展转型，加快能源领域供给侧结构性改革，主动适应能源消费清洁化、生产电气化发展趋势，满足人民美好生活需要。同时，全面落实"总体国家安全观"，做好国家能源安全的坚强专业支撑。为此，电力央企党建的主要任务，就是坚持政治引领、强化责任担当，发挥党组织战斗堡垒和党员先锋模范作用，团结凝聚全体党员干部群众，服务社会发展，保障民生。

4. 高质量发展对央企党建的新要求

在"大云物移智"等新技术催生的数字经济背景下，国有企业顺应经济高质量发展和深化国资国企改革新趋势，加快实施数字化转型，成为做强做优做大的战略突破口。这迫切需要发挥党建的引领力、凝聚力、组织力、战斗力，培养"有信仰、能干事"的高质量人才队伍，以高质量党建引领企业高质量发展。

（二）电力央企数字化转型对党建的新挑战

1. 电力央企面临数字化转型的紧迫需求

习近平总书记在2019年中央经济工作会议上强调要大力发展数字经济，"数字中国"建设正如火如荼地推进。在能源革命与数字革命融合交汇之时，电力央企必须走一条符合时代发展需要、满足人民需求的高质量发展道路。数字化转型将有助于企业在新形势下培育新增长点、打造新动能，驱动生产方式、经营方式、商业模式创新，实现运营精益、服务精准、决策智能、绿色高效。

2.电力央企数字化转型的思路布局

电力央企数字化转型以全面感知、万物互联为基础，以大数据分析预测为手段，以数字技术与企业治理融合为抓手，形成需求和供应随时动态匹配的能源互联网。始终把握能源革命与数字革命融合、数据资产与实体资源融合的实质，"两个革命"融合的核心是绿色高效，"两个资产"融合的核心是盘活优化；始终运用数字思维，基于流程优化，实施流程信息化，先"量化管理"，再"管理量化"，做到用数据说话、决策、管理、创新；始终坚持党建引领独特优势，推动党建工作与生产经营内嵌融合，确保数字企业建设方向正确、企业文化红色鲜明，为构筑智慧企业提供强大的愿景勾勒能力、创新引领能力和场景构建能力。

3.当前央企党建亟须解决的关键问题

一是党建工作与业务工作"两张皮"问题没有根本破解，反映在党建工作和业务工作的流程设计上嵌入融合不足、管理资源上没有打通、价值转化上成效不明显。二是党建工作仍存在重形式轻内容、重痕迹轻实效、重数量轻质量等问题，根源在于党建工作评价定量少定性多，质量标准体系缺乏算法支撑。三是党建引领意识形态工作能力有待加强，反映在企业思想政治工作与人力资源开发、企业文化建设等工作结合不紧，对员工的所思所想所忧所愿掌握不全。四是党建工作方法载体创新不多，反映在抓"人心"缺乏场景和效果、搞"活动"缺乏吸引和效力、抓"赋能减负"缺乏工具和效率。这些与能源互联网企业生产经营的实时性、互动性、智能性、便捷性等特点不相适应。如何运用互联网思维、数字化技术，打造"智慧、高效、精准"的党建创新模式，更好适应并引领现代企业经营管理，是央企党建工作破解问题的新机遇。

4.企业数字化转型对党建工作的新挑战

数字经济时代的企业数字化转型给新时期党建工作带来了挑战。一是能源互联网企业党建工作思路面临新挑战，企业党委要切实履行"把方向、管大局、促落实"职责，运用互联网思维发挥党建优势，引领保障数字化转型。二是传统党务工作管理模式面临新挑战，只有使党务管理也同步数字化转型，提升管理效率，才能跟上数字企业"秒级"发展步伐。三是网络阵地意识形态风险防控面临新挑战，只有提升党建工作在网络空间的组织力和影响力，创新党员谈心交心、党性教育的形式和阵地，才能变"说教"为"乐教"，形成"人人共识"的良性管理局面。

二、建设思路

（一）构建智慧党建引领数字企业建设新模式

1.运用数字技术构建智慧党建

数字技术具有覆盖面广、普适性强、安全性高、传输速度快等显著特点，所以运用数字技术构建智慧党建，是国有企业党建工作适应企业数字化转型的有效模式。如：数字量化技术，可把党建工作定性的"软任务"转为量化的"硬指标"，推动形成量化具化的党建管控标准；大数据分析技术，在党建数据汇总基础上，通过数字建模，强化数据分析、价值挖潜、研判运用，为重大决策提供参考依据，对党组织、党员进行状态评估和精准画像；监测预警技术，针对党建工作核心指标、重点环节、关键任务的全程数据进行管控，实现党建状态预警、态势判断、趋势预测等综合功能。数字中台技术，将中台思维应用到党建资源组织中，为基层党组织发挥战斗堡垒作用和一线党员发挥先锋模范作用提供高效的中台服务。

2.处理好党务信息化和党建智慧化的关系

党务信息化是基于党务数据收集、汇总的"统计技术"创新，是党建工作智慧化的前提和基础。近年来，市场上各类党务信息化平台不断推陈出新，在党务工作数据管理、平台化运作等方面做了有益探索。智慧化是党务信息化的目标，是推动"党建价值创造"的模式创新，更加注重对党建工作的精准分析和价值研判，更加注重对企业职工的政治引领和思想凝聚，是促进业务融通、基层贯通、人心相通的新形态，是提升党建工作科学化水平、推动党建价值创造的模式创新。

3.让智慧党建成为数字企业发展的"红色大脑"

数字企业是数字经济时代企业发展的必然趋势，是智慧党建的运转载体和作用主体。智慧党建与数字企业同步建设的过程中，以智慧党建中心为平台，通过党建管理和企业管理在业务流、数据流、价值流的实时融合，切实解决党建工作中可能存在的"脱离业务""脱离实际""脱离实效"等问题，使企业转型发展有了"红色大脑"。

4.创造红色价值

智慧党建打造党建工作新生态，激发红色动能，创造红色价值。一是充分发挥国有企业"六个力量"，坚定践行"两个维护"的政治价值。二是有利于国有资本保值增值，提高企业核心竞争力，放大国有资本功能的经济价值。三是坚持以人民为中心的发展思想，践行人民电业为人民宗旨的社会价值。四是打造智慧党建与企业生产方式相结合、经营方式相契合、商业模式相融合的独特品牌价值。五是坚定理想信念，建设精神家园，筑牢"守初心、担使命"的信仰价值。

（二）突出智慧功能

1.以数字化支撑核心应用，为提升"三化"奠定基础

支撑党建信息服务，包括党组织的互动服务、党建工作各类信息资源的整合共享；支撑党务工作服务，打造党务工作工具库，实现党建日常工作、重大任务、重要指标的有效支撑和及时预警；支撑党建管理服务，通过监督管理使党建任务全程可控，构建评价模型展开全面评估应用，实现党建管理标准化、规范化和专业化。

2.实现智能化与智慧化，为"红色大脑"提供保障

通过智能化应用提升认知管理，强化"党建+业务"深度融合与信息互通，通过大数据应用、智能分析、量化管控，深度支持"全景看、全息判、全程控、全网动、全面评"；通过智慧化分析提升决策管理能力，以价值创造为鲜明导向，提升党建工作依法决策、科学决策、智慧决策综合水平，让党的建设整体上实现智慧运行。

三、主要做法

（一）建设驻沪央企首家智慧党建中心

为深入学习贯彻习近平总书记"把抓好党建作为最大的政绩""人心是最大的政治"重要指示，落实国家电网公司"旗帜领航·三年登高"部署要求，借鉴上海市委书记李强关于"一屏观天下、一网管全城"的"城市大脑"建设理念，上海电力公司率先探索建设驻沪央企首家智慧党建中心，初步建成"一云一网一中台"的党建业务中台系统，持之以恒强根铸魂、聚智慧心、赋能增效。党建中心功能和成效如下：

1.一屏管党建

聚焦新时代党的建设"5+2"总体布局，把政治建设摆在首位，坚持思想引领、理论武装、学用贯通。基于强大的国网云和公司数字底座，构建"1+34"智慧党建（纪检）中心网格，运用"智慧地图"建强"党委—党支部—共产党员服务队—攻坚小组"战斗力矩阵，通过数据共享、量化管控完善党建信息服务、党务工作服务、党建管理服务，通过实时监测、指标预警提升党建工作闭环管理，通过智能分析、态势预判辅助提升党委决策管理，不断健全智慧党建数据库，形成发现问题、系统预警、责任到人、督促整改的全程管控机制，实现对可能出现的"空白班组"及时预告预警等功能，

做到实战管用、基层实用、员工受用，实现智慧党建"全景看、全息判、全程控、全网动、全面评"功能。

2.一云融业务

聚焦"1+3+1"国家重大战略落地、国家电网公司战略目标和"一体四翼"战略布局，构建"智慧党建+业务双链融合"模式，创新开展"智慧党建+八大应用生态"场景建设，迭代更新"架空线入地""供电可靠性提升""市外输电通道""双碳"等60个应用场景。2020年新冠肺炎疫情暴发以来，结合"隐语义谱聚类"算法的探索运用，上海电力公司通过"智慧党建+抗疫保电"精准调配571名党员连续698天坚守一线，保障全市373个抗疫保障重点单位供电安全可靠。三年来，持续探索贯通"一屏一码一终端"，科学划分党员责任区、精准设置党员示范岗，把党员服务队和党员先锋模范作用延伸到组织末端和基层一线，通过"战斗堡垒在现场"持续开展书记抓党建述职评议、一线入党宣誓、"青豫线"工程连线、基层党支部联学等联学直播活动，让党旗在一线高高飘扬。

3.一网聚人心

聚焦思想凝聚、情感凝聚、事业凝聚，创新提出"慧心指数"，把"四感两度"（获得感、幸福感、安全感、归属感；业绩贡献度、测评满意度）作为智慧党建管理指标，凝聚员工思想共识，培育员工正确的职业价值观和幸福奋斗观。探索运用小波基函数，动态分析员工思想动态，及时了解并回应员工所思所想所忧所愿，把握员工思想脉搏。深入开展红色基因"传帮带"工程，构建智慧党建"精神长廊"，及时挖掘、培育、宣传和形成抗疫保电和复工保障"群英谱"，大力宣传疫情中涌现出的先进集体、个人和"四心四有"党员干部。

（二）深入实施"智慧党建+"工程

1.坚持"四个原则"，强化融入融合

（1）坚持政治引领，内嵌融合。以"智慧党建+"为载体，将党建内嵌融合关键业务流程和重点环节，打通党建与业务的专业壁垒、流程节点、融合渠道，增强党建引领保障业务发展的价值创造能力。

（2）坚持正确准确，精准有力。强化党建智慧化和智慧能力体系建设，推动各级党委正确又准确地落实"把方向、管大局、促落实"领导作用，推动各党组织科学划分党组织党员网格，精准调配党组织党员力量，打造党建工作新生态。

（3）坚持聚智慧心，赋能增效。提升党建在网络空间的组织力和影响力，始终做到强信心、聚民心、暖人心、筑同心。积极运用"互联网+"新技术，强化数据运用的叠加和溢出效应，让党建工作跟上能源企业发展的"秒级"步伐，切实为基层党组织减负。

（4）坚持全面贯通，高效实用。把智慧党建中心打造成为"强前台、智中台、大后台"，构建贯穿各级党委、党支部和全体党员的组织网络，实现全网覆盖、全面贯通、协同联动、开放共享、一脉管理。

2. 强化组织覆盖，织密一张网

（1）在单位建制上实现智慧党建网全贯通。2020年2月3日智慧党建中心正式启用，"红色智慧大脑"初步建成。2020年3月中旬，在基层供电公司、专业公司和市管产业单位开展分中心试点，截至2020年6月30日，34家基层单位智慧党建分中心全部建成，构建"1+34"智慧党建中心网格，实现"通网络、通标准、通数据、通场景"。

（2）在组织体系上实现战斗力矩阵网全覆盖。逐级完善"公司党委—基层党委—党支部—党员"组织体系网，并纳入智慧党建平台统一管理，34个基层党委已全部设立智慧党建监控屏，在354个基层党支部推广"闪亮码"，下一步将在6655名党员中试点推广移动终端，通过"一屏一码一终端"打通党组织"神经末梢"，形成四级联动、纵向贯通的战斗力矩阵。

（3）在班组站所上实现组织布局网全覆盖。通过智慧党建健全党建数据库，动态研判党组织党员分布情况，对可能出现的"空白班组"及时预告预警，确保704个一线班组班班有党员；同时按照"重大保电优先、重点项目优先、营商环境优先、民生服务优先"原则，科学划分党员责任区、精准设置党员示范岗，做到"应建必建""应设必设"，在疫情防控、复工复产、电网基建、进博保电现场等工作环节累计设立党员责任区1606个、示范岗1211个，24个重大项目现场全部成立临时项目党支部，党旗在一线高高飘扬。

3. 破除资源壁垒，汇聚一朵"党建云"

上海电力公司联合互联网部将智慧党建系统部署到国网公司通信网端的"国网云"上，使党建数据与运检、营销、基建等业务系统数据处于同一云端，增强了党建和其他业务数据的共享交互，有效打破了数据条块壁垒和数据要素壁垒，实现了相关业务领域中党组织覆盖情况、党员力量情况实时显现，为精准匹配党组织党员力量提供数据支撑和决策参考。

以服务自贸区临港新片区特斯拉超级工厂供电工程建设为例，上海电力公司调取新建电缆排管和电缆敷设工程量，经比对同等规模项目后发现，此工程需要360天才能完成。为确保工程加快推进，在工程前期就组建3支党员突击队，22名党员用30天时间完成前期任务，比同等规模项目缩短2/3的时间；在工程建设阶段成立5个党员突击队、3个科研攻关团队，同步协调工程事项，加快项目推进速度，最终以168天、比同等规模工程缩短一半的时间完成了送电，充分诠释了国际领先的"上海速度"。

4.夯实基层基础，构建一个"中台系统"

将中台思维应用到党建工作中，以新时代党的建设"5+2"总体布局为基础，以"智慧党建+八大应用生态"为融入，构建中台系统，实现了智慧党建的"快、广、准"，进一步提升了党建信息服务、党务工作服务、党建管理服务水平，辅助提升了党委决策管理水平，全面提升了智慧党建"全景看、全息判、全程控、全网动、全面评"各项功能。

（1）通过数据实时采集实现"快"。各基层支部在国网公司党建信息系统形成的大数据基础上，把党员参与当前重要工作的情况信息通过移动设备进行实时上传，使中台系统对党组织覆盖、党员队伍发展、党组织生活开展等情况进行实时监测，对标准化建设相关数据进行实时汇总，按照数据的"主动""被动""自动"三个分类对未达标党组织所在的监控看板上进行实时预警、及时督办、闭环管理。

（2）通过党组织党员作用全覆盖实现"广"。根据公司重大任务计划，通过中台系统为安全、生产、营销、发展、经营、创新、改革、法治八大重点任务赋能。各级党组织与上下级党组织纵向贯通、与相关业务部门横向协同，针对每项重点任务的关键目标，综合运用党建载体，引导党组织和党员发挥关键作用。比如在智慧党建引领供电可靠性提升中，发挥党员带教团队的技术高地优势，培育供电可靠性提升专项技术人才，实现平均停电时长的缩短。

（3）通过党员精确调配实现"准"。通过智慧党建对党组织力量进行网格化管理，对基层党小组与班组党员力量进行及时研判，对党组织党员作用发挥重点数据进行监测，推动党员在关键时、关键事、关键地的"三到位"。

（三）打造"无愧于党的诞生地"的一流央企智慧党建品牌

1.传承红色基因

上海电力公司主动扛起守护"共产党人精神家园"的使命与担当，编制《初心·使命》红色图书；会同国网上海电力公司党校开发"一大为什么在上海召开""二大召开——指路明灯"等红色精品课程，在喜马拉雅平台开设红色电台；推进红色基因"传帮带"工程，凝练中国共产党革命精神促进重点业务工作的实践案例。由电力员工谱曲的《我宣誓》，唱响了入党誓词的主旋律，唱出了共产党员的党性气节，激发了企业党员投身共产主义事业的强大动力。上海市"十大"工人发明家谢邦鹏，从"三清博士"入职，历经两代劳模班长的红色基因传承，成为现代产业工人标杆，被授予全国劳动模范、第七届全国道德模范提名奖等荣誉。

2.聚力党建联融

上海电力公司搭建区域化党组织联动协同、沟通合作的平台，联建中共一大、二大、四大等红色资源，加入上海红色文化研究院，成为全国红色文化战略联盟首届理事单位；探索"长三角毗邻党建"模式，与195家地方党组织开展"手拉手"党建联建；充分利用智慧党建联学直播平台，开展党建工作交流推进会、基层党支部联学活动等，促进企业党建工作"上下联动、横向互联"。公司广泛联建中国浦东干部学院、上海红色教育基地等单位，国网上海电力公司党校"红庐"讲师团开发的精品党课曾登上中国浦东干部学院课堂，智慧党建"联融"效应进一步凸显。

四、建设成效

（一）突出"业务融通"，构建"智慧党建＋业务"双链融合模式

1. 聚焦"两场战役"

2020年1月25日，习近平总书记对疫情防控做出重要指示批示，上海电力公司迅速响应，调集党员力量增援保电点，服务数量有了明显提升；2020年3月底，为防境外疫情输入，上海增加了近百个隔离点，上海电力公司同步增加了党员保障力量；2020年4月9日，根据中央常态化疫情防控部署，及时优化调整党员力量，精准落实防疫策略。

创新"智慧党建＋抗疫保电＋复工保障"模式。在上海市疾病预防控制中心等六大类369家防疫重点保障单位设置党员责任区，在两大国际机场构建"严防境外输入"红色堡垒，对党组织力量进行网格化管理，对党小组与班组党员力量及时研判，精准调配571名党员连续351天支援一线。截至2021年1月8日，累计开展设备特巡22万余次，营销服务9.8万余次，严守"三道门"，严保"双零"目标。积极服务"六稳、六保"，创新运用"复工电力指数"，动态跟踪16个经济园区复工情况，有力带动上下游产业复工复产。

上海电力公司自2020年2月10日开始动态跟踪16个园区的复工电力指数，精准研判园区企业实际复工情况，其中洋山自贸区等几个园区从2020年2月20日开始复工电力指数已超过100，说明其恢复甚至超过正常时期的产能。2020年2月10—15日，企业集中复工第一周，集中党员力量，精准对接企业复工需求，全力做好企业供电保障。随着各企业相继复工复产，上海电力公司应需而变，精准调配。

2. 聚焦"1+3+1"五张王牌

构建"智慧党建＋双特级"保电模式。围绕中国国际进口博览会"越办越好"和浦东开发开放30周年庆典，上海电力公司强化党委"把方向、管大局、促落实"作用，号召党员先上，连续开展保电39天，共设置党员责任区334个、党员示范岗227个、临时党支部10个，共有45支党员突击队、55支党员服务队，累计开展保电站点巡检284789次，保电线路巡检14012条，发现并处理隐患436处，打造"双智驱动"（智慧党建＋智慧保电）的"世界会客厅"级保电模式，实现"六零三确保"目标。

3.聚焦"安全生产"

（1）开发"智慧党建+迎峰度夏"场景，加强上海市173个网格化电力抢修驻点党组织资源配置，落实2447座高低压泵站防汛责任，共设置党员责任区318个、示范岗179个，成立临时党支部7个，21支党员突击队、27支党员服务队、646名党员参与供电服务保障，累计开展巡视164920次、发现并处理隐患3225处、营销服务28349次。上海电力公司特高压直流奉贤换流站，在迎峰度夏期间承担上海高峰用电1/5负荷，53名党员在疫情防控期间实行全封站管理，创下连续安全运行十年（3240天）纪录，运行可靠性指标达到国际、国内领先水平。

（2）开发"智慧党建+市外输电通道安全"场景，在14条500千伏及以上入沪输电通道设立党员"区、岗、队"，创新运用"AI识别+GPS定位+边缘计算"智能监控手段，开展党员身边"无违章、无违纪、无事故"示范活动。

（3）开发"智慧党建+供电可靠性提升"场景，在上海市中心52个供电片区实现党员全覆盖，动态监测供电片区内供电可靠率情况，通过跨部门"支部联建"提高计划停电、故障抢修的协同工作效率，确保中心城区供电可靠率首次突破"五个9"（99.9998%），达到国际领先水平。

4.聚焦"电网建设"

（1）在"新基建"方面，与中国移动在数字"新基建"及5G创新应用等方面开展战略合作，常态化组织开展"岗位建功""三亮三比"主题活动，主动对接上海市15万个机柜和1万座5G基站提供优质配套服务，预计全年可新增电量近百亿千瓦时。

（2）在"特高压"方面，围绕"青豫、陕湖、乌东德、雅江、蒙晋"5个重大项目，全覆盖建立项目临时党支部，全力保进度、保安全、保质量。

（3）开发"智慧党建+架空线入地"场景，发扬"绣花精神"，组织党员攻关团队做到"一路一案"，通过"智慧地图"动态管控工程进度，联合政府、市政、施工、街道成立"五方联合党支部"，全力确保3年442千米架空线入地任务。

5.聚焦"提质增效"

开发"智慧党建+提质增效"场景。动员各级党组织党员广泛参与，105项提质增效举措中，97%由党员牵头开展，紧扣"稳、进、育、开"要求，在内强管理、外拓政策、培育新增长点、唤醒沉睡资源上发力，二季度利润逐月稳定上扬，有力冲抵疫情造成的减利影响。上海电力公司通过智慧平台绘制"产业园区分布图"和"综合能源作战图"，在19个国家级、42个市级、34个区级园区动态监测用户用电情况，确立76个综合能源重点项目，并通过搭建"1+1+N"综合能源平台，精准调配67名党员进行"点对点"服务，促进2020年上半年完成综合能源业务收入同比增长159%。

6.聚焦"优质服务"

开发"智慧党建+电力营商环境"场景。上海电力公司党员担任务、作表率，上门服务腾讯长三角人工智能超算中心建设，跨前对接临港新片区特斯拉二期工程等大型企业重点项目，推动中国在世界银行"获得电力"指标排名从98名跃升至12名，其优化营商环境典型经验被世界银行评价为"全球最佳实践的前沿"。

7.聚焦"科技创新"

在"创新型企业建设工程"方面，开展"智慧党建+三制并行"，以"挂帅制"发挥党员专家示范引领作用，做好"举手制"项目全过程管理，做优"揭榜制"项目品牌优化，开工建设35千伏千米级高温超导电缆工程，率先开展的"深远海海上风电技术研究"项目被列入国家级重大示范工程，上海电力公司深化智慧能源平台功能，全力打造"一院一室一平台""一城一网一中心"。

此外，上海电力公司还在探索"智慧党建+改革""智慧党建+法治"两大生态应用场景，为推进企业管理变革、电力体制改革和依法治企、合规管理等重点工作助力。

（二）突出"人心相通"，实施"智慧党建+五心"工程

融合上海"五个人人"（人人都有人生出彩机会、人人都能有序参与治理、人人都能享有品质生活、人人都能切实感受温度、人人都能拥有归属认同）城市愿景，坚持强化思想政治引导，创新提出"四感两度"（获得感、幸福感、安全感、归属感；业绩贡献度、测评满意度）慧心指数，通过深化"五心"工程，精准研判职工思想动态，积极回应党员群众所思所想所忧所愿，引导职工群众听党话、跟党走。

1.聚焦"正人心"，做到正则有品质

落实国网公司党组"八个一"活动要求和上海市委相关部署，开发"智慧党建+四史学习"应用场景，强化智慧党建红色信仰宣教功能，联合11家电力板块单位开展"初心如磐、使命在肩"联组学习，配合上海市经济和信息化委员会编制网上红色产业地图2020版，深入研究红色电力产业史，梳理电力行业红色事件、重要成就、历史作品447件。启动"一馆观四史，一脉传精神"爱国主义教育基地项目，打造传统文化、革命文化、社会主义先进文化"三位一体"党性教育阵地。

2.聚焦"通人心"，做到通则有机会

建立健全"支部带党员、党员带群众""总经理联络员"等长效机制，在线上线下开辟党员"谈心交心"新阵地，变"说教"为"乐教"，凝聚"人人共识"。以关心青年为例，针对非沪籍单身青年，上海电力公司千方百计建成一批青年宿舍，目前入住541人，占近3年入职非沪籍员工的93%。

3.聚焦"知人心"，做到知则有治理

习近平总书记指出"人心是最大的政治"，人才是公司发展的根本，把握好了职工的思想动态，就把准了公司高质量发展的动力脉搏。智慧党建中心借助数字技术开展职工思想动态调研，建立了以薪酬与文化、认知认同、压力感受、奉献担当4个一级调研维度以及文化融入、薪酬满意、岗位价值、战略执行等20个二级调研维度的调研指标体系，以基层员工调研数据分析研判思想动态趋势、探索建立预警阈值体系；运用互联网思维、数字化技术，引入测评领域创新理论"小波函数"，根据调研大数据，探索构建"内容全面、指标合理、方法科学、动态研判"的思想脉搏仿生模型，使职工思想动态高度可视化，从而及时、客观、全面掌握当前职工的思想状况。

4.聚焦"聚人心"，做到聚则有归属

抓思想凝聚，连续三年开展学习周活动，实现学习人数、学习成果数量逐年提升；抓情感凝聚，深入推进幸福企业建设；抓事业凝聚，通过论坛讲座、培训竞赛等为员工打造成长成才平台。发掘"1926年3月第一支电业党支部在上海海宁路46号成立"的红色源头，弘扬"点亮第一盏灯"的首创精神、"点亮万家灯火"的奉献精神、"点亮美好生活"的服务精神。

5.聚焦"励人心"，做到励则有温度

深入开展红色基因"传帮带"工程，结合"精神长廊"建设，遴选10种中国共产党精神，展现上海电力公司系统对中国共产党精神的新解读与新实践。强化典型示范、抓好先进培育，编制3期"抗疫保电群英谱"，广泛宣传"守护上海之门"的"防疫卫士"张颖、建设上海"小汤山"的"金山铁人"蒋陈忠、"三次主动请缨"的"保电先锋"徐哲飞、"贴心书记"王炼、"共享电工管家"陆韦等一批"四心""四有"党员干部。

（三）突出"实用贯通"，灵活巧妙用好"驾驶舱"

上海电力公司智慧党建中心自启用以来，运用支部联学平台，先后开展书记抓党建述职评议、一线入党宣誓、"青豫线"工程连线、基层党支部联学直播、现场连线等活动16次，覆盖3000余人次；累计接待80余批次、千余人参观调研。

2020年5月7日，时任国网公司董事长毛伟明同志赴上海电力公司调研指导，评价智慧党建中心充分展示了党组织的"把方向、管大局、促落实"的领导作用、党支部

的战斗堡垒作用和党员的先锋模范作用；时任国网公司总经理辛保安在党建联系点专报上批示肯定了相关做法。上海市委常委、常务副市长陈寅，上海市委常委、副市长吴清，中国发展研究院院长王彤，上海市经济和信息化委员会党委书记陆晓春等领导先后调研智慧党建工作并给予高度评价，上海市经济和信息化委员会主任吴金城评价上海电力公司党建工作是经信系统的旗帜和标杆。

五、经验启示和未来展望

（一）经验启示

1.推进国有企业党建工作的流程制度体系再造

一是实现智能分析、辅助精准决策、减轻基层负担，推进党建量化管理向管理量化转变，促进管理水平的提高、管理方式的转型、管理理念的形成。二是做到横向到边、纵向到底，通过各部门的大力配合和相互协作，从横向上消除部门间的壁垒，从纵向上畅通、加速上下级间的信息传递，实现数据共享交换。三是聚焦公司战略目标，完善党建工作机制，把党建工作融入规划建设、安全生产、经营管理、优质服务等各条战线，把党建制度植入业务管控全流程，嵌入公司治理、重大决策等关键业务环节，加快把党建优势融合管理优势转化为发展优势。

2.运用数字技术推进党建工作与业务工作相融并进

"大云物移智"以及区块链等新技术为深化党建与业务融合提供基础保障。充分运用大数据关联分析探索党建工作发展的规律，不仅拓宽了党组织建设和党员教育管理的渠道，助推全面从严治党向基层延伸，也打通了联系服务基层群众的"最后一公里"，让党建工作实现智慧升级。

3.形成可推广可复制的示范应用模式

在创新实践和深化运用的基础上，提炼党建工作数字化转型的成功做法和典型经验，探索形成智慧党建的标准、模式、平台、体系，认真研究分析怎样把大数据运用到党建工作上、实现党建工作哪些功能，把大数据运用与党的建设工作有机结合起来，先行先试、总结经验、寻求突破。

（二）未来展望

1.智慧党建和数字企业的同步建设方面

改变思维模式，运用数字化理念重塑业务流程，把党建工作融入业务战线，把党建制度植入业务流程，把党建优势发挥到关键岗位，推动党的建设与企业发展深度融合。让智慧党建的专业化、标准化、信息化、流程化"新四化"优势统一起来，使党建工作由软任务变成硬指标，真正解决弱化、虚化、淡化和边缘化"老四化"问题。

2. 数字技术在智慧党建和数字企业的同步应用方面

勇于创新突破，推动 ABCDIR（AI、Blockchain、Cloud、Digital&Data、IoT、Remote-5G）等技术在党的建设和企业发展中同步应用，推进智慧党建与数字业务相融并进，通过强化数据穿透、升级智慧党建分中心建设等手段，拓宽党的建设与生产经营的融合渠道和承接载体，实现党建与业务"无法脱节""无法作假""无法脱离"。

3. 智慧党建引领智慧企业建设方面

在党建大数据创新实践和深化应用基础上总结提炼经验做法，形成可推广可复制的示范应用模式；探索党建管理的"算法设计"和"算力建设"，构建党组织和党员的定量考评、精准画像等智慧党建绩效考核体系；培育数据场景应用机制，推动向具备智慧感知、柔性协同、科学决策和智慧服务等核心功能的智慧党建模式发展；打造"红色大脑"，构建智慧党建生态指挥、运管体系，以智慧党建引领智慧企业建设，将智慧企业融入智慧城市建设，最终成为智慧中国的主要基石。

面对百年未有之大变局和中华民族伟大复兴战略全局，国有企业特别是央企应有的责任和态度就是：坚持"央企姓党"，以不变应万变；创新党建的方法模式，适应形势变化，以变应变。为此，电力央企要积极发挥"坚持党的领导、加强党的建设"的独特优势，主动顺应能源革命和数字革命融合发展潮流，抓住数字化转型的重大机遇，通过进一步深挖党建数据价值、深化智慧党建应用，持续"强根铸魂、聚智慧心"，增强"四个意识"、坚定"四个自信"、做到"两个维护"，推动党建与企业的改革发展、生产经营深度融合，切实发挥好"六个力量"作用，以一流党建引领保障一流企业建设，为服务"两个一百年"奋斗目标贡献央企智慧和力量。

主创人：黄良宝　刘营超
参创人：廖怀庆　陈煜辉　陈怡平　王　垚　印雁娜　赵　栩　马练哲

"六强一建二创" 打造党建先锋工程

中国能源建设集团广东火电工程有限公司

前言

中国能源建设集团广东火电工程有限公司（以下简称"广东火电"）成立于1956年，本部位于广州。具备电力工程施工总承包特级资质、工程设计电力行业甲级资质，建筑工程、机电工程总承包一级资质。2011年9月，按照国家"主辅分离"政策要求加入中国能源建设集团（股份）有限公司（以下简称"中国能建"）；2018年5月，中国能源建设集团南方建设投资有限公司（以下简称"南方建投"）成立，广东火电划归其管理。经过六十多年的发展，广东火电已拥有集EPC总承包、项目管理、设计、施工、制造、投资、运营于一体的完整业务链；拥有核岛全岛建设能力，能承担各种类型的电源工程、输变电工程、电源检修维护和钢结构制造工程、大型特种设备吊装及运输工程的实施，并在公路、市政、石油化工等非电建设领域取得一定的发展成绩。截至目前，总装机容量已超过1亿千瓦。广东火电还被中国电力建设企业协会授予"全国电力建设特殊贡献企业"称号，连续26年被广东省市场监督管理局授予"守合同重信用企业"称号，连续14年获得全国"安康杯"竞赛优胜单位称号。自2015年起，广东火电连续5年营业收入、新签合同额实现"双百亿元"，连续5年获评中国能建经营业绩考核A级企业。

一、实施背景

党支部是党的基础组织，是党的全部工作和战斗力的基础。全面提升党支部组织力，强化党支部政治功能，充分发挥党支部战斗堡垒作用，巩固党长期执政的组织基础，把党要管党、全面从严治党落实到每个支部、每名党员，推动全党形成大抓基层、大抓支部的良好态势。切实推进全面从严治党向基层延伸，整体提升党支部标准化水平，全面提升党支部的组织力，强化党支部政治功能，充分发挥党支部战斗堡垒作用，切实将党的政治优势转化为公司竞争实力。

在习近平新时代中国特色社会主义思想的指导下，广东火电深入贯彻落实党的十九大及全国国有企业党的建设工作会议精神，认真落实国资委党委"党建质量提升"

的工作部署及中国能建党建工作推进会关于加强党支部标准化建设的要求，坚持党的一切工作到支部，抓严抓细抓实支部工作，突出抓好"三基建设"，紧紧围绕全面解决基层党支部弱化、虚化、边缘化问题，扎实落实中国能建党建三级责任体系，抓好支部责任落实；全面坚持南方建投"党建文化是最优秀的企业文化"理念，践行"三推四到六亮六提六加强，建区创岗创青号"的工作思路，全面提升公司党支部制度化、标准化、规范化水平，打造坚强战斗堡垒，实现党建工作和中心工作有机融合，为公司高质量发展提供坚强政治保障。

二、主要内容和做法

（一）主要内容

"六强一建二创"，"六强"即"强标准、强班子、强队伍、强学习、强执行、强堡垒"；"一建"即建立"党员责任区"；"二创"即创建"党员先锋岗""青年文明号"。其中，"六强"党支部标准化建设分为三个阶段实施，2019年1—6月为强基础阶段，以"强标准、强班子、强队伍、强学习、强执行、强堡垒"六大措施推进"强基工程"建设；7—9月为上台阶阶段，各党支部进行自查自评和交流提升，逐步培育自身特色；10—12月为树品牌阶段。最终，通过提炼和总结各党支部的创建经验，探索完成一批基层党支部标准化建设的理论成果，推出一批符合"六强"党支部标准的先进典型，进行经验推广和成果转化。

"建区创岗创青号"即"党员责任区""党员先锋岗""青年文明号"创建活动。活动分四个阶段：启动阶段（3月）、基础阶段（3—6月）、提升阶段（7—10月）、考评阶段（11—12月）。公司发布《中国能源建设集团广东火电工程有限公司"建区创岗创青号"活动方案》，明确开展活动的目的、基本原则、覆盖范围、实施步骤、工作要求。并提出"要坚持人人参与，加强分类指导，注重融入日常，明确党员责任区、党员先锋岗、青年文明号覆盖范围"的具体要求，其中强调，全体党员（包括预备党员）必须参加争创"党员先锋岗"的活动。同时，十分明确要求创建集体和个人要充分发挥示范引领作用，迅速行动，主动担当作为，推动创建工作与中心工作深度融合，激发全体干部职工干事创业的内生动力，推动"六强"党支部标准化建设"先锋工程"开创新局面。目前，公司各单位申请创建报备"党员责任区""青年文明号"集体数量已达146个。

（二）主要做法

1.积极推进"六强"党支部标准化建设

（1）统一思想，提升站位
在开展"六强"党支部标准化建设工作中，广东火电成立了"六强"党支部建设工作领导小组及工作小组，明确了建设目标。全体党员统一思想，坚持以习近平新时代中国特色社会主义思想为指导，积极践行"134666"思想体系，即"一理念三推四到六亮六提六加强"的工作思路。同时，把"六强"党支部标准化建设工作作为支部书记年度述职的重要工作，纳入党建考核。

（2）明确目标，迅速行动

广东火电召开"六强"党支部标准化建设工作动员大会，明确坚持把党的政治建设摆在首位，牢固树立"四个意识"，坚定"四个自信"，坚决做到"两个维护"，制定全面做好"六强"党支部建设工作目标和工作措施，并提出，从思想上提高认识，深刻领会实施党支部建设的重要意义；明确要求，切实增强实施好党支部建设的责任感；精准布置，切实将"六强"党支部建设工作落到实处；加大宣传，凝聚成公司发展正能量。

广东火电党委所属基层党支部迅速行动，送变电工程公司党总支召开部署和推进"六强"党支部标准化建设专题工作会议，以"六强"党支部标准化建设为契机，从制度台账、组织设置、活动阵地、工作流程等方面全面强化工作标准，提升支部建设工作水平。广东力特工程机械有限公司党支部召开第一季度党员大会暨"六强"党支部建设启动宣贯会，集思广益研究讨论"六强"党支部建设实施方案。基础工程公司召开2019年第一季度党员大会暨"六强"党支部标准化建设启动会，明确通过发挥党支部建设工作的制度化、标准化、规范化作用，打造坚强战斗堡垒，实现党建工作和中心工作有机融合。阳江沙扒海上风电项目以贯彻学习"六强"党支部标准化建设精神为契机，2020年上半年入党的员工重温入党誓词，共同度过了一个具有特殊意义的"集体政治生日"。

（3）夯实基础，融入中心

一是规范党支部的实体阵地建设。各所属单位党支部合理利用空间布置党员活动室，整体美观有内涵，做到了"有室有牌、有桌椅有资料、有教育设备设施"，内容布置围绕"一旗一词、一图一栏、权利义务"；增加独立设置的党员风采栏、党务公开栏、荣誉栏等栏目；结合实际情况灵活加入具备支部特色的宣传内容，将刘仔才、林桐彪、朱强、李立平、缪新平、伍照进6个劳模与工匠人才创新工作室的建设加入实体阵地建设中；同时，台账管理"强标准"，迅速建立"四个本子、七类资料"工作台账的统一标准，持续规范党支部的实体阵地建设。

二是加大对"六强"党支部标准化建设工作的检查。对"六强"党支部示范点建设，以检查为抓手，以监督强考核，以责任促执行，积极做好示范点建设工作，推进示范点建设工作标准化、规范化，以点带面，全面提升公司的党建工作水平。

三是实现党建工作和中心工作深度融合。坚定"党建是搞好央企的法宝"信念，紧紧围绕公司经营发展中心任务，着力加强基层党建工作，切实发挥基层党组织的战斗堡垒作用，以党建促发展。譬如，送变电工程第二党支部设在改革开放前沿城市经济特区深圳市宝安区，员工平均年龄不到30岁，朝气蓬勃、充满活力，党支部始终坚持党的全面领导，在项目管理中充分发挥党的领导核心作用、党支部战斗堡垒作用和党员先锋模范作用，将党建工作与项目管理有机统筹、深度融合、始终贯穿，通过组建工程施工青年突击队、党员先锋队、施工临时党支部，有力推动项目加快建设，实现了项目建设提速增效，营造了良好的党建促项目建设氛围。

2.全面开展"建区创岗创青号"活动

（1）按下"建区创岗创青号"启动键

广东火电召开"建区创岗创青号"动员大会，强调"建区创岗创青号"活动是持续巩固提高"六强"党支部标准化建设成果成效，健全和完善保持党员、团员先进性长效机制的一项活动。此项活动贯穿全年的重点工作，也是今后要长期坚持的核心"先锋工程"，各党支部务必高度重视、扎实推进、目标达成。公司本部职能部门、各分、子公司及项目部围绕思想教育、提升工作技能水平、优化工作流程、提高工作效率、急难险重新任务、安全生产管理、团队建设等方面广泛开展"建区创岗创青号"活动。截至目前，创建活动已完成启动阶段，正处于基础建设阶段，各党支部召开了创建动员大会，激发干部职工干事创业的内生动力，掀起建设"先锋工程"红色高潮。

（2）党员责任区主动作为"谋新篇"

广东火电本部各职能部门按照《中国能源建设集团广东火电工程有限公司"建区创岗创青号"活动方案》要求，组织开展"党员责任区"创建启动仪式。在启动仪式上，各"党员责任区"负责人宣贯本部门"党员责任区"创建活动工作方案，宣读创建目标、创建理念、创建主题、创建口号、创建承诺等，对各成员进行职责交底和任务划分。本部各职能部门正式创建"党员责任区"，围绕中心工作明确创建目标。党群工作部全员做好带头示范引领作用，践行服务中心工作，强化党建团青管理，提升品牌宣传，落实维稳责任；工程管理部齐心协力强化项目履约管理；财务部力争打造支撑龙头企业建设的特色财务管理体系；质量环保部树立创建质量先锋队的目标；安全监察部全力为企业生产经营发展保驾护航；计划经营部落实"减控成本、加快结算、争取索赔、增效创收"目标；法律事务部为促进公司文明建设和公司发展贡献力量；采购中心持续改善采购工作方式方法；科技信息部努力提升部门服务能力；审计部保障公司健康发展；人力资源部强化专业系统综合素质培养，助推公司全面发展；纪检部淬炼出一支经得起磨砺、顶得住压力、打得了硬仗的纪检铁军。

（3）"三个坚持"开启高质量发展"新引擎"

广东火电在"建区创岗创青号"活动中，做到三个坚持：第一，坚持全员参与原则，要求全体党员、团员以锐意进取的姿态积极参与创建活动的每个环节，努力在

"党员责任区""党员先锋岗""青年文明号"创建活动和推进公司发展中，做到意识强于人、作风严于人、行动先于人，在工作中始终讲求"敬业、协作、创优、奉献"。第二，坚持融入日常，要求创建集体及个人增强政治自觉、思想自觉、行动自觉，经常以创建承诺对照检视自己，切实增强"四个意识"，把创建工作的具体措施抓在日常、做在平常、严在经常。第三，坚持融合发展原则，要求坚持把创建活动与本单位生产经营、中心工作深度融合，把推动生产经营及中心工作作为检验创建活动成效的标准，推动企业持续高质量发展。公司党员、团员切实做到"三个坚持"，不断提高党性意识、责任意识、担当意识，在创建活动中发挥积极作用。

（4）"三个突出"勇当改革发展"领头雁"

广东火电"建区创岗创青号"活动体现出"三个突出"：一是突出党性教育特色，营造"处处在创建、人人争先锋"的良好氛围；二是突出党员先锋意识，通过加强党的政治理论学习和党性教育，注重从实际出发，整合资源，充分利用党员工作及活动场所做好宣传阵地建设，使其成为开展创建活动、学习交流的精神家园，着力增强创建集体的荣誉感和使命感；三是突出红色精神引领，聚焦"先锋工程"，广泛宣传创建工作取得的工作成效和特色亮点，积极营造选树典型、学习先进、争当先锋的浓厚氛围，掀起创建活动的红色高潮，使党旗、团旗在责任区、先锋岗、文明号上高高飘扬、更加鲜艳。

三、实施效果

（一）先锋模范矗立企业"新品牌"

广东火电在抓好新冠肺炎疫情防控同时高效推进复工复产，以"六强一建二创"为契机，推动劳动竞赛活动顺利开展，把党建工作与生产经营紧密结合起来，确保企业生产经营稳步发展。按照"一个支部一个特色""一个党员一面旗帜"的工作理念悉心指导各支部培育支部特色，其中，焊接工程党支部以党员和工匠为抓手，以打造"匠心文化"为主线，成立"匠心筑梦"先锋队，将技能精英、劳模精神有机结合，将党支部党员活动室和"刘仔才劳模和工匠人才创新工作室"的阵地作用巧妙融合，在团队建设、项目攻坚方面取得了良好成效；送变电工程第二党支部努力打造"支部建在项目上、党旗插在工地上、党员冲在一线上、作用体现在效益上"的特色党支部，以高品质履约、高标准施工、精细化管理获得业内一致好评。

在推进"六强"党支部标准化建设过程中，广东火电大力推动党建工作和中心工作深度融合，切实把党组织优势转化为企业发展优势。2018—2019年被中国能建、广东省国资委、南方建投评为"先进基层党组织"，3个支部荣获南方建投"六强示范党支部"。1人荣获"中央企业优秀党务工作者"称号、1人荣获广东省国资委"优秀共产党员"称号、2人荣获南方建投"模范共产党员"称号、12人荣获南方建投"优秀共产党员"称号等。2019年，"六强"党支部标准化建设工作在全国引起热烈反响，其做法和经验受到《求是》杂志的专访及《人民日报》等多家主流媒体的重点关注，得到高度肯定和赞誉。自"六强"党支部标准化建设工作开展以来，广东火电制订并有序推动工作方案，始终坚持"党建文化就是最优秀的企业文化"，稳扎稳打，推动"六强"党支部标准化建设工作"强基础""上台阶""树品牌"。

2020年，广东火电承建的滇西北至广东 ±800千伏特高压直流输电工程、中广核阳江核电厂3、4号机组核电工程获"国家优质工程金奖"；广东500千伏岐山（揭东）变电站工程、广州市第六资源热力电厂施工总承包工程获"国家优质工程奖"；500千伏岐山输变电工程荣获"2019年度生产建设项目国家水土保持生态文明工程"，成为全国唯一获此殊荣的500千伏输变电工程；同时，惠州LNG电厂3台460兆瓦燃气–蒸汽联合循环热电联产工程荣获"2019年度广东省重大建设项目档案金册奖"；通州区再生能源发电厂项目等3项工程获得"中国电力优质工程奖"；乌东德直流线路工程17标段项目荣获"广东省五一劳动奖状"；等等。

（二）发挥"+"赋能，激发企业"新活力"

自"建区创岗创青号"活动开展以来，广东火电各"党员责任区"创建负责人宣贯"党员责任区"创建活动工作方案，以"建区创岗创青号"活动为契机，推动融合发展新模式，主动担当作为，为公司高质量发展谋好新篇章。2020年，夺取疫情防控和生产经营"双胜利"，主要经营指标稳保增长，实现新签合同额超过200亿元，营业收入达120亿元，连续六年实现"双百亿"发展目标。

"建区创岗创青号+劳动竞赛活动"是激励广大员工积极投入生产，完成阶段性目标任务的一项重要举措。公司在抓好疫情防控同时高效推进复工达产。2020年，国内工程完成河北唐山北郊项目2号机组、黄埔电厂项目1号及2号机组、华电广州增城燃气冷热电三联供项目、海南文昌项目1号及2号机组、福建仙游项目1号机组、阳西电厂二期项目5号及6号机组、沈阳市老虎冲生活垃圾焚烧电厂项目2号机组、珠海钰海项目1号机组、甘肃常乐电厂百万千瓦级火电项目2号机组、茂名博贺电厂项目1号、2号机组等的建设并顺利投产发电。乌东德直流线路工程15、17标段两个标段工程全部顺利贯通。"能建广火"自升式风电安装平台先后在江苏如东、阳江南鹏岛及珠海金湾项目共计完成30台风机安装。国际工程完成孟加拉国古拉绍电站4号机组改造项目联合循环汽轮发电机组并网发电、越南沿海二期工程项目2号汽轮机组扣缸工作、印尼玻雅电站项目2号机组大板梁吊装、约旦阿塔拉特油页岩电站项目1号机组并网，以及越南永新燃煤电厂一期EPC联合体项目1号机组取得FAC证书、孟加拉国沙吉巴扎330兆瓦天然气联合循环电站EPC项目获最终接收证书等。

"建区创岗创青号＋安全生产月活动"促进了公司安全生产形势持续稳定，筑牢安全生产防线。广东火电开展安全生产月及宣传咨询日活动，紧紧围绕2020年全国安全生产月"消除事故隐患，筑牢安全防线"主题，形式灵活多样，如通过"抖音"直播开启安全生产知识线上互动答题环节，广泛宣传安全生产知识。"建区创岗创青号＋安全生产月活动"在公司安全生产工作中起到模范带头作用，积极营造安全生产氛围，形成了全员共筑安全堤坝的良好局面。

"建区创岗创青号＋质量管理小组活动"推动了企业质量管理创新工作不断向纵深发展。公司深入开展质量管理小组活动，鼓励员工围绕提高生产效率和安全质量保障开展创新活动，激发了广大职工的积极性和创造性，解决并攻克了工作中的疑难问题，改进了质量，降低了消耗，提高了经济效益。全年共有13项QC（质量控制）成果获得省部级以上优秀QC小组成果奖，其中，超越梦想QC小组的《防扭钢丝绳检测装置的研制》课题及火焰QC小组的《提高燃机、定子吊装平移系统的定位精度》课题获得全国工程建设质量管理小组活动优秀成果二等奖（国家级）等。

"建区创岗创青号＋支部联建活动"是党建工作服务工程建设的良好载体。送变电工程第二党支部以工程项目建设为主体，与业主、设计、监理等单位开展"结对"共建，并建立党建联建的相关工作机制，创造性提出"组织联建、工作联动、信息联享、资源联用、成果联创"的"五联"工作思路，共同探讨、解决工程项目建设中遇到的难点和重点，真正以党建提升工程履约水平。在新冠肺炎疫情防控期间，送变电工程第二党支部将党旗插在了抗击疫情、复工复产的最前线，将先锋引领与组织优势转化为抗击疫情、复工复产的强大力量，增强了疫情防控和经营效益双胜利的信心。在党支部的引领下，深圳220千伏福华变电站工程全面落实防疫措施和复工复产工作，周密部署疫情防控措施，成为深圳供电局复工表率，被当地媒体报道。

"建区创岗创青号＋关心关爱活动"是广东火电走好党的群众路线，不断提升广大员工的获得感和幸福感的重要路径。在疫情防控关键时期，广东火电针对境外项目采取视频连线、企业微信直播的方式，邀请广州医科大学附属第一医院的专家开展题为《从容待之，对新冠说不》《压力应对与情绪管理》的约旦项目视频防疫讲座，引导员工筑牢心理战疫防线，科学防疫，奋力攻坚打赢防疫战。职工积极参与社区志愿服务活动，积极响应党群工作部（党委办公室、工会办公室、团委）、志愿服务队联合组织的"防疫有我，温暖同行""爱心义剪进社区"等志愿服务活动，体现了公司所承担的社会责任和人文关怀。

广东火电把"建区创岗创青号"活动与年度重点任务、实际工作紧密结合起来，持之以恒加强党的领导和党的建设，充分发挥党委领导核心和政治核心作用，全面增强以核心竞争力为代表的企业硬实力和以"大党建"为代表的企业软实力。全面加强党的建设，积极发挥公司党委"抓战略、掌全局""抓文化、塑品牌""抓班子、带队伍""抓廉洁、守底线""抓自身、创价值"的作用，准确把握企业改革发展的正确方向。坚定党建工作和企业发展目标一致，切实把党建工作融入公司生产经营之中，坚持做到党的组织与经营组织同步组建，党建工作与业务工作同步推进，党建成效与经营业务同步考核，持续增强党建工作的有效性，紧盯目标，主动作为，久久为功，切实把创建活动与中心工作紧密结合，铆足干劲，全力以赴，抓好抓牢抓实，持续推动企业高质量发展。

主创人：张玉鹏　谢雅丽
参创人：王　颖　吴苏珊　廖功文

党建领航正风举帆　严抓作风行稳致远

陕西龙门钢铁有限责任公司

前言

坚持党的领导，加强党的建设，是国有企业的"根"和"魂"，是我国国有企业的独特优势，也是新时期国有企业党建工作的根本要求。在全面从严治党的新形势下，陕西龙门钢铁有限责任公司（以下简称"龙钢公司"）党委实施"党建领航、班子引领、干部走在前列"工作机制，紧盯领导干部这个"关键少数"，通过不断摸索和实践，创建对标思路不断明晰，结合企业实际，建立了领导班子月度总结计划、季度分析、半年民主讨论、年度考核评价工作机制，充分发挥党委"把方向、管大局、保落实"的作用，实现创建"四好"领导班子目标，将党建深度融合于企业管理、生产经营之中，充分发挥党建领航作用，从而带动企业整体发展水平提升。

一、实施背景

党的十八大以来，随着管党治党力度的加大，陕钢集团党委创新实施"党建领航、班子引领、干部走在前列"工作机制，创新"年度目标分解—月度工作汇报—季度汇总分析—半年度民主生活会—年度表彰奖励"工作方法，夯实各级领导班子责任，发挥引领作用。龙钢公司党委结合实际，面对企业党委在党建质量管理体系目标上还不明确，从严治党推动中心工作的作用在基层单位还未有效发挥，"两个责任"还需层层传导压力，部分干部执行力不强的实际，公司党委将"党建领航、班子引领、干部走在前列"工作机制作为夯实各项工作的有力抓手，紧盯领导干部这个"关键少数"，发挥好"头雁效应"，为企业党的建设和生产经营各项工作注入了强大动力。

二、内涵和主要做法

龙钢公司党委认真贯彻落实集团要求，在推动"党建领航、班子引领、干部走在前列"工作机制落地中，重点强化"目标任务全落实、责任主体全覆盖、月度汇报全到位、年终考核全纳入"的绩效观，激发各级领导干部把责任和目标任务扛在肩上，时时处处走在前列。

（一）"四轮驱动"，构建协同联动机制

1.强化工作推进机制

建立"党建领航、班子引领、领导干部走在前列"领导班子月度汇报机制，每月结合企业实际给每名班子成员设定3项关联指标、2项重点指标；同时对影响企业发展的104项重点难点工作明确责任领导，班子成员和主管部门每月对重点难点工作推进情况和指标完成情况向党委会汇报，实行销号管理，刚性考核。

2.运用分析改进机制

按季度组织分析改进、半年民主讨论、年度考核评价，及时对暴露出的问题、弱项、短板进行纠偏。每季度末召开季度分析报告会，党群工作部会同行政管理部对领导班子成员月度工作计划完成情况按季度形成汇总，上报公司党委审定；领导班子成员结合党委审定意见，完善各自分管工作，全部实现指标化。建立旁听督导制度，实现工作机制在基层支部全覆盖，每季度召开领导班子"三基三对标"专题汇报会，发挥率先垂范作用，形成各级班子成员协同推进的良好机制。

3.做实民主讨论机制

党委每半年组织召开领导班子民主生活会，班子成员围绕各自分管重点工作落实情况进行讨论，形成班子履职报告，上报党委审定；纪委对领导班子成员分管单位工作业绩按季度进行检查并形成反馈；工会将领导班子半年履职报告提请职代会代表团团（组）长会议征求意见并形成反馈意见报告，有效提高领导班子工作主动性。

4.压实考核评价机制

对工作推进不力、未完成重点工作的班子成员进行考核，截至目前两级领导班子共考核34人次，处罚金额5.3万元；分管单位工作出现失误，对公司主管领导进行连带问责；对涉及部门联动的重大事项，党委及时进行协调，激励、支持领导班子成员高效履职；年底整体工作开展和领导班子个人履职情况，纳入领导个人考核，加强班子成员自我约束，形成班子成员协同推进的良好机制。

（二）思想铸魂，切实发挥两个作用

1.发挥党建领航作用

围绕企业高质量发展核心目标，坚持融入中心做工作，前置讨论严把关。修订完善《党委会议事规则》《"三重一大"决策制度》，规范议事决策程序和内容，把企业党组织内嵌到公司法人治理结构中，使党委会前置成为"三重一大"等重大问题决策必须遵守的纪律和规矩。在强化党委领导核心和政治核心地位的同时，全面推进党对企业改革发展、安全生产、技术创新、队伍建设等领域的领导。围绕实现"国内一流、行业领先"总目标，充分发挥党委"把方向、管大局、保落实"的核心作用。

2.增强党组织高效履职政治性

严格贯彻落实两个"一以贯之"，规范了党委前置讨论研究重大决策问题基本要求，先后完善了公司法人治理结构，党委会、董事会、监事会、总经理办公会议事规则等，明确权责界面，实现规范高效运行。同时统筹协调各方力量，充分发挥好党政工纪团的组织优势、业务系统的专业优势、宣传工作的舆论优势、干部人才的骨干优势，全面营造懂业务、讲规矩、做表率的工作氛围。

3.夯实管党治党政治责任

两级领导班子履行"一岗双责"，发挥"头雁效应"，以过硬作风切实履行好抓党建责任。同时，龙钢公司把党建工作与生产经营工作统筹起来，做到党建工作和生产经营工作同思考、同谋划、同部署、同落实，全面落实党建工作目标责任制考核，党建目标责任完成情况月度排名，建立末位诫勉谈话自责机制，用好考核评价这个指挥棒，推动党建责任有效落实。

（三）夯实根基，为高质量发展强基固本

1.强化政治建设

公司党委坚持把政治建设摆在首位，抓牢理论武装和政治学习不松劲。坚持把学习贯彻习近平新时代中国特色社会主义思想作为"第一议题"，开展党委理论学习中心组学习、总经理办公会、周工作例会等，学习习近平总书记系列讲话内容，建立了理论与业务紧密结合的学习机制。全年共学习习近平总书记讲话、论述相关文章286篇，组织党委理论学习中心组学习24次，开展专题研讨8次，充分发挥公司党委领学带学导学作用。

2.深推党建体系

公司党委在党建质量管理体系运行前期将"四方面保障"（运行机构是组织保障、对标学习是能力保障、过程控制是运行保障、内外审核是提升保障）、"三方面难点"（理解、落实、考核）作为工作重点，细化体系"目标管理"，推行"电子信息档"，用好"运行四法"（系统谋划法、投入产出法、顾客满意法、特色培养法），增强党建工作的针对性和相融性，实施"五步控制"（写所需、做所写、记所做、审所记、改所

审），确保党建质量管理体系高标准开启、高规格运行。

3.创新党建载体

聚焦企业中心工作，积极推行"党建+X"工作模式，创新开展党员积分制、"一岗一区"创建、主题党日、信息化管理等工作。成立公司党校，创新党员发展模式，探索提出党员发展"十六制"，有力保证了党员发展工作质量。创新党员教育管理模式，创新开设党员教育"四大课堂"，利用智慧工会网上练兵平台开设"指尖课堂"、利用企业电视新闻和微信平台开设"视觉课堂"、利用企业广播电台开设"听觉课堂"、利用拓展训练中心开设"实践课堂"。"四大课堂"通过不同的形式，激发了党员学习的积极性，教育培训效果良好。

4.夯实党建根基

全面推进党支部标准化建设，公司各基层党委采取现场提问、查看台账等形式每月下基层支部进行督导，逐项规范党支部标准化建设，夯实党建基础；开展党建质量管理体系内审，对集团党建质量体系内审中已解决的问题全部完成销号整改，规范党建工作；聚焦企业中心工作，将党员主题党日与企业降本增效、劳动竞赛、"一计一策一事"等活动有机结合起来，设立党员先锋岗、党员突击队，在技术攻关、设备抢检修、义务劳动等关键时刻，在急难险重任务面前，党组织指挥在前，党员冲锋在前，激励党员发挥先锋模范带头作用，让党支部工作活起来、实起来。

（四）自我革命，建设高素质干部人才团队

1.创新干部管理

用活"三项机制"，建立"民主测评+绩效考核+作风建设+理论考试"考评模式，对中层干部进行多维度综合测评。2021年绩效嘉奖领导班子1个、干部25名，晋升8人、绩效考核16人，诫勉谈话20人，降职、免职处理5人，真正实现干部能上能下，鼓励先进、鞭策后进，各级干部执行力不断提升，职工敬业奉献意识明显增强，干部职工的精气神越来越足，团队的干事活力越来越强。

2.深推作风建设

以打造一支"信念坚定、能力突出、作风过硬、充满激情"的干部队伍为着力点，创造性开展"抓作风、做表率、保落实"工作实践。深入践行"想干事、会干事、干成事"的干事文化，大力弘扬"马真"精神和"钉钉子"精神，坚持"要事难事亲力亲为，扭住不放一抓到底"的工作作风，并在干部考评中将作风建设评定作为重要内容，形成了"逢会必讲作风，凡事必看作风，绩效彰显作风"的良好氛围。突出工作

实效，坚持目标导向、问题导向、结果导向，积极推进"三基三对标"，实行"赛马"机制，通过对标"石普方、建南三"等国内标杆企业和内部炉机线对标，找差距、补短板、提方法、添措施，进一步彰显领导干部示范作用。

3.重视人才培养

公司党委注重大学生人才培养，启动"1381"工程，对新入职人才进行1个月（入职军训及培训）、3个月（实习期）、8个月（轮岗交流期）、1年（定岗定向成长期）四个阶段的全方位培养与锻炼。实施大学生积分管理，推行"双轨制"（业绩＋价值观）考核。依托星级员工评定办法与大学生人才全方位测评方案，采用系列实用方法和工具，确保大学生人才全周期实现动态管理。公司党委注重青年干部培养，依托青年后备干部培训班、公开竞聘等平台，联合西北大学系统定制了12门课程，坚持每月集中一周封闭式培训，采用"理论研讨、外出对标、主题教育、经验分享、户外拓展演练"等形式，致力培养一专多能复合型后备干部。在培养二级助理基础上，启动85后、90后年轻干部培养工程，目前公司有80后处级干部19人，占比达到28.8%。

（五）创新赋能，打造思想建设新高地

1.新闻舆论导向入脑入心

坚持党对意识形态工作的领导，龙钢公司党委在加快推进新媒体融合发展步伐的同时，充分发挥"六大宣传平台"优势，着力构建新时代意识形态话语体系下的新闻宣传新格局，专门成立政工学会、政研会、党委通讯组等组织，把控舆论导向，进行有力度、有深度的宣传报道，凝聚企业改革发展正能量。坚持每周召开舆情会，关注职工思想动态，引导广大干部职工管好、用好微信群、QQ群、贴吧等各类新媒体平台，不定期进行检查，确保宣传媒体全面受控。2016—2020年，龙钢公司先后在各平台开设"钢城先锋""每周一星""劳动竞赛""科技之春"等板块，累计播出《钢城新闻》430期，出刊《龙门钢铁》219期，在省部级以上重要媒体刊发稿件9351篇，连续八年被评为陕钢集团新闻宣传先进单位。

2.先进典型引领文明风尚

实施"群星璀璨、照耀钢城"先进典型培树工程。结合龙钢公司实际，搭建了"3644"培树思路，即坚持三个原则（遵循时代性、确保先进性、坚持多样性）、注重六大类别（党、政、纪、工、青、妇）、突出四个重点（新、恒、精、亮）、实施四项举措（群星库、回访制、跟踪培养、表彰激励），通过强化时代性、先进性、多样性三个原则，盯住党委、行政、工会、团委、劳竞、女工六大类别97项奖项，突出新、恒、精、亮四个宣传重点，健全动态管理、适时回访、跟踪培养和鼓励激励四项制度，全

方位打造"群星"工程。公司"群星"库共收录先进典型4447人次，总数量较2020年增加14.5%，并推出省级以上先进60余人次，实现数量和质量双突破。

3. 注重员工素质提升

以锻造一支"向上向善、训练有素、创先争优、令行禁止"的龙钢职工铁军为目标，龙钢公司编制下发《五支人才队伍建设方案》，通过目标规划、建立晋升通道、加强过程管控、强化动态跟踪、配套各类有针对性的培训措施、动态考核评价，为人才队伍建设营造健康向上、积极进取的氛围。注重培育员工文明素养，常态化开展"社会主义核心价值观在钢城"、"不文明行为整治"、"两不一自觉"专项整治、"六个一"等活动，对不文明行为进行有效规制，职工文明程度显著提升，各项工作井然有序。

4. 围绕中心展作为

龙钢公司紧盯"国内一流、行业领先"总目标，坚持守正出奇、创新赋能的总要求，以"三基三对标"为有力抓手，全面对标行业标杆福建省三钢（集团）有限责任公司、对标区域竞争对手山西晋南钢铁集团有限公司，推动各项工作在坚持中完善、在巩固中提升，稳产高产成为常态。精益求精，深挖内潜，通过"指派、认领、挑战"三项机制和"赛马"机制，朝着年度降本增效10亿元目标按进度有序推进。克服疫情、原料上涨、钢价下行的市场波动影响，生产经营工作稳中有进，在中国钢铁工业协会会员企业排名中实现赶超进位。

5. 创新驱动"三制"

纪检监察派驻制方面，聚焦监督执纪问责，及时报告公司纪委处置，不断发挥纪检监察派驻制的"探头"作用；内保监督巡查制方面，紧紧围绕生产稳定大局，狠抓进购物料质量验收环节，不断发挥内保监督巡查制"慧眼"作用；经营管理复核制方面，紧紧围绕关键要害部位，深入基层开展复核，着力发现问题，完善管理措施，不断发挥经营复核"利剑"作用。

6. 情系职工办实事

"冬送温暖、夏送清凉、金秋助学、大病关爱"四条保障线已成为工会常态化开展的品牌工作；建设"智慧工会"，让服务职工便捷化、高效化；同时，为职工承诺的十件实事全部落实到位，职工获得感和幸福感不断提升。强化民主管理，常态化开展职工民主监督评价，有效堵塞管理漏洞。持续在干部中开展"一计一策一事"，在员工中开展"查找提改献"等，全心全意依靠职工办好企业。

三、实施效果

（一）领导班子政治素质进一步提升

公司党委紧抓思想政治建设不放松，通过系统策划、统筹推进，努力做到学到实处、学以致用。各级领导班子政治素质和业务能力明显提高，干部执行力持续提升。一是安排工作实行限时办结和线上线下督办，超时未办结的严肃处理；二是年轻干部的崛起，加快现任干部向前奔跑干工作的速度；三是严格的考评考核约谈提醒机制，既有监督作用又可提高干部执行力。通过坚持不懈抓干部作风建设，各级干部执行力不断提升，解决问题的效率得到提高，服务职工的水平显著提高。

（二）领导班子经营业绩进一步提升

公司紧盯"国内一流、行业领先"总目标，守正出奇、创新赋能，坚持"一切围着生产经营转，一切为了经济效益干"，铁、钢、材产量实现历史突破，稳产高产成为常态，演绎了"龙钢速度"。以"三基三对标"为有力抓手，全面对标行业标杆、对标区域竞争对手，推动各项工作在坚持中完善、在巩固中提升。通过"指派、认领、挑战"三项机制和"赛马"机制，降本增效10亿元。克服疫情、原料上涨、钢价下行的市场波动影响，生产经营工作稳中有进，在中国钢铁工业协会会员企业排名中实现赶超进位。

（三）领导班子团结协作能力进一步提升

领导班子坚持分工不分家，对"三重一大"事项坚持集体讨论研究决定，严格落实"一岗双责"；通过领导班子月度工作分析汇报会，班子成员相互提出需要其他班子成员协调解决的问题100余项，均得到有效解决；实行领导班子包联制，为基层解决生产经营瓶颈问题180余项；除每年组织召开的领导班子专题民主生活会外，日常工作中班子成员也经常开展批评与自我批评，促进了班子和谐团结，营造了领导班子"同心、同向、同力"的良好氛围。

（四）领导班子作风形象进一步提升

"火车跑得快，全靠车头带。"公司党委将各项目标任务分解到人、指导到位、监督有力，真正让每位领导干部都能时时刻刻将目标任务记在心间，将责任扛在肩上，将落实抓在手中，这极大地促进了干部作风的转变和各项工作的落实，成功打造了一支"信念坚定、能力突出、作风过硬、充满激情"的干部队伍，使能者上、平者让、庸者下成为常态，进一步增强了各级领导班子的凝聚力、战斗力、执行力。

综上所述，党建工作做细了就是凝聚力，做实了就是生产力，做强了就是竞争力。

龙钢公司党委的探索和实践证明，"党建领航、班子引领、干部走在前列"工作机制是企业高质量发展的重要法宝。只有坚持党的领导，依托党建工作的突出优势，充分发挥党建领航推动作用，将党建工作的"软实力"转化为企业发展的"硬支撑"，使党的组织成为实现"国内一流、行业领先"目标的"稳定器"和"压舱石"，才能确保企业走出一条更有效率、更具活力、独具特色的高质量发展之路。

主创人：陈　骁
参创人：张　新　王凤侠

"双心行动、幸福企业"党建品牌工程创建实践

中铁武汉电气化局集团有限公司

一、创建背景

党的十九大提出了新时代党的建设总要求，作出了推进新的伟大工程的战略部署，是提高党的执政能力和领导水平的顶层设计，是推动全面从严治党向纵深发展的基本遵循。作为国有企业，必须毫不动摇坚持和完善党的领导，毫不动摇把企业党组织建设得更加坚强有力，持续推进企业党的建设与中心工作深度融合，自觉把党中央各项决策部署落到实处，切实把党的政治优势、组织优势和群众工作优势更好地转化为企业的竞争优势、创新优势和稳健发展优势，从而实现企业核心竞争力的提升和国有资产的保值增值。

中铁武汉电气化局集团有限公司（以下简称"中铁武汉电气化局"）是世界双500强企业——中国中铁股份有限公司的重要成员企业，主要从事高速铁路、城市轨道交通、智慧城市、新型基础设施投资、建设及运营管理。近年来，中铁武汉电气化局党委贯彻落实习近平新时代中国特色社会主义思想，把党建工作融入企业改革发展实践的具体举措，践行初心使命、强化党建引领，深入开展"双心行动、幸福企业"党建品牌工程，为推动企业改革发展提供了坚强有力的政治、组织和思想保证。"双心行动、幸福企业"的内涵可以概括为"555"，即"五融"（党的建设融入改革发展、公司治理、创新创效、品牌提升、风险管控），"五心"（党建强心、思想凝心、文化同心、群团暖心、廉洁守心），"五家"（党建引领之家、合心合力之家、奋斗创业之家、创新创效之家、员工成长之家）。"双心行动、幸福企业"党建品牌工程，是贯彻新时代党的建设总要求、落实全国国有企业党的建设工作会议部署的生动实践。双心行动是载体、是手段，幸福企业是愿景、是目标。中铁武汉电气化局通过开展双心行动、筑梦幸福企业，不断强化党建引领，全面激活企业的内生动力，培育企业核心竞争力和发展创造力，推动企业从优秀走向卓越，真正成为国内领先、全球知名、基业长青的百年企业。

二、主要做法

（一）以"五融"为主线，强化发展引领

坚持党的领导、加强党的建设，是国有企业的独特优势，中铁武汉电气化局坚持以"五个融入"为主线，强化党建引领，推进顶层设计，将党建工作融入生产经营中心工作，推动企业改革发展。

1.融入改革发展

中铁武汉电气化局党委坚持以党委中心组、电气化大讲堂、"三会一课"、网络学院等为主要形式，"学理论、议大事、出思路"，不断探索新的学习形式和方法，以提高理论素养、解决实际问题为原则，把学习的成果转化为谋划工作的思路、促进工作的措施。让每次中心组学习都成为一次"头脑风暴"，这是中铁武汉电气化局党委书记窦保信对中心组的定位与要求。公司先后邀请中国与全球化智库"一带一路"研究所所长黄日涵、中央电视台特约评论员杨禹、中国发展战略学研究会秘书长霍国庆等专家、学者授课，通过外脑引进，不断拓展企业改革发展的战略思维。同时，注重把理论学习融入具体工作实践，进行思想碰撞。中心组学习会上，领导班子成员坚持把学习与企业中心工作紧密结合起来，做到带头谈思想认识、带头结合分管工作谈体会、谈思路，机关部门负责人以上领导干部也逐个讲思想感悟，大胆突破传统"你念我听"领学模式，突出"你来我往"，真正让"课堂"变身为"群言堂"。大家通过交流探讨、思想碰撞，围绕"四电"重组企业如何应对市场形势实现差异化发展，提出"打造四型企业、实现五化发展"的企业发展方向。"四型企业"即市场型、专业型、管理型、创新型企业，"五化发展"即专业化支撑、区域化布局、规范化管理、创新化驱动、国际化视野。就如何创新营销体制机制推动市场经营工作，提出并实施"联合经营"理念，重组以来先后与华东交通大学、烽火通信科技股份有限公司、中兴通讯股份有限公司、中南建筑设计院股份有限公司等签订战略合作协议；就如何创新项目管理机制、推动项目管理实验室活动，提出"项目成本管理一张表"和"1234项目管理法"；就如何抓好既有线施工安全和信用评价工作，提出"四新"工作理念，这些项目管理思路和措施，都源自中心组学习的成果，为提高企业管理水平和项目经济效益、提升企业品牌形象发挥了重要作用。

2.融入公司治理

党的十八届六中全会以来，中铁武汉电气化局党委通过修改完善公司章程，明确党组织在公司治理中的职责权限和法定地位，切实推动党委发挥"把方向、管大局、保落实"作用的组织化、制度化和具体化。构建了"1＋N"党建制度体系，即以《关

于进一步发挥党委领导作用的实施意见》为主体，以《党委常委会议事规则》《"三重一大"实施办法》为基础的党内议事、决策制度和前置把关程序，以"三基建设"为基础的基层组织建设制度，以中心组学习为基础的政治理论学习制度，以党内监督办法为基础的党内监督制度，从制度上强化党员教育、管理、监督工作，严肃党内政治生活，为企业决策贯彻落实提供坚强保证。通过修订完善《党委常委会议事规则》《"三重一大"实施办法》等制度办法，细化"五必上"决策程序和党组织研究讨论前置程序，确保党组织严把决策程序关、范围关和讨论表决关，严格规范用权行为。在履行党委常委会前置程序上，重点关注防范化解债务风险、资产负债率管控、PPP（政府和社会资本合作）项目及"两金"压降等问题，坚持从是否符合政治方向、是否符合发展战略、是否依法合规、是否存在重大风险等方面从严把关，确保企业治理规范有序。

3. 融入创新创效

坚持突出实践特色，将党的主题活动融入企业生产经营和创新创效，重点开展党建"1+2"系列活动，以"党建引领、岗位建功"主题党建活动为引领，以"党员管理创效""党员科技创新"主题活动为支撑，推动党建活动与生产经营工作深度融合。通过在各基层党组织设立党员创新创效工作室，建立健全技术党课制度，开展党员课题立项攻关、设立"党员管理创效金点子奖"等，引导全体党员发挥聪明才智、投身小改小革，不断激发基层党组织和党员的创新创效活力。中铁武汉电气化局成本管理部党员攻关小组结合"四电"工程特点，研发升级"四电"工程成本信息系统并获得国家软件著作证书。中铁武汉电气化局科工装备公司党员技术攻关小组联合兄弟单位研发的跨座式单轨作业车获"中国中铁科技进步一等奖"。"双创"活动开展以来，集团公司共有56个项目部，包括18个党工委、82个党支部、956名党员积极参与。开办55个夜校，上技术党课281节，成立66个技术兴趣小组，进行44项科技攻关活动，发布交流成果16项。成功研发自动化接触网腕臂预配平台和调度信息化系统，打造出具有自主知识产权的"中铁智联网"云平台和"智慧路灯"系统。"一种隧道移动工作平台装置"等5项创新创效成果获国家专利，智能安全帽、新一代接触网腕臂自动预配平台、公铁两栖电气化作业车、装配式建筑在铁路"四电"房屋建筑上的应用、二维码技术在工程技术与质量管理上的应用、接触网同步检测系统等一系列科技创新，推动企业施工管理向工业化、智能化、科学化迈进。"双创"活动开展以来，累计为工程节约成本或创造价值上千万元。

4. 融入品牌提升

坚持把宣传思想工作融入企业品牌提升与形象塑造，围绕"精品工程、智能铁路、绿色铁路"创建目标，提出并实施打造中铁武汉电化局铁路"四电"示范标杆品牌工程，突出管理创新、技术创新、工艺工法创新、装备创新、绿色环保、建设维管创新、文化创新、价值创新，以精品工程提升企业形象。通过在重点项目开展"六个一"（选树一批先进典型、推出一批创新创效成果、出版一本画册、制作一部专题片、编辑一本文集、撰写一篇长篇通讯）活动，积极发挥树品牌、创市场、建队伍、育人才作用，不断提升全员精品意识，打造精品文化，以精品工程提升企业形象。通过大力宣贯推行标准化管理，强化施工安全质量管控，重组以来，先后安全优质开通兰渝、海西、沪昆、合芜等长大干线"四电"工程，特别是兰渝线渭重段，仅用86天完成70千米"四电"系统集成任务施工，被业主誉为"兰渝速度"。在铁路信用评价中，集团公司三次进入A类企业。通过大力开展文明工地建设，强化先进典型选树，王艳鸽所带领的中铁武汉电气化局信号女子突击队荣获"全国工人先锋号"称号，王艳鸽个人荣获"中国中铁劳动模范"称号，进一步提升中铁武汉电气化局企业形象、知名度和社会影响力。

5.融入风险管控

注重把党组织监督体系与企业监督体系深度融合，在防范企业风险、增强企业管控力上发挥积极作用。从制度体系建设入手，把廉政建设纳入全面风险管理体系建设，建立并完善党风廉政建设工作交底和"责任清单"制度、资产损失责任追究制度等，严控安全质量、市场经营、干部廉洁、海外业务、投资业务、企业债务等各方面重大风险，确保企业健康运行。加强日常监督检查，参与对干部巡察考核、劳务派遣转录工作监督及物资、劳务招标监督，规范企业管理。以"劳务队伍使用管理""精细化管理""机械设备管理""管理流程优化"为重点，开展效能监察监督检查，促进项目规范管理。深入开展创建"廉洁示范项目"和"企检共建"活动，与物资供应商、劳务协作队伍签订《廉洁工程共建协议书》，进行"廉洁宣誓"，赠送廉洁书籍，确保"双安双优"。集团公司以党风廉政推进企业风险管控的经验在湖北省国有企业党风廉政建设和反腐败工作会上进行交流。

（二）以"五心"为载体，凝聚发展合力

1.党建强心

中铁武汉电气化局确立的初心是"强企富工，造福社会"，使命是"把集团公司打造成为国内领先、全球知名、绿色智能的同行业一流企业"。中铁武汉电气化局党委通过发挥领导核心和政治核心作用，聚焦企业发展战略，做好发展定向、主业定位、文化定心；聚焦市场结构调整，构建市场开发铁路、非铁、投资、海外的"四轮驱动"格局；聚焦企业管理升级，构建"以客户为中心、以机制为保障、以改革为动力"的三维空间管理格局；聚焦技术创新驱动，培育发展新动力；聚焦党员干部素养，发挥"头雁"效应，通过党建引领，进一步增强发展企业的信心和决心。

2.思想凝心

思想政治工作是党的工作的重要组成部分，是经济工作和其他一切工作的生命线。中铁武汉电气化局通过创新宣传思想工作，加强形势任务教育，组织编写形势任务宣传提纲，开展以讲形势、讲优势、讲前景、讲目标、讲机遇、讲挑战为主要内容的"六讲"活动，把干部职工的思想统一到全力以赴完成企业各项目标任务上来，在打造企业品牌形象、完成企业生产经营任务的"攻坚战"中发挥积极作用。通过定期分析研判和通报意识形态领域情况，对思想文化领域的重大问题、重要情况，职工队伍思想动态中的倾向性、苗头性问题，有针对性地进行宣传引导，把干部员工拧成一股绳，汇成一条心。

3.文化同心

企业文化是企业凝聚力和创造力的重要源泉，是推动企业持续发展的不竭动力。中铁武汉电气化局提炼形成了以"合心合作、创新创造"为主要内容的"合创"文化，组织召开"合创"文化理论座谈会，深挖合创文化理念内涵，通过展板、微信、标语、LED显示屏以及报纸、网站，深入宣传合创文化的内涵，在《电气化建设》报开设"合创"专栏专题，在企业公众号上推出专题微信，利用网络平台组织企业文化知识竞赛。2019年，结合企业重组5周年、庆祝中华人民共和国成立70周年开展征文活动和主题演讲赛，拍摄制作完成《我和我的祖国》快闪视频MV，并且在国庆期间通过湖北广播电视台、对外网站、集团公司公众号进行广泛展播。通过推崇践行"合创"文化，把企业的核心价值理念融入各级组织的物质文化、制度文化和精神文化中，依靠文化的力量把企业目标内化为职工的个人行动，营造团结、和谐、向上的良好氛围，推动组织建设、管理水平和职工队伍整体素质提升，形成巨大的凝聚力和竞争力。

4.群团暖心

中铁武汉电气化局通过深入贯彻习近平总书记关于群团工作的重要论述，坚持企业改革发展成果与职工共享，营造了和谐稳定的发展环境。中铁武汉电气化局党委定期研究工会、共青团工作，把群团活动纳入党建主题活动，充分发挥了党联系职工群众的桥梁和纽带作用。大力实施"三让三不让"员工关爱工程，推进员工健康关爱计划和项目部"幸福之家十个一工程"，投入"三工"建设经费用于加强现场软硬件建设，丰富工地生活，职工的幸福感和获得感得到极大提高。做好困难职工帮扶工作，建立内部帮扶救助基金，解决了困难职工的大病救助、子女上学问题，不断增强员工获得感、幸福感、安全感。与湖北省襄阳市谷城县人民政府及团县委共同筹备"双结双促"，开展"植树造林，助推地方生态保护"活动，深入湖北省西北贫困地区开展"关爱留守儿童，青春助学，助推精准扶贫"行动，共同推进湖北省精准扶贫攻坚战的总体部署。"幸福之家"志愿者服务活动深入襄阳谷城县的庙滩、五山、城关等乡镇，走访慰问贫困留守儿童，为特困学生送去粮油、糖果、书包和文具，有效落实湖北团省委"关爱留守儿童，助力精准扶贫"行动。

5.廉洁守心

党风廉政建设事关人心向背，党风正则人心齐，人心齐则事业兴。中铁武汉电气化局认真落实主体责任，念好从严治党"紧箍咒"，不断加强党风廉政教育。先后邀请地方检察机关专业人员为党员干部、关键岗位人员讲授党风廉政建设专题讲座。组织参加党风廉政教育"宣传月"活动，开展党章党规党纪线上学习和测试。强化警示教育，组织观看《重整行装　利剑反腐》警示教育片，增强廉洁从业意识。认真落实中央纪委《深入剖析王晓林严重违纪违法案件典型特征将办案成果转化为国企治理效能的工作建议》，通过组织召开常委会、中心组专题学习、党风廉政建设和反腐败工作推进会、八项规定精神警示教育大会、领导班子专题民主生活会等，深入开展党纪教育和自查工作。深化"四个必谈"工作，落实廉洁谈话、廉洁从业承诺制度。实施项目部党风廉政建设工作交底和"责任清单"制度，推动"全面从严治党示范工程"创建，营造风清气正的企业政治生态。

（三）以"五家"为愿景，筑梦幸福企业

筑梦幸福企业是员工美好愿景，中铁武汉电气化局以打造"五个之家"为主线，推动党建引领之家、合心合力之家、奋斗创业之家、创新创效之家、员工成长之家创建工作取得实效。

1.党建引领之家

党建引领体现在思想上引领、战略上引领和组织上引领，中铁武汉电气化局通过充分发挥组织的力量，开展"党建引领、岗位建功"主题活动，让基层党组织成为凝聚党员群众的"主心骨"。一公司党委制定了"党旗飘扬、党徽闪耀、岗位建功"党建主题活动实施方案，开展党员讲习所活动，采取"菜单式培训"方式，引领广大党员群众学技术、练本领、长才干，在岗位上建功立业；北京分公司党委制定"党建引领、岗位建功"党建主题活动实施方案，以"创岗建区"为主要形式，推进主题活动的开展；运营管理公司党委制定了"党建引领谋转型、岗位建功促发展"党建主题活动实施方案，围绕"七项工程"，公司领导班子成员主动认领、量化指标、落实责任。各级组织通过线上线下教育、平面式立体式宣传、滴灌式渗透式开展党建活动等途径，把基层党组织建设成为宣传党的主张、贯彻党的决定、团结动员群众、推动企业改革发展的坚强战斗堡垒；筑牢领导干部困难先上、责任先担、好处先让的思想基础，让领导干部真正扛起"家"的责任，通过打造党建引领之家为建设幸福企业提供强有力的

政治、思想、组织保证和精神动力。2020年以来，为应对新冠肺炎疫情影响，推动复工达产，集团公司党委相继在5月、6月开展"党建引领、岗位建功"党建主题活动和"双心行动、幸福企业"党建品牌创建工程，将主题活动与股份公司"抗疫情、保增长"百日劳动竞赛活动结合，掀起了生产经营高潮，5月完成新签合同额近30亿元。

2.合心合力之家

中铁武汉电气化局倡导践行"合创"文化，领导班子成员互通有无，部门单位之间通力合作，前线后方并肩作战，集团干部职工围绕企业中心工作各司其职、齐心协力、愉快合作。集团公司结合企业重组5周年、庆祝中华人民共和国成立70周年开展征文活动和主题演讲赛，做好企业文化宣传和品牌传播工作，引导"合心合作、创新创造"的企业文化不断深入基层、根植员工，推进企业文化深度融合。围绕企业改革发展和施工生产，推出"战斗天使"汉十高铁信号女子突击队、蒙华"创造新速"、梅汕"马帮"、"智慧"连镇、"合创"黔张常等一系列宣传报道。实施党群工作协理员制度，改善劳务工和合作队伍精神生活条件，通过实名制管理劳务人员、建立数据库等措施，确保农民工工资按时足额发放，把幸福企业建设向劳务工和劳务队伍延伸，提升企业品牌认同，分享企业发展成果，真心实意追随企业。

3.奋斗创业之家

中铁武汉电气化局确立了"以奋斗者为本，为奋斗者谋幸福"的企业幸福论，倡导干部职工树立奋斗幸福观，把个人梦想融入企业发展大目标，立足本职工作岗位，甩开膀子加油干，为企业的发展做贡献，在企业的发展进程中实现自我价值。大力开展创建幸福项目部活动，围绕"建设幸福文化、创建幸福之家、锻造一流队伍、争创一流业绩、增强一流品牌"，从员工最关心、需求最集中、矛盾最突出的焦点、热点和难点问题入手，统筹规划幸福项目部创建方式和路径，通过试点先行，以点带面，全面推广，把职工之家建设成奋斗之家、创业之家。集团公司党委围绕企业中心工作，开展"重点项目保开通，智能建造创精品"劳动竞赛活动，如与连镇项目部党工委联合开展"科技连镇我先行、创建精品当先锋"主题实践活动；与成昆铁路有限责任公司开展"米攀项目党旗红，成昆建设争先锋"党建主题活动；与安九铁路指挥部联合开展"党建引领，岗位建功"党建主题劳动竞赛，迅速掀起大干一百天高潮。上海分公司党委承办了"我以我心向党心，党员冲锋保目标"党建主题活动暨南通地铁1号线机电安装党员突击队授旗仪式，与南通城市轨道交通有限公司开展联建，深入推进党建主题活动开展。城铁分公司联合武汉地铁集团有限公司举办了武汉轨道交通5号线青山片区"保疫情防控、保安全、保质量、保进度"劳动竞赛现场推进会暨"党建引领、岗位建功"党建主题活动，展示了"中铁智慧城"、"城铁智慧工程"、东博创新工作室等成果，彰显企业实力，打响了企业品牌，朱万富荣获"湖北省抗击新冠肺炎疫情先进个人"称号。

4.创新创效之家

中铁武汉电气化局践行新发展理念，大力推进体制机制和科技管理创新，优化升级产业结构，聚力"新基建"，推动"四电＋"，持续打好创新驱动发展牌。大力实施"项目一张表"和"1234项目管理法"，通过优化生产要素配置，创新生产组织模式，持续推进工程管理创新。以"作业标准化、现场信息化、施工机械化、管理扁平化"为重点，推进"智慧工地"建设；通过企校（院）合作，大力发展信息化、BIM（建筑信息模型）技术、大数据集成应用和绿色化、工业化建造技术。发挥党员"双创"、劳模创新和青年蜂巢创新工作室的引领作用，以众创激活企业发展，在智能装备制造、工程软件开发、高速铁路"四电"系统集成领域的新技术开发和应用方面取得实质性突破，企业自主创新能力不断增强。城铁分公司党委成立党员"双创"小组，首件定标实现"八大工艺提升"，使用BIM技术首创国内创新性装配式空调机房。2018年以来获得发明专利授权3项，实用新型专利授权113项，外观专利1项。

5.员工成长之家

集团公司倡导"全员学习，终身学习"，坚持德才兼备、任人唯贤、公平竞争、择优选用的人才选拔任用和考核评价机制，践行共建共享发展理念。紧紧围绕建设"六支人才队伍"目标，采取内育外引的方式，组织优秀项目经理、国际项目管理、各类专业技术等培训，受训人员达2000余人次；通过开展高级专家、首席专家评选推荐，导师带徒、优秀高校毕业生和工程技术新秀评选等活动，营造人才成长积极氛围。一公司、北京分公司、设计院开设"每周讲习堂""云端大讲堂"等活动，采取理论与实践、必学与想学模式相结合的方式，全方位多角度、量身定制专属受众人群，引领干部员工学技术、练本领、增才干、提素质，立足岗位建功勋。集团公司积极营造快乐和谐的工作氛围，不断改善员工生产生活条件，建设安宁、舒适、优美、温馨而富有亲情的幸福基地。集团公司认真落实"三让三不让"、金秋助学等制度，及时为困难员工排忧解难，让所有员工生活得更好、更有尊严、更有幸福感。集团公司关注员工身心健康，建立并完善"心灵驿站"，提升员工及家属的归属感和幸福感。

三、主要成效

发展既是第一要务，也是检验党建工作成效的根本标准之一。越是面对不进则退、慢进亦退的改革发展形势，越要抓好党建工作这个"总抓手""牛鼻子"。只有使基层组织硬起来，党员素质强起来，队伍士气聚起来，发展才有基础。中铁武汉电气化局党委通过"双心行动、幸福企业"党建品牌工程创建，推动党建工作与生产经营的深度融合，促进了企业生产经营和改革发展。自重组以来，集团公司实现新签合同额700亿元，完成企业营业额450亿元，承建的沪昆客专项目获国家优质工程奖、重庆地铁工程获中国建设工程鲁班奖，铁路信用评价3次被评为A级企业，先后中标时速350千米汉十高铁项目、标的额33.7亿元蒙华铁路项目、我国最北端高铁牡佳客专项目、31亿元滨湖还建房项目、"一带一路"标志性工程中老全线1300多千米电气化项目，首次以牵头方身份承揽了时速350千米的潍莱高铁"四电"集成项目以及首个轨道交通联调联试项目呼和浩特地铁1号线等。企业经营规模、发展质量不断提高，资金存量较重组之初的8.75亿元上升到2019年年底的近30亿元，增幅达242%；资产负债率从重组时的92.65%下降到2019年年底的81.07%，2019年度绩效考核居中国中铁A类前列，企业发展势头强劲。

主创人：窦保信　毛明华
参创人：吴国琦　周湘民　黄　进　黄　巍　贺玉琴

基于诚信敬畏的国企质量文化管理实践

航空工业昌河飞机工业（集团）有限责任公司

前言

航空工业昌河飞机工业（集团）有限责任公司（以下简称"昌飞"）始建于1969年，坐落在江西省景德镇市，是我国直升机科研生产基地和航空工业骨干企业，主要从事直升机和航空零部件研制、生产、交付、维修和服务领域，产品覆盖1~13吨级直升机，主要型号有直8、直10、直11、AC310、AC311、AC313等系列，已形成军机、民机、国际合作、通航产业和整机维修协调发展的良好格局。公司拥有完善的覆盖军民机和对外合作项目统一的质量管理体系。"昌飞造"多次参加重大阅兵仪式，接受祖国和人民检阅，并走出国门参加国际救援行动。

一、企业质量文化管理的实施背景

质量文化是指一个关注质量的组织在通过满足顾客需求和期望来实现其价值的过程中，形成的由组织和全体成员所认同的关于质量的思想、理念、行为、习惯，以及由这个组织质量意识所辐射出来的一切行为。为适应发展新态势，更好地满足顾客需求，实现向高质量发展转变，2014年开始，昌飞围绕"全员质量提升新机制、全过程质量信息化管控、全面自主质量管理、全方位产品品质提升、全价值链供应商管理"，打造以诚信敬畏为基石的质量文化，积极探索推进质量文化的管理，构建出以"全员、全过程、全方位、全面、全价值链"为主线的质量文化管理体系，发挥质量文化价值的牵引功效，全面激发员工的内生动力，激励员工由"要我干精品"到"我要干精品""要干好精品"的转变，推动企业产品质量快速提升。

（一）国际局势对航空装备质量的迫切要求

近年来，国际局势正在发生深刻的变化，面对复杂多变的国际形势，我们亟须生产出质量可靠、性能优越的国产直升机装备，只有这样我们才能在未来的全球竞争中取胜。然而航空产品结构复杂、精度高、工序多、加工周期长，过程质量管控难度大，更加需要从文化层面引导员工自觉、自主做好产品管控，培育全员自主质量管理文化生态。

（二）国家管理层面对质量文化建设的要求

诚信是社会主义核心价值观的重要组成部分。国务院印发的《关于建立完善 守信联合激励和失信联合惩戒制度 加快推进社会诚信建设的指导意见》，从国家层面对诚信建设提出规范要求，为公司推行诚信体系建设提供了法规依据。

敬畏是指人在面对权威、庄严或崇高的事物时所产生的情绪，既敬重又害怕。军工文化提倡"三老四严"，是融诚信敬畏于一体的作风和精神。

（三）质量专用标准的要求

国际航空航天标准 AS 9162《航空航天公司自我确认程序》，规定了操作者自主检查、自我验证的程序，为公司实施操作者自主检查、自我验证工作提供了标准依据。

国军标 GJB 9001C 质量管理体系要求中明确规定了军品生产企业必须建立诚信管理制度，确保组织的质量诚信。

（四）企业高质量发展的要求

我国经济已由高速增长阶段转向高质量发展阶段，正处在转变发展方式、优化经济结构、转换增长动力的攻关期，建设现代化经济体系是跨越关口的迫切要求和我国发展的战略目标。为此，昌飞全力打造企业高质量发展指标体系，从更高层面、更大范围、更严要求上强化质量文化管理。昌飞指出，高速发展向高质量发展转变，提升员工质量意识，作为航空人，一定要恪守质量至上理念，秉承"航空报国、航空强国"使命，自觉把产品质量作为企业安身立命的根本，坚持品质第一，坚决为部队提供能打胜仗的武器装备。

二、企业质量文化管理实践的主要内涵和逻辑关系

（一）主要内涵

公司贯彻"顾客满意、品质一流、持续改进、追求卓越"的质量方针，坚持以人为本，着力培育以"诚信·敬畏"为基石的质量文化，不断强化质量体系保障能力和质量信息化建设，通过一手抓自主管理提升，一手抓产品品质提升，使公司质量文化管理有效落地，最终实现高质量发展目标。昌飞质量文化管理模型如图1所示。

（二）逻辑关系

质量方针指的是由组织的最高管理者正式发布的该组织总的质量宗旨和方向，明确了组织在质量方面的全部意图和方向，为制定质量目标提供框架。组织的质量方针应与质量价值观相一致，与组织质量文化发展的理想状态相协调，与组织的质量管理

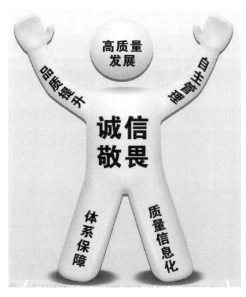

图1　昌飞质量文化管理模型

体系相融合。昌飞质量方针依据"航空报国、航空强国"使命和"法治昌飞、精益昌飞、活力昌飞、美丽昌飞、幸福昌飞"的企业愿景以及"品牌、质量、诚信、创新"的企业方针制定的，从思想、能力、行为、结果四个方面培养全员共同的质量管理思维习惯和行为习惯，形成公司持久且强有力的统一的价值追求。（如图2所示）

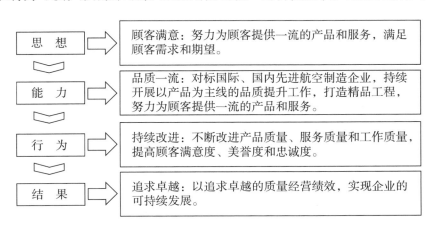

图2　昌飞质量方针解读

（1）培育以诚信敬畏为基石的质量文化，让员工对质量心怀诚信敬畏，是质量文化管理有效落地的核心。

（2）体系保障和质量信息化是公司质量管理的两个有力支撑，是质量文化管理有效落地的基础。

（3）品质提升和自主管理是公司质量文化管理有效落地的主要抓手。

（4）高质量发展是公司质量文化管理为之奋斗的目标，通过质量文化管理有效落地，助推公司向高质量发展转变。

三、企业质量文化管理的主要做法

（一）开展形式多样的质量意识教育，助推质量文化理念入脑入心

昌飞每年召开质量工作会，对员工开展质量警示教育，组织职工观看《质量警示录》，撰写心得体会和后续工作改进措施；开展质量警句征集活动，提炼总结出"轻拿轻放、进出有账、储存得当、保证质量""打好产品的保险就是打好企业的保险""校平每个面，敲直每根线""质量至上非口号，融入过程才重要"等2300余条与岗位信息息相关的质量警句；每年开展质量管理体系文件培训，并运用微信平台、操作教学视频、OA、报刊、电视等手段，加强员工质量意识教育，使质量文化理念入脑入心。

（二）建立全员质量提升新机制，筑牢质量文化根基

质量文化培育是一项长期的系统工程，涉及诸多方面工作，持续推动必须建立科学、合理、可行的制度机制。昌飞通过建立全员质量提升新机制，构建了"诚信·敬畏"责任体系，树立员工诚信敬畏之心，筑牢质量文化根基。

1.激发全体员工质量提升的内在潜能

昌飞建立《质量信得过个人暨QT印章等级评定管理办法》，对一线员工从实物质量、品质提升、过程控制、质量奖惩、价值创造等方面制定不同的评价标准，开展质量信得过个人暨QT等级评定，不同等级享受不同的质量津贴，通过这种方式激发全体员工质量提升的内在潜能（如表1所示）。目前已评定出质量信得过个人1168人，其中QT级663人、QT1级366人、QT2级139人，QT及以上等级个人由2017年的265人提升至2019年的1168人。

表1 　　　　　　　　　质量信得过个人暨QT等级评定

级别	基线	晋级要求	质量津贴
QT	80分	—	××元/月
QT1	85分	QT级满1年	××元/月
QT2	90分	QT1级满1年	××元/月

2.激发基层班组质量提升的组织活力

昌飞建立《质量信得过班组管理办法》，对基层班组开展以QT等级为主线的质量信

得过班组评定（如表2所示），形成"先进带后进、后进求上进"的良好氛围，激发基层班组质量提升的组织活力，促进员工讲诚信、守信用，班组成员共同成长。2020年评定出质量信得过班组43个，其中1个为全国质量信得过班组，7个为省级质量信得过班组。在生产现场建立质量信得过看板，让每个班组和员工清楚自身短板和努力方向。

表2　　　　　　　　　　　　质量信得过班组评定

班组内个人QT等级比率	个人QT等级津贴提升比例	班组长额外津贴
≥60%	1.3倍	××元/月
≥70%	1.5倍	××元/月
≥80%	2倍	××元/月
100%	3倍	××元/月

3.严格质量奖惩和责任追究

按照"业务谁主管、质量谁负责、责任谁承担"的原则，层层压实质量责任，实行"质量一票否决"和质量责任终身追究制度；常态化开展质量奖惩，定期编发奖惩通报，强化全员对质量管理严肃性的认识。2019年以来对违反质量程序的单位和个人处罚110万余元，否决6个单位季度评先评优资格。

同时，制定《质量违纪行为责任人脱产培训管理规定》，建立员工自费脱产培训机制。每年根据违纪次数和严重性，对员工开展自费脱产培训，2019年以来对19名员工开展了自费脱产培训。

4.制定员工行为规范

昌飞围绕诚信敬畏体系建设，确立了"执行第一、表单办事、问题透明、日清日毕、数据说话、持续改善"的岗位行为准则，并将准则纳入员工绩效评价；建立"红线"警戒机制，明确不可为、不可碰触的行为底线，规范员工岗位行为，形成全员按规矩办事的习惯。对触犯底线的行为，根据危害程度实施不同的处罚标准。

5.建立员工质量档案

昌飞建立《员工质量档案管理办法》，从质量诚信、实物质量、品质提升、质量奖惩和质量荣誉5个维度14条建立员工质量档案，实时掌控员工质量计分情况，质量档案与员工质量评先评优进行关联，促进员工讲诚信、守信用。

（三）强化质量体系保障和全过程质量信息化管控，夯实质量文化管理共同自觉基础

体系保障和质量信息化是公司质量管理的两个有力支撑，是质量文化管理有效落地的基础。

1. 质量体系保障

昌飞将质量文化管理与质量管理体系相互融合，使质量价值观、质量方针、质量管理体系成为一体；建立了完善的质量管理体系，通过制定制度化的体系文件、表单和流程，明确质量管理体系各过程质量控制要素和管理要求，并通过开展内审"自诊断"工作，持续改进质量管理体系。

同时，昌飞积极推行管理变革，强化质量监督，将检验从质量部门和生产车间中剥离出来，成立交付验收总厂，并成立质量巡检办公室，实施立法、执法、守法"三权"分立大监督格局，夯实质量文化管理基础。

2. 全过程质量信息化管控

昌飞坚持管理制度的科学性与管理过程的信息化相结合。研制开发了具有自主知识产权的昌飞制造系统（CPS），基于CPS，深入推进质量信息化建设，实现了从采购、零部件制造到铆装、总装、试飞、服务保障全过程的信息化管理。生产制造过程管控透明化，每个零件都用唯一的条码进行标识，零件生产进度、组套情况、质量状态和检验（入厂验收）记录等元数据都以零件条码为索引存入CPS；在零组件加工过程中，通过条码系统记录关重件实测记录、检验报告、不合格品等质量信息；在铆装、总装、试飞过程中，将直升机制造过程按GO站位进行管理，按站位刷条码和构型核查，并将过程故障录入CPS，实现工序工位质量信息化管控。在制造过程中对不合格品审理、设计更改贯彻、软件版本、寿命件、故障归零等实施单机质量状态集成管控，形成单机电子质量档案，实现质量数据的动态管理，提高记录的可追溯性，使质量文化管理显性化、可视化，实现产品全寿命周期的信息化管控，提升质量管理水平。

（四）强化全面自主质量管理和全方位产品品质提升，助推质量文化管理良好生态形成

强化全面自主质量管理和全方位产品品质提升是促进昌飞质量文化管理有效落地的主要抓手。

1. 全面自主质量管理

昌飞积极推行管理变革，优化质量管理监督机制。将检验从质量部门和生产车间中剥离出来，成立交付验收总厂，独立开展检验工作；成立质量巡检办公室，对质量部门、检验部门和生产车间的质量工作进行专项监督，直接对董事长和总经理负责。

转变质量管理理念，创新质量管理模式，推行工序自检，强化基于工序的制造自检把关能力，激发全员内在动力，推动员工由生产者向自我管理者转变；在自检、专检、总检"三位一体"的质量检验体制下，将自检和专检记录表单分离，前移风险控

制关口，重点发挥自检作用，让生产者主动发现质量缺陷，及时纠治质量问题。

提升运用多种质量管理手段，在飞行安全件管控、在线检测技术研究与应用等方面，强化基于飞行风险管控能力，降低人为主观因素影响。针对航空装备飞行安全性要求高的特点，在强化关重件质量管控的基础上，积极应用PFMEA（过程失效模式及后果分析）工具，科学识别飞行安全件/工序，建立飞行安全件管控机制，在生产现场配置高清摄像头，通过更细致、更严格的过程控制，确保飞行安全件100%受控。

突出过程管控，引导和激励员工提升自主管理意识，加强质量保证能力建设，促进装备质量提升。以绩效为导向，建立面向过程的质量管理绩效评价办法，每季度开展评价。设置过程绩效专项奖500万元/年，对季度评价结果达到良好以上的单位给予奖励，昌飞整体质量管理水平由2014年的75.17%提升到2019年的87.98%。

2.全方位产品品质提升

昌飞按照"系统实施、持续推进、取得实效"的总体思路，以产品为主线，多层次、多维度开展全方位品质提升。通过推行产品等级评定，建立质量分级制度，在合格品的基础上，将产品分为特级品、一级品、二级品三个等级，按相应等级给予质量激励，倡导优质优酬；策划开展以产品为主线的品质提升工作，包括专题项目攻关、产品防护、工艺规程优化、供应商品质提升等工作，激发全员内在动力，促进员工主动改进产品品质，提升产品竞争力。一是开展品质提升专题项目攻关。从总师、系统、专业、车间四个层级系统推进，每周召开协调会检查进展，每季度组织成果评定，并召开成果发布会进行现场表彰，营造全员参与品质提升的浓厚氛围，促进产品品质提升。二是开展产品等级评定。在产品符合图纸和技术条件要求的基础上提高标准，建立质量分级制度，给予相应的质量激励，倡导优质优酬，零组件、部件、整机优良品率逐年提升，三是开展工艺指令、维护手册、技术标准等"软件"品质提升，激励职工主动查找整改问题。四是开展防护类专项品质提升。按照"经济、适用、简便"防护原则，不断完善防护标准及要求，配备通用防护工具和防护材料，改进产品防护措施，确保每个零件得到有效防护。目前已发放品质提升奖4000万余元，通过管理手段让员工对产品品质提升的追求形成习惯和素养，多方位促进质量文化落地。

（五）以全力推进供应商管理为重点突破口，促进企业全价值链与主机的质量文化趋同

配套产品的质量直接影响整机质量，昌飞按照集团"主机牵头"原则，借鉴国际合作供应商管理理念，逐步推进开放式供应链管理体系建设；免费向供应商输出飞行安全件管控模式，并开展供应商飞行安全件管控体系认证；2019年率先联合第三方认证机构对质量问题较多的供应商开展质量"诊断"，提出问题，并督促整改；按季度统计分析成品故障，对故障率较高的供应商发送产品故障警示单，与供应商确定品质提

升项目，拉动供应商产品品质提升。按照"准入评估、扶植培育、达标认证、定期评价"的模式，以外包业务为试点，开展战略合作供应商的评选、扶植培育工作；在加强对供应商管控的同时，将主机质量文化管理理念输出到供应商，促进供应链与主机的质量文化趋同，从而提升整机产品质量。

四、质量文化管理的实施效果

（一）员工观念发生了巨大改变

通过文化引领，促进质量提升活动的开展，激发了员工自主质量管理热情，营造了全员参与质量改进的氛围，由"要我干"向"我要干""要干好"转变。2018年以来，完成品质提升项目3000余项，参与职工达10000余人次。

（二）产品质量和服务质量得到大幅提升

单机顾客检查故障从2014年的49.8条下降到2019年的5.6条，单机审理由9.3份下降到2.5份，整机优良品率由2017年的40.8%提升到86.6%，外场完好率从2014年的85.4%提升到2019年的91.64%，顾客满意度持续提升。

（三）公司品牌效应进一步彰显

昌飞先后荣获"全国先进基层党组织""第五届全国文明单位""全国工业企业质量标杆""全国实施卓越绩效模式先进企业""全国质量管理小组活动优秀企业""全面质量管理推进40周年杰出推进单位""第二届江西省井冈质量奖"等多项荣誉，彰显了公司品牌实力。

主创人：曾　坤　余建华
参创人：章玉姣　艾友庆　罗小靖　赖仁享　万首明　张秋龙　戴芳芳　吕吉婵

以"合气文化"引领公司高质量发展

中国石油西南油气田公司

前言

中国石油西南油气田公司（以下简称"西南油气田公司"）隶属中国石油天然气集团有限公司，主要负责四川盆地油气勘探开发、天然气输配、储气库以及川渝地区天然气销售和终端业务，具有天然气上中下游一体化完整业务链，是西南地区最大的天然气生产供应企业。目前，公司所属二级单位44个，合同化员工约3万人，资产总额近千亿元。

公司前身为1958年成立的四川石油管理局，1999年原四川石油管理局重组改制后成立西南油气田公司。公司历经60多年的改革发展，累计生产天然气超过5000亿立方米，目前年产能力超300亿立方米，建立了我国第一个完整的天然气工业体系。2019年，公司生产天然气268.6亿立方米，跨入2000万吨级油气田行列，成为我国陆上第四大油气田及全国最大的页岩气生产基地，2020年，全面建成"300亿战略大气区"；缴纳税费35亿元，获四川企业纳税10强第5名、四川企业利润10强第3名。公司先后荣获"全国五一劳动奖状""全国企业文化优秀单位""改革开放40年中国企业文化优秀单位"等多项荣誉称号。

一、实施背景

合气文化根植于灿烂辉煌的巴蜀天然气文明。2000多年前，巴蜀先民在凿井制盐过程中发现了天然气，经过历代劳动人民的摸索积累，创造了世界顶尖的传统钻井技术。在漫漫的历史长河里，巴蜀大地上钻火井、取井火、煮井盐的生产活动，点亮市井烟火，沸腾一方土地，对社会经济文化生活产生了深远影响。合气文化，接续巴蜀天然气文明的历史脉络，在西南油气田公司60余年的发展历程中逐渐形成，历经了四个阶段。

（一）大会战淬炼中的文化探索阶段

中华人民共和国成立初期，国家贫油少气。为了改变我国石油工业的落后面貌，石油工业部在四川盆地组织了两场大规模的开油找气大会战。1958年打响川中大会战，

3万多名石油儿女苦战三年，虽然未能找到高产大油田，但催生了四川盆地从找油向找气勘探转移；1965年开展了红村大会战，仅用一年多的时间在西南地区建成了全国第一个大型整装气田——威远气田。

会战期间，余秋里、康世恩等会战领导人把解放军"支部建在连上"的光荣传统运用于四川会战实践，用党的理论和军事化的纪律把来自天南地北的会战队伍拧成一股绳。广大职工怀着建设社会主义新中国的强大热情，与复杂地质条件作斗争、与严酷自然灾害作斗争、与艰苦生活环境作斗争，不断刷新生产纪录，涌现出血战火海的32111钻井队、救井英雄常天尧等时代楷模。会战队伍听党指挥、为国找油的集体意志和"一不怕苦、二不怕死、三不为私"的忘我境界，孕育了合气文化的基因。

（二）改革浪潮下的文化形成阶段

党的十一届三中全会召开后，西南油气田公司积极解放思想，稳步推进"油气为主、多元发展"的产业结构调整和以解体"大而全""小而全"为重点的体制转轨改革。在勘探主战场上，一场以"整体勘探、优先突破"新思路布局的石炭系大会战拉开序幕，推动四川盆地勘探战略向裂缝—孔隙型气藏转移。

在改革开放大门初次开启，石炭系会战渐进深入的新征程上，公司挖掘文化基因、提炼精神特质，于1988年提出了以"艰苦奋斗、求实创新"为内核的川油精神，1990年将其进一步阐释为"艰苦奋斗、坚韧不拔的创业精神；尊重客观规律、讲求科学的求实精神；胸怀祖国、献身石油的奉献精神；攻坚啃硬、争创一流的拼搏精神；独立作战、勇于探索的进取精神"，确立了传承创业薪火的价值导向。川油精神受到广大职工及家属的热烈拥护，成为四川油气田公司经营机制转换时期处理改革发展稳定关系的价值主线，形成了合气文化的雏形。

（三）走向现代企业制度的文化发展阶段

进入21世纪，经济全球化进程加快，国家能源需求日益增长，公司抓住党的十六大后各行各业竞相作为的重要战略机遇期，绘制了现代化天然气工业基地的发展蓝图。2004年，公司对标现代企业制度，构建符合时代要求的文化体系，对改革发展进行系统规范和价值指引，形成了集团文化"六统一"统领之下的企业文化架构。

文化的力量推动了公司的快速发展。2006年建成了国内首个以天然气为主的千万吨级大油气田；2008年走出国门支持土库曼斯坦天然气开发；2009年开钻了中国第一口页岩气井。在新世纪的洗礼中，川油精神与时代接轨、与管理融合、与发展一体，彰显出履行经济、社会、政治三大责任的新高度，合气文化的内涵与架构逐渐清晰。

（四）引领天然气大发展的文化深化阶段

党的十八大以来，习近平总书记作出积极推动能源生产和消费革命的重大战略决策，天然气工业发展迎来了黄金时代。站在新时代的历史方位上，公司把天然气大发展与实现中华民族伟大复兴的中国梦紧紧联系在一起，服务国家能源战略转型，服务人民群众对美好生活的向往。2012年，在堪称世界最难开采的四川盆地，公司发现国内单体规模最大的海相碳酸盐岩整装气藏，2013年建成西南地区第一座地下储气库，2019年建成国内最大的页岩气生产基地，探明两个储量超万亿立方米的特大型气田，推动四川天然气走出盆地，北上东输，成为中国能源革命的强劲脉动。

文化创新推动发展提速，"在党和国家最需要的时候把天然气产量搞上去"的责任担当为公司"三步走"战略规划指明了方向。2020年全面建成"300亿战略大气区"；2025年产量将达到500亿立方米，成为国内最大的天然气生产企业；2030年产量将达到800亿立方米，建成国内最大的现代化天然气工业基地。公司天然气勘探开发一体化全产业链优势，延续了巴蜀大地上灿烂辉煌的天然气文明，升华凝练为"和合共生、气美家国"的合气文化。

二、合气文化的内涵和主要做法

（一）合气文化内涵

60多年来，川油人始终秉承"奉献能源、创造和谐"的企业宗旨，努力践行"我为祖国献石油"的核心价值观，牢固树立产业报国的崇高理想，传承弘扬"石油精神""大庆精神铁人精神"，在产业实践和经营管理中形成、丰富和升华了以"和合共生、气美家国"为核心的合气文化。

"和合共生"：秉承中国传统"和合思维"，秉持新时代五大发展理念和命运共同体思想，在天然气业务链全过程，追求天人合一的哲学观，厚德载物的责任观，知行合一的实践观，合作共赢的发展观；以绿水青山回报自然，以清洁能源造福社会，以诚信服务赢得客户，以价值实现成就员工，以科技创新拥抱时代，打造共生共荣、互利多赢的企业生态。

"气美家国"：融入国家能源生产和消费革命战略，以文化深厚、资源禀赋的底气，艰苦奋斗、不畏艰险的勇气，锐意进取、敢为人先的锐气，丹心赤忱、清风峻节的正气，为祖国建设大气田，为人民助力新生活，在中华民族伟大复兴征程上出大气、造大美、献大爱，彰显能源央企服务经济社会发展，保障国家能源战略安全的家国情怀。

"和合共生、气美家国"的合气文化随国运昌隆而生，经四川油气田公司60多年的文化孕育，与共和国同发展共成长，具有政治的先进性、鲜明的时代性、实践的创造性、文化的传承性、价值的共同性。其内涵融通巴蜀地域文化的灵气，深植"艰苦奋斗、求实创新"的川油魂魄，体现了"天人合一、和而不同"的共生境界，"奉献能源、创造和谐"的共生情怀，"责任如山、气美家国"的共生风骨，在绿水青山中创造自然之气、生命之美，展示了石油人特别能吃苦、特别能战斗的忠诚无畏精神，彰显了石油人为祖国争光、为民族争气的精神品质。

（二）合气文化的做法

巴山蜀水风雨度，日新月异六十载。公司党委始终把坚持党的领导，加强党的建设贯穿于合气文化建设全过程，以习近平新时代中国特色社会主义思想为指导，不断赋予合气文化新的时代内涵，以文化大繁荣推动企业大发展。

1.道同契合，文化建设始终高举旗帜、心怀理想，坚定"我为祖国献石油"的价值导向

坚定政治站位，始终高擎爱党旗帜。深入学习习近平新时代中国特色社会主义思想，深刻领悟习近平总书记对油气工业发展的深切关怀，认真贯彻落实习近平总书记对中国石油的重要指示批示精神，围绕"迈入新时代国企党建先进行列"目标，充分发挥党委"把方向、管大局、保落实"的领导作用，搭建党建工作"四梁八柱"，推进党建三年行动计划，实施六大党建工程，确保党建引领下文化建设的正确方向。推动新思想新理论大学习大宣传大普及，教育引导干部员工"听党话、跟党走"，使文化建设始终高擎爱党爱油旗帜。

传承红色基因，大力弘扬石油精神。传承石油精神、弘扬行业价值，把"和合共生、气美家国"合气文化融入石油精神的再学习再教育再实践。组织领导班子集体到大庆油田参观学习，寻根溯源大庆精神、铁人精神魂魄；组织党员干部到毛主席唯一视察过的石油企业——隆昌气矿炭黑车间等教育基地开设党课，重温入党誓词；坚持开展"形势、目标、任务、责任"主题教育、石油精神报告会等活动，充分发挥五大石油精神教育基地、八大党员教育基地作用，以合气文化筑牢干部员工共同的价值观。

融合巴蜀文化，全力推动价值认同。积极吸纳巴蜀文化精髓，学习借鉴知名企业的文化建设经验，不断丰富合气文化新内涵。立足保障国家能源安全，促进区域经济社会发展的角色定位，坚持企地合作共建文化平台，坚持用户至上共享文化成果，与地方政府和高校签订战略协议，在经济发展、文化艺术等方面加强交流，使合气文化饱含更多的地域特征，促进公司与地方政府、合作伙伴的和谐共生，为公司高质量发展注入活力、增添动能。

2.通时合变，文化建设始终守正创新、契合发展，践行"在经济领域为党工作"的核心理念

坚持融入战略，构建契合发展目标的文化体系。全面贯彻集团公司企业文化建设纲要，认真落实"六统一"原则，构建起与发展战略相匹配，与产业格局相适应的企业文化体系。注重企业文化与专业管理的深度融合，大力开展安全文化、廉洁文化、

营销文化、合规文化等专项文化建设。注重文化建设系统推进、分级落实，坚持每五年制定企业文化专项规划，每两年开展文化建设评比表彰，每一年开展文化课题研究和文化产品创作，从制度上保障、经费上落实，推动文化建设出思想、出成果。

推进基层落实，构建符合行业特质的文化群落。全力推进基层文化建设实践。5家基层单位获"四川省企业文化建设示范单位"称号，先后形成了川中油气矿"攻坚文化"、重庆气矿"自信文化"、川东北气矿"责任文化"、输气管理处"输气文化"、天然气净化厂"净气文化"等一批优秀的文化成果。妥善处理好公司文化与基层文化统领性和支撑性、协同性和灵活性之间的关系，持续做好子文化理论成果转化，出版《企业文化辞典》，拍摄《筑梦蔚蓝》形象宣传片，撰写首部纪实文学作品《征程》，立体展示合气文化成果。

有效传播推广，构建彰显川油魂魄的文化品牌。积极搭建文化展示融媒体平台，巩固传统媒体优势，打造新媒体矩阵，让石油成果、石油形象多平台展示；组织实施"寻找最美川油人"和"践行社会主义核心价值观"两大宣传工程，参与中央电视台《对话》等栏目录制，开展"中国石油开放日""形象提升周"活动，让石油人物、石油故事多渠道传播。联合政府、企业搭建石油文化共建共享平台，与四川省文化馆共同开发"逐梦兴川"——庆祝中华人民共和国成立70周年巡游彩车文创产品；与内江市共同打造国家第三批工业遗址——隆昌气矿圣灯山气田旧址；与合江县政府共建以32111英雄钻井队烈士纪念馆为核心的石油文化主题公园；与峨眉电影集团合作拍摄纪念中国共产党成立100周年"7+1"系列纪录片（电影），让石油精神、石油文化多方位延伸。

3. 知行合一，文化建设始终围绕中心、服务大局，扛起"建设全国最大的现代化天然气工业基地"的责任担当

强作风执行，打造践行"两个维护"的石油铁军。公司始终贯彻落实习近平总书记对中国石油的重要指示批示精神，扎实开展"四合格四诠释"等岗位实践活动，把年轻干部放到最艰苦的工作岗位、最重要的攻关项目，塑造青年石油铁军中坚力量。扎实开展"不忘初心、牢记使命"主题教育，将红色教育基地、条件艰苦的生产现场作为党性教育和文化建设的重要载体，将教育成果转化为打造石油铁军的自觉行动，形成合气文化的价值追求。以钢铁意志和"钉钉子"精神展现做强"种子队"、当好"排头兵"的责任担当，使石油铁军的形象在党和国家最需要的时候得到有力彰显。

重目标引领，扎实推进"国内最大的现代化天然气工业基地"建设。公司紧紧围绕多找气、多产气、供好气这个中心任务，致力于寻找大场面、建设大气田，坚定建设国内最大的现代化天然气工业基地目标不动摇，当好天然气上产的主力军、页岩气开发的排头兵，坚决把产量搞上去；坚定低成本高质量发展的目标不动摇，做转型升级的改革家、提质增效的实干家，坚决把效益提起来，形成"常非并举"的勘探开发

新格局。明确海相碳酸盐岩、海相页岩气、火山岩和致密气四大主攻领域；建成安岳特大型气田、川南页岩气和老区3个百亿气区；建立6个研究院、3个技术中心的高效研发和科学决策体系；积极融入国家关于打造四川盆地天然气千亿气区的发展规划，以及四川省五大高端成长型产业发展规划，构建与产业格局相适应的企业文化体系。

担国企责任，积极推动区域经济社会大繁荣大发展。公司把大力提升国内油气勘探开发力度，保障国家能源战略安全，推动成渝地区双城经济圈建设，打造"和合共生"的内外环境作为动力，对标对表国际先进，努力成为践行绿色发展理念的典范。积极推进国企混合所有制改革，促进地方经济和税收增长，实现合作共赢。与四川省眉山市签订战略合作协议，建成川渝地区第一个天然气高效利用示范园区。把贯彻落实党中央、四川省委精准扶贫政策作为重大政治任务，对口援建重庆市开州区，定点扶贫四川省甘孜藏族自治州九龙县，自主帮扶公司上产区域。国家"十三五"以来，投入4300万余元对口扶贫资金，促进受援地各项事业稳步发展，切实履行了央企的三大责任。

三、合气文化的成效

60多年来，四川油气工业在党的关怀领导下从无到有、从小到大、由弱到强的发展求实之路，正是公司合时代之势，于艰难中起步、从困苦中崛起、在奋进中强大的文化求实之路。公司广泛聚合国之大气、企之底气、民之福气的磅礴力量，用文化大繁荣推动企业大发展，奋斗道路上遍开油气之花，主要收获了三大成效。

（一）矢志不渝彰显国之大气，旗帜鲜明、品格忠诚的政治信仰更加坚定

从为了国家需要到填补国内空白，从建设初期一个天然气探明储量100多亿立方米、年产量3300万立方米的小气田，到探明储量上万亿立方米、年产量300亿立方米的我国陆上第四大油气田，西南油气田公司前进的每一步都是党中央英明决策，党和国家领导人殷切关怀的必然结果，都是中华文明、伟大精神和优良传统滋润的成果。经过60多年的改革发展，骨子里爱党、爱国、爱事业的信仰更加坚定；"石油工人心向党""我为祖国献石油"的信念更加坚定；"在经济领域为党工作"的信心更加坚定；保障国家能源安全，推动新时代天然气大发展的行动更加自觉。

（二）追赶跨越铸就企之底气，特色鲜明、优势突出的产业格局更加巩固

几代川油人在磨砺中成长、在追赶中跨越，特别是近十年，西南油气田公司陆续发现9个大型、特大型气田，新增探明储量近1.5万亿立方米，可持续发展的资源基础进一步巩固；磨溪龙王庙、高磨震旦系、罗家寨高含硫、长宁—威远页岩气四大生产区快速高效建成，规模实力、创新能力和盈利能力大幅提升；"三横、三纵、三环、一库"骨干管网全面建成，成为国内最完备的天然气输配系统；供气区域扩大到四川、

重庆、云南、贵州、广西等省、自治区、直辖市，终端业务在区外市场实现了新的突破。西南油气田公司高效服务油气重点工程，全力支撑长庆、新疆等油田增储上产。集勘探开发、产品销售、工程技术、科研服务于一体，上中下游综合协调发展的天然气产业格局更加巩固，企业发展底气更加充盈。

（三）励精图治成为民之福气，共建共享、和合共生的人文环境更加友好

萌发于年轻共和国贫油忧患，生长在巴山蜀水之间，从毛主席号召"工业学大庆"，到习近平总书记批示"弘扬石油精神"，西南油气田公司以实际行动响应，用文化激发凝聚力、催生战斗力，用蓝色火焰照亮绿色明天。气化川渝、川气东送，参与土库曼斯坦天然气开发，为"一带一路"建设助力加油。积极投入社会公益事业，在援助援建、扶贫帮困、捐资助学、抗震救灾、战疫保供中彰显大爱。每年带动区域GDP超过2600亿元，每月缴纳税费超过3亿元，每天供应天然气超过9000万立方米，每分钟18元扶贫款汇入甘孜藏族自治州九龙县、重庆市开州区等地，区域社会经济发展动能更加强劲，人居环境更加优美，人文环境更加友好，企业与环境、企业与社会和谐共生的态势持续巩固，企业知名度、美誉度显著提升。

我们深切体会到，文化是一个国家的灵魂、民族的血脉，更是一个企业开物成务、知常达变、薪火相传的源头活水。一个企业要建设优秀的文化，需要不忘初心才能深入人心；需要立足发展才能长足发展；需要实践落地才能开拓天地；需要不拘一格才能别具一格。

站在"两个一百年"奋斗目标的历史交汇期，西南油气田公司将秉承初心，砥砺前行，深挖文化内涵，凝聚思想共识，持续推进合气文化创新发展，以开放共享的新姿态"和合共生"，以善作善成的新担当"气美家国"。"上产500亿、奋斗800亿"，在党和国家最需要的时候把天然气产量搞上去、把效益提起来，为中国石油建设世界一流综合性国际能源公司，推动治蜀兴川再上新台阶，奋力实现中华民族伟大复兴的中国梦再做新贡献！

主创人：赵厚川　苟昭辉　熊　珍
参创人：黄吉鑫　赵　虹　程　丹

核电企业基于两化深度融合的新型能力建设

江苏核电有限公司

前言

江苏核电有限公司（以下简称"江苏核电"）成立于1997年12月18日，隶属于中国核工业集团有限公司，是中国核能电力股份有限公司（以下简称"中国核电"）的成员单位之一。江苏核电现有员工2418人，负责田湾核电站的建设管理和建成后的商业运行，以及部分核电新厂址的开发和保护。田湾核电站规划建设8台百万千瓦级压水堆核电机组，一期工程1、2号机组（单机容量106万千瓦）和二期工程3、4号机组（单机容量112.6万千瓦）均采用俄罗斯VVER-1000改进型核电机组，是中国和俄罗斯两国政府加深政治互信、发展经济贸易、加强国际战略协作，共同推动中俄核能合作的标志性工程。三期工程5、6号机组采用M310+改进机型（单机容量111.8万千瓦），计划2021年投入商业运行，是国家"十二五"期间核电机组建设的收官之作。

一、实施背景

（一）顺应时代发展潮流，打造新时代"智慧核电厂"的必然选择

当今，全球范围内新一轮科技革命和产业变革蓬勃兴起，国际产业格局面临重大调整，围绕抢夺下一次科技革命制高点的竞争愈演愈烈，各国纷纷结合自身产业发展优势加强了战略总体布局。美国以占据新工业世界翘楚地位为目标，借助软件和互联网领先优势，基于大数据智能分析和智能管理，提出了工业互联网的战略布局；德国以引领全球制造业潮流为目标，借助强大的机械工业制造基础，基于CPS（信息物理系统）智能化生产，提出了工业4.0的战略布局。中国在错失前几次工业革命时机的情况下，当前面临前所未有的机遇和挑战，更要抢占先机超前布局。以制造大国向制造强国转型为目标，以两化融合和新型能力建设为主线，以智能化制造为主攻方向，国家提出了"中国制造2025"的战略布局。并在历届人大会议和各项政策中将两化融合新型能力建设作为首要行动提出来。

在信息技术不断发展的环境下，江苏核电响应国家号召，顺应时代发展潮流，通过基于两化深度融合的新型能力建设，打造新时代的"智慧核电厂"，实现企业的创新发展、智能发展和绿色发展，始终保持在当前信息化和智能化潮流中处于不败之地。

（二）适应电力市场新形势，推进企业转型升级的迫切需要

当前国内经济增长对电力需求增速放缓、能源结构调整优化、电力市场化改革积极推进的新形势，给核电产业发展带来机遇和挑战。两化融合管理体系是引领企业战略转型、组织变革、技术创新、生产方式和服务模式转变的重要抓手。为适应电力市场新形势下的核电发展需要，核电企业要破除"等""靠"思想，主动向市场要空间、要效益，通过打造适应电力市场新形势的两化融合新型能力，以保障机组稳发多发，获取最大限度的经济效益，提高市场竞争力。

（三）践行江苏核电"三大核心"战略，助推企业多元发展的必然需要

江苏核电确定了"三大核心"业务战略，即生产运行管理、工程建设管理、国内外市场开发。做强做优在运机组运营管理和工程建设管理，大力开拓国内外市场，逐步形成"以在运机组为依托，积极推进扩建工程建成投运，以核为本，多元发展"的战略格局。而两化融合新型能力是围绕企业战略和核心竞争力展开的信息化活动，通过新型能力的打造获取可持续竞争优势，从而有效支撑公司"三大核心"业务战略的实施。

二、内涵和主要做法

江苏核电为顺应时代发展趋势，适应电力市场新形势，以两化融合管理体系为指导，以"三大核心"业务战略为方向，制定了新型能力建设的"四大方针"和指导思想，并一以贯之，结合架构管控的理念建立了高效的组织体系，为两化融合新型能力建设奠定了理论基础和组织基础，如图1所示。继而，江苏核电通过分析内外部环境制定了"三大核心"业务战略，梳理了七大可持续竞争需求，从而识别了信息化环境下的八大新型能力体系，并借助公司现有的两化融合管理体系和指标体系，周密地策划并实现了核电生产现场安全管控能力、核电设备维修精细化管控能力、基于主数据管理平台的核电厂SSCs（核电厂系统、构筑物、部件）全生命周期管理能力三大新型能力，从而推动"三大核心"业务战略的稳步实施，加速企业的转型升级。

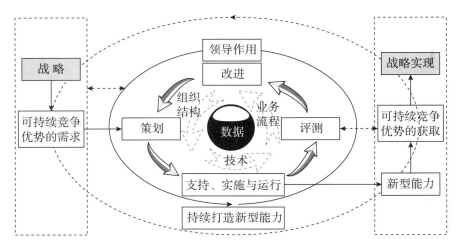

图1 基于两化深度融合的新型能力建设示意

（一）基于战略导向，明确指导思想和建设方针

1.指导思想

深入解读两化融合管理体系要求，结合江苏核电发展战略目标，以融合和创新的理念，通过应用新技术、新方法，发挥数据要素的创新驱动潜能，开展两化融合新型能力建设，实现数据、技术、业务流程、组织结构互动创新和持续优化，促进公司创新发展、智能发展和绿色发展。

2.建设方针

根据公司的战略发展方向和战略目标，江苏核电确定了以高效管理为目标的两化融合新型能力建设方针，具体如下：

（1）统一规划管理。按照战略目标和发展方向，全面分析公司现状和需求，统筹规划两化融合新型能力建设工作，合理计划，适度投入，规范发展。构造科学的统一管理体制和运行机制，修订完善公司管理规章，提升两化融合管理水平。

（2）严守法规标准。在推进两化融合新型能力建设的过程中，严格遵守国家两化融合相关的法律、法规、规章、标准及其他要求，严格执行公司两化融合管理手册和规章制度，确保两化融合过程的合规性和规范化，提高两化融合工作效率。

（3）优化业务流程。遵照两化融合过程管理机制的通用方法，以优化业务流程为切入点，实施PDCA循环。通过两化融合对现有工作流程进行梳理、完善和改进，从而优化管理资源和市场资源配置，实现组织结构的扁平化、信息化和网络化，从结构层次上提高企业管理系统的效率和柔性，提高公司运作效率，降低整体运营成本。

（4）持续改进创新。在两化融合过程中不断寻求持续改进的机会，以技术创新、管理创新作为指引，以数据为驱动，利用先进可靠的信息技术，开展综合集成和协同创新，全面实现不同生产、经营、管理业务系统的数据交互和应用集成，不断推进业务流程、组织结构、技术、数据四要素的互动创新和持续优化。

（二）基于融合理念，构建"一战两化"组织体系

1.强化战略引领，健全"一战"组织机构

两化融合新型能力建设是围绕企业战略和核心竞争力而展开的信息化活动。为充分把握两化融合新型能力建设的战略方向，江苏核电加强了战略管理，在战略和绩效管理委员会的基础上建立了两化融合管理委员会（信息化和资源管理委员会），负责根据公司战略和内外部环境的分析结果梳理信息化环境下的可持续竞争优势需求，并结合现有信息化水平，识别出所需要的新型能力。"一战两化"组织体系如图2所示。

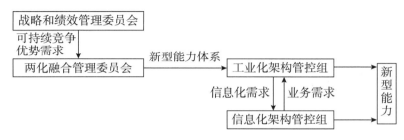

图2 "一战两化"组织体系示意

2.结合业务需求，建立工业化架构管控组

工业化架构管控组又称为业务架构管控组，下设综合管理、生产运行、工程建设、行政后勤、党建群团、对外接口六个领域管控小组（如图3所示），负责为新型能力的建设提供业务支撑，并策划新型能力业务相关的信息化需求，以确保各项业务的信息化需求与新型能力相匹配，与各项管理制度相适应。同时每个领域都设置了领域归口处室，负责统筹协调和整合本领域业务的信息化需求，保证信息化需求的全面性、实用性。

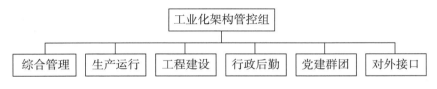

图3 工业化架构管控组示意

3.结合技术实现，建立信息化架构管控组

信息化架构管控组又称为技术架构管控组，负责根据工业化架构管控组提出的信息化需求制订技术方案，保证新型能力信息化的实现。为保证技术资源的利用和共享，信息化架构管控组具有双重身份，一方面作为江苏核电的常设组织机构，受信息文档处的行政管理；另一方面是中国核电的信息中心，可直接从中国核电调取资源。对较大且较为复杂的信息化项目，信息化架构管控组可直接利用中国核电信息中心的身份共享和使用中国核电以及其他成员单位的技术资源。

（三）以成熟核质保体系为框架，建立两化融合管理体系

1.以新型能力为主线，引入两化融合管理体系

江苏核电根据《信息化和工业化融合管理体系要求》（GB/T 23001—2017），引入两化融合管理体系，建立了包括1份两化融合管理手册、58个管理程序、297份支持性文件，以及300余份记录文件的两化融合管理体系文件（如图4所示），覆盖了新型能力的识别及策划过程、新型能力的建设及运行过程，为打造信息化环境下新型能力提供了一套系统的路径和基本方法。

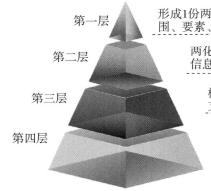

图4　两化融合管理体系文件架构

第一层：形成1份两化融合管理手册，对体系范围、要素、过程、职责等进行总体要求。

第二层：两化融合管理程序文件58个，与工业和信息化部两化融合体系标准要求对应。

第三层：梳理确保两化融合管理过程的运行和控制所需的支持性文件，目前梳理整理支持性文件297份。

第四层：证实符合两化融合管理体系有效运行所需的相关记录，目前收集整理300余份记录文件。

2.以高效管理为目标，建立两化融合的整合管理体系

核电企业建立并维护一套规范适用、务实高效的管理体系，既是核安全法规的要求，也是自身发展的需要。江苏核电在遵照核安全法规、导则的基础上，引入并通过质量、环境、职业健康安全和信息安全"四合一"整合管理体系认证，并在符合性认证的基础上导入以追求卓越为目标的卓越绩效管理模式，建立了成熟的质保管理体系。以此为框架引入了以新型能力为主线的两化融合管理体系，经过体系文件、组织

架构、业务流程等各项管理要素的整合，逐步形成了以《核电厂质量保证安全规定》（HAF003）为原则，以两化融合新型能力建设为主线，以《卓越绩效评价准则》（GB/T 19580—2012）为指导，同时兼容质量、环境、职业健康安全和信息安全管理要求的整合管理体系。该体系全面覆盖公司所有业务活动，规范指导新型能力和各项工作高效有序开展。

同时，江苏核电每年通过质保监督、监察、管理部门审查、自我评估、同行评估、认证审核，以及集团公司和上级监管部门例行和非例行的监督检查等方式，对公司管理体系运行有效性进行验证、评价和改进，不断提高公司管理体系运行有效性。

（四）明确两化融合的主要脉络，建立新型能力标准建设路径

江苏核电根据两化融合管理体系的要求，结合自身特点建立了一套与战略相匹配、与发展方向保持一致的新型能力标准建设路径。

第一步，内外部环境分析。外部环境因素包括市场态势、竞争对手及行业标杆情况、技术发展趋势、客户需求、法律法规等，内部环境因素包括企业组织文化、管理特点、产品结构、技术领先程度、供应链状况、财务状况等。通过进行SWOT或PEST分析（宏观环境的分析），进一步明确企业的形势、优势、机遇和挑战。

第二步，梳理企业战略重点及战略举措。从企业愿景（战略目标）出发，结合内外部环境分析结果，梳理企业战略重点及举措。战略重点指的是企业的战略优先着眼点，战略举措指的是企业为实现战略重点而制定的具体措施，如产品高端化、市场多元化、国际市场开拓、新渠道建设等。

第三步，识别可持续竞争优势的需求。从企业发展战略出发，考虑打造哪个或哪几个优于竞争对手实现突破的竞争优势，以支撑企业打造可持续发展模式。如：产品研发设计优势、低成本竞争优势、运营管控优势、渠道优势等。

第四步，新型能力识别。从支撑可持续竞争优势达成出发，分析企业当前及未来一段时期需要打造的信息化环境下的新型能力。这里有两个思路：一个是扬长避短，一个是查漏补缺。扬长避短的思路是从强化企业现有优势的程度出发，考虑企业需要何种新型能力；查漏补缺的思路是从企业还不具备实现优势的需求出发，考虑企业需打造的新型能力。在识别过程中需全方位识别新型能力体系，需考虑现在到未来一段时间内的新型能力集合，也就是说，一段时间内的新型能力有可能是多个。最后在这些新型能力集合中找出最为迫切的一个能力，作为此次打造的新型能力。

第五步，技术实现策划。基于新型能力分析结果，策划支撑新型能力打造或持续提升的两化融合工作，明确实施步骤和方法，形成两化融合实施框架方案，为企

业两化融合体系认证工作指明方向。当企业发展战略或内外部环境发生重大变化时，新型能力体系需要重新策划，两化融合实施框架方案将进行调整。

（五）立足全局充分分析，确定新型能力架构

1.分析内外部环境，制定战略举措

江苏核电根据内外部环境分析结果，确定了生产运行管理、工程建设管理、国内外市场开发"三大核心"业务战略，并将"做强做优在运机组运营管理和工程建设管理，大力开拓国内外市场，逐步形成'以在运机组为依托，积极推进扩建工程建成投运，以核为本，多元发展'的战略格局"作为战略方向，以此制定了提高机组运行水平、加强安全和环保管理、增强设备设施可靠性、促进财务模式转型、加快一流队伍建设、加强科学研究和创新、推进信息资源整合和开发利用、有序部署电力营销、适度开发新能源项目、强化国际友好合作、维护供方协同关系、加强工程建设管理12项战略举措。

2.把握机遇和挑战，识别可持续竞争优势需求

江苏核电根据"三大核心"业务战略部署，结合当前环境下的机遇和挑战，识别了需要获取的与战略相匹配的7项可持续竞争优势需求：市场竞争优势需求、设备维修改造技术领先优势需求、电力营销优势需求、核电生产安全和环保管控优势需求、核电建设项目管理优势需求、复合型人才优势需求、信息技术支撑协同创新优势需求，以准确把握各种有利条件，为打造新型能力提供强有力的战略支撑。

3.超前布局，确定两化融合新型能力架构

江苏核电围绕与公司战略匹配的可持续竞争优势需求，从市场竞争、安全生产、成本控制、人才培养、企业管理、数据管控、分析决策等业务需求和目标出发，通过开展两化融合管理体系贯标及两化融合评估与诊断，识别确认了包含核电生产现场安全管控能力、核电设备维修精细化管控能力、基于主数据管理平台的核电厂SSCs全生命周期管理能力、核电建设项目成本精细化管控能力、市场开发与电力营销管理能力、基于数据挖掘分析的生产经营精确决策能力、机组运行精细化管控能力、以快速高效为导向的财务信息追溯能力8项能力的新型能力体系。并依照实现情况和信息化水平将新型能力划分为已打造、近期打造、远期打造三种状态。其中近期打造的能力有：核电生产现场安全管控能力、核电设备维修精细化管控能力、基于主数据管理平台的核电厂SSCs全生命周期管理能力（如图5所示）。

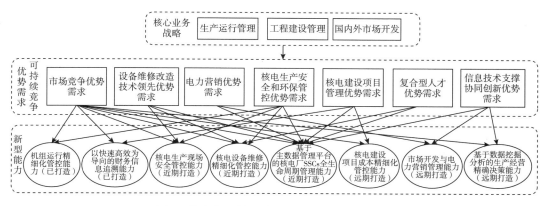

图5 信息化环境下的两化融合新型能力体系

（六）搭建信息化平台，打造三大新型能力

1.打造核电生产现场安全管控能力

以安全风险辨识为基础、以隐患排查治理为手段，把风险挺在隐患前面，把隐患挺在事故前面，从源头辨识风险、控制风险，并通过隐患排查，及时寻找出风险控制过程可能出现的缺失、漏洞及风险控制失效环节，把隐患消灭在事故发生之前。全面梳理现场适用的安全法律法规，形成风险控制措施库和隐患标准，开发安全质量管理平台推进风险辨识、隐患排查工作，实现岗位、全员风险自辨自控、隐患自查自改的新局面，开展电站现场中/高风险区域、作业活动可视化、智能化安全管理，全面加强安全生产双基建设，切实提高电站安全管理水平。

（1）安全隐患排查管控能力

江苏核电基于安全风险分级管控的理念建立了安全隐患排查管理机制，要求各部门依据安全风险分级有针对性地开展现场隐患排查工作，保障隐患排查的有效性和合理性。在此基础上江苏核电开发了安全隐患排查系统，可依据安全风险分级情况自动生成安全隐患排查表，并结合排查任务，通过大数据智能分析自动明确责任部门和排查时间，继而进行实时跟踪反馈，保障了隐患排查任务的有效落实。同时通过系统实现对隐患排查问题录入、分析、跟踪、整改等过程的全闭环管控，使隐患得到有效排查，问题得到有效整改，全面提高了安全隐患排查管控能力。

（2）危险源辨识管控能力

科学可靠的风险识别模型是安全管理的核心，江苏核电基于危险源管理平台建立了覆盖公司、机组、班组三个等级，厂房区域、安全设施两个维度的危险源辨识模式，员工基于各自岗位工作，从核电站厂房区域和安全设施专业两个维度开展危险源辨识，并经过班组、机组、公司三级管控，有效保障危险源辨识不遗不漏和全方位覆盖，同时建立了可动态更新的危害因素和控制措施信息化标准数据库，为各类信息化系统的有效运转提供了数据保障，也为各项现场作业的开展提供了强有力的安全指导。

（3）高风险作业管控能力

江苏核电通过采用对高风险作业的全覆盖监督运作策略，结合"智能协同管理"的手段，实现稳健的高风险作业的管控体系。江苏核电通过开发高风险作业管理平台，实现与高风险危险源辨识数据库、工单数据库和移动网络作业平台的集成和共享，系统可自动识别正在进行的高风险作业，并通过智能分析向作业负责人推送相应的风险控制措施；同时基于移动的网络App作业平台，自动向安全监督人员传递作业实时信息，以准确掌控每一项作业风险，确保所有高风险作业全覆盖监督。

2.打造核电设备维修精细化管控能力

以SAP软件为基础，以工作管理过程为核心，以提高设备可靠性为目标，江苏核电开发了核电厂生产维修管理平台（EAM）。该平台主要包括生产计划管理、大修计划管理、工单管理、标准工作包管理、维修管理、隔离管理等功能（如图6所示），通过系统的不断优化和完善，实现了维修工作从申请、计划、准备、执行到关闭的全过程管理，以工单安全分析标准化为核心，实现以工单为核心平台的"全过程"风险管理，有效控制维修进度、质量、安全、环保风险。

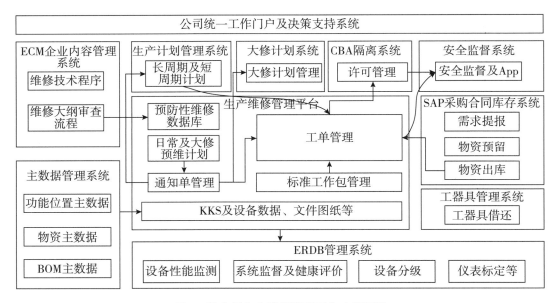

图6 核电厂生产维修管理平台功能框架

（1）维修计划精细化管控能力

江苏核电参照INPO AP—928《工作管理过程描述》，引入了基于工单全寿命的生产工作过程管理和十三周计划管理的理念，并结合田湾核电站实际运作情况，形成具有田湾特色的生产计划体系；同时为进一步实现维修计划的信息化、精细化管理，策划开发了维修计划管理平台，实现了对生产维修管理系统、主数据管理系统、工作票管理系统、状态报告系统、风险监测系统等应用系统的集成和共享，为维修计划管理过程中的项目确定、工单准备、工作包准备、隔离准备、计划排程等工作提供了必要的数据和技术支持，从而确保维修计划的精准控制和全过程闭环管控。

（2）维修工作准备精细化管控能力

江苏核电建立了维修工作文件包管理机制和维修工作包审批流程，将维修作业的标准规范延伸到作业一线，保证了维修作业过程的规范性。但由于维修工作文件包的准备存在制度要点识别不充分、审批流程长、类似工作重复准备等问题，难以保证工作文件包的准备效率和质量。江苏核电通过开发维修工作准备平台，建立了电子标准文件包的管理模式，由专业的维修工作准备人员在系统中建立该类维修工作的标准文件包，然后使用人员只需在系统中填入相应的数据，系统在标准工作文件包的基础上通过大数据智能分析自动生成本次的维修工作文件包，并可通过每次的维修工作迭代更新。这不仅提高了维修准备的效率，也保障了维修工作文件包的质量，真正实现了维修工作准备精细化管控能力。

（3）维修工作实施精细化管控能力

江苏核电基于"互联网＋"引入了智慧维修和移动维修的概念，通过搭建无线网络、商网VPN（虚拟专用网络）接入、手机App、现场固定终端布置、主数据系统集成，建立了信息化集群式的维修实施管理平台，实现了现场作业状态的实时反馈、维修指令的智能化语义分析和智能决策、维修风险的自动识别、各业务人员的远程协同支持、实时现场学习等一系列功能，保障了现场维修工作的安全高效。

3.打造基于主数据管理平台的核电厂SSCs全生命周期管理能力

江苏核电通过建立和完善数据管理体系，明确了各主数据之间的关联关系，制定了各主数据的编码与数据标准。通过主数据管理系统从源头上控制主数据质量和唯一性，确保各应用系统所使用的相同数据规范一致和互联互通，实现核电厂SSCs全生命周期管理能力。

江苏核电非常重视主数据在生产体系中的可靠应用，引入了运行管理者、设备管理者、维护管理者的概念，分别负责运行管理者视图、设备管理者视图、维护管理者视图字段信息的维护。将功能位置数据按职责分工为运行管理者视图、设备管理者视图、维护管理者视图及辅助管理信息四部分。合并原设备主数据中保留的如规格型号、设备分类等字段信息到功能位置主数据。在群堆管理条件下，实现核电厂SSCs全生命周期管理能力，优化设备生效、数据分发等业务活动及报表统计分析相关功能，为各类信息化系统的协同运作夯实数据基础，实现了SSCs全面数字化管理。

（七）以PDCA循环为逻辑，闭环推动新型能力持续改进

1.以目标为导向，推动新型能力持续优化

江苏核电基于战略目标分解、可持续竞争优势需求、业务流程梳理、主要职能定位以及与行业内通用WANO（世界核电运营者协会）指标对标，利用平衡计分卡、价值链分析、鱼刺图、同行对标等分析工具建立了与公司战略相匹配的新型能力指标体系，并运用标杆对比法、趋势分析法，通过月度、季度、年度绩效管理评估会等形式定期对新型能力指标完成情况进行分析和评估，根据评估结果对新型能力指标进行绩效考核及动态调整，通过不断的制定目标、实现目标、优化目标，实现新型能力的PDCA循环提升。

2.以文化为引领，营造新型能力创新氛围

江苏核电秉承"勇于探索、开拓创新，提升核心竞争力；科技强企、管理增效，践行科学发展观"的创新理念，建立基于状态报告系统的改进与创新体系，通过管理创新、科技研发、工程改造、QC小组活动、对标、效能监察、体系改进、职代会提案、合理化建议等方式推动与新型能力相关的改进与创新活动，并根据改进结果修改对应的管理体系文件和信息系统，使改进结果制度化、文件化、标准化、信息化，在各过程和部门间分享、执行，促进公司新型能力的提升；同时对新型能力创新活动提供专项资金支持、对改进与创新进行考核和激励，以激发员工参与改进与创新的积极性、主动性和创造性。

3.基于传承理念，完善新型能力知识架构

江苏核电倡导学习型组织与创新型团队建设，营造团队协作、知识共享的氛围；制定了知识管理战略规划，明确了知识管理机构和人员，编制了《知识管理》程序，建立知识评价、知识激励机制，确定了新型能力知识管理流程；通过ECM（企业内容管理）、E-Learning（数字化学习）、ERP、CRS、MDM（主数据管理）、资料汇编实行内部显性知识的管理；通过田湾讲堂、业务讲堂、培训指导、研讨会、师徒制、合理化建议、青年创新平台、科研管理、技术诀窍评比等实现内部隐性知识的共享，从而实现了基于两化深度融合的新型能力建设的知识传承（如图7所示）。

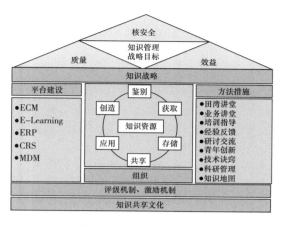

图7　新型能力知识架构

三、实施效果

（一）推动"三大核心"业务战略的稳步发展，促进管理提升

通过两化融合新型能力的打造，各项管理指标明显提升，如安全隐患排查任务完成率、管理行动整改率、机组能力因子、现存缺陷数、数据完整率和规范率等，有效保障了江苏核电各项业务的开展，从而获取了与战略相匹配的可持续竞争优势，实现了公司生产运行管理、工程建设管理、国内外市场开发"三大核心"业务战略的稳步发展。1、2号机组综合指数在2019年WANO排名中位居世界第一，其中2号机组综合指数2017—2019年连续三年排名第一（如图8所示）。

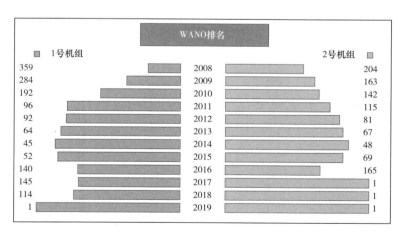

图8　江苏核电WANO排名

（二）持续优化大修工期，经济效益收益显著

江苏核电通过生产现场安全管控能力、核电设备维修精细化管控能力、基于主数据管理平台的核电厂SSCs全生命周期管理能力等两化融合新型能力的打造和应用，大修工期持续优化，T211大修分别较计划提前4.84天完成，按照单机容量106万千瓦时上网电价0.4元计算，共产生经济效益4925万元（106万千瓦时×24小时×4.84天×0.4元千瓦时）。

（三）节能减排绿色发展，生态效益成效瞩目

在两化融合新型能力建设实施期间，江苏核电三废排放远低于国家控制标准，电站所致公众最大剂量远低于国家标准要求，年度个人最大累计有效剂量优于电站管理目标和国家标准限值水平，而且核能发电对优化能源结构、改善生态环境、保障国家能源和经济安全具有重要意义。公司四台机组每年减排二氧化碳2552万吨、二氧化硫24万吨、氮氧化物8万吨，减排效益相当于种植了超过7万公顷绿色森林。

主创人：张 毅 张 鹏
参创人：王宾宾 陆秋生 王 雷 董宜静 兰 天 卓秀娟

跨国企业集团以财务公司为平台提供一揽子"一带一路"金融服务

中化工程集团财务有限公司

前言

中国化学工程集团有限公司（以下简称"集团公司"）是国务院国资委直接监管的大型工程建设企业集团，是我国化学工业工程领域资质最为齐全、功能最为完备、业务链最为完整、知识技术密集的工程公司之一。自1995年以来连续入选美国权威刊物《工程新闻记录》（ENR）公布的全球最大的250家承包商，在2018年名列第39位；在美国《化学周刊》公布的最新一期全球油气相关行业工程建设公司排名中名列第2位。

中化工程集团财务有限公司（以下简称"财务公司"）是集团公司和中国化学工程股份有限公司（以下简称"中国化学"）共同出资在北京设立的非银行金融机构。财务公司依托集团公司强大的业务运营和资金保障能力，充分发挥"集团资金归集平台、集团资金结算平台、集团资金监控平台、集团金融服务平台"四个平台功能，通过开展结算、信贷、投融资等金融业务服务集团和成员单位，促进集团优化资源配置，节约财务成本，保障资金安全，同时实现自身的可持续发展。

集团公司作为践行国家"走出去"战略的排头兵，紧跟国家战略，境外业务目前已覆盖"一带一路"沿线大部分国家。财务公司作为集团现代服务业板块的重要金融机构，为保障集团公司境外业务的快速发展，从境外资金管理、外汇风险管理、投融资咨询及政策研究等方面提供"一带一路"沿线一揽子综合服务方案，发挥国际化金融专业优势，提升集团公司及其所属企业用户体验。

一、实施背景

伴随集团公司"一带一路"沿线业务开拓与经营成效持续显现，集团公司境外机构面临资金分散、调剂困难、外汇管制导致一定程度的汇困问题等诸多难点，亟须通过内部现代服务业平台向其提供一揽子多角度、全方位金融服务，对相关难点加以解决。

（一）跨国集团内部金融服务需求

随着跨国集团境外业务的扩张，金融服务继财资管理之后，成为财务公司的核心职能。金融服务涵盖财资管理及流动性管理等业务，以实现资金在风险控制下的最大盈利为目的，职能范畴涉及企业资金、项目运转的各个方面，包括现金与流动性管理、营运管理、投融资管理、风险管理、金融机构关系管理以及决策支持与信息管理等多方面管理，承担着公司价值创造的重要使命。

随着我国"一带一路"倡议的推进实施，越来越多的中国企业积极践行国家"走出去"战略，成为跨国企业集团。但由于国内、国际市场环境复杂多变，跨国企业集团在扩展海外市场时，面临内部财资管理效率较低、专业性欠缺，外部监管政策协调难度大、国别风险高等诸多挑战。因此，我国跨国企业集团对一系列现代金融服务产生了旺盛的需求，跨国企业集团现代金融服务业面临前所未有的发展机遇。

（二）我国跨国企业集团现代金融服务业面临的挑战

一方面，我国跨国企业开展内部现代金融服务起步较晚，相较于成熟的发达国家跨国企业内部金融服务平台，无论是服务理念、服务效率还是服务的专业化程度都有所欠缺。

另一方面，复杂的外部环境使得提供金融服务的难度加大。从国内环境看，当前我国对于资本账户下的资金流动管理仍较严格，企业境内外资金联动仍较困难，沉淀资金无法实现最优使用，企业管理无法达到最优效果，存在较多金融服务需求。从国际环境看，近年来全球贸易保护主义抬头，国际金融形势日益复杂，税务风险、合规风险、战争风险等地域风险层出不穷。以上因素使得我国跨国企业集团开展现代金融服务业面临着更高风险、更大难度。

（三）我国跨国企业集团现代金融服务业面临的机遇

首先，随着国家"走出去"战略与"一带一路"倡议的逐步实施，我国企业集团国际化步伐持续加快，在当前产融结合大背景下，企业集团国际化发展离不开内部现代金融服务业支持。

其次，当前我国处于供给侧结构性改革关键时期，实现企业去杠杆尤其是国企去杠杆以盘活存量资产使用效率以及压降"两金"，是结构性改革的重要构成。国务院国资委对中央企业资金集中度的考核、国家外汇管理局对跨国企业资金集中运营管理的政策规定、中国人民银行对全口径跨境融资宏观审慎管理的制度要求等，均对跨国企业集团开展现代金融服务业提供了巨大的政策支持。

最后，我国经济已进入数字化时代，对企业现代金融服务业影响巨大，数字化带来的不仅是技术手段的升级，更是模式及服务方式的升级乃至重塑。数字化时代的商业模式重塑，推动企业现代金融服务业发挥更大的价值创造作用；数字化技术的应用，亦将赋予企业现代金融服务业模式转型和能力升级更多的可能性。

（四）中国化学境外项目面临的问题

第一，境外资金可视性较差，安全难以保障。由于中国化学境外项目分布于全球60多个国家和地区，境外企业一般为便于项目日常支付及满足业主方合同要求而对开户行进行选择，因此中国化学境外账户开立数量较多，银行分布较广，境外账户余额都由当地财务人员手工报送，境外资金的可视性较差，安全难以得到保障。

第二，境外资金集中度较低，管理难度较大。由于中国化学境外项目签约主体多为中国化学下属企业，在执行过程中多由下属企业境外分、子公司或项目部进行实际施工；又因境外项目分布较广，涉及单位较多，且项目多位于"一带一路"等外汇管制较为严格的国家，导致资金的集中度较低，对境外资金的管理难度较大。

第三，境外资金面临较大汇率风险。中国化学境外项目涉及币种包括国际通用结算货币美元、欧元及其他流通性较差的当地货币。在全球金融市场波动不断的背景下，各种货币受到汇率风险的影响也较大，导致境外资金面临较大的汇率风险。

第四，境外政策复杂，业务开展受合规、政策影响较大。由于中国化学所属企业项目多位于"一带一路"沿线国家及一些新兴的发展中国家，外汇管制大多严格，资金流动受到监管，境外资金管理及业务开展直接受到境外合规及政策影响较大。

第五，境外项目的增加，使得境外融资需求与日俱增。中国化学积极响应国家"一带一路"倡议，大力推动境外项目的承接，仅靠自有资金已无法满足境外业务的快速增长。同时，由于中国化学部分境外机构成立时间较短、资质不齐全，难以以境外主体获得银行授信，境外机构在境外存在融资难的情况。

二、内涵和主要做法

（一）管理架构创新

为支持集团公司"一带一路"沿线业务发展，扩大对集团公司境外机构专业服务支持范畴，提升成员企业客户体验，财务公司协同中国化学国际投资有限公司（以下简称"国际投资公司"）构建了集团公司"两位一体"的内部现代化服务体系。"两位"是指财务公司和注册在中国香港的国际投资公司；"一体"是指财务公司作为集团公司内部核心持牌金融机构向企业提供现代服务业相关服务，依托财务公司的金融专业优势与金融资源优势，发挥规模效益。

国际投资公司是中国化学的全资子公司，于2017年7月在香港注册成立，主要承担集团公司上市板块的境外财资管理职能，为中国化学境外业务提供境外资金管理、境外投融资、境外外汇风险管理、境外咨询服务等综合性专业化服务。

（二）实施方式创新

集团公司依托财务公司作为境内平台及依托国际投资公司作为境外平台搭建的"两位一体"集团内部现代服务业体系，助力集团公司"一带一路"沿线主营业务的开展，成功提升集团公司及成员企业的服务体验。

第一，以财务公司为主体支持中国化学加入SWIFT（环球银行金融电信协会）网络。SWIFT系统连接全球近120个支付清算系统及200多个国家和地区的13000多家银行机构、证券机构、市场基础设施和企业客户。中国化学加入SWIFT网络是公司国际化进程中的重要一步，中国化学每日通过MT940报文查询境外账户余额及交易明细，获取营业日终的现金报告，更好地掌握资金状况，以最优方式利用现有的资金头寸，提高中国化学及成员企业在"一带一路"沿线国家业务开展中的资金使用效率及安全性。

第二，财务公司依托国际投资公司协助集团统筹管理集团境外资金。首先通过国际投资公司建立境外资金池，以"一国一议"的方式，根据币种、金额、所在国外汇制度及税收制度等情况，综合考虑资金跨境的可行性、成本效益及项目需求，通过公司间借贷等方式进行资金归集，提高中国化学及成员企业在主营业务开展中境外闲置、留存资金收益，并通过统筹管理境外留存资金进一步保障了中国化学境外资金的安全。其次，探索利用国际投资公司进行境外资金集中结算。在我国与境外所涉国家外汇政策允许的范畴下，为公司及下属企业的境外收付款进行集中结算，从而整合境外结算体系，加强资金流动的透明度与可控性，提高支付结算效率。最后，充分利用合作银行金融产品，减少项目所在国留存资金及账户。例如通过多家国际性银行的日间透支付款模式，先由境外项目组以透支额度满足项目用款，再由国际投资公司在日终填平，减少留存当地的资金量，以及在收款方允许代付的前提下，借助相关银行提供的金融产品，通过国际投资公司或该企业在某国的美元或欧元账户直接支付当地币至当地收款方，从而减少当地币账户及资金留存量，降低小币种的汇兑风险。

第三，财务公司通过调查研究，深入摸底成员企业境外业务覆盖的国别、币种情况及现有外汇风险管理方式，通过向其他跨国企业集团学习外汇风险管理先进经验，结合中国化学实际情况确定外汇风险管理目标、原则，制定外汇风险管理策略，理顺外汇风险管理流程，编制外汇风险管理方案，并推动方案上会决策，实现了中国化学外汇风险管理体系从无到有的新突破。同时，财务公司作为中国化学外汇风险管理的实施机构，根据中国化学及成员企业的业务需求，通过跟踪研究外汇市场走势，定期出具分析报告，并积极协助成员单位出具外汇风险管理方案，为其境外业务外汇管理提供建议，实现外汇资产的保值增值，减少外汇风险敞口、提供外汇风险套期保值服务，推动集团公司外汇风险管理工作落地落实。

第四，财务公司通过全过程跟踪成员单位及工程项目金融需求，以"两个积极"

和"一个深入"为中国化学内部成员单位提供金融咨询服务及专题研究支持，发挥金融智库作用。首先，积极为成员单位提供融资咨询，协助出具融资方案。财务公司充分发挥自身金融专业及金融资源优势，针对中国化学境内外重大项目探讨项目贷款、保理、融资租赁、股权融资等多种融资方式，为成员单位提供融资条件咨询、融资方案设计、金融资源对接等服务，支持成员单位将融资设计前置，在更激烈的工程市场竞争中获得优势。其次，积极为中国化学提供外汇咨询服务，协助解决相关难题。财务公司利用自身国际业务经验、与国家外汇管理局等部委的密切沟通，以及与中外资国际化银行的良好合作关系，根据成员单位需求，提供包括外汇政策、对外投资政策、外汇市场情况、境外国别风险、境外项目资金路径规划、外汇风险管理等咨询服务，支持中国化学国际化经营。最后，深入开展各项金融、经济相关课题研究，为中国化学提供决策支持。财务公司利用自身金融、经济相关专业知识，紧跟中国化学业务发展需求，提供包括各项金融产品研究、行业研究、国内外市场宏微观研究等相关专业课题研究服务，协助中国化学紧跟行业发展新趋势与市场新动态，为中国化学提供决策支持。

第五，财务公司通过跨境资金池实现境内外资金的联动管理。依托财务公司作为主办企业建立的跨境双向人民币及外汇资金池，国际投资公司与财务公司将境内外两个资金管理平台联动起来，充分利用境内外资本市场的低成本资金，灵活调剂境内外资金余缺，提高境内外资金的使用和管理效率。这样可以避免由于市场隔断增加企业集团境内或境外负债，形成"一个市场资金闲置、另一个市场负债高企"的矛盾局面；有利于企业集团充分利用境内外资金，调剂全球资金余缺，降低集团整体负债率和财务成本；有利于企业集团有效践行国家供给侧改革提出的"降负债""降成本"战略导向，更好支持业务发展（如图1所示）。

图1　跨境双向人民币及外汇资金池通道示意

三、实施效果

（一）境外资金可视化方面

财务公司积极推进SWIFT系统搭建及银行上线工作，目前系统搭建已经完成并运行顺畅，已完成11家中资、外资及当地银行的上线工作，涉及近20家所属企业的120

余个境外账户，SWIFT线上资金监控率超过50%，资金可视性得到较大提升。财务公司积极推动中国化学及成员企业使用SWIFT系统，各企业借助SWIFT系统在一定程度上保障了境外资金安全，提高了境外资金的监控、查询与上报的效率，有效推动了财务公司国际财资管理业务在中国化学内部的传播，提升了企业在系统功能使用上的体验感。

（二）境外资金集中管理方面

财务公司依托国际投资公司积极开展境外资金物理归集，逐个国家和地区打通归集路径。目前国际投资公司已经实现文莱、印尼、阿曼、马来西亚、俄罗斯、迪拜及中国香港等十地的资金归集，土耳其也具备归集条件，截至2020年6月30日，实现了中国化学近20%的境外资金归集度。国际投资公司资金归集业务的开展是中国化学境外资金集中管理的新起点，为助力中国化学保障境外资金安全、提高资金使用效率发挥了较大作用，为境外企业提供了保证资金安全及提高收益的资金管理新途径。

（三）外汇风险管理方面

财务公司经过近两年的探索研究，协助中国化学出具了外汇风险管理方案，目前该方案已经通过中国化学审批，正在逐步实施。同时，财务公司协助企业就自身资产负债表与未来现金流方面的套保需求，为企业就单个项目及套保需求出具了全方位的套保方案，保证企业主营业务开展不受外汇波动带来的影响，提高企业用户体验感。

（四）金融咨询方面

财务公司根据成员企业需求提供了多项国别政策研究、投融资咨询、资金汇路设计等咨询服务，为中国化学及成员企业业务开展提供了必要的支持和保障。

（五）境外投融资方面

财务公司通过该项目境外优先股融资的成功实践为中国化学带来了多重效益。首先，有助于中国化学降杠杆、减负债。通过引入境外基金股权融资为公司置换现有银行贷款，提高了中国化学净资产，助力中国化学降低整体资产负债率；其中中国化学不足部分的资金可通过财务公司以内部借款的方式解决，不增加中国化学合并口径资产负债率，为集团公司完成国务院国资委关于资产负债率的考核指标提供支持。其次，支持中国化学节约财务费用。境外基金通过优先股方式为印尼电站项目提供融资，由于资金属于股权性质，其提供美元资金成本高于境内某商业银行提供的贷款价格；但由于剩余部分的人民币资金由财务公司提供，属于运用内部资金解决，所以整体上能为中国化学节约财务费用。最后，实现对中国化学央企金融资源的有效利用。境外基金作为国家支持中央企业"走出去"的重要金融产品，是中央企业践行国家"走出去"

战略及"一带一路"倡议过程中可以运用的重要金融资源；中国化学作为践行国家"一带一路"倡议的排头兵，在国际化大发展及EPC+F（工程总承包+融资）工程承包模式逐渐深化的背景下，有必要充分储备、有效利用境外基金这类金融资源，为中国化学做强做优做大奠定良好基础。此方案是中国化学与境外基金公司的首次合作，开启了双方的合作路径，是创新中国化学境外项目融资的重要举措，为未来境外项目融资模式提供了新的借鉴。

财务公司不仅在创新研究、开展上述业务，更积极推动中国化学及成员企业用好、用活上述业务，真正为中国化学及成员企业解决实际问题，以实际行动及成效更好地为中国化学内部提供服务，提升"一带一路"金融一揽子服务及各集团成员企业用户体验感。

主创人：付　欣
参创人：蒋　燕　马圭垚　江瑞林

阿米巴经营模式让人人都成为经营者

临沂中联水泥有限公司

前言

临沂中联水泥有限公司（以下简称"临沂中联"）成立于2008年，地处山东省临沂市兰陵县车辋镇，注册资金1.65亿元，2006年建成投产，是中国建材集团有限公司（以下简称"中国建材集团"）所属的中国联合水泥集团有限公司（以下简称"中国联合水泥"）的骨干企业公司。中国建材集团是国务院国有资产监督管理委员会直接管理的中央企业，中国最大、世界领先的综合性建材产业集团，连续六年荣登《财富》世界五百强企业榜单。集团资产总额5500亿元，员工总数25万人，年营业收入近3000亿元，水泥熟料产能5.3亿吨，位居世界第一。

公司拥有一条5000t/d智能化新型干法旋窑水泥生产线及配套装机容量10MW的纯低温余热发电系统、建有6.5MWP光伏发电生产线、两台年产200万吨水泥磨机生产线、一条180商混生产线、一条采用国际先进技术建设的利用水泥窑无害化协同处置10万吨/年危废生产线，下辖全资控股年产100万吨水泥的临沂中联水泥有限公司郯城分公司，一体化管理临沂中联混凝土有限公司，构建起了完整的"水泥+"绿色发展产业链。

临沂中联秉承中国建材集团"善用资源、服务建设"的核心理念，以"做全球优秀的水泥及混凝土专业服务商"为愿景，于2008年开始，先后通过质量、环境、职业健康安全和能源管理四项体系认证，为国家安全生产标准化一级企业，并建有市级企业技术中心。获得2017年临沂市"市长质量奖"，中国质量检验协会的"全国水泥行业质量领军企业""全国产品和服务质量诚信示范企业"，中国建筑材料企业管理协会颁发的"全国建材企业管理现代化创新成果一等奖""全国建材企业文化建设优秀成果一等奖"等荣誉称号。2018年通过工业和信息化部全国第三批"绿色工厂"认定，2020年通过了国家级"绿色矿山"市级和省级验收。

一、阿米巴经营模式实施背景

（一）推动企业发展和盈利能力提升，需要导入先进、有效的管理模式

临沂中联通过联合重组加入中国联合水泥后，回顾自己的发展历程，虽然不断进步，但企业发展不够快，同优秀企业相比还有一定差距，特别是在集成经营格局加快形成的背景下，需要推动企业管理变革，建立精细化的管理方法，构建先进、有效的管理体系，促进企业快速发展，提升企业盈利能力。

（二）管理的核心是在调动人的积极性

在实施阿米巴经营模式之前，员工的收入与本单位的绩效相关性不大，员工工作的自觉性不高，提高效率、效益的意识不强。为了充分调动干部员工的工作激情，发挥每位员工的积极性、主动性和创造性，让员工由"要我干"变为"我要干"，只有实现精细管理，自主经营。

（三）打破部门画地为牢的本位主义

原来的管理方式是传统的职能部门制和成本中心制，由于缺乏目标一致的导向机制，协同性不强，协调成本高，对利润概念淡薄，生产部门基于历史数据制订生产成本计划，认为企业亏损都是别的部门的事，缺乏对利润贡献的直接责任体系。权责不对等，有权的责任少，有责的没有权，必然形成管理的次优化问题，造成企业经营效率不高。

（四）建立产销一体的对接市场快速反应机制

制造部门是企业利润的源泉。原来的管理方式是生产和市场"两张皮"，生产部门认为只要生产任务完成了，市场和他们没关系，缺乏对市场快速反应机制。原材料价格上涨，生产部门也认为和他们无关，在考核的时候要剔除，只要完成下达的成本指标就行，缺乏消化价格成本或推动销售部门提高价格的主动性和积极性。建立阿米巴经营模式，就是要让人人成为经营者，让人人都要对利润负责，而不是总经理一个人。

阿米巴经营模式作为适用于制造型企业的先进经营管理方法，起源于稻盛和夫先生创建的日本京瓷公司，其管理原理适合水泥企业的生产经营，管理机制有利于激活全员活力。从2017年年初，临沂中联就着手探讨引入具有精细管理思想精髓的"阿米巴经营模式"，意在划小管理单元，变单机牵引为多机驱动。

二、阿米巴经营体系描述

阿米巴经营是一种经营方法，也是一种组织形态，就是把组织划分成一个个的小

团体，通过独立核算机制加以运作。随着阿米巴经营模式的实施，临沂中联陆续培养了一批具备经营者意识的人才，实现了全员参与经营。同时阿米巴经营还是一套公平公正的分配系统与激励系统，是一套让每个人都自动自发工作的机制，是一套让人人都精打细算、关心利润的机制。其核心可以归纳为人人都是经营者。

根据稻盛和夫先生创建的阿米巴经营原理、经营体系和经营哲学，临沂中联结合水泥生产经营特点和公司管理基础，以及管理干部的素质状况，构建了"以经营理念为支撑，以部门核算与考核激励为内核，以培训和能力塑造为保障"的临沂中联阿米巴经营体系框架，如图1所示。

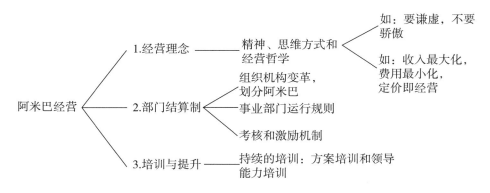

图1　临沂中联阿米巴经营体系框架

三、采取的主要措施、做法和理论依据

（一）推动组织变革

组织机构精简。在机构的设置上，变垂直管理为扁平化管理、变分管领导制为辅导协调制。管理机构由原来的"总经理、分管领导、管理部室、车间、工段、班组"变为现在的"事业部管理委员会、事业部（管理部室）"两级，将企业的中层组织分成两类，一类是能够创造出利润的结算部门（事业部门）；另一类是作为成本中心的非结算部门（事业支持部门）。

临沂中联按照企业利润创造的工序，建立单独核算的盈利中心，成立了熟料、水泥、骨料、采购、郯城分公司五个盈利事业部，在事业部内部建立阿米巴小组，形成事业部全员聚焦利润的体制。在此基础上，推动临沂中联组织变革，变分管领导制为辅导协调制，变上下工序制为部门结算制，变职能管理制为事业支持制，从而在体制上确立了盈利部门的核心地位。

（二）组织功能定位

各个阿米巴单元之间的业务及工作关系不同，使命也因此不同。阿米巴组织的划分必须以经营的实际情况为基础。如果分离出来的阿米巴妨碍临沂中联方针的实施，使临沂中联内部的协调机制支离破碎，那就无法完成公司使命，也就不能成为独立的阿米巴。根据实际情况，临沂中联整体划分为两部分：

1.盈利事业部门

从各生产事业部的定位上，变成本中心为效率、效益优先的经营利润中心。将原成本中心的熟料、水泥、骨料车间、郯城分公司，定位为临沂中联生产经营的盈利单元，在坚持"高效率、高质量、低成本、零事故"的生产运营理念下，基于"收入最大化、费用最小化"的经营原则，通过精细化管理与精益化经营，确保公司整体稳定、高效、经济、安全运行，使事业部价值最大化，实现质量、利润、员工收入增长和员工幸福的目标。

采购事业部为公司各部门和各事业部提供采购服务，按照收入最大化和费用最小化的原则，通过经济采购、精准采购降低采购成本和库存费用，实现本事业部的利润目标。

2.事业支持部门

经营管理部定位为临沂中联阿米巴经营机制有效运行的支持部门和优化完善阿米巴经营机制的责任部门，是临沂中联事业部管理委员会的日常办事机构。

技术中心（服务支持＋技术创效）定位为公司技术管理、质量检验与监督以及对出厂产品质量最终负责的职能部门，并致力于工艺优化和技术创新，能为临沂中联带来效益的收入部门。

技术装备部、行政人事部、资产财务部、安全环保部、党群工作部、纪检监察室定位为临沂中联阿米巴经营机制有效运行的服务部门。

临沂中联把企业进行划分并建立阿米巴组织体系之后，还远没有大功告成。根据经营环境状况以及市场动向的变化，阿米巴组织要灵活地调整自己，并迅速做出应对，随时保持符合当前实际情况的最优组织。

（三）建立日盈亏核算制度

阿米巴经营的本质不是关注员工今天做得如何，而是在于明天能否做得更好。

管理精细化，降低成本。临沂中联所有费用下移分摊到各盈利事业部，建立各盈利事业部的利润核算标准，将临沂中联发生的管理费用、财务费用、销售费用全部分摊到各事业部，并分解到月和日，形成实时引导各事业部必须靠盈利才能消化费用的导向机制。

完善各种计量手段，全面安装电表、水表、皮带秤，精确计量各事业部的耗费，实行精细管控。

建立日盈亏核算制度。各事业部要按照临沂中联表单格式的要求，每天像家庭收支一样进行生产经营数据分析，计算出每日的盈亏数据，并基于"收入最大化、费用最小化"的经营原则持续改进，变事后分析为时时纠偏，对每个阿米巴的销售额、利润、耗费、人工等进行及时的细致管理，并向员工公开。

在循环改善方面，阿米巴经营同样遵循"三现主义"的原则，即现场、现物、现况。现场即场地、工作场所；现物即现场物件和资源，如不良品、工具、设备、人力等；现况则是指现场的实际状况，需要了解原因，确认有效政策。

（四）建立与市场高度对接的部门结算制度

经营精益化，聚焦市场。在盈利模式的设计上，变工序关系为客户关系。事业部与事业部之间关系确定为内部客户买卖关系，有利于保证产品质量和促进服务质量提升，同时，培养了经理团队的市场意识。

与市场高度对接。各事业部的日销售收入要按市场价计算，只有销售出去或被下道工序消化才能视为销售，否则生产量再多也没用，从而引导各事业部全力支持销售。同时，当市场价格下调时形成倒逼机制，各事业部逐级消化因价格下调造成的收入下降，引导各事业部倒逼成本，确保利润目标不动摇。通过部门结算机制的设计，强化部门市场意识和经营意识。

（五）建立权责对等的事业部工作权限

一是组织管理权限。事业部可以将本部的富余人员、不称职员工退回公司，可以根据提高生产经营管理效率的需要，优化内部部门设置、岗位设置、岗位定编，可以在公司范围内选择优秀员工。可以建立多层阿米巴经营管理方式，拟定内部考核激励方案，并对员工进行考核兑现。

二是采购确认权限。事业部对采购事业部提供的物、品、料进行内部采购价确认，对于质量、价格等不符合本部门要求的，可以退回采购事业部要求重新采购。事业部参与原燃材料进厂检测与验收，并确认签字。事业部如果对技术中心的检测结果有异议，可以申请外部机构进行检验，技术中心的检测结果若有重大偏差或重大失误，以及检测人员有失职情况的，必须进行追责。

三是定价磋商权。事业部对上下游提供的产品和服务，以当地市场价格为基准，结合市场价格的倒逼机制，启动协商机制来确定内部交易价格。

四是质量补偿权限。事业部可以对低于质量标准的产品或服务，向上下游的协作部门提出采用降价等方式对本部门增加的成本予以全额补偿的要求。

五是利益共享权。事业部基于公司制定的标准或磋商机制，可以按利益共享原则，对相关部门或人员提供的有利于本部门效益提升的支持或帮助，进行适当的利益让渡，优化本部门的经营环境。

六是提请协调解决权限。事业部之间有争议无法协商一致的问题（超过3日），以及在生产经营和管理过程中需要公司协调或解决的事项，可通过经营管理部向公司事业部管理委员会或直接向有关领导提请解决或进行申诉。

（六）建立与事业部盈利高度关联的激励制度

真正的绩效考评是作为经营者对现场每位员工工作状态的感知。在薪酬和考核制度设计上，变劳动者为奋斗者，摒弃"尽力而为""打工者心态"，为奋斗者造就利益共创、共享机制。对事业部经理团队实行年薪制＋超额利润分成制，对员工实行按各事业部盈利提取奖金的制度，事业部只有获得利润才能分成和提取奖金。如果年度实际利润总额大于年度目标利润总额，则员工享有年度绩效奖金，员工年度绩效奖金按员工月薪标准的1～4倍进行提取发放。

（七）建立经理团队的干预机制

稻盛和夫认为，在人力资源系统中，关键不在于制定好的规章制度，然后轻松地按照这个规章制度进行，而在于经营管理者倾注心血，在日常工作当中通过对自己下属员工的关注来进行人员调整。这是一种充满人性关怀的人力资源体系，它解决了职工的升降、上下以及老员工安置等诸多复杂的人事问题。

为防止事业部经营偏离公司目标过大给公司经营带来不利，临沂中联设计了公司强行干预机制。出现以下情形之一，公司对受聘团队启动干预机制，即由事业部管理委员会责成提出改进措施，对改进无效的经理团队可以解聘并重新选聘，被称为"干预十条"。

第一条　不能按照阿米巴经营方法和经营思想开展工作，不知不行或知行不一，严重影响部门员工行为、部门工作开展，以及与其他事业部合作关系不断恶化的。

第二条　不执行公司经营方针，或阳奉阴违的。

第三条　部门年度利润总额低于年度目标值70%，或在安全、环保、质量方面出现较大及以上事故的。

第四条　事业部连续3—6个月经营业绩表现差，无明显改善前景的。

第五条　在部门经营和管理中，弄虚作假，获取不当利益的。

第六条　坚持狭隘的部门意识，不服从公司整体安排，缺乏大局意识的。

第七条　过度强调部门利益，缺乏合作意识，影响公司整体利益和经营活动无法正常进行，不予纠正或纠正不及时的。

第八条　严重影响公司形象，违法乱纪，以及损害公司利益的。

第九条　每季度由行政人事部组织员工满意度调查，本事业部员工2/3及以上员工对经理团队不满意的。

第十条　其他严重影响公司利益和违背公司经营理念情形的。

（八）建立基于阿米巴经营文化理念体系

在导入阿米巴经营的实践中，坚持文化先行，在中国建材集团和中国联合水泥的文化范畴下，临沂中联植入阿米巴经营哲学，通过理念塑造和持续培训，逐步改变干部员工的思维模式和行事规则。根据中国建材集团"价本利"经营理念和"效益优先、效率优先"的经营原则，形成了《临沂中联经营七条》；根据中国建材集团"敬畏、感恩、谦恭、得体"的干部素养要求，提炼出临沂中联干部员工《八项精进准则》。

临沂中联经营七条

第一条　明确工作目的
我们的工作是为了企业发展、员工幸福、服务社会。

第二条　咬定经营目标
组织全员共同制定本单位目标并努力实现。

第三条　收入最大化、费用最小化
千方百计扩销量、提价格、减费用、降成本，实现利润最大化，既算经济账，又算政治账。

第四条　定价即经营
定价决定利润的高低，各单位负责人要对原燃材料价格、外协价格、同行产品市场价格非常敏感，同时内部交易和内部谈判也要了解市场价格，制定价格是领导的职责。

第五条　效率优先、效益优先
一切工作行为都要围绕提高工作效率定措施，一切经营行为都要围绕提高经济效益做文章。

第六条　组织精健、管理精细、经营精益
通过精简管理机构、减少管理层次，提高管理效率；通过精细的管理，减少耗费、控制风险，实现降低成本的目的；通过制定并有计划地实施战略措施，推动企业高质量快速发展。

第七条　人人都是经营者
企业不仅是经营你的产品，同时也在经营你的团队；企业不仅仅是经营你的团队，更重要的是经营你的人才。

八项精进准则

第一项　全力以赴，专业专注
痴迷于工作，专心专注，付出超出常人的努力，成为行家里手。

第二项　居安思危，未雨绸缪

要始终不断创新、不断自我革命，每天如履薄冰地工作，要为未来大事做好规划，提前行动。

第三项　每天反省

干部员工每天都要回顾总结自己一天的言行得失，确认是否符合正确的做人做事原则。

第四项　感恩与敬畏

坦诚地对身边的人表示感谢，并用笑容向周围的人们传递。对他人、对组织、对制度要有发自内心的认同和尊重。

第五项　积善行、思利他

要多思善行善。善，就是指待人亲切、正直、诚实、谦虚等，这也是做人应有的最基本的价值观。每天都思善行善，己所不欲勿施于人，事业才会做好做大。

第六项　站在道德高地上做经营，勇敢承担社会责任

第七项　让奋斗者出彩，不让雷锋式员工吃亏

第八项　阳光心态，以正念正能量驱散阴霾

（九）持续开展领导力提升培训

阿米巴经营模式的导入，除了思维上的转变和运行规则重塑，还需要核心管理人员具备较高的领导能力与管理水平。

与阿米巴经营导入相配套，临沂中联制定了持续一年的《管理者绩效领导力》培训方案。通过培训，参训人员意识转变很快，尤其是各事业部经理，为下一步阿米巴的继续推进及阿米巴小组的激励考核制度的完善打下了良好基础。

四、取得的主要经验和成绩

临沂中联实施阿米巴经营模式后，在经营绩效、员工素质、管理效率、品牌和社会影响力等方面发生的显著变化表现在以下几个方面。

（一）经济效益

在水泥行业竞争激烈的情况下，临沂中联通过引入阿米巴经营模式推动循环经济产业链发展，不仅拓展了业务，增加了利润，而且实现一体化经营，资源共享，提高风险抵御能力，大幅降低生产经营成本，提升盈利能力。2019年净利润增幅72%，2020年净利润增幅165%。

（二）职工自动自发工作积极性明显提升

阿米巴经营最终目标是实现销售最大化、费用最小化，员工目标明确，提升业绩的意愿明显提升，想方设法降低生产过程中的消耗、费用等。通过这种做法，基层员

工更加关注电耗、煤耗、配比、维修等成本消耗，各阿米巴小组天天在交接班会议上进行消耗成本分析，形成了班班盯数据、人人抓指标的氛围。通过阿米巴经营，临沂中联建立起事业部盈利与干部职工收入高度关联的薪酬激励制度，按时给予兑现奖惩，员工收入同比增加21%，员工满意度明显提升。

（三）中层管理人员管理能力、市场意识、经营意识明显增强

阿米巴经营把利润目标作为主要考核指标，将总经理一个人管利润的压力实实在在地传导到各盈利部门，增强了各级管理干部的利润意识。通过经理团队的竞聘和干预机制，并对各部门经理和事业部团队持续开展领导力提升培训，经过一年的实践，中层管理人员的领导能力逐步提升。

（四）机构设置扁平化，提高了管理效率

管理机构由原来的"总经理、分管领导、管理部室、车间、工段、班组"变为现在的"事业部管理委员会、事业部（管理部室）"两级，机构更扁平化，更有利于信息传递。

（五）社会效益

（1）临沂中联加大对技术创新的投入，创新基础设施，完善设备，推进两化融合；创新工艺，优化配料方案，提高产品质量；创新技术，助推工业废渣综合利用和循环经济发展。同时加强技术队伍建设，临沂中联积极与济南大学、临沂大学等国内知名院校开展技术合作，邀请泰山学者王孝红、芦令超等知名专家、学者为科研团队提供专业技术培训及技术支持，提高科研团队的整体研发水平。2020年荣获全国建材企业管理现代化创新成果"一等奖"。

（2）临沂中联狠抓质量管理，夯实质量管理基础，加强对标管理，提高产品质量。运用行业最先进的质量检测仪器和控制方法，提高检测频次；严抓原燃材料的进厂质量及均化、搭配使用；水泥库均配备最先进的连续空气均化功能，发货时开启空气均化系统，保证出厂水泥得到充分均化，尽最大可能消除出厂水泥的质量波动。2020年荣获山东省水泥企业产品质量对比验证检验"先进单位"、山东省水泥品质指标大对比"全合格单位"。

（3）临沂中联注重质量发展战略，坚持"以质量谋发展、靠品牌赢市场"的质量战略，落实ISO 9001质量管理体系与卓越绩效管理模式导入，制定了"早细精实，提质增效"的质量管理理念，加强员工培训教育，在企业生产及员工行为中强化质量管理与卓越绩效管理，增强企业质量管理和控制意识，强化企业生产管理、质量控制、绩效评价等方式方法。临沂中联质量管控机制在规范化管理和运行方面取得了显著提升。荣获中国质量检验协会颁发"全国质量检验稳定合格产品""全国产品和服务质量诚信示范企业"，还被纳入临沂市新旧动能转换重点示范企业，被省、市多家媒体进行了大量报道，受到社会的高度认可。

　　主创人：王建军
　　参创人：马洪国　张国堂　杨光伟　胡忠芹

新能源客车车体高端制造的工艺管理创新

中车时代电动汽车股份有限公司

前言

中车时代电动汽车股份有限公司（以下简称"中车电动"）成立于2007年，位于湖南省株洲市国家高新技术开发区栗雨工业园，是中国中车集团有限公司（以下简称"中国中车"）整合国内外优质资源成立的国内第一家专业从事电动汽车研发与制造的高新技术企业，将世界领先的轨道交通电气传动及控制技术成功应用于新能源汽车领域，并打造了新能源汽车从IGBT（绝缘栅双极型晶体管）元器件到驱动电机、电池管理系统等关键零部件以及动力系统平台和整车制造的新能源汽车的全产业链平台，产品广泛应用于公交、公路、团体、旅游、城市物流等领域。中车电动用一颗环保的心，生产零排放、亲和环境的新能源汽车，成为继高铁之后，中国中车的产业新名片。

自2017年起，中车电动销售收入迈进50亿元大关，截至2019年年底，车辆投放规模全国领先，累计投放新能源整车43000台，电驱动系统及关键零部件14万套，产品批量服务湖南、广东、北京、上海、河北、山西、广西、云南、海南、贵州等20多个省、自治区、直辖市，并相继突破白俄罗斯、新西兰、法国等国际市场，电驱动系统产品进入北美。2019年新能源城市客车销量6657辆，细分市场排名前三，市场占有率接近8%。

一、实施背景

（一）是响应国家政策及企业高质量发展要求的需要

《交通强国建设纲要》中提到，"强化载运工具质量治理，保障运输装备安全"。新能源客车是一种重要的公共交通载运工具，在国民交通运输行业中的占比逐步增大，而车体作为整车的一个关键总成，其制造工艺管理是否到位，一方面将影响运输装备安全，成为整车全生命周期可靠性的稳定因素之一；另一方面将影响乘客感观、乘坐舒适性及公共交通运营机构的运维成本等，直接影响公共交通服务品质。

企业是高质量发展的关键主体，国有企业更要走在高质量发展的前列。2018年习近平总书记视察中车齐车集团有限公司并作出重要指示："装备制造业是国之重器，是实体经济的重要组成部分。国家要提高竞争力，要靠实体经济。"随后，中国中车党委下发《关于深入贯彻落实习近平总书记重要指示精神推动中国中车实现高质量发展的决定》，文件指出要坚持绿色和谐，着力为中国中车高质量发展创造良好环境，特别提到要加快新能源汽车等绿色产品技术研发。推进高端制造工艺管理创新是助力企业高质量发展的现实需要。

（二）是配合企业高端制造战略及集团化管控的需要

新能源客车制造从原材料和外购件的投入至整车装配检测完毕，其过程经过多条生产线，采用多级综合工艺，焊装、涂装、总装（底盘、电气、内外饰）三种基本工艺在客车车体制造中的具体应用，形成了车身骨架制造、车身蒙皮制造、车身构件冲压成型、车身焊接、金属构件磷化和车身喷涂、底盘和车身装配等客车制造工艺，针对车体制造的工艺管理创新对于推动新能源客车实现高端制造极为重要，直接影响着整车制造水平的高低。

目前，中车电动在株洲、常德、无锡、宁波、重庆、石家庄及广州7地投资生产基地，具备1万台的新能源客车年产能。正在建设常德二期及重庆基地，2020年年底，将拥有覆盖全国南北东西中部的7个整车及关键部件制造基地，达到2万台的新能源客车年产能，随着企业多基地战略布局的实施及集团化管控进程的推进，以工艺管理创新作为切入点，提升各基地工艺管理水平势在必行。

（三）是满足市场客户需求及社会生态效益的需要

新型城镇化机遇催生了新能源客车市场的蓬勃发展，同时带来了市场开放挑战，也对企业满足市场客户需求提出了更高要求，需要从产品端对生产运营过程中企业及客户可能因车体工艺品质问题所产生的制造、售后、运维等成本进行前置控制，推动企业研发设计、经营管理、生产制造、售后服务等核心业务深度融合，降低企业、客户在生产、运维方面的质量损失，提高产品使用寿命，切实维护市场客户利益。

新能源客车企业在推进两型社会建设的进程中发挥着积极作用，实施新能源客车车体高端制造工艺管理创新，在满足市场及客户日益增长的高品质需求的前提下，通过优化客车车体设计结构、降低生产制造过程及车辆营运过程中的能耗，减少资源消耗以及碳排放，助力资源节约型、环境友好型社会的建设，是新能源客车企业承担社会责任的体现。

二、内涵和主要做法

内涵是以提升新能源客车车体高端制造工艺水平为出发点，以工艺管理实践为抓手，基于全流程方法及持续改善理论，打破传统的工艺管理模式，聚焦工艺管理体系、工艺管理手段以及工艺管理流程的创新，实施涵盖新产品研发、制造、市场运营的工艺全流程管理模式。通过顶层设计，确定工艺管理创新的范围及目标；成立领导组和工作组，建立工艺管理创新组织保障及实施原则；消除工艺管理盲区，实施全流程工艺策划；突破单向工艺管理方式，推行以问题为导向的双向工艺管理手段；构建信息化平台，实现集团化的工艺管理；再造工艺管理体系，形成常态化管理制度与持续改善机制，促进新能源客车车体高端制造的工艺管理创新，实现新能源客车车体的高端制造及整车产品的高质量发展。主要做法如下：

（一）顶层设计，确定工艺管理创新的范围及目标

1.工艺管理创新的范围

主要从工艺管理流程创新、工艺管理手段创新、工艺管理体系创新三个方面着手，实施新能源客车车体高端制造的工艺管理创新活动。

2.工艺管理创新的目标

（1）构建全流程的工艺管理体系。
（2）实现信息化、集团化的工艺管理机制。
（3）强化工艺创新研究和创新成果的落地实施，让企业和客户共享工艺管理创新带来的收益。

（二）成立领导组和工作组，建立工艺管理创新组织保障及实施原则

1.总体负责、分工合作的组织保障

考虑到管理实施涉及的部门多、流程杂，为此中车电动成立了以公司总经理及总工程师为首的管理实施领导组，负责整体工作的组织领导、管理策划，确保资源分配和整体进度受控；同时组建以设计、工艺、制造、质量、售后、标准化、信息化为业务分工的专项工作组，囊括了多职能、跨业务部门的专业人员，从研发设计、经营管理、生产制造、售后服务全流程进行分工合作，确保各项具体措施和流程的有效落地。

2.分阶段、多专项的团队保障

策划阶段（2018年2—3月），调研诊断和团队组建，制订课题研究目标、节点计划及分项方案。

实施阶段（2018年4—12月），开展新能源客车车体高端制造工艺管理创新主要做法的实施。

总结及优化阶段（2019年1—4月），全面优化、总结各项工艺管理创新成果及管理机制，实现整车工艺管理体系再造。

综上，基于具体任务、职责分工和总体目标，组建了如表1所示的专项团队。

表1　　　　　　　　　　　　专项团队分工及职责

序号	专项团队分工	工作职责及目标
1	管理实施领导组	整体工作的组织领导、管理策划、统筹安排、资源协调、技术指导，以及专项工作的监督、检查和推进
2	工艺管理专项组	工艺管理制度制定、工艺管理流程梳理、工艺管理体系策划、实施、检查及改善
3	工艺研究专项组	客车车体基础工艺研究，工艺路线优化、改进，工装设备保障
4	技术设计专项组	客车车体设计结构改进
5	生产制造专项组	工艺方案的验证及工艺创新成果批量应用
6	售后服务专项组	工艺研究成果应用效果反馈及售后数据收集
7	标准化专项组	不同级别工艺标准建立
8	信息化专项组	信息化平台的建设

3.持续改善、PDCA循环的实施原则

以"中车Q"质量体系、"IATF 16949"质量管理体系及"中车12项工艺标准"作为理论支撑，运用持续改善思路，以PDCA循环作为工艺管理创新实施的原则。

P——充分策划：工艺管理创新的范围和目标的构建。

D——过程实施：工艺策划的前置、全流程工艺策划的梳理、工艺管理对工艺创新的引导、工艺创新成果的落地实施。

C——应用验证：工艺管理创新成果的应用及管理机制落地。

A——总结优化：创新成果标准化，整车工艺管理体系再造。

（三）消除工艺管理盲区，实施全流程工艺策划

针对现有工艺管理中工艺策划存在的"盲区"，如产品在开发、决策、设计阶段无工艺部门的介入，针对不同产品未开展差异化的工艺策划等，基于"中车12项工艺标准"以及"同步工程"思路从产品开发设计、过程开发设计、样车制造、小批量生产、正式量产、市场运营进行全流程的工艺策划。瞄准客车订单小批量、多品种特点，以及不同客户个性化需求，开展工艺策划时分区分级、精准施策，为客户量身打造工艺方案，制定经济、合理的生产工艺路线，以最短交期交付超出客户预期的满意产品。

1.同步工程思路在工艺策划中的应用

工艺设计人员在产品开发阶段提前介入，对产品可制造性进行工艺可研分析，重点关注新产品变化点和客户需求，点检前期类似问题点，通过提前熟悉产品结构特点，对具体工艺方案策划和实施要素展开分析，充分考虑现有人员技能水平、设备加工能力、物料备货情况、工艺文件完善性、场地需求等，在生产前进行充分调研和准备，点检和闭环前期类似问题，实现产品与工艺设计的同步并行，推动后续制造过程的顺利开展，进一步保障产品的合格交付。

2.全面统筹开展工艺全流程策划

统筹开展工艺策划，包括梳理前期类似或相同问题闭环情况，新产品变化点工艺性分析，制定初始工艺路线、工艺文件编制计划、梳理工装样板检具清单，策划工艺试验或验证技术，人员技能要求和培训计划等内容，工艺策划过程以契合"中车Q"质量管理体系、"IATF 16949"质量管理体系内涵为要求。其中，新产品变化点分析，作为工艺试验和验证的输入，新的变化点既是员工培训的重点内容，也是PFMEA（潜在失效机理及后果分析）控制的主要内容，工装样板检具模具作为工艺过程实施精度和质量的保障工具。

工艺策划的目的是指导现场生产，其输入是产品设计说明书和技术图纸，输出结果物是产品试制/小批量/量产工艺方案，通过会议或系统签审发布，下发到制造和质量管理部门，作为生产和检验的依据。

开展工艺全流程策划时，一是识别工艺风险点和变化点，进行前期预防，结合企业所有订单车型采用1+N的生产管理模式，进一步降低生产风险点。二是根据不同地区车型分级分区施策，实现资源合理应用，以车体骨架腐蚀工艺问题为例，车体的腐蚀现象贯穿客车的整个生命周期，影响车身美观和安全可靠性，目前业内普遍采用客车行业领先的整车阴极电泳技术，实现车体防腐能力的显著提升，但是中车电动作为一家面向全球客户的国际化企业，单一的车体防腐方案无法满足不同地区、不同客户、不同标准的要求，针对使用地区环境的多样性、客户要求的差异性、各国/地区标准的复杂性，只有制定具有差异化灵活性的车体防腐等级和标准，实现资源合理运用，才能既减少浪费，又保证车体全生命周期内的质量要求。三是优化生产工艺全流程，促进整车制造效益的最大化。比如人工及原材料的成本占据车体成本的很大一部分，同时也是变数最大的。降低制造工时、提高原材料利用率是降低车体成本最为经济有效的手段，车体成本的高低直接影响企业产品的竞争力和效益，直接影响企业的生死存亡。通过开发应用自动化、智能化设备和系统，降低劳动强度，提高劳动效率，单台车所需工时在原有的基础上约降低30%。通过原材料的定尺采购、自动下料设备的引进、套排料系统的开发和应用，减少了原材料的浪费，提高了零部件的制作精度。

3.深化汽车质量五大工具在工艺策划中的应用

汽车质量五大工具——MSA/SPC/FMEA/PPAP/APQP，其中，测量系统分析（MSA）、统计过程控制（SPC）、潜在失效机理及后果分析（DFMEA/PFMEA）为客车生产工艺策划的常用工具。测量系统分析，主要对测量工具的稳定性、重复性、再现性分析，对于计数型数值，需对检验人员进行Kappa分析。过程控制适用于大批量生产，虽然客车产品呈现少批量、多品种特点，但是过程控制原理及方法仍能借鉴及应用。而潜在失效机理及后果分析较为常用。通过FMEA小组讨论的SOD值，对照措施优先级（AP）表进行优先级判定，确定适当的措施来改进预防和探测控制，从而降低潜在失效风险。根据FMEA结果，制订详细控制计划，进而根据控制计划，最终输出现场标准作业指导书。

（四）突破单向工艺管理方式，推行以问题为导向的双向工艺管理手段

传统的单向工艺管理以产品开发要求为导向开展工艺管理活动，双向工艺管理方式不仅考虑产品开发要求，同时还以制造、市场运营问题为导向，双向工艺管理活动的开展有利于提高企业的产品创新能力及市场竞争力。为了有效提高双向工艺管理创新成果的转化水平，中车电动建立了以设计开发问题、生产制造问题、市场运营问题为导向的工艺管理机制，引导创新成果的落地实施。

1.建立问题导向工艺管理机制

针对设计开发、生产制造、市场运营反馈的工艺问题，工艺部门进行分类梳理，有针对性地制定对策。通过建立问题导向工艺管理机制，工艺创新活动变得统一有序，各方资源得到合理的利用，创新成果的转化率大幅度提升。

（1）针对车身锈蚀问题，开展防腐工艺的创新与应用

客车车身材料、结构繁杂及所处运营环境复杂，导致客车腐蚀防不胜防。综合考虑车身各部位所处环境及车辆运行的复杂路况，从材料选型、设计结构、防腐工艺、施工过程、安装运输、使用环境、运营维护等全方位管控，全面保障车辆运行安全。

防腐材料优化及应用。随着材料技术的高速发展和客车防腐要求的提高，客车车体使用材料向多元化发展。为满足市场需求，提高防腐性，引入高防腐材料（如镀锌板、铝合金、不锈钢、玻璃钢），推出了不同材料间的组合结构车身，如铝蒙皮车身、玻璃钢蒙皮车身、不锈钢车身等。而零部件和标准件选型参考高铁防腐要求，优选不锈钢、铝合金、环保达克罗处理、镀锌等高耐蚀材料或工艺。此外，在表面防腐涂料上也进行了优化，可根据需求选用不同档次的防腐涂料。例如：应对沿海、高寒地区的腐蚀环境，底盘区域由传统的阻尼胶升级为底盘装甲。

防腐结构优化及应用。车体结构中若存在积泥、储水的区域，尤其在底盘和轮罩

位置，易出现早期腐蚀问题。为此重点对底盘和轮罩结构进行优化改善。采用"引流""整形""隔挡""密封"等手法，消除积泥、储水结构，改善车身所处的腐蚀环境，提高防腐性能。在总装安装破坏车身漆膜的作业中，采用胶粘、蘑菇扣或复合连接等安装方式，减少漆膜破坏；也可从结构上进行优化，实现免安装或安装工作前置至焊装进行，避免总装自攻钉固定，破坏电泳漆膜，造成锈蚀和漏水风险。

防腐工艺方案优化及应用。针对不同地区及环境腐蚀程度的不同，制订对应的防腐工艺方案。在传统的底、中、面配套防腐体系基础上，创建可裁剪的底漆＋胶密封＋防腐漆＋底盘装甲＋防腐蜡（内腔和外表面）的底盘防腐配套方案及特殊部位特殊处理的密封防腐方案（如轮罩全密封防腐、裙边防腐胶），同时搭配不同性能等级的涂装材料，以满足不同使用环境和不同客户的需求。因地施策，做到客车防腐能力不欠保护也不过度保护，实现降本增效，减少不必要的资源浪费。按使用环境和防腐要求的不同划分为四个腐蚀等级，将防腐工艺方案与之对应，形成了客车四级防腐体系，精确指导不同订单防腐工艺方案的实施。

防腐全流程管控。车体材料和防腐涂料从入厂、运输、仓储、加工到应用过程进行层层监控，确保车体防腐效果。车身防腐层形成后，规范后续的施工、运输过程要求，避免造成防护层损伤。运营维护也是关键一环，保养是否及时、到位，保养方法是否科学、有效，都影响着车体的耐久性。遵循生产工艺全流程思想，全方位考虑车体全生命周期的防腐控制，完善过程控制工艺文件（如《车体钢材应用过程防锈工艺规范》《客车整车防腐设计及工艺通用规范》等），保障车体全生命周期内的安全可靠性。

（2）针对线束布置问题，优化线束布置工艺，提高线束布置美观度，降低信号干扰现象

随着车辆电气化程度逐步提高，管路线束布置也越来越复杂，尤其是新能源客车，高压线束、低压线束的布置与传统燃油客车相比存在很大的区别，针对客车车体电气部分线束布置不规范、美观度差，质量可靠性低、电气部件安装不规范等问题，从整车电气工艺开发全流程进行全要素梳理，从规范设计工艺、开发应用新材料、夯实生产制造标准化、方便线束安装调试及售后维护等层面上着眼提升车体管路线束布置的可靠性、规范性及美观度。

整车电气架构及线束走向布局的精益化。在整车电气的通用化方面，建立了新的电气原理架构，通过配电方式、CAN（控制器局域网络）总线网络拓扑结构的优化，电气BOM（物料清单）的结构树模块化，达到整车配电的通用化，既提高了通讯效率和质量，又提升了设计效率及质量。在线束走向布局的标准化、模块化方面，如统一将仪表台区域的线束调整为仪表线束及左右前围线束，以适应不同车型的快速设计。顶棚线束的标准化线夹、底盘区域管线夹的标准化应用，通过模块化的组合方式适用不同车型管线分册布置，达到节约布置空间的效果。

　　管线固定、防护及安装接口的精益化。在管线固定方式及防护的模块化及标准化方面，通过统一整车管线支架型式、按区域位置统一管线固定方式，达到不同车型应用的通用化。通过整车管线过孔标准、管线固定件及过孔防护物料型谱的建立，提升了设计的模块化及标准化的同时也提升了整车管线布置质量。在零部件的安装及接口标准化方面，通过优化整车高压箱的线束接口，将外置充电座集成至高压箱内的方式，节省了成本的同时也提升了线束布置的感观质量。

　　管路线束工艺规范的标准化。以目视化管线布置工艺文件为载体指导现场生产的管线布置一致性，完成线束布置通用规范及线束防护密封、线束固定、失效案例等文件的现场指导操作培训。

　　通过管路线束工艺研究成果的推广应用，形成《整车管线开孔及防护选型》《整车管线紧固件技术条件》《通用线束布置连接工艺规范》《通用过孔防护密封工艺规范》等技术标准。整车封板开孔种类减少38%，开发6种共计26项规格的管线防护橡胶件，开发管线固定件扎带类6种、塑料类3种。从设计开发、工艺规划到生产标准等方面来提高公司整车线束布置的规范性、可靠性及感观质量，极大提升公司产品质量及客户满意度。

　　（3）针对油漆开裂问题，改进车体表面微观不平度

　　车身微观不平将直接影响涂装刮灰及漆面质量，追根溯源，对车体制作工艺过程进行全流程升级，在设计、制件、新工艺及装备应用等层面推动车身微观不平度的改善，杜绝表面油漆及玻璃钢开裂问题。

　　制件工艺的升级与应用。引进先进的自动化下料设备、自动套排料系统及机器人焊接工作站，零部件下料精度可达 ±0.2mm，小件制件精度可达 ±0.5mm。根据原材料的抗拉强度、断裂延伸率等属性，建立数学模型，得出型材最小弯曲半径，再结合自动弯弧设备技术参数解决了弧杆件成型过程中常见的"缩颈"现象，将制件精度控制在0.5mm以内。

　　骨架焊接时"反变形工艺"的应用。为了实现整车的轻量化，中车电动所产车辆车身骨架大多选用高强度钢，骨架焊接时面临最大的问题就是焊接变形。为了保证焊接后车身骨架的精度，工艺人员经过反复试验验证总结出一套"反变形工艺"方法，即根据焊接变形后变形方向及变形量的幅度大小，在焊接之前进行反变形工艺处理，以此确保工件在焊接后处于正常尺寸范围或者便于调节的误差内，这样操作不仅提升了焊接工作效率，也增强了骨架的焊接精度和稳定性，为实现车身表面的高平整度打下坚实基础。

　　蒙皮热涨拉及电阻点焊工艺的应用。侧围蒙皮、顶盖蒙皮均采用整体式结构设计和辊压成型工艺，在与车身骨架焊接前通过热涨拉设备对蒙皮进行热涨拉处理，焊接时为减少焊接变形量，引入单面电阻点焊工艺，这样操作大大提升了蒙皮的平整度，使得涂装刮灰量降低50%左右。焊装蒙皮安装时平整度的提升促进了车体微观不平度

的改善。

涂装机器人智能精细打磨工艺系统的开发与应用。客车个性化需求多，图案复杂，且客车较常规汽车工艺加入了刮灰和图案工序，增加了喷涂次数，也增加了漆面不平整的风险。打磨不仅能够清除底材表面的颗粒以及粗糙和不平整的地方，还能改善涂层间的附着力和漆膜的目视效果。为保证漆面的平整度，在每个涂层喷涂前均进行精细的打磨，整套流程需要4~6次精细打磨。为提升精细打磨的效率和质量，中车电动联合了中国中车旗下其他单位开发了客车行业内首例智能打磨机器人系统，并得以应用。机器人精细打磨设备和智能系统的应用，提高了打磨质量并降低了生产成本，保证了车身微观不平度的进一步提升，大幅增强车身表面各涂层的性能，杜绝表面油漆及玻璃钢开裂的现象。

2. 建立工艺创新、成果转化激励机制

为激励工艺人员开展工艺创新活动，有效地将创新成果进行转化，为企业创造经济效益，中车电动在现有相关管理规定的基础上，联合企业人力资源部编制了《工艺创新与成果转化等级评定规则》《工艺创新与成果转化等级奖励办法》等制度保障文件，对工艺创新成果转化实行积分制管理。

（五）构建信息化平台，实现集团化的工艺管理

基于企业集团化发展的趋势，结合新能源客车车体高端制造工艺管理创新工作的要求，中车电动通过对现有管理系统的二次开发实现了工艺文件、工艺创新成果、工艺通知单、工艺改善、工艺流程的信息化管理，建立了工艺总体数据库。打通客车产品从样件到量产的生产工艺全流程，整车工艺平台得到新建，所有分子公司执行统一的工艺标准、工艺文件、工艺要求、工艺规范、工艺定额，各分子公司的工艺创新成果、工艺改善经验实现资源共享，在企业集团化管理进程中率先推动工艺管理的先试先行，为企业的集团化管控提供良好的工艺制度保障。

（六）再造工艺管理体系，形成常态化管理制度与持续改善机制

基于工艺管理体系创新的需求，对新能源客车整车工艺管理体系进行再造，推动工艺管理标准化，保证产品制造的一致性。

从产品开发设计、过程开发设计、样车制造、小批量生产、正式量产、市场运营全流程层面出发，完善并发布12项工艺管理标准，并在此基础上形成产品工艺开发裁剪表1套（3项），工艺体系表单模板1套（共计54项），工艺基础标准5项，工艺技术标准1套（240余份工艺作业指导书），工艺装备标准4项，规章制度（管理办法）8项。

对以上工艺管理创新成果的总结固化与推广应用，形成了常态化的管理制度与持

续改善机制，保障了客车车体生产制造过程的一致性与可追溯性，为新能源客车车体安全运行注入强心剂。

三、实施效果

（一）增强工艺策划及管控能力，提升了企业工艺管理水平

设计、工艺、制造、质量、售后、标准化等多部门联动，从工艺全流程角度出发，进行全流程策划，细化了工艺管理环节，提前识别工艺风险点、变化点，制造工时得到降低，材料利用率、一次交检合格率得到提升。通过信息化平台的建立实现了集团化的工艺管理。

1. 制造工时、材料利用率、一次交检合格率得到改善

工艺策划由原来的只针对生产开展转变为全流程的工艺策划，这种工艺管理手段的创新改变，提高了工艺管理的精细化水平，使企业三大主销车型系列产品的制造工时降低25%~31%，材料利用率提高15%~22%、一次交检合格率提高13%~19%，推动了企业精益化生产水平的提升。

2. 工艺管理率先实现集团化管理

截至2020年年底，中车电动将形成覆盖全国东西南北中部的7个整车及关键部件制造基地，集团化管理的需求迫在眉睫，工艺管理先试先行，率先完成集团化管理的建设，给企业的集团化管控提供统一的工艺制度保障，为企业新能源汽车产业规模的快速发展打好了基础。

（二）实现客户与企业的双赢，取得了明显的经济效益

以工艺品质问题为导向开展车体工艺管理创新，提高了车体的可靠性，减少了车体骨架锈蚀、车体管线布置质量缺陷、表面油漆及玻璃钢开裂等售后问题，提高了车辆营运全时率，降低了客户的运营成本和企业的售后维护成本。

1. 车体售后平均故障发生率、营运车辆全时率、客户运营故障成本得到改善

售后服务由被动"救火"变成主动"排雷"，车体售后平均故障发生率降低了47%，提高了车辆运营的全时率，避免了因车体故障导致的"趴窝"现象，客户运营故障成本降低53%。

2. 减少了企业在车体售后维保方面的投入

车体全生命周期内，因产品自身质量问题导致的维护费用都是由生产企业承担，车体质量问题带来的售后维护费用占据企业客车产品售后维护费用较大比例，给企业

造成了一定的经济损失和品牌负面影响。中车电动通过对客车车体全生命周期工艺关键问题进行有针对性的分析研究与验证，提出了一系列切实可行的工艺改进和预防措施，车体售后维修问题得到有力的改善，车体售后维修平均维保费用减少了50%以上。

（三）提升客户满意度，取得了较好的社会效益

1.客户和乘客的满意度稳步提升

实施新能源客车车体高端制造的工艺管理创新以来，客车车体质量稳定性和安全可靠性得到持续改善，客户满意度综合提高近10%，企业品牌进一步受到大众认可，取得了良好的社会效益。

2.工艺创新成果受到集团及同行业的认可，工艺管理经验得到推广

通过常态化的工艺管理制度与持续改善机制，工艺创新成果得到深度转化和有效落实，已获得各类专利5项、输出论文3篇。实施过程中同行业不少客车企业专门派来工艺管理团队进行交流和调研，工艺管理创新经验和成果在行业内得到推广。

（四）助力"两型"社会建设，取得了良好的生态效益

通过创新工艺管理模式，工艺创新活动得到激发，多项工艺创新成果获得应用。资源节约方面，单台客车所需工时在原有的基础上降低30%，材料利用率提升10%~20%，原子灰刮灰量降低50%；环境保护方面，单台客车车体降重12%，整车能耗Ekg（单位载质量能量消耗量）下降10%，年排放二氧化碳减少120吨，相当于每年植树500棵，为建设资源节约型、环境友好型的两型社会起到标杆示范作用。

主创人：刘　凌　汪　伟
参创人：杨　浩　匡小月　李　璐　李荣康　伍豪杰　曹祖军　袁正军　罗小龙

第二部分　理论类成果

强化制度引领　激发治理效能

——三峡能源建立"不忘初心、牢记使命"长效机制的探索研究

中国三峡新能源（集团）股份有限公司

摘　要： 党的十九届四中全会明确提出，要建立"不忘初心、牢记使命"的制度。2019年，中国长江三峡集团有限公司（以下简称"三峡集团"）深入开展两批"不忘初心、牢记使命"主题教育，取得积极成效。中国三峡新能源（集团）股份有限公司（以下简称"三峡能源"）点多、面广、分散，业务横跨全国30个省、自治区、直辖市，在中央企业基层党组织中具有很强的典型性和代表性。三峡能源党委拟通过标准化建设，探索建立"不忘初心、牢记使命"长效机制，切实做到将"不忘初心、牢记使命"的内涵落实落地，推动三峡能源各基层党组织规范化、标准化建设，进一步增强基层党组织政治功能和组织力，最终达到统一思想、鼓舞人心、团结力量，促进国有企业治理体系和治理能力现代化，不断加快建设世界一流新能源公司。

关键词： 国企党建；三峡能源；"不忘初心、牢记使命"；治理效能；政研课题

一、建立"不忘初心、牢记使命"长效机制的重要意义

建立"不忘初心、牢记使命"长效机制，是新时代党的建设的重要内容，是建设学习型政党的时代要求，是确保党在新时代新征程始终充满生机和旺盛活力的战略之举、长远之计，有利于把全面从严治党实践中的成功经验和有效做法固定下来，用长效机制和约束机制激发管党治党效能，为推进国家治理体系和治理能力现代化提供力量源泉。

（一）建立"不忘初心、牢记使命"长效机制，有利于强化思想建党能力，不断推进广大党员永葆先进本色，立根固本、筑牢信仰之基

为中国人民谋幸福，为中华民族谋复兴，是中国共产党人的初心和使命，是激励一代代中国共产党人前赴后继、英勇奋斗的根本动力。党的初心和使命是党的性质宗旨、理想信念、奋斗目标的集中体现，越是长期执政，越不能忘记党的初心和使命，越不能丧失自我革命精神。"不忘初心、牢记使命"，是加强党的建设的永恒课题，是

全体党员、干部的终身课题。只有把不忘初心、牢记使命加以制度化，形成长效机制，才能使党员干部永远牢记性质宗旨，坚定理想信念，勇担历史使命，筑牢永远奋斗的思想基础，为全面建设社会主义现代化国家不懈奋斗。

（二）建立"不忘初心、牢记使命"长效机制，有利于强化制度治党能力，不断推进全面从严治党向纵深发展

中国共产党的历史证明，只有不断提高党的执政能力和领导水平，才能更好地坚持和加强党的全面领导，才能更好推进全面从严治党向纵深发展，才能使党的领导更加适应实践、时代和人民的要求。当今世界正经历百年未有之大变局，我国正处于实现中华民族伟大复兴关键时期，形势环境变化之快、改革发展稳定任务之重、矛盾风险挑战之多、对我们党治国理政考验之大前所未有。如果初心干涸枯萎、使命蒙尘褪色，就会忘记为了什么而出发、为了什么而奋斗，提高党的执政能力和领导水平，全面推进从严治党向纵深发展就会失去方向、失去根基。只有坚持不懈强化制度建设，形成"不忘初心、牢记使命"长效机制，提高党的执政能力和领导水平，不仅要在思想上自觉，更要在制度上有保障，才能更好顺应时代变化潮流、符合历史发展规律、体现人民美好愿望。

（三）建立"不忘初心、牢记使命"长效机制，有利于强化国有企业改革发展能力，不断推进治理体系和治理能力现代化

国有企业是中国特色社会主义的重要物质基础和政治基础，是中国特色社会主义的"顶梁柱"。改革开放以来，特别是党的十八大以来，国有企业为经济社会发展做出历史性贡献。在应对新冠肺炎疫情过程中，国有企业勇挑重担，在应急保供、医疗支援、复工复产、稳定产业链供应链等方面发挥了重要作用。坚持党的领导、加强党的建设，是我国国有企业的光荣传统，是国有企业的"根"和"魂"，是我国国有企业的独特优势。建立"不忘初心、牢记使命"长效机制，有利于全面加强国有企业党的领导和党的建设，促进党的领导和公司治理有机融合，有利于培养一批"对党忠诚，勇于创新，治企有方，兴企有为，清正廉洁"的高治理能力和高专业能力国有企业党员领导干部队伍，有效激发国有企业内生动力与发展活力，不断推进治理体系和治理能力现代化。

二、三峡能源"不忘初心、牢记使命"主题教育的基本做法和经验总结

建立"不忘初心、牢记使命"长效机制必须在深入总结"不忘初心、牢记使命"主题教育的有益经验，在健全完善党委中心组学习、基层党组织学习、"三会一课"、民主生活会等已有制度的基础上，以习近平新时代中国特色社会主义思想为主线，牢牢把握"守初心、担使命、找差距、抓落实"的总要求，紧紧围绕"学习教育、调查

研究、检视问题、整改落实"四项重点措施，一方面把握"长"，突出持之以恒，另一方面坚守"效"，突出成果转化，高质量高标准推进机制建立。

"不忘初心、牢记使命"主题教育开展以来，三峡能源党委坚决贯彻落实党中央部署和三峡集团党组安排，把扎实开展好两批主题教育作为首要政治任务抓紧抓实，围绕总要求和目标任务，聚焦初心使命，履行央企担当，围绕改革发展，贴近基层一线，切实整改落实，将主题教育成果转化为推动公司改革发展的强大精神动力，取得积极成效。总的来说，就是"做到四个坚持，实现四项推动"。

（一）坚持以上率下涵养初心、示范带动引领使命，推动学习教育常态化

三峡能源各级党组织点多线长面广，两批主题教育涵盖公司党委和13家所辖单位基层党组织，分布于全国30个省、自治区、直辖市，涉及党组织82个、党员864名，数量大、层级多，情况复杂。

紧扣主题主线。把学习贯彻习近平新时代中国特色社会主义思想作为主线，精心制订学习计划，突出读原著、学原文、悟原理，党员领导班子带头研学《习近平新时代中国特色社会主义思想学习纲要》和《习近平关于"不忘初心、牢记使命"论述摘编》，对习近平总书记系列重要讲话精神开展重点学习，内容安排既丰富多样，又突出重点。

创新方式方法。基层党组织党员分散、不易集中，为实现较好学习效果，积极开展集中参观见学、联合共建学习和施工区大党建等活动，或利用网络等多媒体平台，努力打破"时空阻隔"，推进全面学习。

坚持学用结合。三峡能源党委每次结合学习主题对关系改革发展问题进行专门研讨，每期安排2~3名班子成员重点发言，其他成员充分交流，力求主题教育不偏离改革发展、不游离中心工作，不脱离自身职责。各基层党组织结合工作实际组织开展学习，东北分公司党总支在习近平总书记视察东北一周年之际重温《习近平总书记在深入推进东北振兴座谈会上的重要讲话精神》；西北分公司党总支班子成员结合习近平总书记在甘肃考察作出重要指示精神开展学习；华东分公司认真学习习近平总书记视察河南重要讲话精神，真正做到学思用贯通，知信行合一。

着力推进学习教育常态化制度化。三峡能源党委认真对照第二批主题教育重点任务，成立2个指导组。修订完善中心组学习制度，把学习习近平新时代中国特色社会主义思想作为各级党组织会议的"第一议题"，作为理论学习的主题主线，对全年学习作出统筹安排，精心组织实施；加强对基层党组织理论学习的指导督促，把关审核各基层党组织理论学习计划，不定期开展学习完成情况的督查检查；联合共建"云学习"；发出"学习一小时、锻炼一小时"的倡议；将党委理论中心组重要学习成果纳入督办事项，突出学习成果转化应用。

（二）坚持直扑基层体悟初心、沉到一线担当使命，推动调查研究常态化

三峡能源各级党组织把解决问题、推动工作作为调查研究的出发点和落脚点，通过深入调研摸清情况、厘清问题，提出对策措施。

站稳人民立场，对密切联系群众工作高起点要求。坚持以推动工作为要务、以群众利益为导向、以党的建设为根本，开展调研工作前聚焦制约各单位改革发展突出问题，明确调研主题，带着问题深入基层一线查实情。

精选调研课题，高标准开展调查研究，切实应用好调研成果。三峡能源7名党委班子成员精选8个课题，分赴11家所属单位开展调查研究，各单位52名党员领导干部深入一线场站110家，面对面与职工群众交流谈心，累计调研职工群众近千人次，形成调研报告近60篇，讲授调研党课和党的十九届四中全会专题党课近百次。

主动回应职工关切，高质量组织开展特色活动和问题销项。结合中华人民共和国成立70周年重大历史节点和职工反映情况，组织开展多项群众性活动。先后举办三峡能源第二届新能源运维技能竞赛、首届职工运动会、职工文艺展演和"不忘初心、牢记使命"微视频大赛，承办三峡集团北京区域职工趣味运动会和第八届职工技能竞赛风电项目，广大职工干事创业荣誉感显著提升。西南分公司从小事入手，开展"我是党员，我能为你做点啥"活动；华东分公司解决收购项目员工住宿问题；江浙公司员工吃饭难、西北分公司山地项目饮水难问题均在主题教育期间受到重视。

推动调查研究常态化制度化。三峡能源党委在总结主题教育经验基础上，进一步修订完善《党员领导干部制度》，明确每年至少提交一篇高质量调研报告。建立党委委员联系协调督办机制，统筹做好约谈工作安排，实现与联系单位领导班子必约谈、与基层员工必座谈、听取意见必反馈、提出措施必落实的工作机制，积极推动调查研究成果转化。

（三）坚持刀刃向内叩问初心、深挖细查激励使命，推动检视问题常态化

坚持开门搞教育，拓宽渠道广泛征求意见。突出群众需求，通过发放征求意见表、开展座谈会、设置意见箱、开通专门邮箱等方式，各级党组织共收集到493项具体问题。

坚持检视反思，深挖问题根源。按照要求召开调研成果交流会，三峡能源党委班子成员结合征求意见情况，逐条剖析，逐项检视，逐个明确整改落实措施。

坚持把党章党规作为根本依据，对照党章党规找准差距。三峡能源各级党组织召开对照党章党规找差距专题会议，组织各级党员干部在深入学习党章和新修订的《中国共产党廉洁自律准则》和《中国共产党纪律处分条例》的基础上，按照习近平总书记关于"四个对照""四个找一找"的要求，紧扣"18个是否"逐一对照检查，并将查摆问题一并列入问题清单和整改台账。

坚持经常性开展谈心谈话，高质量开好民主生活会和组织生活会。按照中央和三峡集团党组工作安排，三峡能源党委67个基层党组织全部召开专题民主生活会和组织生活会，864名基层党员全部参加民主评议。建立常态化开展党风廉政宣传教育月活动机制，每年度开展为期一个月的宣传教育月活动，提前研究制定任务分解表和领导班子成员廉政约谈提纲，将各部门各单位对公司领导在改进作风、改进工作等方面的意见和建议作为谈话的重要内容列入约谈提纲。

（四）坚持对标对表锤炼初心、求真务实坚守使命，推动整改落实常态化

三峡能源党委全面梳理突出问题、不足和短板，把"改"字贯穿始终，以"马上就改"的态度和"钉钉子"精神推动主题教育走深走实。

1. 盯着问题改

结合中央巡视、三峡集团巡视和三峡能源党委巡察及各类专项检查发现问题，结合调研收集问题，上下联动梳理问题清单和整改台账，明确责任部门、整改时限，党员领导干部依次认领"一人一张表"，一体推进，一体整改。同时，三峡能源党委指导组通过电话回访、视频会议、现场抽查等形式开展检查，力戒"走过场"现象。

2. 结合实际改

整改落实坚持实事求是，与生产经营工作实际相结合。全面梳理组织起草建设管理办法、工程造价等9个制度，研究起草环境合规性评价管理办法等4项制度和法律手续清单，保障建设项目合法合规。

3. 突出当下改

发扬"马上就办""马上就改"工作作风，结合实际着手整改推进，主题教育期间，三峡能源各单位立行立改具体问题157项。为主动服务国家战略和集团公司定位与职责，成立三峡雄安新能源有限公司，全力助推雄安新区建设和公司在华北区域的发展。

4. 注重长久改

建立"不忘初心、牢记使命"主题教育督办机制，每半年对问题整改落实情况进行督办，截至2020年8月，针对在三峡能源第一批主题教育中发现的24项具体问题制定了46项整改措施，现已完成34项并长期坚持，其余12项均取得阶段性进展并将持续推进；针对主题教育专题民主生活会查摆的13项问题制定了22项整改措施，现已完成14项，其余8项均取得阶段性进展并将持续推进。

三、建立"不忘初心、牢记使命"长效机制存在的困难

主题教育的扎实开展，取得显著成效。但对照建立长效机制的要求，依然存在一定差距和不足。

（一）学用结合不够紧密

基层党组织对学习教育还存在上热下冷的"温差"，上快下慢的"时差"，上重下轻的"落差"和上紧下松的"偏差"等现象，越到基层，学习内容与实际工作结合越不够紧密，理论指导实践的成效越不够强。

（二）调查研究不够深入

基层党组织开展调研工作还存在一定的方向指明不准、问题指向不强、实践指导不够等问题，对基层一线的真实情况掌握了解得还不够。调查研究报告质量有待提高，对具体问题的思考不够深入，对全局工作的指导也不够普遍。因此，调研成果的应用亦有待进一步强化，行之有效的经验做法和具体制度的提炼、总结、改进、推广的能力也稍显薄弱。

（三）整改督导不够严格

基层党组织对待整改落实工作还存在重结果、轻过程，重销号、轻消化的现象，对问题产生的机制性、深层次原因挖掘不够，形成长效机制，防止反弹回潮不够。

（四）激励约束力度不足

基层党组织对于约束机制的创新发展、探索建立容错纠错机制、充分发挥激励机制正向作用，进一步激发干事创业热情、营造风清气正良好政治生态的思考还不够深入。

总的来说，建立"不忘初心、牢记使命"长效机制的困难主要集中在两方面。一方面是"长"的坚持不足，久久为功的韧劲还有待提升，时过境迁有流于形式的风险；另一方面是"效"的彰显不够，推动改进工作的能力还有待提升，满足于完成任务，创新方式方法不够，工作效能激发还有不足。

四、建立"不忘初心、牢记使命"长效机制的思考

在"不忘初心、牢记使命"主题教育总结大会上，习近平总书记强调指出，全党必须强化制度意识，自觉尊崇制度，严格执行制度，坚决维护制度，健全权威高效的制度执行机制，加强对制度执行的监督，推动不忘初心、牢记使命的制度落实落地，坚决杜绝做选择、搞变通、打折扣的现象，防止硬约束变成"橡皮筋"、"长效"变成"无效"。

（一）在思想层面高度重视"不忘初心、牢记使命"长效机制

1.把习近平新时代中国特色社会主义思想作为根本指南

习近平新时代中国特色社会主义思想是21世纪的马克思主义，是指引全党践行初心和使命的强大思想武器。习近平新时代中国特色社会主义思想既为我们理解初心和使命提供了"金钥匙"，又为我们践行初心和使命提供了行动指南。建立"不忘初心、牢记使命"长效机制，必须把习近平新时代中国特色社会主义思想作为根本指南。

2.把党章党规作为根本依据

要从"根本依据""基本标准""根本规则"的高度加深对党章党规的认识，在党章的指引下推动"不忘初心、牢记使命"长效机制落实落地，更好保障党章党规的实施和发挥作用。

3.把持续推进作为重要实践基础

将"学习教育、调查研究、检视问题、整改落实"四项重点措施贯穿"不忘初心、牢记使命"长效机制建立健全的始终，坚持尊重客观规律和充分发挥人的主观能动性的统一，立足当前和着眼长远的统一，保持定力和改革创新的统一，务求实效，力戒形式主义和官僚主义。

（二）在理论层面科学设计"不忘初心、牢记使命"长效机制

建立"不忘初心、牢记使命"长效机制的关键在于制度设计，只有坚持科学的制度设计，才能更好保证制度落实，发挥制度作用。

1.建立健全"不忘初心、牢记使命"领导工作机制，采取项目化职责分解，严格落实"一把手"责任制

党员领导干部是"不忘初心、牢记使命"长效机制的推动者、执行者，要通过建立以党委书记为第一责任人、其他党委班子成员为主要负责人的领导工作机制和责任制，推动"不忘初心、牢记使命"常态化、制度化。

一是认真履行责任人职责。通过完善"1+3"责任体系，即修订《党建工作责任制实施办法》《党委书记履行党建工作责任清单》《党委委员履行党建工作责任清单》《基层党支部工作内容清单》，党委班子及各级党组织认真完成分解到的"项目目标"，抓住基层党组织这个关键主体，抓住党组织书记这个关键少数，使长效机制建立的过程与实现项目目标的过程相结合，同向发力，统筹推进。

二是加强执行过程管控。通过学习和培训不断提高党建工作能力，注重学用结合，

提升党员领导干部履职水平；进一步落实党员领导干部联系点制度，围绕"1+3"责任体系，党员领导干部带头研讨，带头宣讲，带头调研，撰写调研报告，分析问题症结，提出并落实解决措施。

三是巩固提升确保常态长效。定期对照总目标，结合年度党建工作考核、党组织书记述职评议等工作，检查验收长效机制目标完成情况，对未完成情况进行分析总结，提出改进措施，使长效机制更趋于规范和稳定。

2.建立健全"不忘初心、牢记使命"组织协调机制，采取程式化规范流程，充分发挥各级党组织总揽全局、协调各方的作用

一是健全完善组织协调机制。各级党组织要在联系服务群众上多用情、多用心、多用力，党组织书记要负总责，横向到边、纵向到底，班子成员要认真履行"一岗双责"，推动分管领域党建工作和业务工作协同并进；要充分发挥党支部作用，把党员组织起来，把群众调动起来，党组织议事前，要广泛协商，吸纳建议，党组织工作开展后，要及时开展评测，针对不足及时整改；要层层传导压力，明确责任主体、细化职责分工、健全监督体系，切实保障体制机制有效运行。

二是推动程式化标准化建设。没有规矩不成方圆，没有标准就没有质量。推动基层党组织程式化、标准化、规范化建设，是建立"不忘初心、牢记使命"长效机制的重要抓手。

三是健全完善党建工作制度。定期对党建规章制度文件进行全面梳理，及时废止不适应新形势新要求的制度，结合党中央及上级党组织最新要求，进一步建立和健全基础党建工作制度，全面提升党建工作制度化科学化水平。

四是严格党建工作督查。探索建立党建工作联络员制度，既负责日常工作指导，又深入查找联络单位党建工作存在的难点问题，推动工作总结水平提升。

3.建立健全"不忘初心、牢记使命"督导与评价机制，采取数字化考核管理，鼓励先进鞭策落后

一是强化考核作用。推动巩固深化"不忘初心、牢记使命"主题教育成果，将各项重点任务落地见效情况作为向上级党组织报告工作的重要内容，纳入基层党建工作述职评议考核中，纳入党员年度民主评议中，纳入党员干部年度考核和任期考核中。

二是巩固巡回指导制度。对长效机制建立进展情况、后续情况、制度设计执行情况等进行督促和指导，做到分类指导、区别对待、精准施策。

三是建立常态化监督制度。将党内监督与党外监督相结合，与巡视巡察工作同频共振，强化常态化监督制度威力。

4.建立健全"不忘初心、牢记使命"物质保障机制，采取信息化网络平台，在人、财、物等方面提供有力支撑

一是配齐配强专兼职组织员。根据党组织和党员数量，与已建立的巡察人才库资源共享，探索实施按比例选配专兼职组织员，通过以干代训、岗位交流等方式，提升履职能力。

二是打造网上网下双阵地。顺应信息化趋势，着力完善党建信息系统，丰富模块设置、强化功能拓展、提升交互效率，打造"互联网＋党建"，将"三会一课"等日常工作无纸化、信息化、智能化。同时，制作"初心情景剧"党建培训课件，在三峡能源学院网络平台上线。

三是统筹用好工作经费。在使用范围内，遵循合理、务实、有效、节约的原则，做好年度预算，统筹用好党费、党组织工作经费。

5.建立健全"不忘初心、牢记使命"正向激励机制，采取品牌化选树典型，用榜样的力量激励前行

同步建立激励机制和容错纠错机制，进一步激励广大干部新时代新担当新作为。

一是完善制度设计。在系统分析干部特点的基础上，实施分层、分类、分岗位激励机制，采取多元化的激励方式。

二是加强人文关怀。通过完善和落实谈心谈话制度，增强干部的组织归属感、集体荣誉感和心理获得感。

三是注重典型选树。建立崇尚实干、带动担当、加油鼓劲的正向激励体系，把讲担当、重担当、会担当的作为选树的鲜明导向。

四是用好"三个区分开来"。坚持历史辩证地看待和处理改革发展不同时期、不同条件下出现的不同问题，适时调整和改进干部权、责、利不相称问题。

（三）在贯彻落实层面自觉执行"不忘初心、牢记使命"长效机制

制度的生命力在于执行，制度建设不能仅仅满足"从无到有"，更要成为推动工作、创造价值、促进发展的理论依据和行动指南。

一是党员领导干部要带头维护制度权威，做制度执行的表率。

二是健全权威高效的制度执行机制，着力推进业务流程表单化，形成可操作性强的制度执行流程，充分利用现有条件资源，多种方式常态化开展制度宣贯、干部培训，促进能力提升。

三是加强对制度执行的监督，围绕关键环节和执行实效开展监督检查，坚决杜绝做选择、搞变通、打折扣等现象。

（四）在改革发展层面不断完善"不忘初心、牢记使命"长效机制

当前内外部形势瞬息万变，"不忘初心、牢记使命"长效机制也要随时而变、随势而变。必须坚持实事求是，根据客观环境的变化及时调整完善发展制度，使长效机制能够始终与新的客观情况相一致，与职工群众新期待需求相一致，与公司改革发展新的目标相一致；必须克服路径依赖，不断解放思想，转变观念，善于接纳新思想推动制度变革，善于使用新技术手段落实制度执行；必须尊重规律，分清轻重缓急，不贪功冒进，不急于求成，避免搞短期行为和劳民伤财的面子工程、政绩工程，搞欺上瞒下的无效落实。

作者：徐文青　李宗光　李　樱　王　月　王　芸　秦晓鹏

参考文献：

[1]王东，刘芮杉.建立不忘初心、牢记使命的制度意义重大（有的放矢）[N].人民日报，2020-04-09（9）.

[2]陈志刚.推动不忘初心、牢记使命的制度落实落地[N].经济日报，2020-06-04（11）.

[3]本报评论员.不忘初心、牢记使命要形成长效机制[N].光明日报，2020-01-14（1）.

[4]黄浩涛，洪向华.持续推动全党不忘初心牢记使命[N].人民日报，2020-01-23（9）.

[5]卢黎歌.推动形成不忘初心牢记使命长效机制[N].中国纪检监察报，2020-01-23（6）.

[6]卢岳华.努力推动形成不忘初心牢记使命长效机制[N].贵州日报，2020-01-15（14）.

[7]张宏志.不忘初心、牢记使命的长效机制体系构建[J].宿州教育学院学报，2020，23（1）19-22.

[8]王绛.深化国企改革　促进国家治理能力现代化[N].经济参考报，2020-01-20（6）.

山西水工科技管理工作的发展历程与思考

摘　要： 党的十九届五中全会把"坚持创新驱动发展、全面塑造发展新优势"放在"十四五"规划重点推进的 12 项任务的首位，各行各业都紧锣密鼓地准备进入科技创新时代，这对水利科技创新提出了更高、更紧迫的要求。首先，本文追述了山西省水利建筑工程局有限公司（以下简称"山西水工"）科技管理工作的十年发展历程，详细记录了企业总结核心技术为企业品牌注入新内涵的第一阶段、挖掘原有技术实现三项科技成果零突破的第二阶段、企业鼓励科技创新突破科技工作瓶颈期的第三阶段。在这三个阶段中，本文重点记叙了第三阶段科技管理工作如何突破瓶颈期，如何采用抓培训拓思路、抓项目创载体、抓政策强服务、抓合作增后劲等方法，使科技创新工作取得新突破。其次，本文结合山西水工十年的工作实践，详述了对科技管理工作的认识与思考，由浅到深地从如何调动员工科技创新的积极性、如何提升企业员工科技创新能力、如何成功申请科技成果奖项、如何进一步提高企业核心竞争力四个方面介绍了工作经验，为继续推进企业的科技管理工作提供了新思路。最后，本文从党的十九届五中全会对科技创新工作提出的要求及水利部、水利厅、山西省国资委、山西省水务控股集团的政策导向，论述了开展科技工作的重要性和必要性，为从事科技管理工作的企业或个人提供借鉴与参考。

关键词： 科技工作；发展历程；思考

三晋大地上，有座两千多年的历史文化古城——太原，在市中心，有一个社区叫"水总"，有一家企业叫"水工局"，有一个品牌叫"山西水工"，这三个名字都是山西省水利建筑工程局有限公司的简称。山西水工成立于 1960 年，有着六十年的历史，为三晋水利事业做出了应有的贡献。2020 年根据山西省人民政府优化国有资本布局结构总体部署，省属国有水务企业合并重组，山西省水利建筑工程局有限公司成为万家寨水务控股集团有限公司旗下的全资子公司，在这个具有里程碑意义的历史节点，特写此文纪念山西水工近十年的科技管理工作。

一、发展历程

（一）总结核心技术，为企业品牌注入新内涵

要想"山西水工"品牌打得响，不仅需要做好营销，也需要自身有底气，如果营销和能力不匹配，则无法形成预期效应和成果，这也就是人们常说的"不看广告看疗效"。营销只是手段，能力才是关键，核心能力需要企业聚焦，那就要持续对主营业务发起冲锋，并在冲锋过程中总结经验教训，逐渐形成企业自身竞争力。

"天地生人，有一人应有一人之业；人生在世，生一日当尽一日之勤。"在其位谋其职，技术部及技术委员会相关技术人员开始了技术总结、整理、提炼，凝集体智慧，2009—2010年形成了"TBM施工技术""PCCP安装技术""碾压混凝土筑坝技术""堆石混凝土筑坝技术""堆石坝筑坝技术"等山西水工"五大核心技术"，进一步夯实了公司技术基础，增强了公司核心竞争力，同时也为营销"山西水工"品牌赋予了更丰富的内涵。

（二）挖掘原有技术，科技成果实现零突破

针对公司科技能力不强、科技发展水平不高、科技对经济发展支撑能力不足、科技对公司效益的贡献率低等问题，山西水工从挖掘原有科技产品入手，敲开了科技成果申报大门，2010—2013年多项科技成果实现零突破。

1.工法开发实现技术留传

华为高管曾说，华为公司最大的浪费就是经验的浪费。然而对于施工企业，技术人员流动性大，经验浪费更是有过之而无不及，建设一项水利工程大多需要几年甚至几十年，施工技术人员积累的实践经验找不到合适的方法保留并传播。2005年建设部出台《工程建设工法管理办法》（已于2014年7月16日废止），2009年公司出台了申报工法的一系列文件和制度，围绕挖掘现有技术的原则，指定专人将多年的工程实践经验通过提炼总结，按照《工程建设工法管理办法》的要求进行案例化、结构化、工具化处理，形成了"碾压混凝土筑坝施工工法""堆石混凝土筑坝施工工法""PMCQ650型混凝土衬砌机施工工法"三个工法，敲开了省级工法申报的大门并一举荣获三项省级工法。2010年公司建立宣贯、培训、学习、传播机制，将这些工法内部流传开来，实现了知识、技能、经验的高效传播和复制，实现了技术留传的目的。

2.知识产权弥补企业空白

创新是知识经济时代的灵魂，没有创新，企业便会失去发展活力，而知识产权是企业创新能力的最好证明。要想了解一个企业创新能力，就要了解企业的知识产权拥

有量，知识产权拥有量大能够有力地证明企业创新能力强，并且可以以此获得客户的信任，树立企业品牌。然而十年前公司的知识产权数量为零，为了改变这种局面，本着挖掘原有技术的原则，2011年山西水工陆续申请了两项实用新型专利：一项是建设张峰水库时采用的"土石坝反滤层铺料箱"，另一项是建设柏叶口水库大坝时采用的"混凝土面板堆石坝铜止水成型机"；2012年公司获得两项实用新型专利，知识产权实现零突破，弥补了企业空白。

3.科研推广激发"源动力"

企业只有不断地进行科技创新，才能促进发展，更好地立足于社会。无论国家还是企业，都需要科学研究、科技创新，更需要科技推广。科技推广的目的就是科普，当今社会获得信息的手段多种多样，科学方法、科学思想与科学精神的传播，实用技术的推广，是进行科技研究的前提。2010年，山西水工在挖掘原有技术的基础上，形成了"碾压混凝土筑坝施工工艺""PMCQ650型混凝土衬砌机""三重管高压摆喷防渗墙施工技术""土石坝反滤层铺料箱铺筑施工技术""混凝土面板堆石坝挤压式混凝土边墙施工技术""一次成孔并喷射成桩水泥土连续墙施工工艺""TBM施工洞段洞穿PCCP管道施工技术"等应用推广技术，获得了山西省水利厅的科技成果应用与推广类奖项。2013年，凭借"爆破直采施工技术""不良地质条件下安装PCCP技术"获得第一笔财政支持的科研推广经费，这些成绩为公司科技创新工作奠定了基础。

（三）鼓励科技创新，科技工作突破瓶颈期

创新是石，可擦出星星之火；创新是火，可点燃希望之灯；创新是灯，可照亮前进之路。唯创新者进，唯创新者强，唯创新者胜。经过2010—2013年的技术总结，公司原有的先进技术都被挖掘，并取得了相应的技术成果。2014年公司的科技工作进入了瓶颈期，近一年的时间，科技工作被迫停滞不前。号召全员参与科技工作的通知，大多石沉大海、无人问津；新春过后上班第一天，技术部就开始邀请相关技术人员参与科技工作，但多被各种理由婉拒，以失败告终。公司认识到只有转变工作方法，创新管理思路，大力加强科技创新体系建设，不断增强科技创新能力，才能保证科技工作持续发展，再上新台阶。

1.抓培训，拓思路

人多力量大，众人拾柴火焰高。公司决定开展科技工作培训，发挥集体力量，号召全员参与。一方面，对专业技术人员进行培训，培训内容以2010—2013年取得的技术成果为主，旨在提高技术人员工作能力和技术水平；另一方面，培训科技工作相关知识，例如怎样申报工法，什么方法能构成工法，工法的具体定义、内容及企业开发工法的意义何在，这些知识的培训旨在开拓技术人员思路。最终，通过大规模的培训，涌现出几位科技工作的热心人，2015年公司的科技工作有了些许改善。

2.抓项目，创载体

公司的科技工作由技术部牵头，同时技术部还负责管理各项目的施工技术工作，承担为施工项目解决施工技术难题的职责，这就为开展科技工作营造了机会。技术部针对施工项目监督检查过程中发现的前沿技术或技术难题，以工程项目为载体拟定科研课题，成立科研项目小组，确定科研小组的成员、任务以及完成期限，签订合同任务书。科研小组的活动主要依托项目，"火车跑得快，全靠车头带"，为了圆满完成科研项目，公司规定：项目经理或总工必须有一人担任科研项目负责人，发挥科技领头人作用，促进科研项目的顺利实施。

3.抓政策，强服务

集体是力量的源泉，众人是智慧的摇篮。2016年公司出台了"技术成果奖励办法"，目的是进一步调动基层单位和广大技术人员参与科技创新工作的积极性，从而进一步推进企业科技创新工作。公司在2016年工作会议上，对2010—2016年大力支持科技工作的技术人员，以及在科技工作方面做出突出贡献的集体，给予荣誉奖励，并对取得科技创新成果的主要完成人给予奖金奖励。这一举动在公司发展之路上留下了浓墨重彩的一笔，这是对从事科技工作的广大技术人员工作成绩的首肯，也是公司尊重知识、注重科技、关心人才的体现，更是科技兴企信念的真正体现。

4.抓合作，增后劲

多一个铃铛多一声响，多一支蜡烛多一分光。科技工作不能闭关自守，要改革开放，寻求合作，为公司利用创新资源开展科技研发提供有利条件。2017年开始，公司通过"走出去"和"请进来"的方式，先后与清华大学土木水利学院、太原理工大学水利科学与工程学院、河北工程大学等高等院校签订了战略合作协议，与河北工程大学科技开发中心合作研究"胶凝砂砾石坝测试数据分析和TBM洞挖料综合利用实验研究"，与太原理工大学水利科学与工程学院合作成立"山西省智慧水利研究生创新中心"。这些合作都将帮助公司了解前沿科技信息，学习借鉴同行业先进技术和成功经验，进一步提高公司科技创新能力和水平，公司还尝试申报了"中国专利奖"、中国施工企业管理协会的"科学技术进步奖"及"建筑业十项新技术应用示范工程"，助力公司科技工作再上新台阶。

"希望无所谓有，无所谓无"，事实证明，探索者终能觅到甘泉，坚定者终会迎来黎明，奋斗者终会赢得春天。截至2020年，公司拥有34项专利技术，另有9项技术也被受理，2019年公司申请专利数量达到12项，达到历年专利总数的一半，充分证明广大技术人员的知识产权意识逐渐加强；企业开发的工法达60余项，其中40余项被评为省部级工法，这些工法进一步夯实了技术基础，在公司发展中发挥了积极推动作用；公司累计启动了27项科研推广项目的研究，其中15项科研项目被省水利厅列为"山西省科学技术研究与推广项目"，获得财政支持的科研经费共计226万元。"大跨度、高支撑拱型渡槽施工技术研究""胶凝砂砾石坝冬季防冻保温方法研究"等9项科研项目的研究成果得到行业内专家的一致认可。

二、认识与思考

（一）调动员工科技创新的积极性

第一，企业可通过多种方式促使员工进行科技创新。例如，有科技成果就可以推荐晋升职称或职务，有科技成果就可以获得项目荣誉和奖金等。第二，不与科技成果的主要完成人"争名"。例如，科技成果的第一完成人必须为技术思路主创人或主笔人，其他主要完成人在成果排名中次之，参与完成的领导或审核人员、工作人员排名再次之。第三，不与科技成果主要完成人"夺利"。例如，每年的奖金是发给科技成果创作集体所有，奖金分配要由主要完成人进行，为打消分配奖金时的各种顾虑，公司需制定合理奖金分配原则。第四，打破只顾埋头苦干，提升技术人员创新能力。例如，组织专业技术交流会，鼓励技术人员分享自身经验，增强技术人员自信心。

（二）提升企业员工科技创新能力

科技创新一定不能闭门造车，一定要先学习，只有学习了行业前沿技术，再科技创新才是最靠谱的。子曰："学而不思则罔，思而不学则殆。"企业要想进一步提高科技创新水平，首先必须鼓励技术人员在学习中思考，在思考中实践。

工法是采用科学的管理经验、选择先进的施工技术、利用合理的工艺流程，从质量、安全、进度、经济、环保等方面，对施工进行全方位、全过程的指导和控制，具有先进性、科学性、实用性和系统性。所以可以利用开发工法的机会提升员工科技创新能力。因为从工法实质来看，只要这种施工方法没有被时代淘汰，有指导施工的价值，就可以被总结形成工法。所以企业要想进一步提高施工技术水平，必须鼓励技术人员多总结工法。凡是企业涉及的工程技术，且无前人总结，都可以总结形成工法，这种做法既可以提高员工"写"的能力和水平，还可以促进员工的思考能力。例如，在日常工作中，技术人员会碰到各种各样的问题，将这些问题进行提炼、系统梳理、书面总结，写清楚问题产生的背景，然后进行经验性的总结和延伸，并基于当前技术及社会现状进行效益分析，面对可能的条件提出应对措施和建议，然后继续深入思考，升华为工法。有机会的话，还可以申报省级工法进行验证。经过上述方式解决工作中的问题，进而创造价值，不仅体现了员工的责任和义务，还能提升员工自身科技创新的水平与能力。

（三）积极申请科技成果奖项

要想成功申报科技成果奖项，需要技术人员大量的积累和沉淀。"会干的不如会写的"，科技成果是对建筑施工企业和广大工程技术的总结，这需要科技人员沉得下心、拿得起笔、千遍写万遍改，不可一字一句不讲究，不可一字一句无来历，真可谓"千呼万唤始出来"。

每一项科技成果出炉后的第一件事应是科技查新，也许在总结的过程中会发现，技术中某一点在各类网络公开平台上都没找到相应公开文献资料，若无法辨别这是否是创新，可以先委托有资质的查新机构查新，验证技术，接下来方可申请专利、科研成果、工法等一系列科技成果奖。

申请科技成果奖是有流程的，有了创新想法就可以先申请专利；想让这个想法转化应用，可以申请科研经费，促进研究项目的实施；如果研究成功，接下来可以总结升华申报工法和科技进步奖。

（四）进一步提高企业核心竞争力

公司董事长郝志亮说："技术是企业的灵魂、企业的核心、企业的动力，我们应增强意识，时刻致力于技术总结、技术创新、技术突破，让技术引领企业稳步前行。"企业的技术创新能力就是企业的核心竞争力，就是企业的魂，然而科技创新能力最关键的一点体现在知识产权的数量上。山西水工申请的专利技术，年费均交至第三年，这是因为公司专利最根本的目的是推广技术进步，而非阻碍科技发展。

专利分为发明、实用新型和外观设计三类，施工单位主要涉及前两项，它们最大的区别是：实用新型专利是"一与一"的比较，即将自己的专利技术与专利文库中的现有专利技术进行对比，如果找不到一项技术与公司所持有的技术完全相同，就可以申请实用新型专利。在施工过程中，总会碰到各种各样的问题，作业人员都会根据实际情况，进行一些小改造，那么这种技术就可以申请实用新型专利，公司十年来申请的实用新型专利批复率高达95%以上；而发明专利是"一与多"的比较，也就是说如果专利文库中多项技术的相加可以形成公司的现有技术，那么这项技术最好不要申请发明专利。水利工程具有单件性特点，施工过程中也有许多老工人对设备或仪器进行小改造、小发明，看似不起眼，但专利库中却找不到类似参考文献，比如公司在2016年申请的"一种防连接件撕裂的振动夯"就属于这种情况，2018年被成功授予发明专利。

技术人员在施工过程中遇到难题时，想研究解决这个问题的技术，但由于种种原因最后没有落地。其实针对这种情况也是可以申请专利的，因为专利申请的要求只要理论上可行即可，并不是必须在项目中应用后才可申请。所以科技在进步，公司必须鼓励员工打破思维定式，激发创新思维，不断开拓进取，坚持科技创新工作，着力企业核心竞争力的凝聚和打造。

三、结语

党的十九届五中全会把"坚持创新驱动发展、全面塑造发展新优势"放在"十四五"重点推进的12项任务的首位，提出完善国家创新体系，加快建设科技强国，进一步凸显创新在国家现代化建设全局中的核心地位。我国科技发展要在进入创新型国家行列的基础上，于2035年进入创新型国家前列，到21世纪中叶建成世界科技强国，这对水利科技创新提出了更高、更紧迫的要求。

2020年12月22日，在水利部科技推广中心于线上组织召开的第十七届国际水利先进技术（产品）推介会上，水利部规划司巡视员高敏凤提出：要系统评价水利科技发展水平的现状，根据水利发展实际需求，对标世界先进水平，系统谋划总体思路和重点任务，研究制定水利科技发展战略规划，批准主攻方向和关键环节，系统谋划水利科技重大计划、重大项目、重大工程，提出时间表和路线图，加快构建水利科技创新的新格局。鼓励水利科研院所和企业事业单位提升创新能力，多渠道加大研发投入，促进产学研深度融合，提高科技推广应用水平，推动水利重点实验室建设，强化多学科交叉融合，打造水利科技创新平台，激发水利人才创新活力，加强创新型、应用型、技能型人才培养，激发科技创新推动水利高质量发展的新优势。

山西省2020年技术人员职称评审文件中，明确规定业绩成果条件，且是必备条件；山西省国资委出台相关科研资金投资考核制；万家寨水务控股集团有限公司2021年科研经费投资上千万元，2020年12月10日出台了《万家寨水务控股集团有限公司科技创新奖励管理办法（试行）》。这一系列政策和决策，都影射出我国走创新型国家道路之决心。

十年来，山西水工的科技管理工作还有太多需要学习和完善，犯其至难，图其至远。公司本着为我国打造科技创新型国家助力，为企业科技创新事业尽微薄之力，为打造"山西水工"品牌而不断进行科技创新。然而科技管理工作是企业的长远战略，这种投资是最为高明的营销，最为长久的营销，是经得住时间和历史的考证的，不求太远，一板一眼从当下开始。

作者：王 芳 张小利 张保胜 闫永平

以特色品牌创建为抓手推动党建与生产经营深度融合的探索与实践

中车广东轨道交通车辆有限公司

摘　要： 在新时代党的建设总要求下，为认真贯彻落实中国中车党委"深度融合年"工作部署，中车广东轨道交通车辆有限公司（以下简称"中车广东公司"）着力于探索加强新时期企业党建工作的机制方法。本文结合公司自身情况，以特色品牌创建为抓手，探索实践出一些党建与生产经营深度融合的方案，从而克服党建工作与经营发展"两张皮"现象，推动公司党建工作与经营发展深度互融，以高质量党建引领公司高质量发展。

关键词： 特色品牌；深度融合；探索与实践

一、推动深度融合对公司改革发展具有重要意义

习近平总书记指出，国有企业党建工作要坚持服务生产经营不偏离。中车广东公司作为年轻企业，在管理机制、生产经营、市场开拓等方面存在改革发展难题，为提升公司效益，增强公司核心竞争力，迫切需要完善和创新党建工作与公司制度相适应、相协调的体制机制。

党建与生产经营深度融合就是把党建工作和市场性质的品牌管理及经营理念、技术相结合，找到更加符合时代特点发展需求以及更加高效的工作机制。实践证明，推动公司党的建设与生产经营深度融合，把党建工作成效转化为公司发展新动能，是国有企业的独特优势。中车广东公司坚持打造"四基地一中心"战略发展定位，着力发挥好党委领导作用，以特色品牌为抓手，推动党建与生产经营深度融合，加强党建优势向公司核心竞争优势的转化，进而推动公司深化改革、转型升级和持续稳定健康发展。

二、正视党建工作与生产经营深度融合存在的问题

中车广东公司积极推进党建工作与生产经营工作互动、互促、互补，充分发挥党组织和党员的作用，推动破解生产经营中的热点、难点、堵点问题，推动深度融合理念入脑入心、落地见效，提高发展质量和经营效益，以全年经营利润绩效和生产计划

指标完成情况检验深度融合的成效。

然而，党建工作推进过程中仍然存在认识不足、保障不力、创新不够、效果不实等现实问题，制约着党建工作和经营发展的深度融合。

一是认识不足。具体表现之一为在统筹谋划、高标准推进任务落实之间存在差距，基层党组织紧盯任务不够，存在任务落实顾此失彼，满足现状的情况。表现之二为对党建工作缺乏必要的理论指导，少数党员干部认为经济工作是首位，政治思想薄弱，缺乏政治理论涵养。这就导致了党支部活动与业务工作各行其是，存在重经营、轻党建的现象。

二是保障不力。公司党政融合的制度保障上系统性不够，随着公司改革发展，公司的管理和经营方法也在不断改进与完善，但党建工作方式方法仍存在不足，从而制约了党建工作开展。具体表现为党建力量配备滞后，基层党组织组织机构配置不合理，党务干部身兼多职，对工作缺乏激情等。

三是创新不够。表现之一为抓党建与经营深度融合的方法不科学，恪守传统的党建工作思路，方法老套陈旧，管理模式和相关制度措施还不够精细、科学，相关的思想文化活动创新方面缺乏活力和动力，不能适应新形势下公司发展的需要，品牌深度融合的创新方案不能充分体现广大党员群众的意愿。表现之二为对互联网等新载体利用不够，缺少集中学习、相互交流的平台，未建立有效的督查和反馈机制。

四是效果不实。党建工作和业务工作特点不太相同，党建考评体系复杂，不容易形成统一标准，而且党建工作周期长，短时间难以见到明显成效，容易出现重业务、轻党建的结果。在实践层面，党建工作与业务工作未能实现紧密结合，导致基层党组织产生组织活动难、发挥作用难、吸引力不足、凝聚力弱等一系列问题。

三、积极推进解决党建与生产经营深度融合的针对性措施

中车广东公司党建目标和生产经营目标总体上是一致的，目的就是推动企业实现高质量发展，推动企业收入、利润实现双增长；推进党建与经营工作深度融合，实现党建工作与经营发展优势互补、同频共振、互促共赢。

一段时期以来，中车广东公司通过开展深入调查研究，借鉴兄弟单位的管理经验和方法，结合企业实际，经历了从探索到完善、从试行到推行的过程，现逐步建立了党建与业务深度融合的管理模式，为创新创效党建品牌工作，激发新活力开启了崭新的篇章，中车广东公司主要有以下实践措施。

1.制度保证促融合

一是健全企业议事决策机制，汇编党建制度，完善企业章程。把党组织的职责权限、机构设置、运行机制、基础保障等都写入章程，明确党组织在企业决策、执行、监督各环节的权责和工作方式，使党组织成为企业法人治理结构的有机组成部分。

二是坚持和完善"双向进入、交叉任职"领导体制，企业党委书记、董事长、法人代表"一肩挑"，加强企业党建工作研究谋划、部署推动、督促落实，推动党建工作与业务工作目标同向、措施同定、工作同步。

三是坚决落实党委会前置决策程序。企业重大经营管理事项必须经党委研究讨论后，再由董事会或者经理层作出决定。要加强制度建设，研究制定重大事项决策制度和党组织议事决策规则。

四是严格落实党管干部、党管人才政策。企业严格执行选拔任用干部的相关制度，始终坚持党对干部人事工作的领导权和管理权。强化党组织在企业领导人员选拔任用、培养教育、管理监督中的责任。推进落实企业人力资源战略规划，加快年轻干部队伍建设，努力使人才优势转化为创新优势、竞争优势和发展优势。

五是大力推进职工民主管理制度。推进厂务公开、业务公开，保障职工知情权、参与权、表达权、监督权，维护职工合法权益。重大决策听取职工意见，涉及职工切身利益的重大问题必须经过职工代表大会或者职工大会审议，提高民主决策能力和水平。

2.目标引领促融合

中车广东公司围绕企业"筑基、提升、上台阶"总体工作思路，坚持把提高企业发展质量和效益作为党建工作的出发点和落脚点，以提升党建工作满意度成效为导向，定期组织党员群众开展无记名党建工作满意度测评，引领公司各级党组织在公司改革发展中把关定向、切实解决生产经营实际难题、促进巡视整改和主题教育专项整治落地见效、保障年度目标任务完成上发力。

制定年度党建工作意见或要点、考核办法，把经营绩效纳入基层党建工作考核范围，对所在单位生产经营不达标或因工作失误出现较大不良影响的基层党组织或党员，实行先优评选"一票否决"。

3.品牌建设促融合

中车广东公司围绕"筑基提升、先锋引领"主题形成公司党委党建品牌；公司各党支部结合自身工作实际，进一步完善党支部党建品牌实施方案，形成"一支部一品牌一特色"。各党支部围绕中心任务，围绕解决生产经营中的难点重点问题，通过技能大赛、技术比武等方式在公司内部营造"比学赶帮超"的良好氛围，保障公司年度目标任务完成，同时彰显党建品牌价值。

管理党支部组织开展"管理筑基、融合提升"党建活动，坚持立足自身岗位，以提升管理工作效率、工作质量，不断提升全体员工对公司运营、党群、人力、后勤等方面管理工作的满意度为落脚点，为提升公司整体管理水平，助推公司持续稳定健康发展做贡献。技术党支部组织开展"技术固本、提质服务"党建活动，不断夯实员工的技术基础，提高员工的技术创新和服务能力，树立起员工在技术上专注、精益求精、追求极致的"工匠精神"。经营质量党支部组织开展"品质第一、效益优先"党建活动，以提高工作质量，保证产品质量，实现公司经营效益最大化为落脚点，推动党员立足本职工作，深入开展对标学习，统一思想、凝心聚力，围绕公司生产经营目标高效开展工作，全面提升支部党员工作的积极性，发挥先锋模范带头作用，体现党组织和党员个人的先进性，为公司持续稳定健康发展做贡献。资产党支部组织开展"管资产、保动能、提效益"党建活动，整合维保资源，打造维保中心。备品备件精细化管理。设备管理KPI指标分解执行。制造党支部组织开展"匠心制造、精益求精"党建活动，追求卓越的创造精神、精益求精的品质精神，依托"三心"即"安全记心、质量用心、管理细心"，提升生产经营质量和效益，弘扬工匠精神，保持对精品的追求，当好新时代高铁先锋。通过这些活动有效地激发全体党员深度融入公司经营发展的热情和活力。

4.考核评价促融合

考评是工作顺利推进、精准落地的重要保障。中车广东公司坚持党建工作与经营发展的目标同量化、考核同进行、结果同运用，建立起一套科学合理的考评机制。

一是修订完善行政部门组织绩效考评体系，加大党建工作责任制考评结果在行政部门组织绩效评价中的得分占比，制定公司组织绩效指标分解表，明确各项指标考核项点。

二是修订完善党群工作组织绩效考评体系，将行政重点工作任务完成情况纳入所在党组织考评范围，健全党建工作关键绩效指标、周边绩效考评指标、部门组织绩效指标考评权重，强化党建与生产经营考核结果运用，推动党建工作与经营业务工作目标同向、措施同定、工作同步。

三是将各党支部落实"深度融合年"的具体措施和产生的成效作为党建责任制专项考核，建立加减分考评机制，将党建工作考核结果与绩效薪酬挂钩，对考核结果较差的单位应相应扣减领导人员绩效薪酬。

5.创先争优促融合

一是组织开展"党员目标管理簿"月度考评、季度积分活动，引导党员立足岗位创先争优、攻坚克难，争当生产经营的能手、创新创业的模范、提高效益的标兵、服务群众的先锋，切实把党建工作活力转化为公司发展活力和竞争实力。

二是建立健全创"党员先锋岗"评价积分体系，紧密围绕工作业绩、产品质量、安全生产、群众评价等要素进行季度考评，引导党员立足岗位、建功立业，发挥党员先锋模范作用。

三是坚持立足岗位深化党员承诺践诺，有效发挥党员战斗力。把公司生产经营难点作为党组织活动重点，将党建工作融入公司生产经营、改革发展的全过程和各个环节，从生产经营中的难点重点问题入手，组织党员有针对性地开展工作，保证落实没死角，工作不走样，完全融入公司管理中，不断增强党组织的凝聚力、吸引力、渗透力。

四是党支部根据自身生产经营工作的重点和难点、瓶颈问题分别提交攻关项目，实行党员、党小组或党员团队动态认领，群众参与机制。组织每位党员自觉完成自己的创先争优项目申报并公示，明确完成内容、完成目标及时间节点，狠抓项目的推进和落地。

6.建立机制促融合

一是建立组织保障机制。各党支部形成以党支部书记为组长、支委成员为副组长的领导小组，确立实施"委员包保"机制，党支部和支委委员定期召开会议研究，督导活动推进，及时掌握活动情况，做好活动组织和指导工作，确保组织保障有力。

二是建立品牌项目化管理机制。分解细化各子目标和任务，实行目标、节点、责任人、成果动态跟踪管控，稳步推进活动，全力保证活动的实效性。

三是建立定期交流学习机制。针对活动实施过程中遇到的技术难题、解决方法及个人收获，各党支部及党小组定期开展交流学习，培养和带动党员形成善于总结、实时共享的良好氛围。

四是建立激励强化机制。凝聚党政工团合力，将党建品牌建设措施与部门生产经营、个人绩效指标挂钩，激发党员先锋、骨干标兵、核心人才作用，以先锋铸魂强党建，促技术提升，增企业效益，保障公司生产经营目标兑现。

四、实施效果

中车广东公司以"筑基提升、先锋引领"党建品牌为抓手，推动党建与生产经营深度融合向纵深发展，坚持以围绕中心抓党建、抓好党建促发展的工作思路，统筹推进党建和生产经营工作，围绕抓效益、上台阶目标，稳步推进各项工作任务，推动了公司高质量发展。

中车广东公司围绕党建深度融合的要求，坚持市场拉动、创新驱动、管理推动，持续开展提质增效活动，全力推动改革三年行动方案实施落地，不断提升中车广东公司的经营效益和效率，在党建工作、管理水平、经济效益、业务能力等方面都有显著变化。

1.党建工作

中车广东公司持续提升党建工作满意度。中车广东公司充分发挥党委领导作用、党支部战斗堡垒作用、党员先锋模范作用，加强党建品牌建设，形成"一支部一品牌一特色"，固化党建经营深度融合载体。中车广东公司坚持以高质量党建引领促进企业高质量发展，以落实全年重点任务为导向，以分解月度工作计划、月度检查反馈、季度考核评价为抓手，全面完成国务院国资委政治巡视整改、疫情防控、复工复产等任务。

2.管理水平

中车广东公司深入学习习近平新时代中国特色社会主义思想，全面贯彻落实习近平总书记三次视察中国中车重要指示精神，按照公司党委的总体部署，围绕"筑基、提升、上台阶"经营思路，努力提高"做强、做优、做精"制造能力，全面推进中车广东公司高质量发展，公司运营能力指标优于集团平均水平，人工效率指标位于集团前列，全面高效兑现年度生产计划，切实增强全体员工获得感、幸福感和安全感。

3.经济效益

中车广东公司实现连续两年收入、利润双增长，并全面完成了集团下达的各项经营管理指标，国务院国资委政治巡视整改完成率也达到100%，公司整体经营业绩达到历史最优水平。

4.业务能力

公司党支部以锻炼具有战斗力、凝聚力的技术团队为目标，详细制订内部培训计划，有序开展专业能力培训，为技术业务开展提供了坚实保障。进一步提升公司技术研发能力，建立技术标准化体系制度和搭建企业数据共享系统，通过进一步丰富企业生产资质和成立先进科研发展平台，持续提高技术支撑能力。

五、思考与探索

1.着力顶层设计建立党建质量体系

要始终坚持以习近平新时代中国特色社会主义思想为指导，以推动公司高质量发展为主线，把党的领导、党的建设融入公司改革发展全过程、各方面。充分发挥党委领导作用，着力在顶层设计、体系建设、标准确立上下功夫，构建以目标管理、过程管理、绩效管理等为内容的高质量党建管理体系，确保以高质量党建引领高质量发展。

2.持续在党建经营深度融合上下功夫

从特色品牌着手，找准党建与经营工作的结合点，坚持在党建与生产经营深度融合上主动探索、积极创新，创造品牌、打造亮点。坚持公司的重点经营工作部署到哪里，党建工作就跟进到哪里，把工作目标聚焦在党建方法创新、机制创新、深度融合上，促进基层党建工作更具特色、更接地气、更有效果，坚持以公司改革发展成效检验党组织的战斗力。

3.结合改革发展实际丰富党建品牌内涵

统筹策划党建品牌实施方案，从可操作、可衡量、能出实效等角度审定优化各党支部党建品牌创建措施，定期组织开展推进情况检查和阶段性总结，明确考核内容、考评方式，强化激励机制，将党建工作与各级领导干部及党员综合评价相结合，促进领导干部认真落实"一岗双责"，确保责任层层落实，形成党建经营同谋划、同落实、互促互进的工作格局，提升党建品牌创建成效。

4.创新载体推进智慧党建

要探索建立集中学习平台，结合党建工作实际应用互联网解决方案，为基层党组织和广大党员提供互联网服务，建立党员、党务工作者、基层党组织工作、学习和交流网络平台。通过统一标准、整合资源、优化流程、共享网络，党建工作信息化性更加优越、信息更加集成、业务更加协同。创新党建工作手段，加强基层组织建设，推动党建工作向科学化转变。

作者：袁善聪　邓玉林　黄泽锋

以"混改+基金"打造产融结合战略平台助力交通产业高质量转型发展

山西交控资本管理有限公司

摘　要：交通产业长期以来面临融资成本高、资产负债率高、资金缺口大的发展困境。山西交控资本管理有限公司（以下简称"交控资本"）以混改激发企业活力，通过设立混合所有制企业，以及设立私募股权基金的形式打开国企改革局面，打通交通产业在资本市场融资的通道。本文以我国国企改革政策背景和顶层设计为引言，描述了当前新一轮国企改革"以发展混合所有制经济转变国企经营机制"和"以管资本为主完善国资管理体制"两大主攻方向的目标和内涵。提出了设立"混改资产管理公司+投资基金运作模式"（以下简称"混改+基金"）的解决路径，详细阐述了以"混改+基金"打造交通产业投融资平台的目标、职能定位，以"混改+基金"打造交通产业投融资平台的具体做法，以"混改"打造交通产业投融资平台建设的实施成效，并对进一步提升交通产业投融资平台建设提出了建议。本文重点研究了通过打造产融结合的战略平台，完善国有资产管理体制，积极发展混合所有制经济和以管资本为主加强国资管理体制，改革国有资本授权经营体制，加快国有经济布局优化、结构调整，促进国有资产保值增值，推动国有资本做强做优做大，有效防止国有资产流失。本文立足行业国有企业发展和改革实践，从实际情况出发，找出新特点新规律，对创新方式方法进行提炼总结，把实践经验上升为系统化的理论依据。以期为交通产业良性循环发展，实现持续增长，提供一些思路，为更多国有企业混改实践提供一些参考。

关键词：国企改革；混合所有制；管资本；混改基金；私募股权

一、国企改革的政策背景和顶层设计

国有企业作为社会主义的重要物质基础和经济基础，已成为国民经济的主要支柱，在社会主义经济发展过程中发挥着不可或缺的作用。党的十八大以来，全国各国有企业在以习近平同志为核心的党中央领导下，结合"以管资本为主完善国资管理体制"和"以发展混合所有制经济转变国企经营机制"两大指导意见为突破点，进一步深化国有企业改革，以适应新形势下的经济发展。党的十九大指出，要完善各类国有资产管理体制和国有资本授权经营体制，加快国有经济布局优化、结构调整、战略性重组、促进国有资产保值增值，推动国有资本做强做优做大，有效防止国有资产流失，深化国有企业改革，发展混合所有制经济，培育具有全球竞争力的世界一流企业。

2013年11月，党的十八届三中全会上通过的《关于全面深化改革若干重大问题的决定》提出，要积极推动混合所有制经济的发展，"国有资本、集体资本、非公有资本等交叉持股、相互融合的混合所有制经济，是基本经济制度的重要实现形式"。会议指出："改革开放以来，我国所有制结构逐步调整，公有制经济和非公有制经济在发展经济、促进就业等方面的比重不断变化，增强了经济社会发展活力。在这种情况下，如何更好地体现和坚持公有制主体地位，进一步探索基本经济制度有效实现形式，是摆在我们面前的一个重大课题。"

2015年8月，中共中央、国务院发布了《关于深化国有企业改革的指导意见》，提出国有企业应该"主动适应和引领经济发展新常态，为促进经济社会持续健康发展、实现中华民族伟大复兴中国梦作出积极贡献"，并且指出应"积极促进国有资本、集体资本、非公有资本等交叉持股、相互融合，推动各种所有制资本取长补短、相互促进、共同发展"。

2015年9月，国务院发布了《关于国有企业发展混合所有制经济的意见》，明确指出"发展混合所有制经济，是深化国有企业改革的重要举措"，"需要通过深化国有企业混合所有制改革，推动完善现代企业制度，健全企业法人治理结构；提高国有资本配置和运行效率，优化国有经济布局，增强国有经济活力、控制力、影响力和抗风险能力，主动适应和引领经济发展新常态"。

2016年12月，中央经济工作会议中提出了国企改革的重要突破口在于混合所有制改革。

2017年10月，党的十九大报告指出，"深化国有企业改革，发展混合所有制经济，培育具有全球竞争力的世界一流企业"。

2019年4月，国务院发布了《改革国有资本授权经营体制方案》，明确指出："到2022年，基本建成与中国特色现代国有企业制度相适应的国有资本授权经营体制，出资人代表机构与国家出资企业的权责边界界定清晰，授权放权机制运行有效，国有资产监管实现制度完备、标准统一、管理规范、实时在线、精准有力，国有企业的活力、创造力、市场竞争力和风险防控能力明显增强。"

2019年11月，国务院国资委出台《中央企业混合所有制改革操作指引》。

2020年5月，中共中央、国务院出台《关于新时代加快完善社会主义市场经济体制的意见》。

2020年6月，中央全面深化改革委员会审议通过《国企改革三年行动方案（2020—2022年）》。

二、建立"混改"和以"管资本"为主的国资体制改革对国有企业发展的重要性

（一）发展混合所有制经济的内涵目标

发展混合所有制经济的根本目标，是要增强国有企业的影响力、控制力和竞争力，是要巩固中国特色社会主义制度基础，是要提升国家竞争力。通过推动国有企业混合所有制改革，完善现代企业制度和法人治理结构，提高国有资本配置和运行效率，优化国有经济布局，促进国有企业转换经营机制，放大国有资本功能，实现国有资产保值增值，同时增强国有经济活力、控制力、影响力和抗风险能力，主动适应和引领经济发展新常态。积极稳妥发展混合所有制经济有利于优化国有经济布局，发挥国有资本带动力；有利于改善公司治理结构，实现政企分开；有利于公有制经济和非公有制经济的良性互动，实现"国民共进"。

《关于深化国有企业改革的指导意见》出台后，发展混合所有制经济，推动国有企业混合所有制改革成为当前国企改革的方向，其目的在于解决国有企业当前经营机制老化问题，促进其进行有效转换；将国有资本的功能放大，对市场进行有效调节；不断提高国有资本的配置和运行效率；实现资本间的促进、发展、取长补短作用，尤其是对于多种所有制下的各类资本企业。在此之前还需明确一个前提，就是国家的经济建设发展中，国有企业必须保持重要地位，坚持国有企业的发展和强大不能动摇。国有企业的改革也同时应当以有利于国有资本保值增值、放大国有资本功能、提高国有经济竞争力这三项标准来进行。

新时期下的国有企业混合所有制改革对国家经济的发展起着极大的作用。第一，面临全球化经济形势的不稳定性，不断改善国内多项行业经营水平，能促进中国具备竞争实力的大型企业的发展；第二，注重国有资本的价值，可以保持国内经济的稳步提升；第三，高度关注国有资本制度与非国有资本的取长补短，可以保证在国有资本保值的基础上，展现国有资本在中国产业发展中的价值。国有企业的混合所有制改革，其深层意义表现在以下几点：首先，国有企业内部与外界企业沟通较少，因此现代企业制度和法人治理结构还有待完善和健全。其次，国有资本在改革中可以被分配到更需要的位置，随着产业机构的调整，国有资本的经济布局将得到最优化处置，国有企业竞争力得到大幅提高。国有资产得到最优分配后，随之而来的就是国有资产不仅保值还可以升值，国有资本被不断放大。最后，公有制经济与非公有制经济不再孤立，增多交流与沟通渠道后，社会主义的市场经济体制更加完善，经济发展也更加平衡。

国有企业发展混合所有制改革的目的，就是要促进国有企业转换经营机制，增强国有经济活力、控制力、影响力和抗风险能力，实现各种所有制资本取长补短、相互促进、共同发展，真正使混合所有制经济成为基本经济制度的重要实现形式。坚定不

移地把混改作为深化国企改革的重要突破口，作为完善治理、强化激励、做强主业，形成灵活高效市场经营体制的治本之策，以混改引资本注资、转机制、增活力，激发企业发展的潜力与动力。

（二）完善以"管资本"为主的国资管理体制改革

以管资本为主的国有企业改革需要在实践中大胆探索有效途径和方式，是推进国有资本布局结构战略性调整，放大国有资本功能的需要。以管资本为主，要紧紧围绕服务国企战略目标，充分利用多层次资本市场和国有资本运营平台，着力推进国有资本布局结构战略性调整，充分发挥国有企业的功能作用，改革国有资本授权经营体制，打造国有资本高效配置的运营平台。探索依法自主开展投资融资、产业培育、资本整合的有效模式，打造国有资本市场化运作的专业平台。坚持以市场为导向，以企业为主体，加大国有企业国有资本调整力度，促进转型升级，提高国有资本配置和运营效率。

以资本为纽带，以产权为基础，充分尊重市场经济规律和企业发展规律，重点管好国有资本布局，规范资本运作，提高资本回报，维护资本安全，切实提高国有资本效率，增强国有企业活力。管好资本布局，增强国有经济整体功能，坚持产业链纵向整合、业务链横向重组，规范资本运作，推动国有资本有序流动，注重发挥国有运营、国资运营平台参与改革运营国资的专业优势，实现国有资产保值增值。

三、交通产业发展当前面临的问题

交通运输业是国民经济的基础性、服务性、先导性、战略性行业。党的十九大报告明确提出要建设交通强国，就是既要提高交通运输业现代化水平，又要提高交通对经济社会发展的支撑性作用。近年来，交通运输行业发展取得长足进步，但依然存在基础设施不完善、运输结构不合理、智慧交通建设滞后、资金支持力度不够等突出问题。

长期以来，交通运输基础设施建设"贷款修路、收费还贷"的模式，导致集团公司资产负债率偏高，始终处于资金还款压力大的被动局面。高速公路板块整体盈利尚不足以支付利息，原有的负债仍需要"借新还旧"来维持，并且需要通过新增负债来保证利息支付，过高的融资成本更会导致集团债务规模不断上升，债务压力不断增大。同时由于融资主体变更，金融机构授信规模降低也制约了产业发展。随着高速公路划转到国有企业后，债务主体由地方政府变为纯企业，从金融机构等债权人的角度看，已无地方政府的隐性担保，风险等级提升，金融机构相应会缩小对国有企业的授信规模，从而带来部分债务到期后无法续期的风险。不仅如此，高速公路运营建设盈利点单一，也成为制约产业发展的主要问题。交通运输基础设施建设产业收入来源主要是高速公路通行费收入，而通行费收入的增加受区域经济、运输成本、车流量等多方面的因素影响，需要较长的培育时间，将面临长时间难以还本付息的情况，需要不断新增债务，导致负债越来越多，进入恶性循环。如何让高速公路建设走上一条可持续发展道路成为迫切需要解决的问题。

四、以"混改+基金"打造产融结合的投融资平台建设

（一）目标定位

根据交通产业的投融资需求及产业布局，通过成立混改资产管理公司，设立并发起投资基金，既可作为基金管理人对整体投融资项目进行募集、投资、管理和退出的把控，又可以合理规范使用金融工具，借助资本市场拓展集团公司投融资渠道，寻找可靠的产业投资方向。混改资产管理公司通过对交通基础设施建设产业的整体业务进行分析和梳理，合理使用各种金融工具，为交通新基建拓展投融资渠道，获得较低成本或较高额度的融资，从而加强资本实力的补充，有利于做强做优主业。交通产业未来发展出路必然需要更为深入地与资本市场对接，通过设立混改资产管理公司，可以更为广泛地参与资本市场的投资和产业基金的管理，进一步提升集团公司在资本市场的运作能力，为多层次资本市场战略的发展奠定基础。

以混合所有制形式设立资产管理公司，可以直接提升资产管理公司的资本运作能力。国有企业引入非公资本，聚合多方资源、整合优势、能力互补，建立互利共赢的实质性股权合作关系。每一家准备混改的国企对未来的产业或财务投资者来说，不仅要投资者有强大的经济实力做基础，同时也需要投资者和企业有比较强的协同效应，与混改企业有业务和能力上的互补。

（二）职能定位

资产管理公司确立了"股权投资、资本运作、以融促产、产融结合"的发展理念，积极探索国有资本投融资平台的职能定位：要做交通行业产融结合的主阵地、资本运作的主战场、应对新业态布局的调节器，要做国有资本实现"进退流转"的主力军，交通产业未来谋篇布局的弹药库、智囊团，更要做交通产业的投资中心、财务中心、利润中心、内部银行。

1.投资中心

就是以资产管理公司为平台，发挥基金管理人牌照的作用，持续深挖资本市场投资机会，尤其是要发掘具有交通产业协同价值的投资标的，协助交通产业加速以融促产、以产带融，加强行业创新可持续发展能力，实现创新金融引领、迭代技术同步、全球标的整合、优化产业布局，切实推动交通产业的高质量发展。

2.财务中心

一方面，资产管理公司通过多种有效财务工具，在提升集团内各企业临时闲置资金使用效率的同时，促使集团资金流向效益好、价值高的领域，优化集团内部资源配置，提升整体经济效益；另一方面，运用多种创新金融手段，为集团构建多元、长期、稳定的资金保障体系，提升融资组合的科学性、合理性。积极拓展创新型融资方式，帮助集团降低负债、压降财务成本、提高资金流转效率、盘活存量资金。

3.利润中心

具有两层意义，一层是资产管理公司要在风险可控的前提下，做大自身的利润规模，成为集团公司新的盈利增长点；更深层的是资产管理公司要通过其自身的投资能力与运营能力，助力集团打造一个全牌照金融平台，提升金融板块对集团全产业链的增值服务能力，保障集团业务的健康发展。将金融产业打造成与交通主业并驾齐驱的新的利润中心，助力集团公司"从以生产经营为主向以资本运作和生产经营双轮驱动转变"。

4.内部银行

是指以资产管理公司为平台，借助产业基金及上市公司，推动集团资产证券化，在做大做强上市公司的同时，有效支持集团其他板块的发展。尤其在围绕供应链金融、产业链金融、数字金融业务领域，通过保理、租赁等方式，有效促进产业链上的项目与资金流转，优化内部资源配置，提升集团整体经营效率。

（三）具体做法

交通产业充分利用设立时采用的混合所有制的优势，结合集团母公司高速公路资产的特殊性以及拥有上市平台的优势，建立"混改资产管理公司+设立产业基金"的模式；利用投资基金交易结构灵活、投资方式多样等特点，综合运用股权投资、债权投资等市场化方式，充分发挥管理人职能；以混合所有制为主体设立产业投资基金，实现股权多元，推动混合所有制经济的发展。

私募股权和创投基金是金融体系中资本最活跃、最直接、与实体经济接触最密切的部分。选择组建基金参与国企改革，通过基金投资运作，用社会资本的力量来撬动股权结构的优化，由股权结构的优化，来建立相互制衡的、科学的管理机制和决策机制，可以有效避免国企不能承担无限连带责任的瑕疵，将国有企业优质资本吸纳为基金管理人，同时有效规避国有企业决策审批的流程多、手续繁杂、等待时间长等缺点。利用股权投资基金交易结构灵活、投资方式多样等特点，综合运用股权投资、债权投资等市场化方式，为交通产业探索出一个健康、持续的发展模式。

通过投资基金与上市公司的有效结合，还能对上市公司进行有效市值管理，配合集团母公司优化资本运作。资产管理公司发挥管理人职能，利用混合所有制企业的先天优势，强化企业与资本市场的纽带作用，持续加强资金和资源保障。从具体基金运作来看，交通产业基金采用母基金与子基金的伞形架构，由资产管理公司发起设立母基金，发挥产业基金的引导性质，之后吸引银行、信托、券商机构优先级资金来放大基金规模。交通产业基金获得资金后可投向交通基础设施及周边产业，亦可通过产业基金培育后，将成熟资产装入上市公司，形成"投资—培育—装入上市公司获得资金—投资"的闭环。

"混改资产管理公司＋设立产业基金"创新运作模式，既能提高国有企业运行效率，提升国有资本保值增值水平，又能解决集团公司资金缺口，降低负债压力，还能增加民营资本投资热情，实现国民共进，可谓一石三鸟。交通产业基金的搭建结构如图1所示：

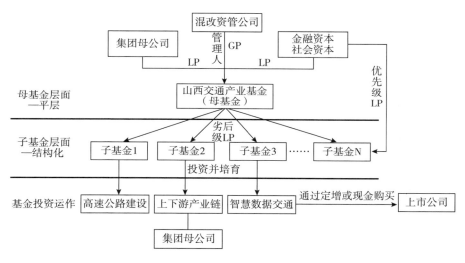

图1　交通产业基金的搭建结构

（四）实施成效

1.创新股权治理结构

混改中要有好的股权结构，充分发挥"三会一层"管理职责，最大限度激发管理层效能。国有资本和非公资本之间，以股权为纽带，以合作共赢为目标，加深合作与探索，共享国有经济发展红利，促进形成多种所有制经济协调发展的格局。资产管理公司在股权结构上保持公有制经济主体控股地位，保持第一大股东绝对控股地位，引进多家战略投资合作者，实现投资主体多元化。引进国内一流资本运作的投资机构，以及知名院校旗下专业投研机构，共同打造成国内一流的交通投融资平台。资产管理公司作为管理人发起设立合伙企业——交通产业基金。按照完全市场化规则，全面承接集团公司的股权投资业务。

2.放大国有资本功能

资产管理公司利用混改先天优势，以少量国有资本有效带动了非国有资本投入，盘活高速公路资产，加快构建现代综合交通运输体系。协助集团公司加速以融促产、以产带融，实现创新金融引领、迭代技术同步，强化企业与资本市场的纽带作用，持续加强资金和资源保障。一方面，利用资产管理公司金融平台配置资源，促进国有资本流动，加速资金流转，通过与交通产业链对接，使得集团及成员企业能利用资本进行扩大再生产，实现提质增效。另一方面，运用多种创新金融手段，为集团构建多元、长期、稳定的资金保障体系，提升融资组合的科学性、合理性，切实放大国有资本的带动力和影响力。

3.降低融资财务杠杆

设立资产管理公司是降低集团债务、融资成本的有效途径。资产管理公司通过设立交通产业基金以集团公司少量劣后资本撬动金融机构多数优先级资金，通过股权形式投资后不计入负债，大幅度降低整体资产负债率，优化负债结构。此外，由于有强大品牌影响力的高速公路国有企业出资作为劣后级，有效保证了优先级资金的安全和收益，交通产业基金可以获得相对成本较低的优先级资金。积极拓展创新型融资方式，帮助集团降低负债、压降财务成本、提高资金流转效率、盘活存量资金。同时，交通产业基金更容易得到政策扶持，获得低息或免息资金支持，有效降低企业财务杠杆，有利于集团公司整体轻装上阵。

4.促进产业转型升级

资产管理公司是集团公司与上市公司充分结合实现双赢的重要载体。作为集团发展多层次资本市场的重要组成部分，资产管理公司通过投资基金与上市公司有效结合，进行上市公司体外资产培育，形成"投资—培育—装入上市公司获得资金—投资"的良性循环，这不仅可以帮助上市公司开展市值管理，提高上市公司的竞争力，还有效提升了自身产业整合能力、经营能力和可持续发展能力，促进集团公司由负债型经营向资产型经营转变。同时发挥资产管理公司在产业和资本领域的双重优势，通过投向智能交通、新旧动能转化、高速公路建设和证券化、金融全牌照等方向，实现战略转型升级，将金融产业打造成与交通主业并驾齐驱的新的利润增长点。

五、进一步完善投融资平台建设的建议

（一）规范运作，进一步健全完善公司治理机制

混改后新进入的投资者会对混改公司的体制机制、公司治理结构和公司发展产生

重要影响。资产管理公司是国有交通企业和民营资本、金融机构混合所有制改革的产物，应当充分发挥混合所有制的优势。要加快健全市场化的经营和管理机制，包括经营决策机制、人力资源管理机制等。要遵循市场化产权交易规则，优化资源配置方式，盘活存量资产，实现产业经营和资本经营的良性互动。要以市场导向为方向，按照现代企业制度的基本架构，以股权结构为基础，完善公司法人治理。一方面要进一步健全法人治理结构，完善现代企业制度，依法保护各方股东权益。要不断明确和规范股东会、董事会、经理层、监事会和党组织的权责关系，按章程行权，依规则运行，加快形成定位清晰、权责对等、运转协调、制衡有效的法人治理结构。另一方面要突出混合所有制企业特色，充分发挥各方股东的优势和作用，进一步加强各法人治理主体间的联系协调、有序衔接。

资产管理公司继续推进混合所有制改革与保护产权、释放人本积极性相结合，三位一体同步推进，提升混改质量、层次、深度，使混改这一基因改造技术成为国企转变经营机制的重要途径，进而促使混改企业实现文化观念融合、经营理念融合、经营模式融合。

（二）推进员工持股试点，加强人才队伍建设

通过混改，企业形成国有资本、民营资本、员工持股的新股权结构，企业市场化主体地位更加明确，法人治理结构更加科学，实现了股权有效制衡，股东与员工利益绑定，形成市场化、专业化、法制化的市场经营和管理决策机制。员工持股能充分体现企业核心竞争力的人才资源与企业长远发展紧密结合，有利于优化公司法人治理结构，增强员工对公司长期发展的关切度和参与度。持续推进核心员工持股计划方案、股权激励实施政策，在基金层面建立项目跟投制度，有利于留住和招引核心人才，最大限度释放人才红利。按照"增量引入、利益绑定、以岗定股、动态调整"的原则，开展员工持股试点改革，通过股权激励，将人才与公司经营效益绑定，增强了企业的凝聚力，形成员工与企业密切相关的利益共同体。

要加强人才队伍建设，充分发挥专业团队作用，夯实发展根基。混改中，人是企业中最活跃最积极的因素，其中市场化选聘的职业经理人，是高级经营管理人才，是企业中的关键少数；再就是技术专家，是提高企业核心技术水平的智库。人才是第一资源，人才在金融企业的发展中发挥着关键作用，交控资本要积极引进高端人才，给予中高层骨干更多的创新创造创业空间，让他们在市场中有更多施展的机会，营造"想做事、敢做事、善做事"的良好氛围，促进公司业务的跨越式发展。要集聚一批既有专业知识，又有较强风险意识，还有丰富管理经验的复合型人才，通过构建科学合理的薪酬激励体系和职业成长计划，充分激发专业人才的积极性。要继续深化与顶尖金融机构、科研院所的合作，为员工提供更广阔的学习交流平台。

（三）深化产融结合，提高国有资产证券化水平和产业升级

为更好盘活国有资产，为集团公司经营提供丰富支撑，以资产管理公司为平台，发挥基金管理人牌照的作用，持续深挖资本市场投资机会，应该继续完善资产管理平台，优化资产配置。

第一，要搭建产业链、供应链金融服务平台，构建智慧交通建设。一方面要发挥集团公司既有的资源禀赋价值，通过数字化、金融化、物联化的手段，实现山西省交通资产的数字化流程再造；另一方面要深挖产业链上游技术与下游应用的投资机会，布局全国甚至全球范围内大数据、云计算、物联网等战略新兴领域的优质基金及其项目资源，实现与集团交通产业的战略协同、赋能借力与融合发展。建立基于交通出行为主体的生态服务，开创全新生态化的交通生态，实现公路、收费站、服务区、加油站、景点等实物资产，互联网等技术手段，供应链产业链金融等金融产品的三方融合，培育智慧交通生态链高科技企业，推动交通产业转型升级。

第二，要布局平台领域金融全牌照，加强产融协作能力。交通产业的快速发展，离不开金融的保障和支持，作为现代化综合交通产业集团，打造金融全牌照，促使产业资本和金融资本结合已成为重要趋势。资产管理公司可以通过参控股、收购或股权交换等方式进行推进，打造一个金融全牌照平台，战略布局资本市场各细分领域，将有助于打通资产端和资金端，实现产融共进，布局全产业链，进行行业整合，最终实现资金流、资产流、信息流、客户流的循环流动和可持续发展，实现集团公司内部各个板块之间的资源共享，加强协作共享能力，实现"大交通＋大金融"融合发展。

（四）防范风险，坚守高质量发展的底线和红线

合规经营是金融企业的生命线。金融企业如果违规违法经营，面临的不仅是财产损失、法律诉讼和监管处罚，更严重的是还损害了企业形象和资本市场诚信，失去客户信任，失去发展根基。首先，要落实好投融资决策责任。要切实增强风险意识，切实发挥集体决策优势，充分论证投融资业务开展的必要性、可行性，审核评估相关机构设置的合理性和从业人员专业胜任能力。其次，要建立有效的风险管理体系。依据公司章程，强化内部控制和风险管理；进一步健全内控机制和风险预警机制，建立覆盖事前防范、事中监控、事后处置全过程的风险管理体系。最后，要坚决防范廉洁风险。金融企业各项业务涉及资金量大，潜在的廉洁风险比较高，要结合混合所有制企业特点，探索廉洁风险防控重点，结合监察体制改革有关要求，梳理各项制度机制、岗位职责风险点，有针对性地开展监督，通过健全完善长效机制，扎牢制度笼子，杜绝暗箱操作和利益输送。

对二级及其以下子公司混改企业的监管，应该遵循市场化规则，确定混企的市场主体地位，实行"一企一策"，充分考虑国企民企不同的运营机制，让企业享有具体经

营管理的主动权。对于混改企业，既要放活也要管好，出资人、监管者的站位要准确，兼顾投资收益与规范流程的平衡，不断促进国有经济活力的释放，稳妥推进国有企业高质量转型发展。

国有混改企业要推进阳光监管、实时在线。依法实行国资监管信息公开，主动接受社会监督，健全信息公开制度，定期向社会公开混改企业运行情况、国有资产保值增值及经营业绩考核情况。

（五）加强党建，充分发挥党建推动发展的引领保障作用

资产管理公司既是一家混合所有制企业，更是一家国有控股企业。要坚持党的政治领导，深入贯彻落实习近平总书记两个"一以贯之"重要论述，坚持党的领导和公司治理有机统一，确保党组织"把方向、管大局、保落实"的作用充分发挥。要坚持党的建设与企业改革发展同步谋划、同步开展，以党建优势增强混合所有制优势，不断创新和探索加强党建的路径和方法。要毫不动摇坚持把加强党的建设作为改革发展的根本政治保证，通过加强党的建设，把准改革发展方向、锤炼改革发展队伍、凝聚改革发展力量。

六、结语

交通产业发起设立"混改＋基金"模式的产融结合战略平台，对集团降低资产负债率、降低融资成本、优化融资结构，发展多层次资本市场，打造国内一流、具有国际竞争力的现代交通企业集团具有重大意义。通过开展投资融资、产业培育、资本整合，推动了产业集聚和转型升级，优化了国有资本布局，通过股权运作、市值管理、有序进退，促进了国有资本合理流动，实现了国有资本保值增值。从当前的政策导向、资产管理行业发展态势和集团具备的基础条件看，也完全具有可行性。

交通产业发起设立"混改＋基金"模式的产融结合战略平台，是贯彻落实国家和地方积极发展混合所有制经济和完善以管资本为主的国资管理体制改革的重要举措。通过发挥混合所有制经济成分各方优势，进行社会化融资，扩大资金来源，改善资本结构，提高了国有经济的控制力和抗风险能力；通过多种形式引进非公资本参与国企改革，运用更为灵活的经营机制，可使企业获得增量资本，放开搞活，提高了国有经济竞争力、创新力和影响力。在全面推进国资国企改革过程中，产融结合战略平台既要当好国企改革的"排头兵"，也要实现交通产业的高质量发展，这是国家进入新发展阶段、构建新发展格局赋予企业新的使命。

作者：封　毅

参考文献：

[1]袁清茂.高速公路企业资产上市的动机及启示——以山西路桥借壳山西三维为例[J].会计之友，2019（24）．

[2]何向荣.集团企业资金管理模式创新与路径优化——以山西交通控股集团为例[J].会计之友，2019（15）．

[3]李秉祥.国企混合所有制改革关键问题探讨[J].会计之友，2018，582（6）．

[4]贺一迪.国有企业混合所有制改革存在问题与对策[J].中国财政，2018，758（9）．

[5]项安波.对当前混改工作的理解和认识[J].现代国企研究，2018，145（19）．

[6]李善民，辛宁，戴智波.国资国企精准监管、有效混改及协同治理分析[N].经济参考报，2020-3-16．

[7]周丽莎，肖雪，王国义.混合所有制改革实操路径研究[J].国有资产管理，2020，347（2）．

[8]剧锦文.民营企业治理与经营中的问题及出路[J].人民论坛，2019，622（5）．

[9]李红娟.关于国企混改战略投资者选择的建议[J].中国经贸导刊，2019，955（24）．

[10]李锦.当前国企混合所有制改革的趋势与特点[J].现代国企研究，2019，167（17）．

[11]李琪澳．国企混合所有制改革的新思考［J]．中国商界，2018（2）．

[12]杨姣姣．国企混合所有制改革的路径研究：资本市场视角［J]．金融教育研究，2018，31（1）：66-71．

[13]甘小军，潘永强，甘小武．国有企业混合所有制改革研究［J]．湖北社会科学，2018（8）：81-86．

[14]高志芳，王晓亮，郑泽灏．混合所有制下国有资产保值增值机制研究［J]．河北经贸大学学报（综合版），2017，17（3）：63-67．

[15]贾尽裴．国企混合所有制改革发展的实践与趋势［J]．经济导刊，2019，242（5）：66-69．

[16]齐宝华．国企混合所有制改革理论与操作实践［J]．中国中小企业，2019，283（6）．

[17]孙鲁彦．国企混合所有制改革问题探讨［J]．财经界（学术版），2019（9）．

[18]王永忠．探索适合国有投资控股公司的管理模式［J]．经济论坛，2006（21）：102-105．

[19]吴利明，周明．国有企业资本结构调整与混合所有制改革研究——以山西省上市公司为例［J]．会计之友，2018（5）：153-156．

[20]谢武.国企的内部激励机制［J］.有色金属工业，2003（11）：46–47.

[21]严汉民，陈阳雯.国企混合所有制改革效应和影响机制研究［J］.会计之友，2019（13）：150–156.

[22]杨红英，童露.论混合所有制改革下的国有企业公司治理［J］.宏观经济研究，2015（1）：42–51.

[23]叶青.国有企业推进混合所有制改革的困难与对策［J］.南方企业家，2016（2）：100–102.

[24]于莉.国企混合所有制改革与企业活力研究［J］.企业改革与管理，2019（4）.

[25]赵红霞.国有企业混合所有制改革的风险防范与对策［J］.财会学习，2018，194（20）.

[26]郑晓洁.混合所有制改革背景下的国有企业内部控制研究［J］.贵州商学院学报，2018，31（2）：65–70.

[27]李秉祥.国企混合所有制改革关键问题探讨［J］.会计之友，2018（6）：2–7.

[28]郑志刚.国企混改：只有"混"才能"改"［N］.经济参考报，2019–04–15（6）.

[29]程承坪.国企混改亟须做好四方面工作［J］.企业观察家，2019（5）.

[30]李政.如何有效推进国企混改［N］.经济参考报，2019–05–20.

[31]市国资委.不断深化改革　推动国企混改［N］.北海日报，2019–06–30.

[32]邵宁.沿着十八届三中全会确定的方向继续推进国企改革［J］.企业管理，2014（1）：7–8.

[33]齐亚芬.探索国企混合所有制改革的发展路径［J］.环渤海经济瞭望，2018（11）：10–12.

[34]项安波.国企改革：理论、政策与实践[M].北京：中国发展出版社，2019.

[35]国务院国资委改革办.国企改革探索与实践：中央企业集团15例[M].北京：中国经济出版社，2018.

[36]本书编写组.国企改革若干问题研究[M].北京：中国经济出版社，2017.

[37]吕政.对深化国有企业改革的再认识[J].中国工业经济，2002（10）.

[38]封毅.国有企业混合所有制改革研究[M].吉林：吉林出版集团股份有限公司，2019.

[39]国务院国资委研究中心.《关于深化国有企业改革的指导意见》百题问答[M].北京：中国经济出版社，2016.

[40]国企改革历程1978—2018[M].国企改革历程编写组.北京：中国经济出版社，2019.

"利共体"改革模式在银河纸业的运用

中冶纸业银河有限公司

摘　要：银河纸业借鉴海尔集团的利共体经营管理理念，实行内部资源和外部资源的全面开放，通过一系列扎实有效的举措，实现了企业扭亏为盈。

关键词：利共体；改革；模式；运用

前言

中冶纸业银河有限公司（以下简称"银河纸业"）是中国诚通控股集团有限公司（以下简称"中国诚通"）下属中国纸业投资有限公司的造纸企业之一，始建于1958年，坐落于山东省临清市，现有员工2900人，占地约1.73平方千米，拥有5280毫米、4400毫米、3200毫米、2640毫米等多种型号造纸机台，年造纸能力80万吨，年制浆能力50万吨。

产品有印刷用纸、办公用纸和包装用纸三大系列，主导产品有高档双胶纸、高档静电复印纸、混浆双胶纸、轻型纸、银河书纸、象牙白双胶、精印书写纸和高强瓦楞原纸，以及其他特色文化印刷用纸。其中，静电复印纸、精印书写纸为"山东名牌"产品，精印书写纸、高强瓦楞原纸为"中国名优产品"。企业拥有"银河瑞雪""银河皓月""银河华章""银光""银河祥云""银河如意""银河书纸"七大商标，其中"银河瑞雪"商标为中国驰名商标，"银河皓月"和"银光"商标为山东省著名商标，深受用户好评。

公司拥有国家认定企业技术中心和博士后科研工作站，已获得专利122项，其中发明专利15项，通过了ISO 9001质量管理体系、ISO 14001环境管理体系、OHSAS 18000职业健康安全管理体系和FSC-COC森林管理体系认证，拥有自营进出口权；曾获"全国五一劳动奖状""国家级绿色工厂""高新技术企业""中国轻工业造纸行业十强企业""全国企业文化建设优秀单位""全国造纸行业劳动关系和谐企业""山东省守合同重信用企业""山东省环境友好企业""低碳山东模范（贡献）单位""山东省造纸行业十强企业"等100多项省级以上荣誉称号。

一、实施背景

2013年2月底，中冶纸业集团有限公司（以下简称"中冶纸业集团"）以央企内部资源整合方式整体并入中国诚通，银河纸业随之进入中国诚通造纸板块。

截至2013年2月底，银河纸业已累计亏损20亿元，其中2012年亏损3.65亿元，2013年1—2月又增损5600万元。企业资产规模32.61亿元，负债46.39亿元，所有者权益−13.78亿元，资产负债率142.26%。尤其是有息负债高达37.83亿元，且贷款利率比基准利率高出20%以上，每年多付利息5000万元。此时银河纸业已成典型"僵尸企业"。

为解决沉重的债务负担，中冶纸业集团随即启动债务重组，曾一度引起供应商恐慌，引发堵门事件。随之银行停止续贷、集体讨债，形成债务风波，断绝了银河纸业的融资渠道。企业仅依靠存货和少量自有资金维持半开半停状态，标志性的5280毫米高档纸机于2013年6月停机，两台瓦楞纸机及部分小纸机被迫停产，很多客户也因忧虑银河纸业经营的可持续性而不再合作，市场占有份额及回款均受到了严重影响。

在这种形势下，银河纸业2013年完成产量51.6万吨，销量56.3万吨，营收23.21亿元，亏损4.90亿元。2014年各项经营指标更是全面下滑，产量仅完成47.78万吨，销量47.2万吨，营收18.98亿元，亏损7.16亿元。2015年1—4月产量完成15.06万吨，销量15.46万吨，营收6.03亿元，亏损1.42亿元。两年多的时间累计亏损13.48亿元，企业资产负债率已高达180%，企业濒临资金链断裂、生产经营停滞的危险。

二、主要做法

2015年4月开始，银河纸业拉开了利共体改革的序幕。

受制于企业体制机制的限制，银河纸业还有很多潜力没有被激发，所以要借鉴海尔的"人单合一"以分配为核心的管理理念，实行内部资源和外部资源的全面开放。从生产部门开始，对人、权、物全面放开，只要能完成预算，只要能释放潜力空间，一切都可以做，所完成的利润目标、节约的费用，全部归部门再分配。

银河纸业现有的"金字塔"结构管理模式，有很多低效和无效的浪费，推行人单合一，就必须打破当前"金字塔"结构，推行扁平化管理，对目前组织机构进行颠覆性重构，所有机构的设计要围绕着订单，直接或间接地为客户服务，为后续管理、内控铺开道路，从而实现让一线生产部门释放潜力的目的。

具体来说，首先是打掉内耗环节，释放一线潜能，把企业做成一个平台，让员工在平台上释放价值，把一些浪费全部改革掉，从而创造利润。所有订单围绕客户做，坚持大服务理念，减少审批流程，避免低效、无效。最后要发挥孵化平台的作用，给员工提供一个充分施展才能的平台，进行管理体制和激励体制颠覆性的变革，把国有企业变成像民营企业一样的盈利平台，真正实现以客户为中心，推动企业持续长久发展。

银河纸业通过借鉴"利共体"改革模式，扭转了连年亏损的局面，一个严重资不抵债、濒临破产的老国企从年年亏损到实现盈利主要依靠"利共体"改革举措。

（一）精准定位：打造区域性、个性化生产基地

定位准则方向明。作为生产型企业，明确发展定位是首要任务。银河纸业毗邻京津冀和环渤海经济圈，面对华北这一文化用纸的大市场，区位优势得天独厚，这是其他造纸企业所无法比拟的。除拥有5280毫米高档文化纸大纸机外，还拥有规模各异的20多个小机台，能满足各种差异化、定制化、个性化需求，具有大型纸机所不具备的优势。从未来发展看，定制化的趋势将会使小机台优势不断体现出来。

谋定而后动。银河纸业一方面立足区位优势，精准将500千米范围内的华北、山东以及华东市场作为核心市场区域，一改全国布点格局，通过集中优势销售半径，降低物流费用，提升客户服务响应速度，全力打造区域性、个性化生产基地，提升产品市场竞争力，以销售拉动生产。另一方面立足机台多、幅宽广、改产灵活优势，联合经销商和终端客户研发定制化产品，为客户提供个性化服务和优质的综合解决方案。2015年以来，银河纸业先后与山东康华传媒有限公司、山东金榜苑文化传媒有限责任公司、山东天成书业有限公司、湖北随州出版物发行协会等知名企业机构签订合作协议，推行定制化生产模式，定制化机台运行效率同比均提升3%以上。同时从消费者个性化需求出发，形成独特的风格和产品，做出原创精品，通过差异化、个性化的服务，与客户优势互补、资源共享，实现合作共赢。

实践证明，打造区域性、个性化生产基地是银河纸业最适合自己的发展道路。近年来，银河纸业的市场占有率迅速回升，为推行市场化改革和提质增效等各项工作奠定了基础。

（二）确立八字方针，塑造竞争文化

企业改革，理念先行。作为充分竞争的造纸行业一员，银河纸业必须面向市场、拥抱市场，充分做到以市场为导向、以客户为中心。2015年以来，银河纸业将"物竞天择，适者生存，开放创新，追求卓越"这十六个字作为治企理念并落地扎根，通过系统研判行业困境和企业僵局，结合实际确立了"改革、挖潜、稳定、规范"经营八字方针，即以改革求生存、以挖潜增效益、以稳定强保障、以规范促提升，革除积弊、破局求变，全面提升效率和效益。八字方针作为生产经营和各项工作的行动指南，为银河纸业战胜困境、摆脱僵局指明了方向。

同时，银河纸业将开放竞争的文化理念在企业经营的各个方面融会、贯通、落地，

在潜移默化中塑造了以市场化为核心的"竞争文化"，同时把向业绩要岗位、向业绩要薪酬的文化理念根植于职工心中，改变了以往等靠外部环境变好、等靠外部资金注入的思想观念，改变了以往的职工安于现状、不思进取的精神状态，改变了企业市场化竞争意识不强的弊端，取而代之的是自身的改革挖潜、自身的破局求变，这是银河纸业近年来最重要的思想转变，为推行变革夯实了思想基础，也为公司今后各项工作的开展奠定了总基调。

（三）以市场为导向，以客户为中心，深入推行市场化改革

"改革必须要触动固有的利益格局，触动利益往往比触及灵魂还难。但是，再深的水我们也得趟，因为别无选择。"银河纸业改革的中心任务就是市场化，要解决的问题就是提高市场竞争能力。对内要解决效率和效益问题，对外要把企业优势转化为产品竞争力。

1."生产型"转向"市场化"

为解决生产与市场脱节的问题，促使所有管理者走向市场，银河纸业要求各部门经理围绕业务流程，从经营和管理的高度重新审视自己所管理的工作，将"生产型"经营模式转变为市场引导、拉动生产的"市场化"经营模式。

在积极寻找性价比最优的原材料的同时，要求生产人员与销售结合、与市场接轨，多听取客户意见，提升服务质量，满足市场需求，使各机台产品更贴近市场，更具市场竞争力。

2.创新"国有体制，民营机制"

创新是改革的重要方法，就是要通过创新管理体制、运行机制，形成可复制、可推广的管理模式。

银河纸业借鉴民营企业成功经验，眼睛向内，围绕提升效率与效益创新发展。2015年6月，在瓦楞纸车间创新推行"国有体制，民营机制"，赋予其充分的用人权和"组阁"权，变成本中心考核为利润中心考核，明确考核目标，超额提成重奖。机制的改变，极大地调动了瓦楞纸车间职工的积极性，改变了瓦楞纸自2003年投产以来长期亏损的被动局面，当年扭亏为盈。2016年银河纸业在生产系统全面推行该机制，拆分生产系统设立各部，细分考核单元，与各部经理签订了经营责任书。

在用人机制方面，生产系统各部的副经理、车间主任人选由经理来定，赋予各部经理关于用人的推荐权和建议权，公司层面予以充分尊重和支持，同时也鼓励全体人员积极竞聘各部经理位置，在内部形成竞争的氛围和机制。

在分配机制方面，对于超过规定目标之外的效益，拿出20%进行奖励分配，这不仅在银河纸业，在中国纸业系统里也属首例。在此基础上，银河纸业对分配机制进

行了完善与补充，提出了两个重要原则，即绩效不能重复享受、非主观努力所得不能享受。

在考核机制方面，生产系统的利润主要来自市场，毛利考核模式最核心的要素是用最低的成本生产适销的高毛利产品。倒逼生产系统人员纷纷走出家门，主动与营销对接，共同寻找适销的高毛利的产品，用机制激活员工增收创效的激情。

"国有体制，民营机制"的创新，使银河纸业在现有体制下找到了能够激发干部职工积极性的有效机制，全面激活了生产系统潜能，使各项指标实现大幅度提高。与改革前同比，开机机台产量增长29%，产品毛利率提高6.35%，纸机综合运行效率提高1.7%。这一组组喜人的数据，不仅标志着企业降低了生产成本，更标志着银河纸业的市场化改革发展迈出了关键一步。

3. 深化改革，激活全员创效潜力

"周虽旧邦，其命维新。"市场化改革是近年来银河纸业扭亏为盈、生存发展的一大法宝，但必须持续创新变革，才能激活全员创效潜力。

为减少中间层级，打掉企业管理中的内耗环节，减少烦琐流程，避免低效、无效管理，2019年银河纸业围绕订单与用户，打造"小微"化运营模式，把相应权限下放，推进供应链整合优化，以管理体制变革提升效力、激发活力、增强动力。

在生产系统推行产供销一体化的经营新模式，把用人、"组阁"、生产、采购、营销等相应的权利下放到各利共体，以各生产部为单位，明确阶梯利润考核指标，根据职能权限组建利益共同体，骨干员工交纳风险金，强调责任共担、收益共享，上不封顶、下不保底。

在辅助部门和服务部门推行"小微"化改革，鼓励各小微体在确保完成本职工作的前提下，充分发挥专业技能，通过承揽外部业务创收增效，与企业按比例共享收益。

在推行改革的同时，运营、财务、监审等同步跟进，强化过程监督、跟踪和评价，确保规范有序推进。

新的管理机制，激活了各利共体和小微体的增收创效潜力。提升机台运行效率，试用性价比更高的物资，开发毛利率更高的新产品，寻找外部业务增量成为银河纸业最广泛、最流行的话题，在2019年市场环境出现大幅下滑、多数造纸企业出现亏损的情况下，银河纸业逆势提升。

4. 刀刃向内，革除积弊

银河纸业依据市场化原则，系统梳理管控流程，重新布局调整组织架构，压缩管理层级，把合适的人用在合适的岗位上，在合适的岗位上用合适的人，全员起立、竞聘上岗。通过劳务外包、主辅分离改革解决了辅业大、冗员多、效率低等遗留问题。

为充分研究客户、顺应市场、引领市场，解决长期被动跟随市场的问题，银河纸业成立了市场部，尤其注重发挥"营"字作用，并相继成立市场开发中心、计划调度服务中心和营销综合服务中心，构建了新的营销组织架构和职能模块，把市场调研、订单排产、物流运输、售后服务融为一体，舞活了销售龙头。

银河纸业出台《责任追究制度》，实施"去行政化"，推行"大服务理念"。推行改革后，各部门之间互相支持、互相监督，使各项工作最终服务于客户与市场，企业管理效率得到有效提升。

（四）聚焦提质增效，提升系统化效益

市场化改革是银河纸业得以生存的制胜法宝，而持续挖潜和提质增效则是提升系统化效益的关键举措。

1.产能释放提升系统化效益

为提高产量、摊薄固定费用、达到系统化降低生产成本的目的，银河纸业先后启动了4400二期、29#、31#、35#等长期停机机台，聚焦提高车速和综合运行效率，通过对脱水器材、真空系统、干燥系统、控制系统、人员操作、设备维保等优化改进，在稳定质量的前提下充分释放产能，纸机车速大幅提升，单台纸机平均产能均超设计20%以上，系统化降低了各项单耗。尤其是瓦楞纸两台纸机年平均产量由15万吨提升至25万吨，产能提升了66.7%，为系统化效益的发挥起到了关键作用。

为发挥自制浆低成本优势，银河纸业通过优化浆料配比、减少各机台商品浆用量，实现了自制杨木浆满负荷运转，产能由60%提升至104%，吨纸系统化降低成本300元。改产本色化学浆替代废纸浆生产瓦楞纸，化学浆日产能由30吨提升至110吨，系统化降低瓦楞纸吨纸成本200元。综合产能的大幅提升带动了热电整体效益的发挥，供汽量、供电量同比分别增长30%以上，自发电比例达到51%以上。

2.源头治理提升系统化效益

源头治理是最经济、最有效、最彻底的综合提升系统化效益的途径。

从源头上回收利用纸机白水。2016年银河纸业采用沉淀装置对地沟白水进行了回收，重复回用于洗草、打浆调浓；采用多圆盘对八缸纸机网下白水、填料和纤维回收利用，在源头上减少纸机清水用量20%、在生产过程中减少填料及纤维流失2%、在末端减少污水处理污染负荷10%。

从源头上回收利用杨木浆高温高浓废水。2017年银河纸业将杨木浆高温高浓废水回收后用于化学浆洗浆，不仅代替了新鲜热水，还提高了化学浆浓黑液的固形物含量和品质。在生产源头上，化学浆每天减少新鲜热水用量1000吨；在生产过程中，碱回收锅炉热效率提高2%；在污水处理末端，每天减少COD（化学需氧量）负荷20%；在源头系统化解决高温高浓污染物、降低末端环保风险。

使用造纸污泥生产纱管纸。2019年银河纸业与明新公司合作，对外出租停运的3200毫米纸机，使用初沉池污泥作为原料生产纱管纸，不仅盘活了闲置资产，年租金创效720万元，同时每年减少污泥压滤和外运处置费用360万元，降低固废处理厂外处置压力和环保风险。

（五）运用极致化思维，创新管理助推改革

改革不仅要创新体制机制，更要有创新管理、助推改革的新思维、新举措和新方法。

银河纸业运用极致化思维，推行"极致化"管理，设定极限值考核目标并逐层、逐项、逐阶段分解，开展全指标、全过程、全系统、全行业对标分析，倒逼全体职工主动发挥自己的聪明智慧，集思广益寻找节约的空间，并将极限目标值考核的完成情况纳入模拟股权分红体系，重奖重罚，这一改革为完成预算目标起到了关键作用。

在极致化思维模式下，银河纸业实现了资产的极致周转。银河纸业应收账款周转率（次）24.9，存货周转率（次）9.95，应付账款周转率（次）11.66，资金积压天数19天，优于系统内及行业主要企业指标。公司原材物料保持低位库存运行，木浆、废纸等大宗原料库存保持在10天左右，备品备件通过"寄库"等政策，维持"零库存"运行。

凡是采购超过10万元以上或年采购累计超过10万元以上的，都实行招投标，成立大宗物资采购督导组，对于价格变化大的原煤、玉米淀粉等进行每月、每周招标询价；将废纸、木块、麦草等大宗原料采购权下放给生产系统，倒逼生产系统走向市场，掌控采购节奏，创造更大的利润。银河纸业通过实施一系列创新管理的新举措，把市场价格的波动风险降至了最低，助推改革红利持续释放。

推出高管"AB"角管理制度，发挥高管团队整体合力；挖潜集体智慧，收集主管及以上人员合理化建议实施精益改善；建立学习型团队，倒逼中层管理以上人员学习先进的管理知识……这些管理新方法的应用，为改革执行落地奠定了管理基础。

三、改革成效

总结银河纸业近年来的改革成效，可以归纳为改革"市场化"、效益"系统化"、服务"个性化"与管理"极致化"，即以市场化改革为破局求变提供先决条件，以系统化效益为提质增效提供基础保障，以个性化服务为用户提供综合解决方案，以极致化管理为改革落地提供方式方法。

这些成效都源自银河纸业始终坚持最适合自身发展的定位和方向，都源自始终坚持"以市场为导向，以客户为中心"的经营理念，都源自始终坚持"物竞天择，适者生存，开放创新，追求卓越"的治企理念，都源自始终坚持"改革、挖潜、稳定、规范"的经营方针。

经营业绩实现持续增长。银河纸业2015年减亏1.75亿元；2016年减亏4.12亿元；2017年扭亏为盈，实现利润总额3679万元，同比增长16590万元；2018年实现利润总额6691万元，取得了建企以来最好经营业绩。即便在市场急剧波动下滑的2019年，银河纸业的目标是盈利7800万元，力争取得新突破。

劳动生产效率大幅提升。在岗职工人数由2015年4月的6004人减至2019年的2796人，累计减员一半以上。开行机台由划转中国诚通时的34台减至目前的18台，在关停16台纸机的情况下，年产能不降反升，由划转年的51.6万吨提升至70万吨，人均劳动生产率提升了3倍，吨纸人工成本下降24.8%。

社会责任更好彰显。自2015年以来，银河纸业累计上缴税金6.91亿元，其中2017年上缴税金1.97亿元，2018年上缴税金1.77亿元，连续两年位列山东省临清市第一。环保治理达到了全国最严苛的超低排放标准。职工人均工资较2015年提高了23.1%。通过实施设立员工互助基金、提升全员餐补标准、组织全员健康查体、增加社保和公积金费用等措施，切实保障了职工权益。

企业形象显著提升。银河纸业相继荣获中华全国总工会"工人先锋号"、国家级"绿色工厂"、山东省造纸行业"十强企业"、山东省轻纺行业"五一劳动奖状"、"绿色原辅材料质量管理先进单位"等多项荣誉称号，并获评海关AEO高级认证企业。总经理李良英荣获山东省富民兴鲁劳动奖章、低碳山东功勋人物、山东省轻纺行业"五一劳动奖章"等多项荣誉。产品连续三年入编《绿色原辅材料产品目录》，并广泛应用于《中华人民共和国宪法》、《中国共产党章程》、四大名著等图书的印制。"银光"品牌混浆双胶纸被选定为党的十九大会议文件专用纸。"银河瑞雪"静电复印纸连续中标中央预算单位政府集中采购目录，银河的形象和品牌影响力显著提升。

作者：张华东　吴广福　尹继超